LES
CLASSIQUES FRANÇOIS

PUBLIÉS

PAR M. LEFÈVRE.

DIX-NEUVIÈME VOLUME.

PARIS. — TYPOGRAPHIE DE FIRMIN DIDOT FRÈRES,
Imprimeurs de l'Institut de France,
RUE JACOB, 56.

ŒUVRES

DE

P. CORNEILLE

AVEC LES NOTES

DE TOUS LES COMMENTATEURS.

TOME CINQUIÈME.

A PARIS,

CHEZ FIRMIN DIDOT FRÈRES, LIBRAIRES,

RUE JACOB, 56;

ET CHEZ L'ÉDITEUR, RUE HAUTEFEUILLE, 18.

M DCCC LIV.

1854

LE MENTEUR,

COMÉDIE.

1642.

ÉPITRE.

Monsieur,

Je vous présente une pièce de théâtre d'un style si éloigné de ma dernière, qu'on aura de la peine à croire qu'elles soient parties toutes deux de la même main, dans le même hiver. Aussi les raisons qui m'ont obligé à y travailler ont été bien différentes. J'ai fait *Pompée* pour satisfaire à ceux qui ne trouvaient pas les vers de *Polyeucte* si puissants que ceux de *Cinna*, et leur montrer que j'en saurois bien retrouver la pompe quand le sujet le pourroit souffrir : j'ai fait *le Menteur* pour contenter les souhaits de beaucoup d'autres qui, suivant l'humeur des François, aiment le changement, et après tant de poëmes graves dont nos meilleures plumes ont enrichi la scène, m'ont demandé quelque chose de plus enjoué qui ne servît qu'à les divertir. Dans le premier, j'ai voulu faire un essai de ce que pouvoient la majesté du raisonnement et la force des vers dénués de l'agrément du sujet; dans celui-ci, j'ai voulu tenter ce que pourroit l'agrément du sujet dénué de la force des vers. Et d'ailleurs, étant obligé au genre comique de ma première réputation, je ne pouvois l'abandonner tout-à-fait sans quelque espèce d'ingratitude. Il est vrai que comme, alors que je me hasardai à le quitter, je n'osai me fier à mes seules forces, et que, pour m'élever à la dignité du tragique, je pris l'appui du grand Sénèque, à qui j'empruntai tout ce qu'il avoit donné de rare à sa *Médée* : ainsi, quand je me suis résolu de repasser du héroïque au naïf, je n'ai osé descendre de si haut sans m'assurer d'un guide, et me suis laissé conduire au fameux Lope de Vega, de peur de m'égarer dans les détours de tant d'intrigues que fait notre Menteur. En un mot, ce n'est ici qu'une copie d'un excellent original qu'il a mis au jour sous le titre de *la Verdad sospechosa;* et, me fiant sur notre Horace, qui donne liberté de tout oser aux poëtes, ainsi qu'aux peintres, j'ai cru que, nonobstant la guerre des deux couronnes, il m'étoit permis de trafiquer en Espagne. Si cette sorte de commerce étoit un crime, il y a long-temps que je serois coupable, je ne dis pas seulement pour *le Cid*, où je me suis aidé de dom Guillem de Castro, mais aussi pour *Médée*, dont je viens de parler, et pour *Pompée* même, où, pensant me fortifier du secours de deux Latins, j'ai pris celui de deux Espagnols, Sénèque et Lucain étant tous deux de Cordoue. Ceux qui ne voudront pas me pardonner

ÉPITRE.

cette intelligence avec nos ennemis approuveront du moins que je pille chez eux; et, soit qu'on fasse passer ceci pour un larcin ou pour un emprunt, je m'en suis trouvé si bien, que je n'ai pas envie que ce soit le dernier que je ferai chez eux. Je crois que vous en serez d'avis, et ne m'en estimerez pas moins.

Je suis,

Monsieur,

Votre très humble serviteur,
CORNEILLE.

AU LECTEUR.

Bien que cette comédie et celle qui la suit soient toutes deux de l'invention de Lope de Vega[1], je ne vous les donne point dans le même ordre que je vous ai donné *le Cid* et *Pompée*, dont en l'un vous avez vu les vers espagnols, et en l'autre les latins, que j'ai traduits ou imités de Guillem de Castro et de Lucain. Ce n'est pas que je n'aie ici emprunté beaucoup de choses de cet admirable original; mais, comme j'ai entièrement dépaysé les sujets pour les habiller à la françoise, vous trouveriez si peu de rapport entre l'Espagnol et le François, qu'au lieu de satisfaction vous n'en recevriez que de l'importunité.

Par exemple, tout ce que je fais conter à notre Menteur des guerres d'Allemagne, où il se vante d'avoir été, l'Espagnol le lui fait dire du Pérou et des Indes, dont il fait le nouveau revenu; et ainsi de la plupart des autres incidents, qui, bien qu'ils soient imités de l'original, n'ont presque point de ressemblance avec lui pour les pensées, ni pour les termes qui les expriment. Je me contenterai donc de vous avouer que les sujets sont entièrement de lui, comme vous les trouverez dans la vingt et deuxième partie de ses comédies. Pour le reste, j'en ai pris tout ce qui s'est pu accommoder à notre usage; et, s'il m'est permis de dire mon sentiment touchant une chose où j'ai si peu de part,

---

[1] La pièce espagnole, imitée par Corneille, n'est pas de Lope de Vega. Son véritable auteur est don Juan Ruis de Alarcon. Instruit de sa méprise, Corneille l'a réparée dans l'examen du *Menteur*. Son erreur, au reste, était d'autant plus excusable que plusieurs des pièces d'Alarcon avaient été imprimées sous un autre nom que le sien. La vie de ce poëte est très peu connue; on sait seulement qu'il était né au Mexique. (A.-M.)

je vous avouerai en même temps que l'invention de celle-ci me charme tellement, que je ne trouve rien à mon gré qui lui soit comparable en ce genre, ni parmi les anciens, ni parmi les modernes. Elle est toute spirituelle depuis le commencement jusqu'à la fin, et les incidents si justes et si gracieux, qu'il faut être, à mon avis, de bien mauvaise humeur pour n'en approuver pas la conduite, et n'en aimer pas la représentation.

Je me défierois peut-être de l'estime extraordinaire que j'ai pour ce poëme, si je n'y étois confirmé par celle qu'en a faite un des premiers hommes de ce siècle, et qui non seulement est le protecteur des savantes muses dans la Hollande, mais fait voir encore par son propre exemple que les graces de la poésie ne sont pas incompatibles avec les plus hauts emplois de la politique et les plus nobles fonctions d'un homme d'état. Je parle de M. de Zuylichem, secrétaire des commandements de monseigneur le prince d'Orange. C'est lui que MM. Heinsius et Balzac ont pris comme pour arbitre de leur fameuse querelle, puisqu'ils lui ont adressé l'un et l'autre leurs doctes dissertations, et qui n'a pas dédaigné de montrer au public l'état qu'il fait de cette comédie par deux épigrammes, l'un françois et l'autre latin[1], qu'il a mis au-devant de l'impression qu'en ont faite les Elzeviers, à Leyden. Je vous les donne ici d'autant plus volontiers, que, n'ayant pas l'honneur d'être connu de lui, son témoignage ne peut être suspect, et qu'on n'aura pas lieu de m'accuser de beaucoup de vanité pour en avoir fait parade, puisque toute la gloire qu'il m'y donne doit être attribuée au grand Lope de Vega, que peut-être il ne connoissoit pas pour le premier auteur de cette merveille du théâtre.

[1] *Épigramme* est aujourd'hui du genre féminin. (Pan.)

IN PRÆSTANTISSIMI POETÆ GALLICI

CORNELII

COMOEDIAM, QUÆ INSCRIBITUR *MENDAX*.

Gravi cothurno torvus, orchestra truci
Dudum cruentus, Galliæ justus stupor,
Audivit et vatum decus Cornelius.
Laudem poëtæ num mereret comici
Pari nitore et elegantia, fuit
Qui disputaret, et negarunt inscii;
Et mos gerendus insciis semel fuit.
Et, ecce, gessit, mentiendi gratia
Facetiisque, quas Terentius, pater
Amœnitatum, quas Menander, quas merum
Nectar deorum Plautus et mortalium,
Si sæculo reddantur, agnoscant suas,
Et quas negare non graventur non suas.
Tandem poëta est : fraude, fuco, fabula,
Mendace scena vindicavit se sibi.
Cui Stagitæ venit in mentem, putas,
Quis qua præivit supputator algebra,
Quis cogitavit illud Euclides prior,
Probare rem verissimam mendacio?

CONSTANTER. 1645.

A M. CORNEILLE,

SUR SA COMÉDIE, *LE MENTEUR*.

Eh bien, ce beau *Menteur*, cette pièce fameuse,
Qui étonne le Rhin, et fait rougir la Meuse,
Et le Tage et le Pô, et le Tibre romain,
De n'avoir rien produit d'égal à cette main,
A ce Plaute rené, à ce nouveau Térence,
La trouve-t-on si loin ou de l'indifférence,
Ou du juste mépris des savants d'aujourd'hui?
Je tiens tout au rebours qu'elle a besoin d'appui,
De grace, de pitié, de faveur affétée,
D'extrême charité, de louange empruntée.
Elle est plate, elle est fade, elle manque de sel,
De pointe et de vigueur; et n'y a carrousel
Où la rage et le vin n'enfante des Corneilles
Capables de fournir de plus fortes merveilles.
   Qu'ai-je dit? Ah! Corneille, aime mon repentir;
Ton excellent *Menteur* m'a porté à mentir.
Il m'a rendu le faux si doux et si aimable,
Que, sans m'en aviser, j'ai vu le véritable
Ruiné de crédit, et ai cru constamment
N'y avoir plus d'honneur qu'à mentir vaillamment.
   Après tout, le moyen de s'en pouvoir dédire?
A moins que d'en mentir, je n'en pouvois rien dire.
La plus haute pensée au bas de sa valeur
Devenoit injustice et injure à l'auteur.
Qu'importe donc qu'on mente, ou que d'un foible éloge
A toi et ton Menteur faussement on déroge?
Qu'importe que les dieux se trouvent irrités
De mensonges, ou bien de fausses vérités?

CONSTANTER.

ACTEURS.

GÉRONTE, père de Dorante.
DORANTE, fils de Géronte [1].
ALCIPPE, ami de Dorante et amant de Clarice [2].
PHILISTE, ami de Dorante et d'Alcippe.
CLARICE, maîtresse d'Alcippe.
LUCRÈCE, amie de Clarice.
ISABELLE, suivante de Clarice.
SABINE, femme-de-chambre de Lucrèce.
CLITON, valet de Dorante [3].
LYCAS, valet d'Alcippe.

La scène est à Paris.

Noms des acteurs qui ont joué d'original dans le Menteur :

[1] Bellerose. — [2] Beauchateau. — [3] Jodelet.

Bayalos pinx. Boilly sc.

LE MENTEUR.

DORANTE.

Ouvre enfin, et d'abord, qu'elle eut d'esprit et d'art !
Elle se jette au cou de ce pauvre vieillard.

Acte 9. Sc. 5.

Publié par Furne a Paris

LE MENTEUR[1].

ACTE PREMIER.

SCÈNE I.

DORANTE, CLITON.

DORANTE.

A la fin j'ai quitté la robe pour l'épée :
L'attente où j'ai vécu n'a point été trompée ;
Mon père a consenti que je suive mon choix,
Et j'ai fait banqueroute à ce fatras de lois[2].

[1] Les variantes nous ont été fournies par l'édition de 1644. (LEF....)

Il faut avouer que nous devons à l'Espagne la première tragédie touchante et la première comédie de caractère qui aient illustré la France. Ne rougissons point d'être venus tard dans tous les genres. C'est beaucoup que, dans un temps où l'on ne connaissait que des aventures romanesques et des turlupinades, Corneille mit la morale sur le théâtre. Ce n'est qu'une traduction ; mais c'est probablement à cette traduction que nous devons Molière. Il est impossible, en effet, que l'inimitable Molière ait vu cette pièce sans voir tout d'un coup la prodigieuse supériorité que ce genre a sur tous les autres, et sans s'y livrer entièrement. Il y a autant de distance de *Mélite* au *Menteur* que de toutes les comédies de ce temps-là à *Mélite* : ainsi Corneille a réformé la scène tragique et la scène comique par d'heureuses imitations. (V.)

[2] On disait alors *faire banqueroute*, pour *abandonner, renoncer*,

Mais puisque nous voici dedans les Tuileries [1],
Le pays du beau monde et des galanteries,
Dis-moi, me trouves-tu bien fait en cavalier?
Ne vois-tu rien en moi qui sente l'écolier [2]?
Comme il est malaisé qu'aux royaumes du code
On apprenne à se faire un visage à la mode,
J'ai lieu d'appréhender....

CLITON.

Ne craignez rien pour vous;
Vous ferez en une heure ici mille jaloux.
Ce visage et ce port n'ont point l'air de l'école;
Et jamais comme vous on ne peignit Barthole :
Je prévois du malheur pour beaucoup de maris.
Mais que vous semble encor maintenant de Paris?

DORANTE.

J'en trouve l'air bien doux, et cette loi bien rude
Qui m'en avoit banni sous prétexte d'étude.
Toi, qui sais les moyens de s'y bien divertir,
Ayant eu le bonheur de n'en jamais sortir [3],

quitter, se détacher, mais mal-à-propos; banqueroute était impropre, même en ce temps-là, dans l'occasion où l'auteur l'emploie. Dorante ne fait pas banqueroute aux lois, puisque son père consent qu'il renonce à cette profession. (V.) — Dorante plaisante en style de palais, et toute cette tirade est comme une révélation du style de la bonne comédie. (A.-M.)

VAR. Et je fais banqueroute à ce fatras de lois.

[1] Nous avons souvent remarqué ailleurs que *dedans* est une légère faute, et qu'il faut *dans*. (V.) — *Dedans* pour *dans*, à cette époque, n'était pas une faute même légère. (A.-M.)

[2] VAR. Ma mine a-t-elle rien qui sente l'écolier?
  Qui revient comme moi des royaumes du code
  Rapporte rarement un visage à la mode.
    CLITON.
  Cette règle, monsieur, n'est pas faite pour vous.

[3] VAR. Ayant eu le bonheur que de n'en point sortir.

Dis-moi comme en ce lieu l'on gouverne les dames.
CLITON.
C'est là le plus beau soin qui vienne aux belles ames[1],
Disent les beaux esprits. Mais, sans faire le fin,
Vous avez l'appétit ouvert de bon matin!
D'hier au soir seulement vous êtes dans la ville,
Et vous vous ennuyez déja d'être inutile!
Votre humeur sans emploi ne peut passer un jour!
Et déja vous cherchez à pratiquer l'amour[2]!
Je suis auprès de vous en fort bonne posture
De passer pour un homme à donner tablature;
J'ai la taille d'un maître en ce noble métier[3],
Et je suis, tout au moins, l'intendant du quartier.
DORANTE.
Ne t'effarouche point : je ne cherche, à vrai dire,
Que quelque connoissance où l'on se plaise à rire,
Qu'on puisse visiter par divertissement,
Où l'on puisse en douceur couler quelque moment.
Pour me connoître mal tu prends mon sens à gauche.
CLITON.
J'entends, vous n'êtes pas un homme de débauche,

[1] On prend un soin, on a un soin, on se charge d'un soin, on rend des soins ; mais un soin ne *vient* pas. (V.)

[2] On ne pratique point l'amour comme on pratique le barreau, la médecine. (V.) — Le valet du ci-devant avocat lui rappelle par ce mot la profession qu'il vient de quitter, et c'est là du très bon comique. (A.-M.)

[3] Quoique Corneille ait épuré le théâtre dans ses premières comédies, et qu'il ait imité, ou plutôt deviné le ton de la bonne compagnie de son temps, il est pourtant encore ici loin de la bienséance et du bon goût; mais au moins il n'y a pas de mot déshonnête, comme Scarron s'en permit dans de misérables farces des Jodelets qui, à la honte de la nation, et même de la cour, eurent tant de succès avant les chefs-d'œuvre de Molière. (V.)

Et tenez celles-là trop indignes de vous
Que le son d'un écu rend traitables à tous [1] :
Aussi que vous cherchiez de ces sages coquettes
Où peuvent tous venants débiter leurs fleurettes [2],
Mais qui ne font l'amour que de babil et d'yeux [3],
Vous êtes d'encolure à vouloir un peu mieux.
Loin de passer son temps, chacun le perd chez elles ;
Et le jeu, comme on dit, n'en vaut pas les chandelles [4].
Mais ce seroit pour vous un bonheur sans égal
Que ces femmes de bien qui se gouvernent mal,
Et de qui la vertu, quand on leur fait service,
N'est pas incompatible avec un peu de vice.
Vous en verrez ici de toutes les façons.
Ne me demandez point cependant de leçons ;
Ou je me connois mal à voir votre visage [5],

[1] *Le son d'un écu* et l'idée de ce vers sont des choses honteuses qu'on devrait retrancher pour l'honneur de la scène française. Ce vers même est imité de la satire de Regnier intitulée *Macette*. Les bienséances étaient impunément violées dans ce temps-là; et Corneille, qui s'élevait au-dessus de ses contemporains, se laissait entraîner à leurs usages. (V.)

[2] Cela n'est pas français. On dit bien *la maison où j'ai été*, mais non *la coquette où j'ai été*. (V.) — *Où* pour *chez qui* est une licence admise dans le style comique, et à plus forte raison dans la bouche d'un valet :

> Le véritable Amphitryon
> Est l'Amphitryon *où* l'on dîne. (A.-M.)

Var. Qui bornent au babil leurs faveurs plus secrètes,
Sans qu'il vous soit permis de jouer que des yeux.

[3] Ce vers n'est pas français ; *faire l'amour d'yeux et de babil* ne peut se dire. (V.)

[4] *Chandelles*; cette expression serait aujourd'hui indigne de la haute comédie. (V.) — Non, car le mot est dans la bouche d'un valet, et il fait partie d'un proverbe. C'est une espèce de citation qui appuie le discours. (A.-M.)

[5] On dirait bien en général, *je me connais en visages*, en phy-

Ou vous n'en êtes pas à votre apprentissage :
Vos lois ne régloient pas si bien tous vos desseins
Que vous eussiez toujours un portefeuille aux mains.

DORANTE.

A ne rien déguiser, Cliton, je te confesse
Qu'à Poitiers j'ai vécu comme vit la jeunesse ;
J'étois en ces lieux-là de beaucoup de métiers :
Mais Paris, après tout, est bien loin de Poitiers [1].
Le climat différent veut une autre méthode :
Ce qu'on admire ailleurs est ici hors de mode ;
La diverse façon de parler et d'agir
Donne aux nouveaux venus souvent de quoi rougir [2].
Chez les provinciaux on prend ce qu'on rencontre ;
Et là, faute de mieux, un sot passe à la montre [3] :
Mais il faut à Paris bien d'autres qualités ;
On ne s'éblouit point de ces fausses clartés ;
Et tant d'honnêtes gens, que l'on y voit ensemble,
Font qu'on est mal reçu, si l'on ne leur ressemble.

---

sionomies, mais non en particulier : *je me connais à voir votre visage*. C'est une de ces expressions proverbiales qui perdent leur sens en perdant leur forme. (**A.-M.**)

[1] Corneille veut dire : *est bien supérieur à Poitiers*, mais il ne le dit pas. L'usage ayant décidé que *loin de* se prend en mauvaise part et signifie *inférieur à*, pour rendre aujourd'hui la pensée de Corneille, il faudrait dire : *Mais Poitiers, après tout, est bien loin de Paris*. (**A.-M.**)

[2] Vers supprimés :

> J'en voyois là beaucoup passer pour gens d'esprit,
> Et faire encore état de Chimène et du Cid,
> Estimer de tous deux la vertu sans seconde,
> Qui passeroient ici pour gens de l'autre monde,
> Et se feroient siffler, si dans un entretien
> Ils étoient si grossiers que d'en dire du bien.

[3] Ce mot signifie *revue*. (**V.**)

CLITON.

Connoissez mieux Paris, puisque vous en parlez.
Paris est un grand lieu plein de marchands mêlés :
L'effet n'y répond pas toujours à l'apparence ;
On s'y laisse duper autant qu'en lieu de France ;
Et, parmi tant d'esprits plus polis et meilleurs,
Il y croît des badauds autant et plus qu'ailleurs.
Dans la confusion que ce grand monde apporte,
Il y vient de tous lieux des gens de toute sorte ;
Et dans toute la France il est fort peu d'endroits
Dont il n'ait le rebut aussi bien que le choix.
Comme on s'y connoît mal, chacun s'y fait de mise,
Et vaut communément autant comme il se prise [1] :
De bien pires que vous s'y font assez valoir.
Mais, pour venir au point que vous voulez savoir,
Êtes-vous libéral ?

DORANTE.
Je ne suis point avare.

CLITON.
C'est un secret d'amour et bien grand et bien rare :
Mais il faut de l'adresse à le bien débiter ;
Autrement, on s'y perd au lieu d'en profiter.
Tel donne à pleines mains qui n'oblige personne [2] :
La façon de donner vaut mieux que ce qu'on donne.
L'un perd exprès au jeu son présent déguisé ;

---

[1] *Vaut autant comme* n'est pas français ; on l'a déja observé ailleurs. (V.) — Et ailleurs aussi nous avons remarqué que cette phrase était très française du temps de Corneille. (A.-M.)

[2] Molière n'a point de tirade plus parfaite ; Térence n'a rien écrit de plus pur que ce morceau : il n'est point au-dessus d'un valet, et cependant c'est une des meilleures leçons pour se bien conduire dans le monde. Il me semble que Corneille a donné des modèles de tous les genres. (V.)

L'autre oublie un bijou qu'on auroit refusé.
Un lourdaud libéral auprès d'une maîtresse
Semble donner l'aumône alors qu'il fait largesse;
Et d'un tel contre-temps il fait tout ce qu'il fait [1],
Que, quand il tâche à plaire, il offense en effet.

DORANTE.

Laissons là ces lourdauds contre qui tu déclames,
Et me dis seulement si tu connois ces dames.

CLITON.

Non : cette marchandise est de trop bon aloi;
Ce n'est point là gibier à des gens comme moi;
Il est aisé pourtant d'en savoir des nouvelles,
Et bientôt leur cocher m'en dira des plus belles.

DORANTE.

Penses-tu qu'il t'en die?

CLITON.

Assez pour en mourir;
Puisque c'est un cocher, il aime à discourir.

SCÈNE II.

DORANTE, CLARICE, LUCRÈCE, ISABELLE.

CLARICE, faisant un faux pas, et comme se laissant choir [2].

Ay !

---

[1] On ne dit pas *faire d'un contre-temps*, mais *faire à contre-temps*. Au reste, cette scène est d'un ton très supérieur à toutes les comédies qu'on donnait alors : elle peint des mœurs vraies; elle est bien écrite, à l'exception de quelques fautes excusables. (V.)

[2] Une comédie qui n'est fondée que sur un faux pas que fait une demoiselle en se promenant aux Tuileries, semble manquer

LE MENTEUR.

DORANTE, lui donnant la main.

Ce malheur me rend un favorable office [1],
Puisqu'il me donne lieu de ce petit service [2];
Et c'est pour moi, madame, un bonheur souverain
Que cette occasion de vous donner la main.

CLARICE.

L'occasion ici fort peu vous favorise,
Et ce foible bonheur ne vaut pas qu'on le prise.

DORANTE.

Il est vrai, je le dois tout entier au hasard;
Mes soins ni vos desirs n'y prennent point de part;
Et sa douceur mêlée avec cette amertume
Ne me rend pas le sort plus doux que de coutume,
Puisque enfin ce bonheur, que j'ai si fort prisé,
A mon peu de mérite eût été refusé.

CLARICE.

S'il a perdu sitôt ce qui pouvoit vous plaire,
Je veux être à mon tour d'un sentiment contraire,

d'art dans son exposition; et les compliments que se font Clarice et Dorante n'annoncent ni intrigue ni caractère. (V.)

[1] Si cette Clarice n'avait pas fait un faux pas, il n'y aurait donc pas de pièce? Ce défaut est de l'auteur espagnol. L'esprit est plus content quand l'intrigue est déja nouée dans l'exposition; on prend bien plus de part à des passions déja régnantes, à des intérêts déja établis. Un amour qui commence tout d'un coup dans la pièce, et dont l'origine est si faible, ne fait aucune impression, parceque cet amour n'est pas assez vraisemblable. On tolère la naissance soudaine de cette passion dans quelque jeune homme ardent et impétueux qui s'enflamme au premier objet; encore y faut-il beaucoup de nuances. On croirait presque que ce Dorante, qui aime tant à mentir, exerce ce talent dans sa déclaration d'amour, et que cet amour est un de ses mensonges; cependant il est de bonne foi. (V.)

[2] *Lieu d'un service* n'est pas français : on donne lieu de rendre service. (V.)

ACTE I, SCÈNE II.

Et crois qu'on doit trouver plus de félicité
A posséder un bien sans l'avoir mérité.
 J'estime plus un don qu'une reconnoissance :
Qui nous donne fait plus que qui nous récompense ;
Et le plus grand bonheur au mérite rendu [1]
Ne fait que nous payer de ce qui nous est dû.
La faveur qu'on mérite est toujours achetée ;
L'heur en croît d'autant plus, moins elle est méritée ;
Et le bien où sans peine elle fait parvenir
Par le mérite à peine auroit pu s'obtenir.

DORANTE.

Aussi ne croyez pas que jamais je prétende
Obtenir par mérite une faveur si grande :
J'en sais mieux le haut prix ; et mon cœur amoureux,
Moins il s'en connoît digne, et plus s'en tient heureux.
On me l'a pu toujours dénier sans injure ;
Et si la recevant ce cœur même en murmure,
Il se plaint du malheur de ses félicités,
Que le hasard lui donne, et non vos volontés.
Un amant a fort peu de quoi se satisfaire
Des faveurs qu'on lui fait sans dessein de les faire :
Comme l'intention seule en forme le prix [2],
Assez souvent sans elle on les joint au mépris.
Jugez par-là quel bien peut recevoir ma flamme
D'une main qu'on me donne en me refusant l'ame.

---

[1] Cela n'est pas français : on rend justice au mérite, on ne lui rend pas *bonheur* : peut-être les premiers imprimeurs ont-ils mis *bonheur* au lieu d'*honneur*. Cette scène languit par une contestation trop longue. (V.)

[2] Ces dissertations dont les phrases commencent presque toujours par *comme,* et dont l'auteur a rempli ses tragédies, sont une de ces habitudes qu'il avait prises en écrivant ; c'est la manière du peintre. (V.)

Je la tiens, je la touche, et je la touche en vain,
Si je ne puis toucher le cœur avec la main.

CLARICE.

Cette flamme, monsieur, est pour moi fort nouvelle,
Puisque j'en viens de voir la première étincelle.
Si votre cœur ainsi s'embrase en un moment,
Le mien ne sut jamais brûler si promptement[1];
Mais peut-être, à présent que j'en suis avertie,
Le temps donnera place à plus de sympathie.
Confessez cependant qu'à tort vous murmurez
Du mépris de vos feux que j'avois ignorés.

SCÈNE III.

DORANTE, CLARICE, LUCRÈCE, ISABELLE, CLITON.

DORANTE.

C'est l'effet du malheur qui par-tout m'accompagne.
Depuis que j'ai quitté les guerres d'Allemagne,
C'est-à-dire, du moins depuis un an entier,
Je suis et jour et nuit dedans votre quartier;
Je vous cherche en tous lieux, au bal, aux promenades;
Vous n'avez que de moi reçu des sérénades;
Et je n'ai pu trouver que cette occasion
A vous entretenir de mon affection.

CLARICE.

Quoi! vous avez donc vu l'Allemagne et la guerre?

DORANTE.

Je m'y suis fait, quatre ans, craindre comme un tonnerre.

---

[1] Var. Le mien ne brûle pas du moins si promptement.

CLITON.

Que lui va-t-il conter?

DORANTE.

Et durant ces quatre ans [1]
Il ne s'est fait combats, ni siéges importants,
Nos armes n'ont jamais remporté de victoire
Où cette main n'ait eu bonne part à la gloire;
Et même la gazette a souvent divulgué [2]....

CLITON, le tirant par la basque.

Savez-vous bien, monsieur, que vous extravaguez?

DORANTE.

Tais-toi.

CLITON.

Vous rêvez, dis-je, ou...

DORANTE.

Tais-toi, misérable.

CLITON.

Vous venez de Poitiers, ou je me donne au diable;
Vous en revîntes hier.

DORANTE, à Cliton.

Te tairas-tu, maraud [3]?

(à Clarice.)

Mon nom dans nos succès s'étoit mis assez haut
Pour faire quelque bruit sans beaucoup d'injustice;
Et je suivrois encore un si noble exercice,

---

[1] VAR. . . . . Et durant tout ce temps.

[2] VAR. Et la gazette même a souvent divulgué.

[3] VAR. . . . . Maraud, te tairas-tu?
(à Clarice.)
Avec assez d'honneur j'ai souvent combattu,
Et mon nom a fait bruit peut-être avec justice.
CLARICE.
Qui vous a fait quitter un si noble exercice?

N'étoit que l'autre hiver, faisant ici ma cour [1],
Je vous vis, et je fus retenu par l'amour.
Attaqué par vos yeux, je leur rendis les armes;
Je me fis prisonnier de tant d'aimables charmes;
Je leur livrai mon ame; et ce cœur généreux
Dès ce premier moment oublia tout pour eux.
Vaincre dans les combats, commander dans l'armée,
De mille exploits fameux enfler ma renommée,
Et tous ces nobles soins qui m'avoient su ravir,
Cédèrent aussitôt à ceux de vous servir.

ISABELLE, à Clarice, tout bas.

Madame, Alcippe vient; il aura de l'ombrage [2].

CLARICE.

Nous en saurons, monsieur, quelque jour davantage.
Adieu.

DORANTE.

Quoi! me priver sitôt de tout mon bien?

CLARICE.

Nous n'avons pas loisir d'un plus long entretien,
Et, malgré la douceur de me voir cajolée,
Il faut que nous fassions seules deux tours d'allée.

DORANTE.

Cependant accordez à mes vœux innocents
La licence d'aimer des charmes si puissants.

CLARICE.

Un cœur qui veut aimer, et qui sait comme on aime,
N'en demande jamais licence qu'à soi-même.

---

[1] VAR. Revenu l'autre hiver pour faire ici ma cour.

[2] VAR. Madame, Alcippe approche; il aura de l'ombrage.

SCÈNE IV.

DORANTE, CLITON.

DORANTE.

Suis-les, Cliton.

CLITON.

J'en sais ce qu'on en peut savoir.
La langue du cocher a fait tout son devoir [1].
« La plus belle des deux, dit-il, est ma maîtresse;
« Elle loge à la place, et son nom est Lucrèce. »

DORANTE.

Quelle place?

CLITON.

Royale; et l'autre y loge aussi.
Il n'en sait pas le nom, mais j'en prendrai souci.

DORANTE.

Ne te mets point, Cliton, en peine de l'apprendre.
Celle qui m'a parlé, celle qui m'a su prendre,
C'est Lucrèce, ce l'est sans aucun contredit;
Sa beauté m'en assure, et mon cœur me le dit.

CLITON.

Quoique mon sentiment doive respect au vôtre,
La plus belle des deux, je crois que ce soit l'autre [2].

---

[1] VAR. La langue du cocher a bien fait son devoir.

[2] *Je crois que ce soit* est une faute de grammaire, du temps même de Corneille. *Je crois*, étant une chose positive, exige l'indicatif; mais pourquoi dit-on, Je crois qu'elle *est* aimable, qu'elle *a* de l'esprit? et *Croyez-vous* qu'elle *soit* aimable, qu'elle *ait* de l'esprit? C'est que *croyez-vous* n'est point positif; *croyez-vous* exprime le doute de celui qui interroge : *Je suis sûr qu'il vous satisfera; êtes-vous sûr qu'il vous satisfasse?* Vous voyez, par cet exemple, que les règles de la grammaire sont fondées, pour la

DORANTE.

Quoi! celle qui s'est tue, et qui dans nos propos
N'a jamais eu l'esprit de mêler quatre mots?

CLITON.

Monsieur, quand une femme a le don de se taire [1],
Elle a des qualités au-dessus du vulgaire;
C'est un effort du ciel qu'on a peine à trouver;
Sans un petit miracle il ne peut l'achever;
Et la nature souffre extrême violence
Lorsqu'il en fait d'humeur à garder le silence.
Pour moi, jamais l'amour n'inquiète mes nuits;
Et, quand le cœur m'en dit, j'en prends par où je puis [2] :
Mais naturellement femme qui se peut taire
A sur moi tel pouvoir et tel droit de me plaire,
Qu'eût-elle en vrai magot tout le corps fagoté,
Je lui voudrois donner le prix de la beauté.
C'est elle assurément qui s'appelle Lucrèce :
Cherchez un autre nom pour l'objet qui vous blesse;
Ce n'est point là le sien; celle qui n'a dit mot,
Monsieur, c'est la plus belle, ou je ne suis qu'un sot.

plupart, sur la raison, et sur cette logique naturelle avec laquelle naissent tous les hommes bien organisés. (V.)

[1] Var. Ah! depuis* qu'une femme a le don de se taire,
. . . .
. . . .
Cette perfection est rare, et nous pouvons
L'appeler un miracle, au siècle où nous vivons,
Puisqu'à l'ordre commun le ciel fait violence,
La formant compatible avecque le silence.
Moi, je n'ai point d'amour en l'état où je suis.

[2] *J'en prends par où je puis* est un peu licencieux, et l'expression est dégoûtante. Ce n'est point ainsi que Térence fait parler ses valets. (V.)

* *Depuis* ne peut être employé pour *quand*, pour *dès-là que*, *lorsque*. Ce mot *depuis* dénote toujours un temps passé : il n'y a point d'exception à cette règle. C'est principalement aux étrangers que j'adresse cette remarque : c'est pour eux sur-tout qu'on fait ces commentaires. (V.)

ACTE I, SCÈNE V.

DORANTE.
Je t'en crois sans jurer, avec tes incartades[1].
Mais voici les plus chers de mes vieux camarades :
Ils semblent étonnés, à voir leur action.

SCÈNE V.

DORANTE, ALCIPPE, PHILISTE, CLITON.

PHILISTE, à Alcippe.
Quoi, sur l'eau, la musique et la collation ?
ALCIPPE, à Philiste.
Oui, la collation avecque la musique.
PHILISTE, à Alcippe.
Hier au soir ?
ALCIPPE, à Philiste.
Hier au soir.
PHILISTE, à Alcippe.
Et belle ?
ALCIPPE, à Philiste.
Magnifique.
PHILISTE, à Alcippe.
Et par qui ?
ALCIPPE, à Philiste.
C'est de quoi je suis mal éclairci.
DORANTE, les saluant.
Que mon bonheur est grand de vous revoir ici !
ALCIPPE.
Le mien est sans pareil, puisque je vous embrasse.

---

[1] Var. Je t'en crois sans jurer, avecque les boutades.

DORANTE.

J'ai rompu vos discours d'assez mauvaise grace;
Vous le pardonnerez à l'aise de vous voir.

PHILISTE.

Avec nous, de tout temps, vous avez tout pouvoir [1].

DORANTE.

Mais de quoi parliez-vous?

ALCIPPE.

D'une galanterie.

DORANTE.

D'amour?

ALCIPPE.

Je le présume.

DORANTE.

Achevez, je vous prie,
Et souffrez qu'à ce mot ma curiosité
Vous demande sa part de cette nouveauté.

ALCIPPE.

On dit qu'on a donné musique à quelque dame.

DORANTE.

Sur l'eau?

ALCIPPE.

Sur l'eau.

DORANTE.

Souvent l'onde irrite la flamme.

PHILISTE.

Quelquefois.

DORANTE.

Et ce fut hier au soir?

ALCIPPE.

Hier au soir.

---

[1] VAR. Avecque vos amis vous avez tout pouvoir.

DORANTE.
Dans l'ombre de la nuit le feu se fait mieux voir;
Le temps étoit bien pris. Cette dame, elle est belle?
ALCIPPE.
Aux yeux de bien du monde elle passe pour telle.
DORANTE.
Et la musique?
ALCIPPE.
Assez pour n'en rien dédaigner.
DORANTE.
Quelque collation a pu l'accompagner?
ALCIPPE.
On le dit.
DORANTE.
Fort superbe?
ALCIPPE.
Et fort bien ordonnée.
DORANTE.
Et vous ne savez point celui qui l'a donnée?
ALCIPPE.
Vous en riez!
DORANTE.
Je ris de vous voir étonné
D'un divertissement que je me suis donné.
ALCIPPE.
Vous?
DORANTE.
Moi-même.
ALCIPPE.
Et déja vous avez fait maîtresse?
DORANTE.
Si je n'en avois fait, j'aurois bien peu d'adresse,

Moi qui depuis un mois suis ici de retour [1].
Il est vrai que je sors fort peu souvent de jour;
De nuit, *incognito*, je rends quelques visites.
Ainsi...

CLITON, à Dorante, à l'oreille.

Vous ne savez, monsieur, ce que vous dites.

DORANTE.

Tais-toi; si jamais plus tu me viens avertir...

CLITON.

J'enrage de me taire, et d'entendre mentir.

PHILISTE, à Alcippe.

Voyez qu'heureusement dedans cette rencontre
Votre rival lui-même à vous-même se montre.

DORANTE, revenant à eux.

Comme à mes chers amis je vous veux tout conter.
J'avois pris cinq bateaux pour mieux tout ajuster [2];
Les quatre contenoient quatre chœurs de musique,
Capables de charmer le plus mélancolique.
Au premier, violons; en l'autre, luths et voix;
Des flûtes, au troisième; au dernier, des hautbois,
Qui tour-à-tour dans l'air poussoient des harmonies [3]
Dont on pouvoit nommer les douceurs infinies.

[1] VAR. Depuis un mois et plus on me voit de retour;
  Mais, pour certain sujet, je sors fort peu de jour.
  La nuit, *incognito*, je rends quelques visites.

[2] VAR. De cinq bateaux qu'exprès j'avois fait apprêter.

[3] Quoique ce substantif *harmonie* n'admette point de pluriel, non plus que *mélodie, musique, physique*, et presque tous les noms des sciences et des arts, cependant j'ose croire que, dans cette occasion, ces *harmonies* ne sont point une faute, parcequ'e ce sont des concerts différents. On peut dire, *les mélodies de Lully et de Rameau sont différentes :* de plus, le Menteur s'égaie dans son récit; et *pousser des harmonies* est assez plaisant pour un menteur qui est supposé chercher à tout moment ses phrases. (V.)

Le cinquième étoit grand, tapissé tout exprès
De rameaux enlacés pour conserver le frais,
Dont chaque extrémité portoit un doux mélange
De bouquets de jasmin, de grenade, et d'orange.
Je fis de ce bateau la salle du festin :
Là je menai l'objet qui fait seul mon destin ;
De cinq autres beautés la sienne fut suivie,
Et la collation fut aussitôt servie.
Je ne vous dirai point les différents apprêts,
Le nom de chaque plat, le rang de chaque mets;
Vous saurez seulement qu'en ce lieu de délices
On servit douze plats, et qu'on fit six services,
Cependant que les eaux, les rochers, et les airs,
Répondoient aux accents de nos quatre concerts.
Après qu'on eut mangé, mille et mille fusées,
S'élançant vers les cieux, ou droites, ou croisées,
Firent un nouveau jour, d'où tant de serpenteaux
D'un déluge de flamme attaquèrent les eaux,
Qu'on crut que, pour leur faire une plus rude guerre,
Tout l'élément du feu tomboit du ciel en terre.
Après ce passe-temps on dansa jusqu'au jour,
Dont le soleil jaloux avança le retour :
S'il eût pris notre avis, sa lumière importune[1]
N'eût pas troublé sitôt ma petite fortune ;
Mais, n'étant pas d'humeur à suivre nos desirs,
Il sépara la troupe, et finit nos plaisirs.

ALCIPPE.

Certes, vous avez grace à conter ces merveilles;
Paris, tout grand qu'il est, en voit peu de pareilles.

DORANTE.

J'avois été surpris ; et l'objet de mes vœux

[1] VAR. S'il eût pris notre avis, ou s'il eût craint ma haine,
Il eût autant tardé qu'à la couche d'Alcmène.

Ne m'avoit, tout au plus, donné qu'une heure ou deux.
PHILISTE.
Cependant l'ordre est rare, et la dépense belle.
DORANTE.
Il s'est fallu passer à cette bagatelle [1] :
Alors que le temps presse, on n'a pas à choisir.
ALCIPPE.
Adieu : nous nous verrons avec plus de loisir.
DORANTE.
Faites état de moi.
ALCIPPE, à Philiste, en s'en allant.
Je meurs de jalousie !
PHILISTE, à Alcippe.
Sans raison toutefois votre ame en est saisie ;
Les signes du festin ne s'accordent pas bien.
ALCIPPE, à Philiste.
Le lieu s'accorde, et l'heure : et le reste n'est rien.

SCÈNE VI.

DORANTE, CLITON.

CLITON.
Monsieur, puis-je à présent parler sans vous déplaire ?
DORANTE.
Je remets à ton choix de parler ou te taire [2] ;

---

[1] *Se passer à, se passer de,* sont deux choses absolument différentes. *Se passer à* signifie *se contenter de ce qu'on a; se passer de* signifie *soutenir le besoin de ce qu'on n'a pas :* il a quatre attelages, on peut se passer à moins ; vous avez cent mille écus de rente, et je m'en passe. (V.)

[2] La grande exactitude de la prose veut *de te taire :* mais il faut renoncer à faire des vers si cette petite licence n'est pas permise. (V.)

Mais quand tu vois quelqu'un, ne fais plus l'insolent.

CLITON.

Votre ordinaire est-il de rêver en parlant?

DORANTE.

Où me vois-tu rêver?

CLITON.

J'appelle rêveries
Ce qu'en d'autres qu'un maître on nomme menteries ;
Je parle avec respect.

DORANTE.

Pauvre esprit !

CLITON.

Je le perds
Quand je vous ois parler de guerre et de concerts [1].
Vous voyez sans péril nos batailles dernières,
Et faites des festins qui ne vous coûtent guères.
Pourquoi depuis un an vous feindre de retour?

DORANTE.

J'en montre plus de flamme, et j'en fais mieux ma cour.

CLITON.

Qu'a de propre la guerre à montrer votre flamme?

DORANTE.

O le beau compliment à charmer une dame,
De lui dire d'abord : « J'apporte à vos beautés
« Un cœur nouveau venu des universités ;

---

[1] *Je vous ois* ne se dit plus; pourquoi? cette diphthongue n'est-elle pas sonore? *Foi, loi, crois, bois,* révoltent-ils l'oreille? Pourquoi l'infinitif *ouïr* est-il resté, et le présent est-il proscrit? La syntaxe est toujours fondée sur la raison : l'usage et l'abolition des mots dépendent quelquefois du caprice; mais on peut dire que cet usage tend toujours à la douceur de la prononciation : *je l'ois, j'ois,* est sec et rude; on s'en est défait insensiblement. (V.)

« Si vous avez besoin de lois et de rubriques,
« Je sais le Code entier avec les Authentiques,
« Le Digeste nouveau, le vieux, l'Infortiat,
« Ce qu'en a dit Jason, Balde, Accurse, Alciat! »
Qu'un si riche discours nous rend considérables!
Qu'on amollit par-là de cœurs inexorables!
Qu'un homme à paragraphe est un joli galant!

On s'introduit bien mieux à titre de vaillant :
Tout le secret ne gît qu'en un peu de grimace ;
A mentir à propos, jurer de bonne grace,
Étaler force mots qu'elles n'entendent pas ;
Faire sonner Lamboy, Jean de Vert, et Galas[1] ;
Nommer quelques châteaux de qui les noms barbares,
Plus ils blessent l'oreille, et plus leur semblent rares ;
Avoir toujours en bouche angles, lignes, fossés,
Vedette, contrescarpe, et travaux avancés :
Sans ordre et sans raison, n'importe, on les étonne ;
On leur fait admirer les baies qu'on leur donne[2] :
Et tel, à la faveur d'un semblable débit,
Passe pour homme illustre, et se met en crédit.

CLITON.

A qui vous veut ouïr, vous en faites bien croire ;
Mais celle-ci bientôt peut savoir votre histoire.

DORANTE.

J'aurai déja gagné chez elle quelque accès ;

[1] Généraux de l'empereur Ferdinand III. (V.)

[2] *Baies* signifie ici *bourdes, cassades*. Il faut éviter soigneusement au milieu des vers ces mots *baies, haies*, et ne les jamais faire rencontrer par des syllabes qui les heurtent. On est obligé de faire *baies* de deux syllabes, et ce son est très désagréable ; c'est ce qu'on appelle le demi-*hiatus*. Nous avons des règles certaines d'harmonie dans la poésie ; pour peu qu'on s'en écarte, les vers rebutent, et c'est en partie pourquoi nous avons tant de mauvais poëtes. (V.)

ACTE I, SCÈNE VI.

Et, loin d'en redouter un malheureux succès,
Si jamais un fâcheux nous nuit par sa présence,
Nous pourrons sous ces mots être d'intelligence [1].
Voilà traiter l'amour, Cliton, et comme il faut.

CLITON.

A vous dire le vrai, je tombe de bien haut.
Mais parlons du festin : Urgande et Mélusine [2]
N'ont jamais sur-le-champ mieux fourni leur cuisine ;
Vous allez au-delà de leurs enchantements :
Vous seriez un grand maître à faire des romans ;
Ayant si bien en main le festin et la guerre [3],
Vos gens en moins de rien courroient toute la terre,
Et ce seroit pour vous des travaux fort légers
Que d'y mêler par-tout la pompe et les dangers [4].

---

[1] On n'entend pas bien ce que l'auteur veut dire. Comment Dorante sera-t-il d'intelligence avec sa maîtresse sous les mots de *contrescarpe* et de *fossé?* (V.) — Peut-être le sens est-il : « Nous nous ferons de ces mots un langage de convention en présence d'un fâcheux. » Peut-être ces mots se prêtaient-ils à des allusions comiques qui sont perdues pour nous. Quoi qu'il en soit, il faut bien que ces deux vers aient un sens, puisque Cliton les répète ironiquement à son maître, acte III, sc. vi :

> Et je suis ce fâcheux qui nuit par ma présence,
> Et vous fait sous ces mots être d'intelligence. (A.-M.)

[2] *Urgande*, fée célèbre dont il est question dans le roman des *Amadis*. — *Mélusine*. Cette fée joue un grand rôle dans les traditions fabuleuses du Poitou. (A.-M.)

[3] *Le festin en main;* mauvaise expression de ce temps-là. (V.) — *Avoir en main*, pour avoir à sa disposition, était une phrase faite, et d'un usage fréquent. Nous trouverons plus loin :

> Il me faudroit en main avoir un autre amant. *Acte II, sc.* 2.
> C'est bien aimer la fourbe et l'avoir bien en main. *Acte III, sc.* 3.

et dans *Rodogune*, acte II, sc. 2 :

> J'en ai le choix en main avec le droit d'aînesse. (A.-M.)

[4] VAR. De faire voir par-tout la pompe et les dangers.

Ces hautes fictions vous sont bien naturelles.

DORANTE.

J'aime à braver ainsi les conteurs de nouvelles;
Et sitôt que j'en vois quelqu'un s'imaginer
Que ce qu'il veut m'apprendre a de quoi m'étonner,
Je le sers aussitôt d'un conte imaginaire
Qui l'étonne lui-même, et le force à se taire.
Si tu pouvois savoir quel plaisir on a lors
De leur faire rentrer leurs nouvelles au corps....

CLITON.

Je le juge assez grand; mais enfin ces pratiques
Vous peuvent engager en de fâcheux intriques [1].

DORANTE.

Nous nous en tirerons; mais tous ces vains discours [2]
M'empêchent de chercher l'objet de mes amours;
Tâchons de le rejoindre, et sache qu'à me suivre
Je t'apprendrai bientôt d'autres façons de vivre [3].

---

[1] Ce mot *intriques* n'est plus d'usage. Thomas Corneille, dans l'édition qu'il fit des OEuvres de son frère (1692), substitua :

. . . . Mais enfin ces pratiques
Vous couvriront de honte en devenant publiques. (V.)

[2] VAR. Nous les démêlerons; mais tous ces vains discours.

[3] La singularité du caractère de Dorante, les embarras où il se jette, et la manière ingénieuse et toujours inattendue dont il s'en tire; l'allure franche et naïve de Cliton, sa confusion, ses surprises, et ce style si naturel, si simple, et quelquefois si brillant, suivant les nécessités du sujet; tout cela était nouveau au théâtre : on sentit que la comédie était née. Les contemporains de Corneille ne s'y trompèrent pas : il les avait élevés jusques à lui, et le *Menteur* préparait le public de Molière, comme *le Cid*, *Horace* et *Cinna* avaient préparé le public de Racine. (A.-M.)

FIN DU PREMIER ACTE.

ACTE SECOND.

SCÈNE I[1].

GÉRONTE, CLARICE, ISABELLE.

CLARICE.

Je sais qu'il vaut beaucoup étant sorti de vous :
Mais, monsieur, sans le voir, accepter un époux,
Par quelque haut récit qu'on en soit conviée[2],
C'est grande avidité de se voir mariée :
D'ailleurs, en recevoir visite et compliment[3],

---

[1] Remarquez ici que la scène change. Le premier acte s'est passé dans les Tuileries; à présent nous sommes dans la maison de Clarice, à la place Royale : on aurait pu aisément supposer que la maison est voisine du jardin des Tuileries, et que le spectateur voit l'une et l'autre. Nous avons déja dit que l'unité de lieu ne consiste pas à rester toujours dans le même endroit, et que la scène peut se passer dans plusieurs lieux représentés sur le théâtre avec vraisemblance : rien n'empêche qu'on ne voie aisément un jardin, un vestibule, une chambre. (V.)

[2] Cette expression *conviée*, prise en ce sens, n'est plus d'usage; mais j'ose croire que, si on voulait l'employer à propos, elle reprendrait ses premiers droits. (V.) — Ces droits, elle ne les a jamais perdus. On dit : La gloire, la raison, tout vous y *convie*. Le beau temps nous *convie* à la promenade. (*Dict. de l'Académie*, 1835.) (A.-M.)

VAR. Aussi, d'en recevoir visite et compliment,
    Et lui donner entrée en qualité d'amant,
    S'il faut qu'à vos projets la suite ne réponde *,
    Je m'engagerois trop dans le caquet du monde.

* Il faut *ne réponde pas*. Ce *ne* seul ne se dit que dans les occasions suivantes : *Je crains qu'elle*

Et lui permettre accès en qualité d'amant,
A moins qu'à vos projets un plein effet réponde,
Ce seroit trop donner à discourir au monde.
Trouvez donc un moyen de me le faire voir,
Sans m'exposer au blâme et manquer au devoir.

GÉRONTE.

Oui, vous avez raison, belle et sage Clarice;
Ce que vous m'ordonnez est la même justice[1];
Et comme c'est à nous à subir votre loi[2],
Je reviens tout-à-l'heure, et Dorante avec moi.
Je le tiendrai long-temps dessous votre fenêtre,
Afin qu'avec loisir vous puissiez le connoître[3],
Examiner sa taille, et sa mine, et son air,
Et voir quel est l'époux que je vous veux donner[4].
Il vint hier de Poitiers, mais il sent peu l'école;
Et si l'on pouvoit croire un père à sa parole,

---

[1] *La même justice* ne signifie pas *la justice même.* (V.) — Elle le signifiait alors. (A.-M.)

[2] VAR. Et d'ailleurs c'est à nous à subir votre loi.
Je reviens dans une heure, et Dorante avec moi.
. . . .
Afin qu'avec loisir vous le puissiez connoître.

[3] Cette manière de présenter un amant à sa maîtresse, qu'il doit épouser, paraît un peu singulière dans nos mœurs; mais la pièce est espagnole, et, de plus, ce n'est point ici une entrevue : le père ne veut que prévenir Clarice par la bonne mine de son fils. (V.)

[4] *Son air.... donner.* Il faut rimer à l'oreille, puisque c'est pour elle que la rime fut inventée, et qu'elle n'est que le retour des mêmes sons, ou du moins de sons à-peu-près semblables. On prononçait *donner* en faisant sonner la finale *r*, comme s'il y avait eu *donnair.* (V.)

ne réponde; il n'est point de douceurs qu'elle ne réponde aux compliments qu'on lui a faits; il n'y a personne dans cette maison dont je ne réponde; est-il une question difficile à laquelle il ne réponde? Mais nous ne voulons pas faire une trop longue dissertation. (V.)

Quelque écolier qu'il soit, je dirois qu'aujourd'hui
Peu de nos gens de cour sont mieux taillés que lui.
Mais vous en jugerez après la voix publique.
Je cherche à l'arrêter, parcequ'il m'est unique[1],
Et je brûle surtout de le voir sous vos lois.

CLARICE.

Vous m'honorez beaucoup d'un si glorieux choix.
Je l'attendrai, monsieur, avec impatience;
Et je l'aime déja sur cette confiance.

SCÈNE II.

CLARICE, ISABELLE.

ISABELLE.

Ainsi vous le verrez, et sans vous engager.

CLARICE.

Mais pour le voir ainsi qu'en pourrai-je juger?
J'en verrai le dehors, la mine, l'apparence;
Mais du reste, Isabelle, où prendre l'assurance?
Le dedans paroît mal en ces miroirs flatteurs;
Les visages souvent sont de doux imposteurs.
Que de défauts d'esprit se couvrent de leurs graces!
Et que de beaux semblants cachent des ames basses!

---

[1] On ne dit pas *il m'est unique* comme *il m'est cher, il m'est agréable*, parceque *unique* n'est pas un adjectif, une qualité susceptible de régime; il est agréable pour moi, agréable à mes yeux. *Unique* est absolu. Mais pourquoi dit-on, *cela m'est agréable*, et ne peut-on pas dire, *cela m'est aimable*? *cela est plaisant à mon goût*, et non pas *cela m'est plaisant*? C'est qu'*agréable* vient d'*agréer*; cela m'agrée, au datif. *Plaisant* vient de *plaire*; cela me plaît, aussi au datif, comme s'il y avait *plaît à moi*. Il n'en est pas ainsi d'*aimer* : j'aime cette pièce, et non cette pièce aime à moi; ainsi on ne peut dire, *m'est aimable*. (V.)

Les yeux en ce grand choix ont la première part [1];
Mais leur déférer tout, c'est tout mettre au hasard :
Qui veut vivre en repos ne doit pas leur déplaire;
Mais sans leur obéir, il doit les satisfaire [2],
En croire leur refus, et non pas leur aveu,
Et sur d'autres conseils laisser naître son feu.
Cette chaîne, qui dure autant que notre vie,
Et qui devroit donner plus de peur que d'envie [3],
Si l'on n'y prend bien garde, attache assez souvent
Le contraire au contraire, et le mort au vivant [4] :
Et pour moi, puisqu'il faut qu'elle me donne un maître,
Avant que l'accepter je voudrois le connoître,
Mais connoître dans l'ame.

ISABELLE.

Eh bien! qu'il parle à vous.

CLARICE.

Alcippe le sachant en deviendroit jaloux.

ISABELLE.

Qu'importe qu'il le soit, si vous avez Dorante?

CLARICE.

Sa perte ne m'est pas encore indifférente;
Et l'accord de l'hymen entre nous concerté,
Si son père venoit, seroit exécuté.
Depuis plus de deux ans il promet et diffère;
Tantôt c'est maladie, et tantôt quelque affaire;

---

[1] Var. Quoique en ce choix les yeux aient la première part,
Qui leur défère tout met beaucoup au hasard.

[2] Var. Mais, sans leur obéir, il les doit satisfaire.

[3] Var. Et qui nous doit donner plus de peur que d'envie.

[4] Cette allégorie ne paraît-elle pas un peu forte dans une scène de comédie, et sur-tout dans la bouche d'une fille? Mais toute cette tirade est de la plus grande beauté; il n'y a point de fille qui parle mieux, et peut-être si bien, dans Molière. (V.)

Le chemin est mal sûr, ou les jours sont trop courts;
Et le bonhomme enfin ne peut sortir de Tours.
Je prends tous ces délais pour une résistance,
Et ne suis pas d'humeur à mourir de constance.
Chaque moment d'attente ôte de notre prix,
Et fille qui vieillit tombe dans le mépris :
C'est un nom glorieux qui se garde avec honte;
Sa défaite est fâcheuse à moins que d'être prompte¹ :
Le temps n'est pas un dieu qu'elle puisse braver,
Et son honneur se perd à le trop conserver.

ISABELLE.

Ainsi vous quitteriez Alcippe pour un autre
De qui l'humeur auroit de quoi plaire à la vôtre ².

CLARICE.

Oui, je le quitterois; mais pour ce changement
Il me faudroit en main avoir un autre amant³,
Savoir qu'il me fût propre, et que son hyménée
Dût bientôt à la sienne unir ma destinée⁴.

---

¹ L'usage permet qu'on dise : Cette fille est *de défaite*, c'est-à-dire elle est belle, on peut aisément s'en défaire, la marier. Mais *sa défaite* exprime figurément qu'elle s'est rendue; *défaire*, *se défaire*, un visage *défait*, un ennemi *défait*, *défaite* d'une marchandise, *défaite* d'une armée; toutes acceptions différentes. (V.)

² VAR. Dont vous verriez l'humeur rapportante * à la vôtre.

³ Voyez, p. 33, la note 3. Molière a dit :

    J'avois. . . . . certaine vieille *en main*
    D'un génie, à vrai dire, au-dessus de l'humain. (PAR.)

  VAR. Je voudrois en ma main avoir un autre amant,
      Sûre qu'il me fût propre, et que son hyménée.

⁴ On retrouve le même vers à-peu-près dans la bouche d'Achille :

    On dit qu'Iphigénie, en ces lieux amenée,

* *Rapportante* n'était pas français, du temps même de Corneille. Il faut : *dont vous verriez l'humeur conforme à la vôtre, répondante à la vôtre, assortie à la vôtre.* (V.)

Mon humeur sans cela ne s'y résout pas bien,
Car Alcippe, après tout, vaut toujours mieux que rien ;
Son père peut venir, quelque long-temps qu'il tarde.

ISABELLE.

Pour en venir à bout sans que rien s'y hasarde [1],
Lucrèce est votre amie, et peut beaucoup pour vous ;
Elle n'a point d'amants qui deviennent jaloux [2] :
Qu'elle écrive à Dorante, et lui fasse paroître
Qu'elle veut cette nuit le voir par sa fenêtre.
Comme il est jeune encore, on l'y verra voler ;
Et là, sous ce faux nom, vous pourrez lui parler [3],
Sans qu'Alcippe jamais en découvre l'adresse,
Ni que lui-même pense à d'autre qu'à Lucrèce.

CLARICE.

L'invention est belle ; et Lucrèce aisément
Se résoudra pour moi d'écrire un compliment :
J'admire ton adresse à trouver cette ruse [4].

ISABELLE.

Puis-je vous dire encor que, si je ne m'abuse,
Tantôt cet inconnu ne vous déplaisoit pas ?

CLARICE.

Ah, bon Dieu ! si Dorante avoit autant d'appas,
Que d'Alcippe aisément il obtiendroit la place !

ISABELLE.

Ne parlez point d'Alcippe ; il vient.

CLARICE.

Qu'il m'embarrasse !

_{Doit bientôt à son sort unir ma destinée.}
_{*Iphigénie en Aulide*, acte I, sc. II. (PAR.)}

[1] VAR. Pour en venir à bout sans que rien se hasarde.
[2] VAR. Elle n'a point d'amant qui devienne jaloux.
[3] VAR. Et là, sous ce faux nom, vous lui pourrez parler.
[4] VAR. Nous connoîtrons Dorante avecque cette ruse.

Va pour moi chez Lucrèce, et lui dis mon projet,
Et tout ce qu'on peut dire en un pareil sujet [1].

SCÈNE III.

CLARICE, ALCIPPE.

ALCIPPE.
Ah, Clarice! ah, Clarice! inconstante! volage!
CLARICE.
Auroit-il deviné déja ce mariage?
Alcippe, qu'avez-vous? qui vous fait soupirer?
ALCIPPE.
Ce que j'ai, déloyale? eh! peux-tu l'ignorer [2]?
Parle à ta conscience, elle devroit t'apprendre....
CLARICE.
Parlez un peu plus bas, mon père va descendre.
ALCIPPE.
Ton père va descendre, ame double et sans foi [3]!
Confesse que tu n'as un père que pour moi.
La nuit, sur la rivière....
CLARICE.
　　　　　Eh bien! sur la rivière?
La nuit! quoi? qu'est-ce enfin?
ALCIPPE.
　　　　　　Oui, la nuit tout entière.

[1] Var. Et tout ce qu'on peut dire en semblable sujet.

[2] Var. Ce que j'ai, malheureuse! eh! peux-tu l'ignorer?

[3] Tout cela paraît choquer un peu la bienséance; mais on pardonne au temps où Corneille écrivait : on tutoyait alors au théâtre. Le tutoiement, qui rend le discours plus serré, plus vif, a souvent de la noblesse et de la force dans la tragédie; on aime à voir Rodrigue et Chimène l'employer. Remarquez cepen-

CLARICE.

Après?

ALCIPPE.

Quoi! sans rougir?...

CLARICE.

Rougir! à quel propos?

ALCIPPE.

Tu ne meurs pas de honte entendant ces deux mots!

CLARICE.

Mourir pour les entendre! et qu'ont-ils de funeste?

ALCIPPE.

Tu peux donc les ouïr et demander le reste?
Ne saurois-tu rougir, si je ne te dis tout?

CLARICE.

Quoi, tout?

ALCIPPE.

Tes passe-temps, de l'un à l'autre bout.

CLARICE.

Je meurs, en vos discours si je puis rien comprendre.

ALCIPPE.

Quand je te veux parler, ton père va descendre;

dant que l'élégant Racine ne se permet guère le tutoiement que quand un père irrité parle à son fils, ou un maître à un confident, ou quand une amante emportée se plaint à son amant :

> Je ne t'ai point aimé! Cruel, qu'ai-je donc fait?

Hermione dit :

> Ne devois-tu pas lire au fond de ma pensée?

Phèdre dit :

> Eh bien! connois donc Phèdre et toute sa fureur.

Mais jamais Achille, Oreste, Britannicus, etc., ne tutoient leurs maîtresses. A plus forte raison cette manière de s'exprimer doit-elle être bannie de la comédie, qui est la peinture de nos mœurs. Molière en fait usage dans *le Dépit amoureux*; mais il s'est ensuite corrigé lui-même. (V.)

Il t'en souvient alors; le tour est excellent!
Mais pour passer la nuit auprès de ton galant¹....

CLARICE.

Alcippe, êtes-vous fou?

ALCIPPE.

Je n'ai plus lieu de l'être²,
A présent que le ciel me fait te mieux connoître.
Oui, pour passer la nuit en danses et festin,
Être avec ton galant du soir jusqu'au matin,
(Je ne parle que d'hier) tu n'as point lors de père.

CLARICE.

Rêvez-vous? raillez-vous? et quel est ce mystère?

ALCIPPE.

Ce mystère est nouveau, mais non pas fort secret.
Choisis une autre fois un amant plus discret;
Lui-même il m'a tout dit.

CLARICE.

Qui, lui-même?

ALCIPPE.

Dorante.

CLARICE.

Dorante!

ALCIPPE.

Continue, et fais bien l'ignorante.

CLARICE.

Si je le vis jamais, et si je le connoi³!...

---

¹ VAR. Mais pour passer la nuit avecque ton galant.

² VAR. . . . . Je le devrois bien être.

³ Anciennement la diphthongue *oi* se prononçait toujours comme dans *loi*. La grammaire d'Oudin, publiée en 1645, admet comme exception *soit, croit, cognoistre, paroistre, adroit, droit* (adjectif), *froid, estroit, courtois, françois, courtoisie*, etc., mots qu'il est plus doux et plus *mignard*, dit Oudin, de prononcer

ALCIPPE.

Ne viens-je pas de voir son père avecque toi?
Tu passes, infidèle, ame ingrate et légère,
La nuit avec le fils, le jour avec le père [1]!

CLARICE.

Son père, de vieux temps, est grand ami du mien [2].

ALCIPPE.

Cette vieille amitié faisoit votre entretien?
Tu te sens convaincue, et tu m'oses répondre!
Te faut-il quelque chose encor pour te confondre?

CLARICE.

Alcippe, si je sais quel visage a le fils....

ALCIPPE.

La nuit étoit fort noire alors que tu le vis.
Il ne t'a pas donné quatre chœurs de musique,
Une collation superbe et magnifique,
Six services de rang, douze plats à chacun?
Son entretien alors t'étoit fort importun?

---

sait, crait, connaître, paraître, drait, adrait, fraid (d'où peut-être est venu frais, diminutif de froid). Cependant les poëtes conservaient le droit de rétablir pour la rime l'ancienne prononciation, qui était toujours regardée comme la plus correcte, l'autre n'étant que de tolérance et de mode. Mais cela finit par faire loi : seulement il y eut de l'hésitation sur certains mots; on a prononcé accroître et accraître, puis on est revenu à accroître. Les mots aboyer, abayer, droit, drait, ont subi les mêmes vicissitudes; en sorte que lorsque nos vieux auteurs font rimer deux mots qui ne riment plus, on n'est pas toujours sûr de savoir au juste lequel des deux a changé de prononciation. (Voyez le *Dictionnaire de la langue de Racine*, au mot *Rime*.) (A.-M.)

[1] Cette idée ne serait pas tolérable, s'il n'était question d'une fête qu'on a donnée. Le théâtre doit être l'école des mœurs. (V.)

[2] On ne dit point *de vieux temps*, mais *dès long-temps, depuis long-temps, de tout temps, toujours, en tout temps, en tous les temps*. (V.)

Quand ses feux d'artifice éclairoient le rivage,
Tu n'eus pas le loisir de le voir au visage?
Tu n'as pas avec lui dansé jusques au jour?
Et tu ne l'as pas vu pour le moins au retour?
T'en ai-je dit assez? Rougis, et meurs de honte.

CLARICE.

Je ne rougirai point pour le récit d'un conte.

ALCIPPE.

Quoi! je suis donc un fourbe, un bizarre, un jaloux[1]?

CLARICE.

Quelqu'un a pris plaisir à se jouer de vous,
Alcippe, croyez-moi.

ALCIPPE.

Ne cherche point d'excuses;
Je connois tes détours, et devine tes ruses.
Adieu : suis ton Dorante, et l'aime désormais;
Laisse en repos Alcippe, et n'y pense jamais.

CLARICE.

Écoutez quatre mots.

ALCIPPE.

Ton père va descendre.

CLARICE.

Non; il ne descend point, et ne peut nous entendre;
Et j'aurai tout loisir de vous désabuser.

ALCIPPE.

Je ne t'écoute point, à moins que m'épouser,
A moins qu'en attendant le jour du mariage

---

[1] Il semble que l'auteur espagnol n'ait pas tiré assez de parti du mensonge de Dorante sur cette fête. La méprise d'un page qui a pris une femme pour une autre n'a rien d'agréable et de comique. D'ailleurs ce mensonge de Dorante, fait à son rival, devait servir au nœud de la pièce et au dénouement; il ne sert qu'à des incidents. (V.)

M'en donner ta parole et deux baisers en gage[1].
CLARICE.
Pour me justifier vous demandez de moi,
Alcippe?

ALCIPPE.
Deux baisers, et ta main, et ta foi.
CLARICE.
Que cela?

ALCIPPE.
Résous-toi, sans plus me faire attendre.
CLARICE.
Je n'ai pas le loisir, mon père va descendre.

SCÈNE IV.

ALCIPPE.

Va, ris de ma douleur alors que je te perds;
Par ces indignités romps toi-même mes fers;
Aide mes feux trompés à se tourner en glace;

---

[1] Cette indécence ne serait point soufferte aujourd'hui. On demande comment Corneille a épuré le théâtre. C'est que de son temps on allait plus loin : on demandait des baisers, et on en donnait. Cette mauvaise coutume venait de l'usage où l'on avait été très long-temps en France de donner, par respect, un baiser aux dames sur la bouche quand on leur était présenté. Montaigne dit qu'il est triste pour une dame d'apprêter sa bouche pour le premier mal tourné qui viendra à elle avec trois laquais. Les soubrettes se conformèrent à cet usage sur le théâtre. De là vient que dans *la Mère coquette* de Quinault, jouée plus de vingt ans après, la pièce commence par ce vers :

Je t'ai baisé deux fois. — Quoi! tu baises par compte?

Il faut encore observer que, quand ces familiarités ridicules sont inutiles à l'intrigue, c'est un défaut de plus. (V.)

Aide un juste courroux à se mettre en leur place.
Je cours à la vengeance, et porte à ton amant
Le vif et prompt effet de mon ressentiment[1].
S'il est homme de cœur, ce jour même nos armes
Régleront par leur sort tes plaisirs ou tes larmes[2] ;
Et, plutôt que le voir possesseur de mon bien,
Puissé-je dans son sang voir couler tout le mien[3] !
Le voici ce rival que son père t'amène[4] :
Ma vieille amitié cède à ma nouvelle haine ;
Sa vue accroît l'ardeur dont je me sens brûler :

[1] VAR. Le redoutable effet de mon ressentiment.

[2] Cela n'est pas français. *Régler* ne veut pas dire *causer ;* on ne peut dire, *régler des larmes, régler des plaisirs.* (V.)

VAR. Régleront par le sort tes plaisirs ou tes larmes.

[3] L'auteur paraît ici quitter absolument le ton de la comédie, et s'élever à la noblesse des images et des expressions tragiques ; mais il faut observer que c'est un amant au désespoir qui veut appeler son rival en duel : les expressions suivent ordinairement le caractère des passions qu'elles expriment.

Interdum tamen et vocem comœdia tollit. (V.)

[4] On ne conçoit pas trop comment Alcippe peut voir entrer Dorante. Le premier vers de la cinquième scène prouve que Dorante et Géronte son père sont dans une place publique, ou dans une rue sur laquelle donnent les fenêtres de Clarice, ou à toute force dans le jardin des Tuileries, qui est le premier lieu de la scène, quoiqu'il soit assez peu vraisemblable que tous les personnages de cette comédie passent leur journée, et ne fassent leurs affaires qu'en se promenant dans un jardin. Or, Alcippe est encore dans la maison de Clarice ; car ce n'est sûrement ni dans la rue, ni dans un jardin public que Géronte vient rendre visite à Clarice, et lui proposer son fils en mariage. Ce n'est pas non plus dans la rue que Clarice découvre à sa soubrette les secrets de son cœur. Enfin ce ne peut pas être dans la rue qu'Alcippe vient débiter à sa maîtresse deux pages d'injures, et lui demander ensuite deux baisers ; cela ne serait ni vraisemblable ni décent : ce n'est pas dans le milieu d'un jardin, puisque

Mais ce n'est pas ici qu'il faut le quereller ¹.

SCÈNE V.
GÉRONTE, DORANTE, CLITON.

GÉRONTE.

Dorante, arrêtons-nous; le trop de promenade
Me mettroit hors d'haleine, et me feroit malade ².
Que l'ordre est rare et beau de ces grands bâtiments!

Clarice le prie de parler plus bas, de crainte que son père ne l'entende. Il faut donc conclure que le lieu de la scène change souvent dans cette comédie, et qu'en cet endroit Alcippe, qui est chez Clarice, ne peut pas voir entrer Dorante, qui est dans la rue. Remarquez aussi que les scènes IV et V ne sont point liées, et que le théâtre reste vide : seulement Alcippe annonce que Dorante paraît; mais il l'annonce mal-à-propos, puisqu'il ne peut le voir. (V.)

C'est une erreur. Alcippe voit, par la fenêtre de Clarice qui donne sur la place Royale, Géronte et Dorante qui arrivent sur cette même place, où nous les retrouverons dans la scène suivante. (A.-M.)

¹ *Quereller* signifie aujourd'hui *reprendre, faire des reproches, réprimander;* il signifiait alors *insulter, défier,* et même *se battre.* Dans nos provinces méridionales, les tribunaux se servent du mot *quereller* pour accuser un homme, attaquer un testament, une convention : c'est un abus des mots; le langage du barreau est par-tout barbare. (V)

VAR. Mais ce n'est pas ici qu'il le faut quereller.

² Il semble par ces vers que Géronte et Dorante soient dans les Tuileries. Comment Alcippe a-t-il pu les voir de la maison de Clarice à la place Royale? (V.) — Géronte et Dorante se sont promenés sur les boulevards, et arrivent à la place Royale, promenade alors fort à la mode : le père y amène le fils, ainsi qu'il l'a promis à Clarice, afin que celle-ci puisse le voir par la fenêtre. (A.-M.)

DORANTE.

Paris semble à mes yeux un pays de romans.
J'y croyois ce matin voir une île enchantée :
Je la laissai déserte, et la trouve habitée;
Quelque Amphion nouveau, sans l'aide des maçons,
En superbes palais a changé ses buissons.

GÉRONTE.

Paris voit tous les jours de ces métamorphoses :
Dans tout le pré-aux-Clercs tu verras mêmes choses [1],
Et l'univers entier ne peut rien voir d'égal
Aux superbes dehors du palais Cardinal [2].
Toute une ville entière avec pompe bâtie
Semble d'un vieux fossé par miracle sortie,
Et nous fait présumer, à ses superbes toits,
Que tous ses habitants sont des dieux ou des rois [3].
Mais changeons de discours. Tu sais combien je t'aime?

DORANTE.

Je chéris cet honneur bien plus que le jour même.

---

[1] Var. Dedans le pré-aux-Clercs tu verras mêmes choses.

[2] Aujourd'hui le Palais-Royal. Ce quartier, qui est à présent un des plus peuplés de Paris, n'était que des prairies entourées de fossés lorsque le cardinal de Richelieu y fit bâtir son palais. Quoique les embellissements de Paris n'aient commencé à se multiplier que vers le milieu du siècle de Louis XIV, cependant la simple architecture du palais Cardinal ne devait pas paraître si superbe aux Parisiens, qui avaient déjà le Louvre et le Luxembourg. Il n'est pas surprenant que Corneille, dans ses vers, cherchât à louer indirectement le cardinal de Richelieu, qui protégea beaucoup cette pièce, et même donna des habits à quelques acteurs. Il était mourant alors, en 1642, et il cherchait à se dissiper par ces amusements. (V.)

Var. A ce que tu verras dans le Palais-Royal.

[3] *Des dieux!* cela est un peu fort. (V.)

GÉRONTE.

Comme de mon hymen il n'est sorti que toi,
Et que je te vois prendre un périlleux emploi,
Où l'ardeur pour la gloire à tout oser convie [1],
Et force à tout moment de négliger la vie ;
Avant qu'aucun malheur te puisse être avenu,
Pour te faire marcher un peu plus retenu,
Je te veux marier.

DORANTE, à part.
O ma chère Lucrèce !

GÉRONTE.
Je t'ai voulu choisir moi-même une maîtresse,
Honnête, belle, riche [2].

DORANTE.
Ah ! pour la bien choisir,
Mon père, donnez-vous un peu plus de loisir.

GÉRONTE.
Je la connois assez. Clarice est belle et sage
Autant que dans Paris il en soit de son âge ;
Son père de tout temps est mon plus grand ami,
Et l'affaire est conclue.

DORANTE.
Ah ! monsieur, j'en frémi [3] ;
D'un fardeau si pesant accabler ma jeunesse !

GÉRONTE.
Fais ce que je t'ordonne.

DORANTE, à part.
Il faut jouer d'adresse.

---

[1] Var. Où la chaleur de l'âge et l'honneur te convie
D'exposer à tous coups et ton sang et ta vie.

[2] Var. Honnête, belle, et riche.

[3] Var. . . . . Ah ! monsieur, je frémi.

(haut.)

Quoi! monsieur, à présent qu'il faut dans les combats
Acquérir quelque nom, et signaler mon bras....

GÉRONTE.

Avant qu'être [1] au hasard qu'un autre bras t'immole,
Je veux dans ma maison avoir qui m'en console;
Je veux qu'un petit-fils puisse y tenir ton rang [2],
Soutenir ma vieillesse, et réparer mon sang.
En un mot, je le veux.

DORANTE.
    Vous êtes inflexible?

GÉRONTE.

Fais ce que je te dis.

DORANTE.
    Mais s'il est impossible [3]?

GÉRONTE.

Impossible! et comment?

DORANTE.
     Souffrez qu'aux yeux de tous
Pour obtenir pardon j'embrasse vos genoux.
Je suis...

GÉRONTE.

Quoi?

DORANTE.
Dans Poitiers...

GÉRONTE.
     Parle donc, et te lève.

---

[1] On dirait maintenant *avant d'être*. *Être au hasard*, pour *être exposé au hasard*, est une ellipse peu heureuse. Enfin on ne dirait plus *au hasard que*. (A.-M.)

[2] VAR. Je veux qu'un petit-fils puisse tenir ton rang.

[3] VAR. . . . . Mais s'il m'est impossible?

DORANTE.

Je suis donc marié, puisqu'il faut que j'achève.

GÉRONTE.

Sans mon consentement?

DORANTE.

On m'a violenté.
Vous ferez tout casser par votre autorité;
Mais nous fûmes tous deux forcés à l'hyménée
Par la fatalité la plus inopinée....
Ah! si vous le saviez[1]!

GÉRONTE.

Dis, ne me cache rien.

DORANTE.

Elle est de fort bon lieu, mon père; et pour son bien,
S'il n'est du tout si grand que votre humeur souhaite....

GÉRONTE.

Sachons, à cela près, puisque c'est chose faite :
Elle se nomme?

DORANTE.

Orphise, et son père, Armédon.

GÉRONTE.

Je n'ai jamais ouï ni l'un ni l'autre nom.
Mais poursuis.

DORANTE.

Je la vis presque à mon arrivée.
Une ame de rocher ne s'en fût pas sauvée,
Tant elle avoit d'appas, et tant son œil vainqueur
Par une douce force assujettit mon cœur!
Je cherchai donc chez elle à faire connoissance;
Et les soins obligeants de ma persévérance
Surent plaire de sorte à cet objet charmant,

---

[1] VAR. Ah! si vous la saviez!

ACTE II, SCÈNE V.

Que j'en fus en six mois autant aimé qu'amant.
J'en reçus des faveurs secrètes, mais honnêtes ;
Et j'étendis si loin mes petites conquêtes,
Qu'en son quartier souvent je me coulois sans bruit
Pour causer avec elle une part de la nuit.
Un soir que je venois de monter dans sa chambre,
(Ce fut, s'il m'en souvient, le second de septembre [1],
Oui, ce fut ce jour-là que je fus attrapé.)

[1] Ces particularités rendent la narration de Dorante plus vraisemblable : on ne peut se refuser au plaisir de dire que cette scène est une des plus agréables qui soient au théâtre. Corneille, en imitant cette comédie de l'espagnol de *Lope de Vega* [*], a, comme à son ordinaire, eu la gloire d'embellir son original. Il a été imité à son tour par le célèbre Goldoni. Au printemps de l'année 1750, cet auteur, si naturel et si fécond, a donné à Mantoue une comédie intitulée *le Menteur*. Il avoue qu'il en a imité les scènes les plus frappantes de la pièce de Corneille ; il a même quelquefois beaucoup ajouté à son original. Il y a dans Goldoni deux choses fort plaisantes : la première, c'est un rival du Menteur, qui redit bonnement pour des vérités toutes les fables que le Menteur lui a débitées, et qui est pris pour un menteur lui-même, à qui on dit mille injures ; la seconde est le valet qui veut imiter son maître, et qui s'engage dans des mensonges ridicules dont il ne peut se tirer.

Il est vrai que le caractère du Menteur de Goldoni est bien moins noble que celui de Corneille. La pièce française est plus sage ; le style en est plus vif, plus intéressant. La pièce italienne n'approche point des vers de l'auteur de *Cinna*. Les Ménandre, les Térence, écrivirent en vers ; c'est un mérite de plus : et ce n'est guère que par impuissance de mieux faire ou par envie de faire vite que les modernes ont écrit des comédies en prose. On s'y est ensuite accoutumé. *L'Avare* sur-tout, que Molière n'eut pas le temps de versifier, détermina plusieurs auteurs à faire en prose leurs comédies. Bien des gens prétendent aujourd'hui que la prose est plus naturelle, et sert mieux le comique. Je crois que dans les farces la prose est assez convenable : mais que *le Misan-*

[*] Voyez ci-dessus la note de la page 6.

Ce soir même, son père en ville avoit soupé;
Il monte à son retour, il frappe à la porte : elle
Transit, pâlit, rougit, me cache en sa ruelle,
Ouvre enfin, et d'abord (qu'elle eut d'esprit et d'art!)
Elle se jette au cou de ce pauvre vieillard,
Dérobe en l'embrassant son désordre à sa vue :
Il se sied; il lui dit qu'il veut la voir pourvue;
Lui propose un parti qu'on lui venoit d'offrir.
Jugez combien mon cœur avoit lors à souffrir!
Par sa réponse adroite elle sût si bien faire,
Que sans m'inquiéter elle plut à son père.
Ce discours ennuyeux enfin se termina;
Le bonhomme partoit quand ma montre sonna :
Et lui se retournant vers sa fille étonnée,
« Depuis quand cette montre? et qui vous l'a donnée ?
« Acaste, mon cousin, me la vient d'envoyer,
« Dit-elle, et veut ici la faire nettoyer,
« N'ayant point d'horlogiers[1] au lieu de sa demeure :
« Elle a déja sonné deux fois en un quart d'heure.
« Donnez-la-moi, dit-il, j'en prendrai mieux le soin. »
Alors pour me la prendre elle vient en mon coin :
Je la lui donne en main; mais, voyez ma disgrace,
Avec mon pistolet le cordon s'embarrasse,
Fait marcher le déclin; le feu prend, le coup part :
Jugez de notre trouble à ce triste hasard.
Elle tombe par terre; et moi, je la crus morte.
Le père épouvanté gagne aussitôt la porte;
Il appelle au secours, il crie à l'assassin :

thrope et le *Tartuffe* perdraient de force et d'énergie s'ils étaient en prose! (V.)

[1] Dans toutes les éditions de Corneille, faites de son vivant, on lit *horlogier*; ce mot venait d'être créé, et il portait encore les traces de son étymologie. (A.-M.)

ACTE II, SCÈNE V.

Son fils et deux valets me coupent le chemin.
Furieux de ma perte, et combattant de rage,
Au milieu de tous trois je me faisois passage,
Quand un autre malheur de nouveau me perdit;
Mon épée en ma main en trois morceaux rompit.
Désarmé, je recule, et rentre; alors Orphise,
De sa frayeur première aucunement remise [1],
Sait prendre un temps si juste en son reste d'effroi,
Qu'elle pousse la porte et s'enferme avec moi.
Soudain nous entassons, pour défenses nouvelles,
Bancs, tables, coffres, lits, et jusqu'aux escabelles;
Nous nous barricadons, et dans ce premier feu
Nous croyons gagner tout à différer un peu.
Mais comme à ce rempart l'un et l'autre travaille [2],
D'une chambre voisine on perce la muraille :
Alors me voyant pris, il fallut composer.

(Ici Clarice les voit de sa fenêtre; et Lucrèce, avec Isabelle, les voit aussi de la sienne.)

GÉRONTE.

C'est-à-dire, en françois, qu'il fallut l'épouser?

DORANTE.

Les siens m'avoient trouvé de nuit seul avec elle,
Ils étoient les plus forts, elle me sembloit belle,
Le scandale étoit grand, son honneur se perdoit;
A ne le faire pas ma tête en répondoit;
Ses grands efforts pour moi, son péril, et ses larmes,
A mon cœur amoureux étoient de nouveaux charmes :
Donc, pour sauver ma vie ainsi que son honneur [3],
Et me mettre avec elle au comble du bonheur,

---

[1] *Aucunement* remise, c'est-à-dire un peu remise. C'était le sens qu'on donnait alors au mot *aucunement*. (A.-M.)

[2] VAR. Comme à ce boulevard l'un et l'autre travaille.

[3] VAR. Donc, pour sauver ma vie avecque son honneur.

Je changeai d'un seul mot la tempête en bonace,
Et fis ce que tout autre auroit fait en ma place.
Choisissez maintenant de me voir ou mourir,
Ou posséder un bien qu'on ne peut trop chérir.

GÉRONTE.

Non, non, je ne suis pas si mauvais que tu penses,
Et trouve en ton malheur de telles circonstances,
Que mon amour t'excuse; et mon esprit touché
Te blâme seulement de l'avoir trop caché.

DORANTE.

Le peu de bien qu'elle a me faisoit vous le taire.

GÉRONTE.

Je prends peu garde au bien, afin d'être bon père.
Elle est belle, elle est sage, elle sort de bon lieu,
Tu l'aimes, elle t'aime; il me suffit. Adieu :
Je vais me dégager du père de Clarice.

SCÈNE VI.

DORANTE, CLITON.

DORANTE.

Que dis-tu de l'histoire, et de mon artifice?
Le bonhomme en tient-il? m'en suis-je bien tiré?
Quelque sot en ma place y seroit demeuré;
Il eût perdu le temps à gémir et se plaindre,
Et, malgré son amour, se fût laissé contraindre.
O l'utile secret que mentir à propos!

CLITON.

Quoi! ce que vous disiez n'est pas vrai?

DORANTE.

                                  Pas deux mots;
Et tu ne viens d'ouïr qu'un trait de gentillesse

Pour conserver mon ame et mon cœur à Lucrèce.
CLITON.
Quoi! la montre, l'épée, avec le pistolet....
DORANTE.
Industrie.
CLITON.
Obligez, monsieur, votre valet.
Quand vous voudrez jouer de ces grands coups de maître,
Donnez-lui quelque signe à les pouvoir connoître ;
Quoique bien averti, j'étois dans le panneau.
DORANTE.
Va, n'appréhende pas d'y tomber de nouveau ;
Tu seras de mon cœur l'unique secrétaire,
Et de tous mes secrets le grand dépositaire.
CLITON.
Avec ces qualités j'ose bien espérer
Qu'assez malaisément je pourrai m'en parer.
Mais parlons de vos feux. Certes cette maîtresse...

SCÈNE VII.
DORANTE, CLITON, SABINE.

SABINE.
(Elle lui donne un billet.)
Lisez ceci, monsieur.
DORANTE.
D'où vient-il ?
SABINE.
De Lucrèce.
DORANTE, après l'avoir lu.
Dis-lui que j'y viendrai.
(Sabine rentre, et Dorante continue.)

58   LE MENTEUR.

                    Doute encore, Cliton,
A laquelle des deux appartient ce beau nom.
Lucrèce sent sa part des feux qu'elle fait naître,
Et me veut cette nuit parler par sa fenêtre.
Dis encor que c'est l'autre, ou que tu n'es qu'un sot
Qu'auroit l'autre à m'écrire, à qui je n'ai dit mot?

                CLITON.
Monsieur, pour ce sujet n'ayons point de querelle;
Cette nuit, à la voix, vous saurez si c'est elle.

                DORANTE.
Coule-toi là-dedans; et de quelqu'un des siens
Sache subtilement sa famille et ses biens.

SCÈNE VIII.

DORANTE, LYCAS.

LYCAS, lui présentant un billet.

Monsieur.

                DORANTE.

Autre billet.

(Il continue après avoir lu tout bas le billet [1].)

                    J'ignore quelle offense
Peut d'Alcippe avec moi rompre l'intelligence;

---

[1] VAR.   BILLET D'ALCIPPE A DORANTE.

« Une offense reçue
« Me fait, l'épée en main, souhaiter votre vue :
« Je vous attends au mail.
                « ALCIPPE. »
        DORANTE, après avoir lu.
                        Oui, volontiers,
Je te suis.
        (Lycas rentre, et Dorante continue seul.)
    Hier, au soir, je revins de Poitiers.

Mais n'importe, dis-lui que j'irai volontiers.
Je te suis.
(Lycas rentre, et Dorante continue seul.)

Je revins hier au soir de Poitiers,
D'aujourd'hui seulement je produis mon visage,
Et j'ai déjà querelle, amour, et mariage.
Pour un commencement ce n'est point mal trouvé.
Vienne encore un procès, et je suis achevé.
Se charge qui voudra d'affaires plus pressantes,
Plus en nombre à-la-fois et plus embarrassantes,
Je pardonne à qui mieux s'en pourra démêler.
Mais allons voir celui qui m'ose quereller [1].

---

[1] « Je dois beaucoup au *Menteur,* disoit Molière à Boileau. Lorsqu'il parut, j'avois bien l'envie d'écrire ; mais j'étois incertain de ce que j'écrirois : mes idées étoient confuses ; cet ouvrage vint les fixer. Le dialogue me fit voir comment causoient les honnêtes gens ; la grace et l'esprit de Dorante m'apprirent qu'il falloit toujours choisir un héros du bon ton ; le sang-froid avec lequel il débite ses faussetés me montra comment il falloit établir un caractère ; la scène où il oublie lui-même le nom supposé qu'il s'est donné m'éclaira sur la bonne plaisanterie ; et celle où il est obligé de se battre, par suite de ses mensonges, me prouva que toutes les comédies ont besoin d'un but moral. Enfin, sans *le Menteur,* j'aurois sans doute fait quelques pièces d'intrigue, *l'Étourdi, le Dépit amoureux*; mais peut-être n'aurois-je pas fait *le Misanthrope.* — Embrassez-moi, dit Despréaux : voilà un aveu qui vaut la meilleure comédie. » (Extrait du *Bolœana.*)
— Molière avait vingt et un ans lors de la première représentation du *Menteur.*

FIN DU SECOND ACTE.

ACTE TROISIÈME.

SCÈNE I.

DORANTE, ALCIPPE, PHILISTE.

PHILISTE.

Oui, vous faisiez tous deux en hommes de courage,
Et n'aviez l'un ni l'autre aucun désavantage.
Je rends graces au ciel de ce qu'il a permis
Que je sois survenu pour vous refaire amis,
Et que, la chose égale, ainsi je vous sépare :
Mon heur en est extrême, et l'aventure rare [1].

DORANTE.

L'aventure est encor bien plus rare pour moi,
Qui lui faisois raison sans avoir su de quoi [2].
Mais, Alcippe, à présent tirez-moi hors de peine.
Quel sujet aviez-vous de colère ou de haine?
Quelque mauvais rapport m'auroit-il pu noircir?
Dites, que devant lui je vous puisse éclaircir.

ALCIPPE.

Vous le savez assez.

DORANTE.
    Plus je me considère [3],

---

[1] VAR. Mon heur en est extrême, et l'aventure est rare.
[2] VAR. Qui me battois à froid et sans savoir pourquoi.
[3] VAR. . . . . Quoi que j'aye* pu faire,
  Je crois n'avoir rien fait qui vous doive déplaire.

* Le mot *aye* ne peut entrer dans un vers, à moins qu'il ne soit suivi d'une voyelle avec laquelle il forme une élision. (V.)

Moins je découvre en moi ce qui vous peut déplaire.
ALCIPPE.
Eh bien! puisqu'il vous faut parler plus clairement,
Depuis plus de deux ans j'aime secrètement;
Mon affaire est d'accord[1], et la chose vaut faite :
Mais pour quelque raison nous la tenons secrète.
Cependant à l'objet qui me tient sous sa loi,
Et qui sans me trahir ne peut être qu'à moi,
Vous avez donné bal, collation, musique;
Et vous n'ignorez pas combien cela me pique,
Puisque, pour me jouer un si sensible tour,
Vous m'avez à dessein caché votre retour,
Et n'avez aujourd'hui quitté votre embuscade[2]
Qu'afin de m'en conter l'histoire par bravade.
Ce procédé m'étonne, et j'ai lieu de penser
Que vous n'avez rien fait qu'afin de m'offenser.
DORANTE.
Si vous pouviez encor douter de mon courage,
Je ne vous guérirois ni d'erreur ni d'ombrage,
Et nous nous reverrions, si nous étions rivaux;
Mais comme vous savez tous deux ce que je vaux,
Écoutez en deux mots l'histoire démêlée :
 Celle que cette nuit sur l'eau j'ai régalée
N'a pu vous donner lieu de devenir jaloux,
Car elle est mariée, et ne peut être à vous;
Depuis peu pour affaire elle est ici venue,
Et je ne pense pas qu'elle vous soit connue.
ALCIPPE.
Je suis ravi, Dorante, en cette occasion,

---

[1] Les hommes sont d'*accord;* les affaires sont *accordées, terminées, accommodées, finies*. (V.)

[2] Var. Jusques à cejourd'hui, que, sortant d'embuscade,
 Vous m'en avez conté l'histoire par bravade.

LE MENTEUR.

De voir sitôt finir notre division.

DORANTE.

Alcippe, une autre fois donnez moins de croyance
Aux premiers mouvements de votre défiance;
Jusqu'à mieux savoir tout sachez vous retenir [1],
Et ne commencez plus par où l'on doit finir.
Adieu; je suis à vous.

SCÈNE II.

ALCIPPE, PHILISTE.

PHILISTE.
                Ce cœur encor soupire?
ALCIPPE.
Hélas! je sors d'un mal pour tomber dans un pire.
Cette collation, qui l'aura pu donner?
A qui puis-je m'en prendre? et que m'imaginer?
PHILISTE.
Que l'ardeur de Clarice est égale à vos flammes [2].
Cette galanterie étoit pour d'autres dames.
L'erreur de votre page a causé votre ennui;
S'étant trompé lui-même, il vous trompe après lui.
J'ai tout su de lui-même, et des gens de Lucrèce [3].
    Il avoit vu chez elle entrer votre maîtresse;

---

[1] VAR. Prenez sur un appel le loisir d'y rêver,
         Sans commencer par où* vous devez achever.

[2] Ce mot au pluriel était alors en usage; et en effet pourquoi ne pas dire *à vos flammes*, aussi bien qu'*à vos feux*, *à vos amours*? (V.)

[3] VAR. Je viens de tout savoir d'un des gens de Lucrèce.

* Ce premier hémistiche du second vers ne serait pas permis dans le style élevé; c'est une licence qu'il faut prendre très rarement dans le comique. Une conjonction, un adverbe monosyllabe, un article, doivent rarement finir la moitié d'un vers. (V.)

ACTE III, SCÈNE II.

Mais il n'avoit pas su qu'Hippolyte et Daphné,
Ce jour-là par hasard, chez elle avoient dîné.
Il les en voit sortir, mais à coiffe abattue [1],
Et sans les approcher il suit de rue en rue;
Aux couleurs, au carrosse, il ne doute de rien;
Tout étoit à Lucrèce, et le dupe si bien,
Que, prenant ces beautés pour Lucrèce et Clarice,
Il rend à votre amour un très mauvais service.
Il les voit donc aller jusques au bord de l'eau,
Descendre de carrosse, entrer dans un bateau;
Il voit porter des plats, entend quelque musique,
A ce que l'on m'a dit, assez mélancolique.
Mais cessez d'en avoir l'esprit inquiété,
Car enfin le carrosse avoit été prêté :
L'avis se trouve faux; et ces deux autres belles
Avoient en plein repos passé la nuit chez elles.

ALCIPPE.

Quel malheur est le mien ! Ainsi donc sans sujet
J'ai fait ce grand vacarme à ce charmant objet [2] !

PHILISTE.

Je ferai votre paix. Mais sachez autre chose.
Celui qui de ce trouble est la seconde cause,
Dorante, qui tantôt nous en a tant conté
De son festin superbe et sur l'heure apprêté,
Lui qui, depuis un mois nous cachant sa venue,
La nuit, *incognito*, visite une inconnue,

---

[1] VAR. Comme il en voit sortir ces deux beautés masquées
Sans les avoir au nez de plus près remarquées *,
Voyant que le carrosse, et chevaux, et cocher,
Étoient ceux de Lucrèce, il suit sans s'approcher,
Et les prenant ainsi pour Lucrèce et Clarice.

[2] VAR. J'ai fait ce grand vacarme à ce divin objet!

* *Sans les avoir au nez*, etc. Cette manière de s'exprimer ne serait plus excusable à présent que dans la bouche d'un valet. (V.)

Il vint hier de Poitiers, et, sans faire aucun bruit,
Chez lui paisiblement a dormi toute nuit ¹.

ALCIPPE.

Quoi! sa collation...?

PHILISTE.

N'est rien qu'un pur mensonge;
Ou, quand il l'a donnée, il l'a donnée en songe ².

ALCIPPE.

Dorante en ce combat si peu prémédité
M'a fait voir trop de cœur pour tant de lâcheté.
La valeur n'apprend point la fourbe en son école;
Tout homme de courage est homme de parole;
A des vices si bas il ne peut consentir,
Et fuit plus que la mort la honte de mentir.
Cela n'est point.

PHILISTE.

Dorante, à ce que je présume,
Est vaillant par nature, et menteur par coutume.
Ayez sur ce sujet moins d'incrédulité,
Et vous-même admirez notre simplicité.
A nous laisser duper nous sommes bien novices ³ :
Une collation servie à six services,
Quatre concerts entiers, tant de plats, tant de feux,
Tout cela cependant prêt en une heure ou deux,
Comme si l'appareil d'une telle cuisine
Fût descendu du ciel dedans quelque machine.
Quiconque le peut croire ainsi que vous et moi,

---

¹ On disait alors *toute nuit*, au lieu de *toute la nuit*; mais, comme on ne pouvait pas dire *tout jour*, à cause de l'équivoque de *toujours*, on a dit *toute la nuit*, comme on disait *tout le jour*. (V.)

² VAR. Ou bien, s'il l'a donnée, il l'a donnée en songe.

³ Ce vers signifie à la lettre, *nous ne savons pas être dupés* : c'est le contraire de ce que l'auteur veut dire. (V.)

ACTE III, SCÈNE II.

S'il a manque de sens, n'a pas manque de foi[1].
Pour moi, je voyois bien que tout ce badinage
Répondoit assez mal aux remarques du page;
Mais vous?

ALCIPPE.

La jalousie aveugle un cœur atteint,
Et, sans examiner, croit tout ce qu'elle craint.
Mais laissons là Dorante avecque son audace;
Allons trouver Clarice et lui demander grace :
Elle pouvoit tantôt m'entendre sans rougir.

PHILISTE.

Attendez à demain, et me laissez agir;
Je veux par ce récit vous préparer la voie,
Dissiper sa colère, et lui rendre sa joie.
Ne vous exposez point, pour gagner un moment,
Aux premières chaleurs de son ressentiment.

ALCIPPE.

Si du jour qui s'enfuit la lumière est fidèle,
Je pense l'entrevoir avec son Isabelle.
Je suivrai tes conseils, et fuirai son courroux
Jusqu'à ce qu'elle ait ri de m'avoir vu jaloux.

---

[1] Philiste avoue ici qu'il a cru ce que disait Dorante, et, le vers d'après, il dit qu'il ne l'a pas cru. (V.) — Rien de plus naturel que de croire sur parole un homme que l'on croit véridique, tout en s'étonnant de l'incohérence de quelques détails. Philiste avait effectivement dit (acte Ier, scène V) : *Les signes du festin ne s'accordent pas bien.* Philiste est donc très d'accord avec lui-même. (A.-M.)

SCÈNE III[1].

CLARICE, ISABELLE.

CLARICE.
Isabelle, il est temps, allons trouver Lucrèce.
ISABELLE.
Il n'est pas encor tard, et rien ne vous en presse.
Vous avez un pouvoir bien grand sur son esprit ;
A peine ai-je parlé qu'elle a sur l'heure écrit.
CLARICE.
Clarice à la servir n'en seroit pas moins prompte.
Mais dis, par sa fenêtre as-tu bien vu Géronte ?
Et sais-tu que ce fils qu'il m'avoit tant vanté
Est ce même inconnu qui m'en a tant conté ?
ISABELLE.
A Lucrèce avec moi je l'ai fait reconnoître ;
Et sitôt que Géronte a voulu disparoître,
Le voyant resté seul avec un vieux valet[2],
Sabine à nos yeux même a rendu le billet.
Vous parlerez à lui.
CLARICE.
Qu'il est fourbe, Isabelle !
ISABELLE.
Eh bien ! cette pratique est-elle si nouvelle ?
Dorante est-il le seul qui, de jeune écolier,
Pour être mieux reçu s'érige en cavalier ?
Que j'en sais comme lui qui parlent d'Allemagne !

[1] Les scènes ici cessent encore d'être liées ; le théâtre ne reste pas tout-à-fait vide ; les acteurs qui entrent sont du moins annoncés. (V.)

[2] VAR. Le voyant resté seul avecque son valet.

Et, si l'on veut les croire, ont vu chaque campagne [1],
Sur chaque occasion tranchent des entendus,
Content quelque défaite, et des chevaux perdus ;
Qui, dans une gazette apprenant ce langage,
S'ils sortent de Paris, ne vont qu'à leur village,
Et se donnent ici pour témoins approuvés
De tous ces grands combats qu'ils ont lus ou rêvés.
Il aura cru sans doute, ou je suis fort trompée,
Que les filles de cœur aiment les gens d'épée ;
Et, vous prenant pour telle, il a jugé soudain
Qu'une plume au chapeau vous plaît mieux qu'à la main.
Ainsi donc, pour vous plaire, il a voulu paroître,
Non pas pour ce qu'il est, mais pour ce qu'il veut être,
Et s'est osé promettre un traitement plus doux
Dans la condition qu'il veut prendre pour vous.

CLARICE.

En matière de fourbe il est maître, il y pipe [2] ;
Après m'avoir dupée, il dupe encore Alcippe [3].
Ce malheureux jaloux s'est blessé le cerveau
D'un festin qu'hier au soir il m'a donné sur l'eau.
Juge un peu si la pièce a la moindre apparence.
Alcippe cependant m'accuse d'inconstance,
Me fait une querelle où je ne comprends rien.
J'ai, dit-il, toute nuit souffert son entretien ;
Il me parle de bal, de danse, de musique,
D'une collation superbe et magnifique,
Servie à tant de plats, tant de fois redoublés,
Que j'en ai la cervelle et les esprits troublés.

---

[1] Var. Et, si l'on les veut croire, ont vu chaque campagne.

[2] Cette expression ne serait plus admise aujourd'hui. On dit *piper au jeu, piper la bécasse;* voilà tout ce qui est resté en usage. (V.)

[3] Var. D'une autre toute fraîche il dupe encore Alcippe.

ISABELLE.

Reconnoissez par-là que Dorante vous aime,
Et que dans son amour son adresse est extrême;
Il aura su qu'Alcippe étoit bien avec vous [1],
Et pour l'en éloigner il l'a rendu jaloux.
Soudain à cet effort il en a joint un autre;
Il a fait que son père est venu voir le vôtre.
Un amant peut-il mieux agir en un moment
Que de gagner un père et brouiller l'autre amant?
Votre père l'agrée, et le sien vous souhaite;
Il vous aime, il vous plaît, c'est une affaire faite.

CLARICE.

Elle est faite, de vrai, ce qu'elle se fera.

ISABELLE.

Quoi! votre cœur se change, et désobéira [2]?

CLARICE.

Tu vas sortir de garde, et perdre tes mesures [3].
Explique, si tu peux, encor ses impostures :
 Il étoit marié sans que l'on en sût rien;
Et son père a repris sa parole du mien,
Fort triste de visage et fort confus dans l'ame.

ISABELLE.

Ah, je dis à mon tour : Qu'il est fourbe, madame!

---

[1] VAR. Il aura su qu'Alcippe étoit aimé de vous.

[2] VAR. Quoi! votre humeur ici lui désobéira?

[3] Cette métaphore, tirée de l'art des armes, paraît aujourd'hui peu convenable dans la bouche d'une fille parlant à une fille; mais, quand une métaphore est usitée, elle cesse d'être une figure. L'art de l'escrime étant alors beaucoup plus commun qu'aujourd'hui, *sortir de garde, être en garde,* entrait dans le discours familier, et on employait ces expressions avec les femmes même; comme on dit *à la boule-vue* à ceux qui n'ont jamais vu jouer à la boule, *servir sur les deux toits* à ceux qui n'ont jamais vu jouer à la paume, le *dessous des cartes,* etc. (V.)

ACTE III, SCÈNE IV.

C'est bien aimer la fourbe, et l'avoir bien en main,
Que de prendre plaisir à fourber sans dessein.
Car, pour moi, plus j'y songe, et moins je puis comprendre
Quel fruit auprès de vous il en ose prétendre.
Mais qu'allez-vous donc faire? et pourquoi lui parler?
Est-ce à dessein d'en rire, ou de le quereller?

CLARICE.
Je prendrai du plaisir du moins à le confondre.

ISABELLE.
J'en prendrois davantage à le laisser morfondre.

CLARICE.
Je veux l'entretenir par curiosité [1].
Mais j'entrevois quelqu'un dans cette obscurité,
Et si c'étoit lui-même, il pourroit me connoître [2] :
Entrons donc chez Lucrèce, allons à sa fenêtre,
Puisque c'est sous son nom que je dois lui parler [3].
Mon jaloux, après tout, sera mon pis-aller.
Si sa mauvaise humeur déjà n'est apaisée,
Sachant ce que je sais, la chose est fort aisée.

SCÈNE IV [4].

DORANTE, CLITON.

DORANTE.
Voici l'heure et le lieu que marque le billet.

---

[1] Var. Non, je lui veux parler par curiosité.

[2] Var. Et si c'étoit lui-même, il me pourroit connoître.

[3] Var. Puisque c'est sous son nom que je lui dois parler.

[4] Remarquez que le théâtre ici ne reste pas tout-à-fait vide, et que si les scènes ne sont pas liées, elles sont du moins annoncées. Il sort deux acteurs, et il en rentre deux autres; mais les deux premiers ne sortent qu'en conséquence de l'arrivée des

CLITON.

J'ai su tout ce détail d'un ancien valet [1].
Son père est de la robe, et n'a qu'elle de fille;
Je vous ai dit son bien, son âge, et sa famille.
 Mais, monsieur, ce seroit pour me bien divertir,
Si, comme vous, Lucrèce excelloit à mentir.
Le divertissement seroit rare, ou je meure;
Et je voudrois qu'elle eût ce talent pour une heure;
Qu'elle pût un moment vous piper en votre art,
Rendre conte pour conte, et martre pour renard :
D'un et d'autre côté j'en entendrois de bonnes.

DORANTE.

Le ciel fait cette grace à fort peu de personnes :
Il y faut promptitude, esprit, mémoire, soins,
Ne se brouiller jamais, et rougir encor moins [2].
Mais la fenêtre s'ouvre, approchons.

---

deux seconds : c'est toujours la même action qui continue, c'est le même objet qui occupe le spectateur. Il est mieux que les scènes soient toujours liées; les yeux et l'esprit en sont plus satisfaits. (V.)

[1] Autrefois un auteur, selon sa volonté, faisait *hier* d'une syllabe, et *ancien* de trois : aujourd'hui cette méthode est changée; *ancien* de trois syllabes rend le vers plus languissant; *ancien* de deux syllabes devient dur ; on est réduit à éviter ce mot, quand on veut faire des vers où rien ne rebute l'oreille. (V.)

[2] VAR. Ne hésiter* jamais, et rougir encor moins.

* *Ne hé* est dur à l'oreille. On ne fait plus difficulté de dire aujourd'hui *j'hésite*, *je n'hésite plus*. (V.)

SCÈNE V[1].

CLARICE, LUCRÈCE, ISABELLE, à la fenêtre; DORANTE, CLITON, en bas.

CLARICE, à Isabelle.
        Isabelle,
Durant notre entretien demeure en sentinelle.
ISABELLE.
Lorsque votre vieillard sera prêt à sortir,
Je ne manquerai pas de vous en avertir.
(Isabelle descend de la fenêtre, et ne se montre plus.)
LUCRÈCE, à Clarice.
Il conte assez au long ton histoire à mon père.
Mais parle sous mon nom, c'est à moi de me taire.
CLARICE.
Êtes-vous là, Dorante?
DORANTE.
     Oui, madame, c'est moi,
Qui veux vivre et mourir sous votre seule loi.
LUCRÈCE, à Clarice.
Sa fleurette pour toi prend encor même style[2].

---

[1] Cette scène est toute espagnole : c'est un simple jeu de deux femmes, une simple méprise de Dorante, dont il ne résulte rien d'intéressant ni de plaisant, rien qui déploie les caractères; et c'est probablement la raison pour laquelle *le Menteur* n'est plus si goûté qu'autrefois. (V.) — La remarque de Voltaire est très juste; mais *le Menteur* est toujours goûté, parceque, malgré ses défauts, c'est une de nos plus agréables comédies. (P.)

[2] Var. Il continue encore à te conter sa chance.
    CLARICE, à Lucrèce.
Il continue encor dans la même impudence.

CLARICE, à Lucrèce.

Il devroit s'épargner cette gêne inutile :
Mais m'auroit-il déja reconnue à la voix?

CLITON, à Dorante.

C'est elle; et je me rends, monsieur, à cette fois.

DORANTE, à Clarice.

Oui, c'est moi qui voudrois effacer de ma vie
Les jours que j'ai vécu sans vous avoir servie.
Que vivre sans vous voir est un sort rigoureux !
C'est ou ne vivre point, ou vivre malheureux;
C'est une longue mort; et, pour moi, je confesse
Que pour vivre il faut être esclave de Lucrèce.

CLARICE, à Lucrèce.

Chère amie, il en conte à chacune à son tour[1].

LUCRÈCE, à Clarice.

Il aime à promener sa fourbe et son amour.

DORANTE.

A vos commandements j'apporte donc ma vie;
Trop heureux si pour vous elle m'étoit ravie !
Disposez-en, madame, et me dites en quoi
Vous avez résolu de vous servir de moi.

CLARICE.

Je vous voulois tantôt proposer quelque chose;
Mais il n'est plus besoin que je vous la propose,
Car elle est impossible.

---

[1] Il paraît que Clarice ne dit pas ce qu'elle devrait dire, et ne joue pas le rôle qu'elle devrait jouer; elle est convenue que Lucrèce mentirait au Menteur, et qu'elle lui ferait croire que cette Lucrèce est la même personne qu'il a vue aux Tuileries; c'est la demoiselle des Tuileries que Dorante aime; c'est à elle qu'il croit parler : par conséquent il n'en conte point à chacune à son tour, il n'est point fourbe, il tombe dans le piége qu'on lui a dressé. (V.)

ACTE III, SCÈNE V.

DORANTE.

Impossible! ah! pour vous
Je pourrai tout, madame, en tous lieux, contre tous.

CLARICE.

Jusqu'à vous marier quand je sais que vous l'êtes.

DORANTE.

Moi, marié! ce sont pièces qu'on vous a faites;
Quiconque vous l'a dit s'est voulu divertir.

CLARICE, à Lucrèce.

Est-il un plus grand fourbe?

LUCRÈCE, à Clarice.

Il ne sait que mentir.

DORANTE.

Je ne le fus jamais; et si, par cette voie,
On pense....

CLARICE.

Et vous pensez encor que je vous croie?

DORANTE.

Que le foudre à vos yeux m'écrase, si je mens[1]!

CLARICE.

Un menteur est toujours prodigue de serments.

DORANTE.

Non, si vous aviez eu pour moi quelque pensée
Qui sur ce faux rapport puisse être balancée,
Cessez d'être en balance, et de vous défier
De ce qu'il m'est aisé de vous justifier.

CLARICE, à Lucrèce.

On diroit qu'il dit vrai, tant son effronterie
Avec naïveté pousse une menterie.

DORANTE.

Pour vous ôter de doute, agréez que demain

---

[1] VAR. Que la foudre à vos yeux m'écrase, si je mens!

En qualité d'époux je vous donne la main.
CLARICE.
Hé! vous la donneriez en un jour à deux mille.
DORANTE.
Certes, vous m'allez mettre en crédit par la ville,
Mais en crédit si grand, que j'en crains les jaloux.
CLARICE.
C'est tout ce que mérite un homme tel que vous,
Un homme qui se dit un grand foudre de guerre,
Et n'en a vu qu'à coups d'écritoire ou de verre [1],
Qui vint hier de Poitiers, et conte, à son retour,
Que depuis une année il fait ici sa cour;
Qui donne toute nuit festin, musique, et danse,
Bien qu'il l'ait dans son lit passée en tout silence;
Qui se dit marié, puis soudain s'en dédit.
Sa méthode est jolie à se mettre en crédit!
Vous-même apprenez-moi comme il faut qu'on le nomme.
CLITON, à Dorante.
Si vous vous en tirez, je vous tiens habile homme.
DORANTE, à Cliton.
Ne t'épouvante point, tout vient en sa saison.
(à Clarice.)
De ces inventions chacune a sa raison;
Sur toutes quelque jour je vous rendrai contente :
Mais à présent je passe à la plus importante.
J'ai donc feint cet hymen (pourquoi désavouer
Ce qui vous forcera vous-même à me louer?)
Je l'ai feint, et ma feinte à vos mépris m'expose.
Mais si de ces détours vous seule étiez la cause?
CLARICE.
Moi?

---

[1] Var. Et n'en a vu qu'à coups d'écritoire et de verre.

ACTE III, SCÈNE V.

DORANTE.

Vous. Écoutez-moi. Ne pouvant consentir...

CLITON, à Dorante.

De grace, dites-moi si vous allez mentir.

DORANTE, à Cliton.

Ah! je t'arracherai cette langue importune.

(à Clarice.)

Donc comme à vous servir j'attache ma fortune,
L'amour que j'ai pour vous ne pouvant consentir
Qu'un père à d'autres lois voulût m'assujettir....

CLARICE, à Lucrèce.

Il fait pièce nouvelle, écoutons.

DORANTE.

Cette adresse
A conservé mon ame à la belle Lucrèce;
Et, par ce mariage au besoin inventé,
J'ai su rompre celui qu'on m'avoit apprêté.
Blâmez-moi de tomber en des fautes si lourdes,
Appelez-moi grand fourbe, et grand donneur de bourdes[1];
Mais louez-moi du moins d'aimer si puissamment,
Et joignez à ces noms celui de votre amant.
Je fais par cet hymen banqueroute à tous autres;
J'évite tous leurs fers pour mourir dans les vôtres;
Et, libre pour entrer en des liens si doux,
Je me fais marié pour toute autre que vous.

CLARICE.

Votre flamme en naissant a trop de violence,
Et me laisse toujours en juste défiance.
Le moyen que mes yeux eussent de tels appas
Pour qui m'a si peu vue et ne me connoît pas?

[1] Cette expression est aujourd'hui un peu basse; elle vient de l'ancien mot *bourdeler, bordeler*, qui ne signifiait que *se réjouir*. (V.)

DORANTE.

Je ne vous connois pas! vous n'avez plus de mère ;
Périandre est le nom de monsieur votre père ;
Il est homme de robe, adroit, et retenu ;
Dix mille écus de rente en font le revenu ;
Vous perdîtes un frère aux guerres d'Italie ;
Vous aviez une sœur qui s'appeloit Julie.
Vous connois-je à présent? dites encor que non.

CLARICE, à Lucrèce.

Cousine, il te connoît, et t'en veut tout de bon.

LUCRÈCE, en elle-même.

Plût à Dieu!

CLARICE, à Lucrèce.

Découvrons le fond de l'artifice.

(à Dorante.)

J'avois voulu tantôt vous parler de Clarice,
Quelqu'un de vos amis m'en est venu prier.
Dites-moi, seriez-vous pour elle à marier?

DORANTE.

Par cette question n'éprouvez plus ma flamme.
Je vous ai trop fait voir jusqu'au fond de mon ame,
Et vous ne pouvez plus désormais ignorer
Que j'ai feint cet hymen afin de m'en parer.
Je n'ai ni feux ni vœux que pour votre service,
Et ne puis plus avoir que mépris pour Clarice.

CLARICE.

Vous êtes, à vrai dire, un peu bien dégoûté ;
Clarice est de maison, et n'est pas sans beauté :
Si Lucrèce à vos yeux paroît un peu plus belle,
De bien mieux faits que vous se contenteroient d'elle.

DORANTE.

Oui, mais un grand défaut ternit tous ses appas

ACTE III, SCÈNE V.

CLARICE.

Quel est-il ce défaut?

DORANTE.

Elle ne me plaît pas;
Et, plutôt que l'hymen avec elle me lie,
Je serai marié, si l'on veut, en Turquie.

CLARICE.

Aujourd'hui cependant on m'a dit qu'en plein jour
Vous lui serriez la main, et lui parliez d'amour.

DORANTE.

Quelqu'un auprès de vous m'a fait cette imposture.

CLARICE, à Lucrèce.

Écoutez l'imposteur; c'est hasard s'il n'en jure.

DORANTE.

Que du ciel....

CLARICE, à Lucrèce.

L'ai-je dit?

DORANTE.

J'éprouve le courroux
Si j'ai parlé, Lucrèce, à personne qu'à vous!

CLARICE.

Je ne puis plus souffrir une telle impudence,
Après ce que j'ai vu moi-même en ma présence :
Vous couchez d'imposture, et vous osez jurer[1],
Comme si je pouvois vous croire, ou l'endurer!
Adieu : retirez-vous, et croyez, je vous prie,

---

[1] *Vous couchez d'imposture*, c'est-à-dire vous *étalez l'imposture*. Aujourd'hui on dit : vous faites une imposture; ce qui est beaucoup moins énergique. Cette expression vient du jeu : on disait *coucher* de l'argent sur une carte, c'est-à-dire étaler de l'argent. Cette locution n'est plus d'usage, mais il en est resté quelques phrases toutes faites, telles que *coucher* sur un registre, *coucher* sur le papier, *coucher* sur l'état des pensions, etc. (A.-M.)

Que souvent je m'égaie ainsi par raillerie,
Et que, pour me donner des passe-temps si doux,
J'ai donné cette baie à bien d'autres qu'à vous [1].

SCÈNE VI.

DORANTE, CLITON.

CLITON.
Eh bien! vous le voyez, l'histoire est découverte.
DORANTE.
Ah, Cliton! je me trouve à deux doigts de ma perte.
CLITON.
Vous en avez sans doute un plus heureux succès,
Et vous avez gagné chez elle un grand accès.
Mais je suis ce fâcheux qui nuis par ma présence,
Et vous fais sous ces mots être d'intelligence.
DORANTE.
Peut-être : qu'en crois-tu ?
CLITON.
Le peut-être est gaillard.
DORANTE.
Penses-tu qu'après tout j'en quitte encor ma part,
Et tienne tout perdu pour un peu de traverse [2] ?

---

[1] Cette scène ne peut réussir, elle est trop forcée ; il était naturel que Clarice lui dît : *C'est moi que vous avez trouvée aux Tuileries, vous devez reconnaître ma voix;* et alors tout était fini. (V.)
— La remarque de Voltaire suppose qu'une femme vivement émue parcequ'elle se croit trompée, dit toujours ce qu'il y a de plus naturel à dire dans sa position. (A.-M.)

[2] VAR.   CLITON.
Si jamais cette part tomboit dans le commerce,
Quelque espoir dont l'appât vous endorme ou vous berce,

ACTE III, SCÈNE VI.

CLITON.

Si jamais cette part tomboit dans le commerce,
Et qu'il vous vînt marchand pour ce trésor caché,
Je vous conseillerois d'en faire bon marché.

DORANTE.

Mais pourquoi si peu croire un feu si véritable?

CLITON.

A chaque bout de champ vous mentez comme un diable.

DORANTE.

Je disois vérité.

CLITON.

Quand un menteur la dit,
En passant par sa bouche elle perd son crédit [1].

DORANTE.

Il faut donc essayer si par quelque autre bouche
Elle pourra trouver un accueil moins farouche [2].
Allons sur le chevet rêver quelque moyen [3]
D'avoir de l'incrédule un plus doux entretien.
Souvent leur belle humeur suit le cours de la lune ;
Telle rend des mépris qui veut qu'on l'importune.
Et, de quelques effets que les siens soient suivis,

Si vous trouviez marchand pour ce trésor caché.

[1] Voilà deux vers qui sont passés en proverbe : c'est une vérité fortement et naïvement exprimée ; elle est dans l'espagnol, et on l'a imitée dans l'italien. (V.)

[2] VAR. Elle recevra point un accueil moins farouche*.

[3] Il faut : *rêver à quelque moyen*. (V.) — *Rêver à quelque moyen* signifie *chercher un moyen*. *Rêver un moyen* veut dire *trouver* un moyen à force d'y rêver. Molière, dans *la Critique de l'École des Femmes*, a dit de même : « Il faudrait rêver quelque incident. » (A.-M.)

* Il faudrait ici la particule *ne* avant le verbe, pour que la phrase fût exacte. Cette licence n'est pas même permise en poésie. (V.)

Il sera demain jour, et la nuit porte avis[1].

[1] On ne peut guère finir un acte moins vivement : il faut toujours tenir le spectateur en haleine, lui donner de la crainte ou de l'espérance. Quand un personnage se borne à dire, *nous verrons demain ce que nous ferons, allons-nous-en,* le spectateur est tenté de s'en aller aussi, à moins que les choses auxquelles le personnage va rêver ne soient très intéressantes. (V.)

FIN DU TROISIÈME ACTE.

ACTE QUATRIÈME.

SCÈNE I.

DORANTE, CLITON.

CLITON.
Mais, monsieur, pensez-vous qu'il soit jour chez Lucrèce [1] ?
Pour sortir si matin elle a trop de paresse.
                DORANTE.
On trouve bien souvent plus qu'on ne croit trouver ;
Et ce lieu pour ma flamme est plus propre à rêver :
J'en puis voir sa fenêtre, et de sa chère idée
Mon ame à cet aspect sera mieux possédée.
                CLITON.
A propos de rêver, n'avez-vous rien trouvé
Pour servir de remède au désordre arrivé ?
                DORANTE.
Je me suis souvenu d'un secret que toi-même

---

[1] Nous avons déja remarqué que le lieu de la scène changeait souvent dans cette comédie, et que, par conséquent, l'unité de lieu n'y était pas scrupuleusement observée. (V.) — Le lieu de la scène ne change réellement qu'une fois. Le premier acte se passe aux Tuileries. Tous les autres se passent à la place Royale, soit dans l'appartement de Clarice, soit sous ses fenêtres ou sous celles de Lucrèce, qui sont très voisines, puisque, dans la scène v de l'acte II, Clarice et Lucrèce (chacune à sa fenêtre) voient en même temps Géronte et Dorante. Désormais la scène reste sur la place Royale, devant la maison de Lucrèce. (A.-M.)

Me donnois hier pour grand, pour rare, pour suprême ¹.
Un amant obtient tout quand il est libéral.

CLITON.

Le secret est fort beau, mais vous l'appliquez mal :
Il ne fait réussir qu'auprès d'une coquette.

DORANTE.

Je sais ce qu'est Lucrèce, elle est sage, et discrète ² ;
A lui faire présent mes efforts seroient vains ³ ;
Elle a le cœur trop bon : mais ses gens ont des mains;
Et, bien que sur ce point elle les désavoue ⁴,
Avec un tel secret leur langue se dénoue :
Ils parlent ; et souvent on les daigne écouter.
A tel prix que ce soit, il m'en faut acheter ⁵.
Si celle-ci venoit qui m'a rendu sa lettre ⁶,
Après ce qu'elle a fait j'ose tout m'en promettre ;
Et ce sera hasard si sans beaucoup d'effort
Je ne trouve moyen de lui payer le port.

¹ *Un secret suprême!* voilà à quoi l'esclavage de la rime réduit trop souvent les auteurs ; on emploie les mots les plus impropres, parcequ'ils riment. C'est le plus grand défaut de notre poésie : il vaut mieux rejeter la plus belle pensée que de la mal exprimer. (V.)

² D'où le sait-il, lui qui arriva hier de Poitiers ? (V.) — Il le sait de Cliton même, à qui il a donné ordre de s'en informer à la septième scène du second acte, et qui lui en a rendu compte à la quatrième scène du troisième. Voltaire mit trop de précipitation dans quelques parties de son travail ; ces observations en sont la preuve. (P.)

³ Il faut dire : *faire un présent,* ou *faire présent de quelque chose.* (V.)

⁴ VAR. Et, quoique sur ce point elle les désavoue.

⁵ VAR. A quelque prix qu'ils soient, il m'en faut acheter.

⁶ Ce vers n'est pas français ; il faudrait *celle-là,* ou *celle. Celle* ne doit point se séparer du *qui;* mais ce n'est qu'une petite faute. (V.) — *Celle-là* ne serait pas plus français que *celle-ci.* (A.-M.)

CLITON.
Certes, vous dites vrai, j'en juge par moi-même :
Ce n'est point mon humeur de refuser qui m'aime;
Et comme c'est m'aimer que me faire présent,
Je suis toujours alors d'un esprit complaisant.
DORANTE.
Il est beaucoup d'humeurs pareilles à la tienne.
CLITON.
Mais, monsieur, attendant que Sabine survienne,
Et que sur son esprit vos dons fassent vertu [1],
Il court quelque bruit sourd qu'Alcippe s'est battu.
DORANTE.
Contre qui?
CLITON.
L'on ne sait, mais ce confus murmure [2]
D'un air pareil au vôtre à-peu-près le figure;
Et, si de tout le jour je vous avois quitté,
Je vous soupçonnerois de cette nouveauté.
DORANTE.
Tu ne me quittas point pour entrer chez Lucrèce?
CLITON.
Ah! monsieur, m'auriez-vous joué ce tour d'adresse?
DORANTE.
Nous nous battîmes hier, et j'avois fait serment
De ne parler jamais de cet événement;
Mais à toi, de mon cœur l'unique secrétaire,
A toi, de mes secrets le grand dépositaire,
Je ne célerai rien, puisque je l'ai promis.

[1] On dit : *se faire une vertu, faire une vertu d'un vice;* mais *faire vertu*, quand il signifie *faire effet,* n'est plus d'usage; et *faire vertu sur quelque chose* est un barbarisme. (V.)

[2] Var. . . . . L'on ne sait; mais, dedans ce murmure,
A-peu-près comme vous je vois qu'on le figure.

Depuis cinq ou six mois nous étions ennemis :
Il passa par Poitiers, où nous prîmes querelle;
Et comme on nous fit lors une paix telle-quelle,
Nous sûmes l'un à l'autre en secret protester
Qu'à la première vue il en faudroit tâter.
Hier nous nous rencontrons; cette ardeur se réveille,
Fait de notre embrassade un appel à l'oreille;
Je me défais de toi, j'y cours, je le rejoins,
Nous vidons sur le pré l'affaire sans témoins;
Et, le perçant à jour de deux coups d'estocade,
Je le mets hors d'état d'être jamais malade :
Il tombe dans son sang.

CLITON.
A ce compte il est mort?

DORANTE.
Je le laissai pour tel.

CLITON.
Certes, je plains son sort :
Il étoit honnête homme; et le ciel ne déploie....

SCÈNE II.

DORANTE, ALCIPPE, CLITON.

ALCIPPE.
Je te veux, cher ami, faire part de ma joie.
Je suis heureux; mon père...

DORANTE.
Eh bien?

ALCIPPE.
Vient d'arriver.

CLITON, à Dorante.
Cette place pour vous est commode à rêver.

DORANTE.

Ta joie est peu commune, et pour revoir un père
Un homme tel que nous ne se réjouit guère.

ALCIPPE.

Un esprit que la joie entièrement saisit
Présume qu'on l'entend au moindre mot qu'il dit[1].
Sache donc que je touche à l'heureuse journée
Qui doit avec Clarice unir ma destinée :
On attendoit mon père afin de tout signer.

DORANTE.

C'est ce que mon esprit ne pouvoit deviner;
Mais je m'en réjouis. Tu vas entrer chez elle?

ALCIPPE.

Oui, je lui vais porter cette heureuse nouvelle;
Et je t'en ai voulu faire part en passant.

DORANTE.

Tu t'acquiers d'autant plus un cœur reconnoissant.
Enfin donc ton amour ne craint plus de disgrace?

ALCIPPE.

Cependant qu'au logis mon père se délasse,
J'ai voulu par devoir prendre l'heure du sien.

CLITON, à Dorante.

Les gens que vous tuez se portent assez bien.

ALCIPPE.

Je n'ai de part ni d'autre aucune défiance :
Excuse d'un amant la juste impatience.
Adieu.

DORANTE.

Le ciel te donne un hymen sans souci!

---

[1] Var. Croit qu'on doive l'entendre au moindre mot qu'il dit.

SCÈNE III.

DORANTE, CLITON.

CLITON.

Il est mort! Quoi! monsieur, vous m'en donnez aussi,
A moi, de votre cœur l'unique secrétaire,
A moi, de vos secrets le grand dépositaire!
Avec ces qualités j'avois lieu d'espérer
Qu'assez malaisément je pourrois m'en parer [1].

DORANTE.

Quoi! mon combat te semble un conte imaginaire?

CLITON.

Je croirai tout, monsieur, pour ne vous pas déplaire;
Mais vous en contez tant, à toute heure, en tous lieux,
Qu'il faut bien de l'esprit avec vous et bons yeux.
Maure, juif, ou chrétien, vous n'épargnez personne.

DORANTE.

Alcippe te surprend! sa guérison t'étonne!
L'état où je le mis étoit fort périlleux;
Mais il est à présent des secrets merveilleux :
Ne t'a-t-on point parlé d'une source de vie
Que nomment nos guerriers poudre de sympathie?
On en voit tous les jours des effets étonnants.

CLITON.

Encor ne sont-ils pas du tout si surprenants;

---

[1] Dans ces deux vers, que Cliton répète ici après les avoir dits à la fin du second acte, on peut remarquer qu'*espérer*, ne se prenant jamais en mauvaise part, ne peut pas servir de synonyme à *craindre*, et qu'ici l'expression n'est point juste. (V.)

[2] Var. Que quiconque m'échappe est bien aimé de Dieu.

ACTE IV, SCÈNE III.

Et je n'ai point appris qu'elle eût tant d'efficace [1],
Qu'un homme que pour mort on laisse sur la place,
Qu'on a de deux grands coups percé de part en part,
Soit dès le lendemain si frais et si gaillard.

DORANTE.

La poudre que tu dis n'est que de la commune;
On n'en fait plus de cas : mais, Cliton, j'en sais une
Qui rappelle sitôt des portes du trépas,
Qu'en moins d'un tourne-main on ne s'en souvient pas [2];
Quiconque la sait faire a de grands avantages.

CLITON.

Donnez-m'en le secret, et je vous sers sans gages.

DORANTE.

Je te le donnerois, et tu serois heureux;
Mais le secret consiste en quelques mots hébreux,
Qui tous à prononcer sont si fort difficiles,
Que ce seroit pour toi des trésors inutiles.

CLITON.

Vous savez donc l'hébreu?

DORANTE.

L'hébreu? parfaitement :
J'ai dix langues, Cliton, à mon commandement.

CLITON.

Vous auriez bien besoin de dix des mieux nourries [3],
Pour fournir tour-à-tour à tant de menteries;
Vous les hachez menu comme chair à pâtés [4].

---

[1] *Efficace*, pris comme substantif, n'est plus d'usage; on dit *efficacité*, ou plutôt on se sert d'un autre mot. (V.)

[2] VAR. Qu'en moins de fermer l'œil on ne s'en souvient pas.

[3] VAR. Vous avez bien besoin de dix des mieux nourries
Pour fournir aliment à tant de menteries.

[4] Ces vers ne paraissent-ils pas d'un genre de plaisanterie trivial, et même trop bas pour le ton général de la pièce? (V.) —

Vous avez tout le corps bien plein de vérités,
Il n'en sort jamais une.

DORANTE.

Ah! cervelle ignorante!
Mais mon père survient.

SCÈNE IV.

GÉRONTE, DORANTE, CLITON.

GÉRONTE.

Je vous cherchois, Dorante.

DORANTE.

Je ne vous cherchois pas, moi. Que mal-à-propos
Son abord importun vient troubler mon repos [1] !
Et qu'un père incommode un homme de mon âge [2] !

GÉRONTE.

Vu l'étroite union que fait le mariage,
J'estime qu'en effet c'est n'y consentir point
Que laisser désunis ceux que le ciel a joint.
La raison le défend, et je sens dans mon ame
Un violent desir de voir ici ta femme.
J'écris donc à son père; écris-lui comme moi :
Je lui mande qu'après ce que j'ai su de toi,

C'est un valet qui parle, et sa trivialité même est comique. (A.-M.)

[1] Il ne peut pas dire qu'il est en repos : il ne pourrait trouver son père incommode qu'en cas qu'il sût que son père vient troubler son amour : il serait excusable alors par l'excès de sa passion; mais il n'a de véritable passion que celle de mentir assez mal-à-propos. (V.)

[2] Corneille aurait pu se dispenser de donner à Dorante, dont il a voulu faire un personnage agréable, ce sentiment très immoral d'irrévérence envers son père. Cette remarque n'eût pas été déplacée dans le commentaire de Voltaire. (P.)

Je me tiens trop heureux qu'une si belle fille,
Si sage, et si bien née, entre dans ma famille[1];
J'ajoute à ce discours que je brûle de voir
Celle qui de mes ans devient l'unique espoir;
Que pour me l'amener tu t'en vas en personne :
Car enfin il le faut, et le devoir l'ordonne;
N'envoyer qu'un valet sentiroit son mépris.

DORANTE.

De vos civilités il sera bien surpris;
Et pour moi je suis prêt : mais je perdrai ma peine;
Il ne souffrira pas encor qu'on vous l'amène;
Elle est grosse.

GÉRONTE.
Elle est grosse!

DORANTE.
Et de plus de six mois.

GÉRONTE.

Que de ravissements je sens à cette fois!

DORANTE.

Vous ne voudriez pas hasarder sa grossesse.

GÉRONTE.

Non, j'aurai patience autant que d'allégresse;
Pour hasarder ce gage il m'est trop précieux.
A ce coup ma prière a pénétré les cieux.
Je pense en le voyant que je mourrai de joie.
Adieu : je vais changer la lettre que j'envoie,
En écrire à son père un nouveau compliment,
Le prier d'avoir soin de son accouchement,

---

[1] *Si sage, et si bien née,* une fille qui a été surprise avec un homme pendant la nuit! (V.)—Dorante, acte II, sc. v, dit à son père qu'il a reçu d'Orphise des faveurs secrètes, mais *honnêtes,* et qu'il a été six mois à se faire aimer d'elle. Ses rendez-vous, le soir, ne doivent donc pas être interprétés si sévèrement. (A.-M.)

Comme du seul espoir où mon bonheur se fonde.

DORANTE, bas, à Cliton.

Le bonhomme s'en va le plus content du monde.

GÉRONTE, se retournant.

Écris-lui comme moi.

DORANTE.

Je n'y manquerai pas.

Qu'il est bon!

CLITON.

Taisez-vous, il revient sur ses pas.

GÉRONTE.

Il ne me souvient plus du nom de ton beau-père.
Comment s'appelle-t-il?

DORANTE.

Il n'est pas nécessaire;
Sans que vous vous donniez ces soucis superflus,
En fermant le paquet j'écrirai le dessus.

GÉRONTE.

Étant tout d'une main, il sera plus honnête.

DORANTE.

Ne lui pourrai-je ôter ce souci de la tête?
Votre main ou la mienne, il n'importe des deux.

GÉRONTE.

Ces nobles de province y sont un peu fâcheux.

DORANTE.

Son père sait la cour.

GÉRONTE.

Ne me fais plus attendre,

Dis-moi...

DORANTE.

Que lui dirai-je?

GÉRONTE.

Il s'appelle?

DORANTE.
Pyrandre.
GÉRONTE.
Pyrandre! tu m'as dit tantôt un autre nom;
C'étoit, je m'en souviens, oui, c'étoit Armédon.
DORANTE.
Oui, c'est là son nom propre, et l'autre d'une terre;
Il portait ce dernier quand il fut à la guerre,
Et se sert si souvent de l'un et l'autre nom,
Que tantôt c'est Pyrandre, et tantôt Armédon.
GÉRONTE.
C'est un abus commun qu'autorise l'usage,
Et j'en usois ainsi du temps de mon jeune âge.
Adieu : je vais écrire.

SCÈNE V[1].

DORANTE, CLITON.

DORANTE.
Enfin j'en suis sorti.
CLITON.
Il faut bonne mémoire après qu'on a menti.
DORANTE.
L'esprit a secouru le défaut de mémoire.
CLITON.
Mais on éclaircira bientôt toute l'histoire.

[1] Qu'il me soit permis de dire en passant que, dans les quatre scènes précédentes, la résurrection d'Alcippe, le nouvel embarras de Dorante avec Géronte, la noble confiance de ce dernier, forment les situations les plus heureuses et les plus comiques. On ne voit point de tels exemples chez les Grecs ni chez les Latins : aussi l'auteur italien n'a-t-il pas manqué de traduire toutes ces scènes. (V.)

Après ce mauvais pas où vous avez bronché,
Le reste encor long-temps ne peut être caché :
On le sait chez Lucrèce, et chez cette Clarice,
Qui, d'un mépris si grand piquée avec justice,
Dans son ressentiment prendra l'occasion
De vous couvrir de honte et de confusion.

DORANTE.

Ta crainte est bien fondée; et puisque le temps presse,
Il faut tâcher en hâte à m'engager Lucrèce.
Voici tout à propos ce que j'ai souhaité.

SCÈNE VI[1].

DORANTE, CLITON, SABINE.

DORANTE.

Chère amie, hier au soir j'étois si transporté,
Qu'en ce ravissement je ne pus me permettre[2]
De bien penser à toi quand j'eus lu cette lettre :
Mais tu n'y perdras rien, et voici pour le port.

SABINE.

Ne croyez pas, monsieur....

DORANTE.
      Tiens.

---

[1] Toutes les fois qu'un acteur entre, ou sort du théâtre, l'art exige que le spectateur soit instruit des motifs qui l'y déterminent : on ne voit pas trop ici quelle raison ramène Sabine. (V.) — Comme la scène se passe sous les fenêtres mêmes de Lucrèce, le spectateur n'a pas grand'peine à deviner ce que Sabine dira dans la scène vii, p. 97 :

    Elle a voulu qu'exprès je me sois fait paroître,
      Pour voir si par hasard il ne me diroit rien. (A.-M.)

[2] Var. Que l'aise que j'avois ne put pas me permettre.

ACTE IV, SCÈNE VI.

SABINE.
　　　　　　Vous me faites tort.
Je ne suis pas de...

DORANTE.
Prends.

SABINE.
　　　Hé, monsieur!

DORANTE.
　　　　　　　　Prends, te dis-je :
Je ne suis point ingrat alors que l'on m'oblige;
Dépêche, tends la main.

CLITON.
　　　　Qu'elle y fait de façons!
Je lui veux par pitié donner quelques leçons.
　Chère amie, entre nous, toutes tes révérences
En ces occasions ne sont qu'impertinences;
Si ce n'est assez d'une, ouvre toutes les deux :
Le métier que tu fais ne veut point de honteux.
Sans te piquer d'honneur, crois qu'il n'est que de prendre,
Et que tenir vaut mieux mille fois que d'attendre.
Cette pluie est fort douce; et, quand j'en vois pleuvoir,
J'ouvrirois jusqu'au cœur pour la mieux recevoir.
On prend à toutes mains dans le siècle où nous sommes,
Et refuser n'est plus le vice des grands hommes [1].
Retiens bien ma doctrine; et, pour faire amitié,
Si tu veux, avec toi je serai de moitié.

SABINE.
Cet article est de trop.

DORANTE.
　　　　　　　Vois-tu, je me propose

---

[1] Que veut dire *le vice des grands hommes*, quand il s'agit d'une femme de chambre? (V.) — C'est tout bonnement lui-même que

De faire avec le temps pour toi toute autre chose.
Mais comme j'ai reçu cette lettre de toi,
En voudrois-tu donner la réponse pour moi?

SABINE.

Je la donnerai bien; mais je n'ose vous dire
Que ma maîtresse daigne ou la prendre, ou la lire :
J'y ferai mon effort.

DORANTE.

Voyez, elle se rend
Plus douce qu'une épouse, et plus souple qu'un gant.

DORANTE.

(bas à Cliton.) (haut à Sabine.)

Le secret a joué. Présente-la, n'importe;
Elle n'a pas pour moi d'aversion si forte.
Je reviens dans une heure en apprendre l'effet.

SABINE.

Je vous conterai lors tout ce que j'aurai fait[1].

SCÈNE VII.

CLITON, SABINE.

CLITON.

Tu vois que les effets préviennent les paroles;
C'est un homme qui fait litière de pistoles[2] :

Cliton met au rang des grands hommes, comme le fit plus tard le Mascarille de Molière. (A.-M.)

[1] Ces scènes, qui ne consistent qu'à donner de l'argent à des suivantes qui font des façons et qui acceptent, sont devenues aussi insipides que fréquentes; mais alors la nouveauté empêchait qu'on n'en sentît toute la froideur. (V.)

[2] *Litière de pistoles*, expression aujourd'hui proscrite, et entièrement hors d'usage. (V.)

VAR. Il est homme qui fait litière de pistoles.

Mais comme auprès de lui je puis beaucoup pour toi....

SABINE.

Fais tomber de la pluie, et laisse faire à moi.

CLITON.

Tu viens d'entrer en goût.

SABINE.

Avec mes révérences
Je ne suis pas encor si dupe que tu penses.
Je sais bien mon métier, et ma simplicité
Joue aussi bien son jeu que ton avidité.

CLITON.

Si tu sais ton métier, dis-moi quelle espérance
Doit obtenir mon maître à la persévérance.
Sera-t-elle insensible? en viendrons-nous à bout?

SABINE.

Puisqu'il est si brave homme, il faut te dire tout.
Pour te désabuser, sache donc que Lucrèce
N'est rien moins qu'insensible à l'ardeur qui le presse;
Durant toute la nuit elle n'a point dormi;
Et, si je ne me trompe, elle l'aime à demi.

CLITON.

Mais sur quel privilége est-ce qu'elle se fonde,
Quand elle aime à demi, de maltraiter le monde?
Il n'en a cette nuit reçu que des mépris.
Chère amie, après tout, mon maître vaut son prix.
Ces amours à demi sont d'une étrange espèce;
Et, s'il me vouloit croire, il quitteroit Lucrèce.

SABINE.

Qu'il ne se hâte point; on l'aime assurément.

CLITON.

Mais on le lui témoigne un peu bien rudement;
Et je ne vis jamais de méthodes pareilles.

SABINE.

Elle tient, comme on dit, le loup par les oreilles[1] ;
Elle l'aime, et son cœur n'y sauroit consentir,
Parceque d'ordinaire il ne fait que mentir.
Hier même elle le vit dedans les Tuileries,
Où tout ce qu'il conta n'étoit que menteries.
Il en a fait autant depuis à deux ou trois.

CLITON.

Les menteurs les plus grands disent vrai quelquefois.

SABINE.

Elle a lieu de douter, et d'être en défiance.

CLITON.

Qu'elle donne à ses feux un peu plus de croyance :
Il n'a fait toute nuit que soupirer d'ennui.

SABINE.

Peut-être que tu mens aussi bien comme lui[2] ?

CLITON.

Je suis homme d'honneur ; tu me fais injustice.

SABINE.

Mais, dis-moi, sais-tu bien qu'il n'aime plus Clarice ?

CLITON.

Il ne l'aima jamais.

SABINE.
Pour certain ?

CLITON.
Pour certain.

SABINE.

Qu'il ne craigne donc plus de soupirer en vain.
Aussitôt que Lucrèce a pu le reconnoître,

[1] Le proverbe ne paraît-il pas un peu trivial, et la scène un peu trop longue dans la situation où sont les choses ? (V.)

[2] On a déja dit que *comme* est ici un solécisme, et qu'il faut *que*. (V.) — On disait alors l'un et l'autre. (A.-M.)

Elle a voulu qu'exprès je me sois fait paroître,
Pour voir si par hasard il ne me diroit rien;
Et, s'il l'aime en effet, tout le reste ira bien.
Va-t'en; et, sans te mettre en peine de m'instruire,
Crois que je lui dirai tout ce qu'il lui faut dire.

CLITON.

Adieu; de ton côté si tu fais ton devoir,
Tu dois croire du mien que je ferai pleuvoir.

SCÈNE VIII.

SABINE, LUCRÈCE.

SABINE.

Que je vais bientôt voir une fille contente!
Mais la voici déja; qu'elle est impatiente!
Comme elle a les yeux fins, elle a vu le poulet [1].

LUCRÈCE.

Eh bien! que t'ont conté le maître et le valet?

SABINE.

Le maître et le valet m'ont dit la même chose;
Le maître est tout à vous, et voici de sa prose.

LUCRÈCE, après avoir lu.

Dorante avec chaleur fait le passionné:
Mais le fourbe qu'il est nous en a trop donné;
Et je ne suis pas fille à croire ses paroles.

SABINE.

Je ne les crois non plus; mais j'en crois ses pistoles.

---

[1] VAR. Elle meurt de savoir que chante le poulet .

* Il faut *ce que chante*. Nous ne devons pas rendre le *quid* des Latins et le *che* des Italiens par le simple *que* : la raison en est simple; ce *que* produirait une amphibologie perpétuelle. *Je crois que vous pensez* est très différent de *je crois ce que vous pensez*. *Je vois que vous aimez*, et *je vois ce que vous aimez*, ne sont pas la même chose. (V.)

LUCRÈCE.
Il t'a donc fait présent?
SABINE.
Voyez.
LUCRÈCE.
Et tu l'as pris?
SABINE.
Pour vous ôter du trouble où flottent vos esprits,
Et vous mieux témoigner ses flammes véritables,
J'en ai pris les témoins les plus indubitables;
Et je remets, madame, au jugement de tous
Si qui donne à vos gens est sans amour pour vous,
Et si ce traitement marque une ame commune.
LUCRÈCE.
Je ne m'oppose pas à ta bonne fortune;
Mais, comme en l'acceptant tu sors de ton devoir,
Du moins une autre fois ne m'en fais rien savoir.
SABINE.
Mais à ce libéral que pourrai-je promettre?
LUCRÈCE.
Dis-lui que, sans la voir, j'ai déchiré sa lettre.
SABINE.
O ma bonne fortune, où vous enfuyez-vous?
LUCRÈCE.
Mêle-s-y de ta part deux ou trois mots plus doux;
Conte-lui dextrement le naturel des femmes [1];
Dis-lui qu'avec le temps on amollit leurs ames;
Et l'avertis sur-tout des heures et des lieux
Où par rencontre il peut se montrer à mes yeux [2].
Parcequ'il est grand fourbe, il faut que je m'assure.

[1] *Dextrement* n'est plus d'usage : on ne *conte* point le naturel; on le peint, on le décrit. (V.)

[2] VAR. Qu'il peut me rencontrer et paroître à mes yeux.

SABINE.
Ah! si vous connoissiez les peines qu'il endure,
Vous ne douteriez plus si son cœur est atteint;
Toute nuit il soupire, il gémit, il se plaint.
LUCRÈCE.
Pour apaiser les maux que cause cette plainte,
Donne-lui de l'espoir avec beaucoup de crainte;
Et sache entre les deux toujours le modérer,
Sans m'engager à lui, ni le désespérer.

SCÈNE IX.

CLARICE, LUCRÈCE, SABINE.

CLARICE.
Il t'en veut tout de bon, et m'en voilà défaite[1] :
Mais je souffre aisément la perte que j'ai faite;
Alcippe la répare, et son père est ici.
LUCRÈCE.
Te voilà donc bientôt quitte d'un grand souci?
CLARICE.
M'en voilà bientôt quitte; et toi, te voilà prête
A t'enrichir bientôt d'une étrange conquête.
Tu sais ce qu'il m'a dit.
SABINE.
S'il vous mentoit alors,
A présent il dit vrai; j'en réponds corps pour corps.
CLARICE.
Peut-être qu'il le dit; mais c'est un grand peut-être.

---

[1] Ces scènes de Clarice et de Lucrèce ne sont ni comiques ni intéressantes : aucune des deux n'aime; elles jouent un tour assez grossier à Dorante, qui doit reconnaître Clarice à sa voix; et ce sont elles qui sont véritablement menteuses avec lui. (V.)

LUCRÈCE.

Dorante est un grand fourbe, et nous l'a fait connoître;
Mais s'il continuoit encore à m'en conter,
Peut-être avec le temps il me feroit douter.

CLARICE.

Si tu l'aimes, du moins, étant bien avertie,
Prends bien garde à ton fait, et fais bien ta partie [1].

LUCRÈCE.

C'en est trop; et tu dois seulement présumer
Que je penche à le croire, et non pas à l'aimer [2].

CLARICE.

De le croire à l'aimer la distance est petite :
Qui fait croire ses feux fait croire son mérite;
Ces deux points en amour se suivent de si près,
Que qui se croit aimée aime bientôt après [3].

LUCRÈCE.

La curiosité souvent dans quelques ames
Produit le même effet que produiroient des flammes.

CLARICE.

Je suis prête à le croire, afin de t'obliger.

SABINE.

Vous me feriez ici toutes deux enrager.

---

[1] Cette expression, prise en ce sens, n'est plus d'usage. Aujourd'hui, *prendre garde à son fait* est une phrase très populaire. On a remarqué que ces scènes de Clarice et de Lucrèce sont toutes très froides. On en demande la raison; c'est que ni l'une ni l'autre n'a une vraie passion ni un grand intérêt. (V.)

[2] VAR. Que je suis pour le croire, et non pas pour l'aimer.

[3] Vers supprimés :

LUCRÈCE.
Si je te disois donc qu'il va jusqu'à m'écrire,
Que je tiens son billet, que j'ai voulu le lire ?

CLARICE.
Sans crainte d'en trop dire ou d'en trop présumer,
Je dirois que déjà tu vas jusqu'à l'aimer.

ACTE IV, SCÈNE IX.

Voyez, qu'il est besoin de tout ce badinage!
Faites moins la sucrée, et changez de langage,
Ou vous n'en casserez, ma foi, que d'une dent [1].

LUCRÈCE.

Laissons là cette folle, et dis-moi cependant,
Quand nous le vîmes hier dedans les Tuileries [2],
Qu'il te conta d'abord tant de galanteries,
Il fut, ou je me trompe, assez bien écouté.
Étoit-ce amour alors, ou curiosité?

CLARICE.

Curiosité pure, avec dessein de rire
De tous les compliments qu'il auroit pu me dire.

LUCRÈCE.

Je fais de ce billet même chose à mon tour;
Je l'ai pris, je l'ai lu, mais le tout sans amour :
Curiosité pure, avec dessein de rire
De tous les compliments qu'il auroit pu m'écrire.

CLARICE.

Ce sont deux que de lire, et d'avoir écouté;
L'un est grande faveur; l'autre, civilité :
Mais trouve-s-y ton compte, et j'en serai ravie;

---

[1] Façon de s'exprimer prise d'un ancien proverbe trivial, et indigne d'être écrit, sur-tout en vers. (V.)

[2] Ce vers prouve deux choses : d'abord, que la pièce dure deux journées; ensuite, que la scène a changé, que le théâtre ne doit plus représenter les Tuileries, mais la place Royale. Il était, à la vérité, assez extraordinaire que ces dames se promenassent si régulièrement dans un jardin deux journées de suite; mais il ne l'est pas moins qu'elles aient de si longues conférences dans une place. Au reste, la règle des vingt-quatre heures peut très bien subsister, la pièce commençant à six heures du soir, et finissant le lendemain à la même heure. (V.) — La scène est à la place Royale depuis le commencement du deuxième acte. Il nous semble que Voltaire s'en aperçoit un peu tard. (A.-M.)

En l'état où je suis, j'en parle sans envie.
LUCRÈCE.
Sabine lui dira que je l'ai déchiré.
CLARICE.
Nul avantage ainsi n'en peut être tiré.
Tu n'es que curieuse.
LUCRÈCE.
Ajoute, à ton exemple.
CLARICE.
Soit. Mais il est saison que nous allions au temple[1].
LUCRÈCE, à Clarice.
Allons.
(à Sabine.)
Si tu le vois, agis comme tu sais.
SABINE.
Ce n'est pas sur ce coup que je fais mes essais[2] :
Je connois à tous deux où tient la maladie;
Et le mal sera grand si je n'y remédie.

[1] *Il est saison*, pour *il est temps, il est l'heure*, ne se dit plus ; de plus, voilà une manière bien froide et bien maladroite de finir un acte : Il est temps d'aller à l'église, parceque nous n'avons plus rien à dire. (V.)

[2] *Tu sais* ne rime pas avec *essais* : c'est ce qu'on appelle des rimes provinciales. La rime est uniquement pour l'oreille. On prononce *tu sais* comme s'il y avait *tu sés*, et *essais* est long et ouvert. Si on ne voulait rimer qu'aux yeux, *cuiller* rimerait avec *mouiller*. Tous les mots qui se prononcent à-peu-près de même doivent rimer ensemble : il me paraît que c'est la règle générale concernant la rime. (V.) — Cette note de Voltaire constate un fait très singulier : c'est que rien n'est si fugitif que la prononciation d'une langue. Voilà un mot qui a changé trois fois de désinence. Tu *sais* et *essais* qui rimaient du temps de Corneille, et qui ne rimaient plus du temps de Voltaire, feraient aujourd'hui une très bonne rime. Comment, après un tel exemple, oser juger certaines rimes de nos vieux auteurs français? (A.-M.)

Mais sachez qu'il est homme à prendre sur le vert[1].

LUCRÈCE.

Je te croirai.

SABINE.

Mettons cette pluie à couvert.

---

[1] On appelait alors *le vert* le gazon de rempart sur lequel on se promenait, et de là vient le mot *boulevert*, vert à jouer à la boule, qu'on prononce aujourd'hui *boulevart*. Le nom de *vert* se donnait aussi au marché aux herbes. (V.) — Nous croyons, malgré l'autorité de Voltaire, que *boulevard* vient de l'allemand *bollwerk* ou de l'anglais *bullwork*, qui signifie *ouvrage de taureau*, c'est-à-dire *ouvrage à cornes*, terme de fortifications. Jamais les boulevards d'une place de guerre n'ont passé pour des boulingrins (*bowling-green*). C'est ce dernier terme qui veut dire *gazon pour jouer à la boule*. (A.-M.)

FIN DU QUATRIÈME ACTE.

ACTE CINQUIÈME[1].

SCÈNE I.

GÉRONTE, PHILISTE.

GÉRONTE.
Je ne pouvois avoir rencontre plus heureuse
Pour satisfaire ici mon humeur curieuse.

---

[1] Dans la première édition (1644) du *Menteur*, Corneille introduisait ici un personnage nommé Argante, qui tenait à Géronte à-peu-près le même langage que Philiste ; mais, pour prévenir les critiques qu'exciterait l'apparition d'un nouveau personnage à la fin de sa pièce, il le supprima, et refit la scène telle que nous la donnons ci-dessus.

Voltaire n'a tenu aucun compte à Corneille de cette importante correction. (PAR.)

Voici les vers qui n'ont pas été conservés :

SCÈNE I.

GÉRONTE, ARGANTE.

ARGANTE.
La suite d'un procès est un fâcheux martyre.
GÉRONTE.
Vu ce que je vous suis, vous n'aviez qu'à m'écrire,
Et demeurer chez vous en repos à Poitiers ;
J'aurois sollicité pour vous en ces quartiers.
Le voyage est trop long, et, dans l'âge où vous êtes,
La santé s'intéresse aux efforts que vous faites.
Mais, puisque vous voici, je veux vous faire voir,
Et si j'ai des amis, et si j'ai du pouvoir.

ACTE V, SCÈNE I.

Vous avez feuilleté le Digeste à Poitiers,
Et vu, comme mon fils, les gens de ces quartiers :

Faites-moi la faveur cependant de m'apprendre
. . . .
ARGANTE.
. . . .
GÉRONTE.
Un de vos citoyens,
. . . .
ARGANTE.
. . . .
GÉRONTE.
. . . .
ARGANTE.
. . . .
GÉRONTE.
. . . .

Cette rare beauté qu'ici mêmes on prise ?
Vous connoîtrez le nom de cet objet charmant,
Qui de votre Poitiers est l'unique ornement.
ARGANTE.
. . . .
GÉRONTE.
. . . .
ARGANTE.
Quelque envieux sans doute avec cette chimère
A voulu mettre mal le fils auprès du père ;
Et l'histoire, et les noms, tout n'est qu'imaginaire.
Pour tomber dans ce piége, il étoit trop bien né,
Il avoit trop de sens et trop de prévoyance.
A de si faux rapports donnez moins de croyance.
GÉRONTE.
C'est ce que toutefois j'ai peine à concevoir :
Celui dont je le tiens disoit le bien savoir,
Et je tenois la chose assez indifférente.
Mais dans votre Poitiers quel bruit avoit Dorante ?
ARGANTE.
D'homme de cœur, d'esprit, adroit et résolu ;
Il a passé par-tout pour ce qu'il a voulu.
Tout ce qu'on le blâmoit (mais c'étoient tours d'école),
C'est qu'il faisoit mal sûr de croire à sa parole,
Et qu'il se fioit tant sur sa dextérité,

Ainsi vous me pouvez facilement apprendre
Quelle est et la famille et le bien de Pyrandre.

PHILISTE.

Quel est-il, ce Pyrandre?

GÉRONTE.

Un de leurs citoyens;
Noble, à ce qu'on m'a dit, mais un peu mal en biens.

PHILISTE.

Il n'est dans tout Poitiers bourgeois ni gentilhomme
Qui, si je m'en souviens, de la sorte se nomme.

GÉRONTE.

Vous le connoîtrez mieux peut-être à l'autre nom;
Ce Pyrandre s'appelle autrement Armédon.

PHILISTE.

Aussi peu l'un que l'autre.

GÉRONTE.

Et le père d'Orphise,
Cette rare beauté qu'en ces lieux même on prise?

Qu'il disoit peu souvent deux mots de vérité :
Mais ceux qui le blâmoient excusoient sa jeunesse;
Et comme enfin ce n'est que mauvaise finesse,
Et l'âge, et votre exemple, et vos enseignements,
Lui feront bien quitter ces divertissements.
Faites qu'il s'en corrige avant que l'on le sache;
Ils pourroient à son nom imprimer quelque tache.
Adieu, je vais rêver une heure à mon procès.

GÉRONTE.

Le ciel suivant mes vœux en règle le succès *!

---

* Voici un M. Argante dont le spectateur n'a point encore entendu parler, qui arrive sous prétexte de solliciter un procès, mais effectivement pour détromper Géronte, et lui ouvrir les yeux sur toutes les faussetés que lui a débitées son fils. Peut-être desirerait-on qu'il fût annoncé dès le premier acte; c'est du moins une des règles de l'art. On doit rarement introduire au dénouement un personnage qui ne soit à-la-fois annoncé et attendu. D'ailleurs, on ne voit pas de quelle utilité est cet Argante, qui ne paraît qu'un moment, qui ne revient pas même aux dernières scènes. Géronte n'aurait-il pas pu découvrir aussi bien la fausseté du mariage de Dorante dans une conversation avec Clarice ou Lucrèce, à qui son fils vient de jurer qu'il n'est point marié, et qu'il n'a imaginé ce mensonge que pour se conserver la liberté d'offrir à la personne qu'il aime son cœur et sa main? Mais il faut songer en quel temps écrivait Corneille, et passer rapidement aux scènes suivantes, qui sont sublimes. (V.)

ACTE V, SCÈNE I.

Vous connoissez le nom de cet objet charmant,
Qui fait de ces cantons le plus digne ornement?

PHILISTE.

Croyez que cette Orphise, Armédon, et Pyrandre,
Sont gens dont à Poitiers on ne peut rien apprendre.
S'il vous faut sur ce point encor quelque garant...

GÉRONTE.

En faveur de mon fils vous faites l'ignorant;
Mais je ne sais que trop qu'il aime cette Orphise,
Et qu'après les douceurs d'une longue hantise,
On l'a seul dans sa chambre avec elle trouvé;
Que par son pistolet un désordre arrivé
L'a forcé sur-le-champ d'épouser cette belle.
Je sais tout; et, de plus, ma bonté paternelle
M'a fait y consentir; et votre esprit discret
N'a plus d'occasion de m'en faire un secret.

PHILISTE.

Quoi! Dorante a donc fait un secret mariage?

GÉRONTE.

Et, comme je suis bon, je pardonne à son âge.

PHILISTE.

Qui vous l'a dit?

GÉRONTE.

Lui-même.

PHILISTE.

Ah! puisqu'il vous l'a dit,
Il vous fera du reste un fidèle récit;
Il en sait mieux que moi toutes les circonstances :
Non qu'il vous faille en prendre aucunes défiances;
Mais il a le talent de bien imaginer,
Et moi, je n'eus jamais celui de deviner.

GÉRONTE.

Vous me feriez par-là soupçonner son histoire.

PHILISTE.

Non, sa parole est sûre, et vous pouvez l'en croire :
Mais il nous servit hier d'une collation [1]
Qui partoit d'un esprit de grande invention ;
Et, si ce mariage est de même méthode,
La pièce est fort complète et des plus à la mode.

GÉRONTE.

Prenez-vous du plaisir à me mettre en courroux ?

PHILISTE.

Ma foi, vous en tenez aussi bien comme nous ;
Et, pour vous en parler avec toute franchise,
Si vous n'avez jamais pour bru que cette Orphise,
Vos chers collatéraux s'en trouveront fort bien.
Vous m'entendez ; adieu : je ne vous dis plus rien.

SCÈNE II.

GÉRONTE.

O vieillesse facile ! ô jeunesse impudente !
O de mes cheveux gris honte trop évidente !
Est-il dessous le ciel père plus malheureux ?
Est-il affront plus grand pour un cœur généreux ?
Dorante n'est qu'un fourbe ; et cet ingrat que j'aime,
Après m'avoir fourbé, me fait fourber moi-même ;
Et d'un discours en l'air, qu'il forge en imposteur [2],
Il me fait le trompette et le second auteur !
Comme si c'étoit peu pour mon reste de vie
De n'avoir à rougir que de son infamie,
L'infame, se jouant de mon trop de bonté,
Me fait encor rougir de ma crédulité !

---

[1] Var. Mais il nous a servis d'une collation.
[2] Var. Et d'un discours en l'air, que forme l'imposteur,
   Il m'en fait le trompette et le second auteur !

SCÈNE III.

GÉRONTE, DORANTE, CLITON.

GÉRONTE.

Êtes-vous gentilhomme [1] ?

DORANTE.

Ah ! rencontre fâcheuse !
Étant sorti de vous, la chose est peu douteuse.

GÉRONTE.

Croyez-vous qu'il suffit d'être sorti de moi?

DORANTE.

Avec toute la France aisément je le croi.

GÉRONTE.

Et ne savez-vous point avec toute la France
D'où ce titre d'honneur a tiré sa naissance,

---

[1] Cette scène est imitée de l'espagnol. Le génie mâle de Corneille quitte ici le ton familier de la comédie; le sujet qu'il traite l'oblige d'élever sa voix : c'est un père justement indigné, c'est

   Iratus Chremes (qui) tumido delitigat ore.

On voit ici la même main qui peignit le vieil Horace et don Diègue. Il n'est point de père qui ne doive faire lire cette belle scène à ses enfants; et, si l'on disait aux farouches ennemis du théâtre, aux persécuteurs du plus beau des arts : « Oserez-vous nier que cette scène, bien représentée, ne fasse une impression plus heureuse et plus forte sur l'esprit d'un jeune homme que tous les sermons que l'on débite journellement sur cette matière? » je voudrais bien savoir ce qu'ils pourraient répondre. Goldoni, dans son *Bugiardo*, n'a pu imiter cette belle scène de Corneille, parceque Pantalon Bisognosi est le père de son Menteur, et que Pantalon, marchand vénitien, ne peut avoir l'autorité et le ton d'un gentilhomme : Pantalon dit simplement à son fils qu'il faut qu'un marchand ait de la bonne foi. (V.)

Et que la vertu seule a mis en ce haut rang
Ceux qui l'ont jusqu'à moi fait passer dans leur sang?

DORANTE.

J'ignorerois un point que n'ignore personne,
Que la vertu l'acquiert, comme le sang le donne?

GÉRONTE.

Où le sang a manqué, si la vertu l'acquiert,
Où le sang l'a donné, le vice aussi le perd.
Ce qui naît d'un moyen périt par son contraire;
Tout ce que l'un a fait, l'autre le peut défaire;
Et, dans la lâcheté du vice où je te vois,
Tu n'es plus gentilhomme, étant sorti de moi[1].

DORANTE.

Moi?

GÉRONTE.

Laisse-moi parler, toi, de qui l'imposture
Souille honteusement ce don de la nature :
Qui se dit gentilhomme, et ment comme tu fais,
Il ment quand il le dit, et ne le fut jamais.
Est-il vice plus bas? est-il tache plus noire,
Plus indigne d'un homme élevé pour la gloire?
Est-il quelque foiblesse, est-il quelque action
Dont un cœur vraiment noble ait plus d'aversion,
Puisqu'un seul démenti lui porte une infamie
Qu'il ne peut effacer s'il n'expose sa vie,
Et si dedans le sang il ne lave l'affront
Qu'un si honteux outrage imprime sur son front?

DORANTE.

Qui vous dit que je mens?

GÉRONTE.

Qui me le dit, infame?

---

[1] Var. Tu n'es pas gentilhomme, étant sorti de moi.

Dis-moi, si tu le peux, dis le nom de ta femme.
Le conte qu'hier au soir tu m'en fis publier...
CLITON, à Dorante.
Dites que le sommeil vous l'a fait oublier.
GÉRONTE.
Ajoute, ajoute encore avec effronterie
Le nom de ton beau-père et de sa seigneurie;
Invente à m'éblouir quelques nouveaux détours.
CLITON, à Dorante.
Appelez la mémoire ou l'esprit au secours.
GÉRONTE.
De quel front cependant faut-il que je confesse
Que ton effronterie a surpris ma vieillesse,
Qu'un homme de mon âge a cru légèrement
Ce qu'un homme du tien débite impudemment?
Tu me fais donc servir de fable et de risée,
Passer pour esprit foible, et pour cervelle usée!
Mais dis-moi, te portois-je à la gorge un poignard?
Voyois-tu violence ou courroux de ma part?
Si quelque aversion t'éloignoit de Clarice,
Quel besoin avois-tu d'un si lâche artifice?
Et pouvois-tu douter que mon consentement
Ne dût tout accorder à ton contentement,
Puisque mon indulgence, au dernier point venue,
Consentoit[1] à tes yeux l'hymen d'une inconnue?
Ce grand excès d'amour que je t'ai témoigné
N'a point touché ton cœur, ou ne l'a point gagné :
Ingrat, tu m'as payé d'une impudente feinte,
Et tu n'as eu pour moi respect, amour, ni crainte.

---

[1] *Consentir* est un verbe neutre qui régit le datif, c'est-à-dire notre préposition *à*, qui sert de datif. On ne dit pas *consentir quelque chose*, mais *à quelque chose*. Dans quelques éditions, on a substitué *approuvait* à *consentait*. (V.)

Va, je te désavoue.
DORANTE.
Eh! mon père, écoutez.
GÉRONTE.
Quoi? des contes en l'air et sur l'heure inventés?
DORANTE.
Non, la vérité pure.
GÉRONTE.
En est-il dans ta bouche?
CLITON, à Dorante.
Voici pour votre adresse une assez rude touche.
DORANTE.
Épris d'une beauté qu'à peine j'ai pu voir [1]
Qu'elle a pris sur mon ame un absolu pouvoir,
De Lucrèce, en un mot, vous la pouvez connoître....
GÉRONTE.
Dis vrai : je la connois, et ceux qui l'ont fait naître;
Son père est mon ami.
DORANTE.
Mon cœur en un moment
Étant de ses regards charmé si puissamment,
Le choix que vos bontés avoient fait de Clarice,
Sitôt que je le sus, me parut un supplice :
Mais comme j'ignorois si Lucrèce et son sort
Pouvoient avec le vôtre avoir quelque rapport,
Je n'osai pas encor vous découvrir la flamme
Que venoient ses beautés d'allumer dans mon ame [2];

---

[1] Var. Épris d'une beauté qu'à peine ai-je pu voir.

[2] Vers supprimés :

> Et vous oyois parler d'un ton si résolu,
> Que je craignis sur l'heure un pouvoir absolu :
> Ainsi donc, vous croyant d'une humeur inflexible,
> Pour rompre cet hymen, je le fis impossible.

ACTE V, SCÈNE III.

Et j'avois ignoré, monsieur, jusqu'à ce jour
Que l'adresse d'esprit fût un crime en amour¹.
Mais, si je vous osois demander quelque grace,
A présent que je sais et son bien et sa race,
Je vous conjurerois, par les nœuds les plus doux
Dont l'amour et le sang puissent m'unir à vous,
De seconder mes vœux auprès de cette belle;
Obtenez-la d'un père, et je l'obtiendrai d'elle.

GÉRONTE.

Tu me fourbes encor.

DORANTE.

Si vous ne m'en croyez,
Croyez-en pour le moins Cliton que vous voyez;
Il sait tout mon secret.

GÉRONTE.

Tu ne meurs pas de honte
Qu'il faille que de lui je fasse plus de compte,
Et que ton père même, en doute de ta foi,
Donne plus de croyance à ton valet qu'à toi!
Écoute : je suis bon, et, malgré ma colère,
Je veux encore un coup montrer un cœur de père;
Je veux encore un coup pour toi me hasarder.
Je connois ta Lucrèce, et la vais demander;
Mais si de ton côté le moindre obstacle arrive....

DORANTE.

Pour vous mieux assurer, souffrez que je vous suive.

GÉRONTE.

Demeure ici, demeure, et ne suis point mes pas :
Je doute, je hasarde, et je ne te crois pas.
Mais sache que tantôt si pour cette Lucrèce
Tu fais la moindre fourbe, ou la moindre finesse,

---

¹ VAR. Que la dextérité fût un crime en amour.

CORNEILLE. — T. V.   8

Tu peux bien fuir mes yeux, et ne me voir jamais;
Autrement souviens-toi du serment que je fais :
Je jure les rayons du jour qui nous éclaire
Que tu ne mourras point que de la main d'un père,
Et que ton sang indigne à mes pieds répandu
Rendra prompte justice à mon honneur perdu.

SCÈNE IV.

DORANTE, CLITON.

DORANTE.
Je crains peu les effets d'une telle menace.
CLITON.
Vous vous rendez trop tôt et de mauvaise grace;
Et cet esprit adroit, qui l'a dupé deux fois,
Devoit en galant homme aller jusques à trois :
Toutes tierces, dit-on, sont bonnes, ou mauvaises[1].
DORANTE.
Cliton, ne raille point, que tu ne me déplaises :
D'un trouble tout nouveau j'ai l'esprit agité.
CLITON.
N'est-ce point du remords d'avoir dit vérité?
Si pourtant ce n'est point quelque nouvelle adresse;
Car je doute à présent si vous aimez Lucrèce[2],

---

[1] Cette plaisanterie est tirée de l'opinion où l'on était alors que le troisième accès de fièvre décidait de la guérison ou de la mort. (V.)

[2] On ne sait, en effet, qui Dorante aime; il ne le sait pas lui-même : c'est une intrigue où le cœur n'a aucune part. Dorante, Lucrèce, et Clarice, prennent si peu de part à cet amour, que le spectateur n'y prend aucun intérêt. C'est un très grand défaut, comme on l'a déja dit; et l'intrigue n'est point assez plai-

ACTE V, SCÈNE IV.

Et vous vois si fertile en semblables détours,
Que, quoi que vous disiez, je l'entends au rebours.

DORANTE.

Je l'aime; et sur ce point ta défiance est vaine :
Mais je hasarde trop, et c'est ce qui me gêne.
Si son père et le mien ne tombent point d'accord,
Tout commerce est rompu, je fais naufrage au port.
Et d'ailleurs, quand l'affaire entre eux seroit conclue [1],
Suis-je sûr que la fille y soit bien résolue ?
J'ai tantôt vu passer cet objet si charmant :
Sa compagne, ou je meure, a beaucoup d'agrément.
Aujourd'hui que mes yeux l'ont mieux examinée,
De mon premier amour j'ai l'ame un peu gênée [2] :
Mon cœur entre les deux est presque partagé [3] ;
Et celle-ci l'auroit, s'il n'étoit engagé.

CLITON.

Mais pourquoi donc montrer une flamme si grande,
Et porter votre père à faire une demande ?

DORANTE.

Il ne m'auroit pas cru, si je ne l'avois fait.

CLITON.

Quoi ! même en disant vrai, vous mentiez en effet [4] ?

DORANTE.

C'étoit le seul moyen d'apaiser sa colère.
Que maudit soit quiconque a détrompé mon père !

---

sante pour réparer cette faute : la pièce ne se soutient que par le comique des menteries de Dorante. (V.)

[1] Var. Et qui sait si d'ailleurs l'affaire entre eux conclue
    Rencontrera sitôt la fille résolue ?

[2] Var. De ma première amour j'ai l'ame un peu gênée.

[3] Cela seul suffit pour refroidir la pièce. S'il ne se soucie d'aucune, qu'importe celle qu'il aura ? (V.)

[4] Voilà une excellente plaisanterie, qui prépare le dénouement de l'intrigue. (V.)

Avec ce faux hymen j'aurois eu le loisir
De consulter mon cœur, et je pourrois choisir.

CLITON.

Mais sa compagne enfin n'est autre que Clarice.

DORANTE.

Je me suis donc rendu moi-même un bon office.
Oh! qu'Alcippe est heureux, et que je suis confus!
Mais Alcippe, après tout, n'aura que mon refus.
N'y pensons plus, Cliton, puisque la place est prise.

CLITON.

Vous en voilà défait aussi bien que d'Orphise.

DORANTE.

Reportons à Lucrèce un esprit ébranlé,
Que l'autre à ses yeux même avoit presque volé.
Mais Sabine survient.

SCÈNE V.

DORANTE, SABINE, CLITON.

DORANTE.

Qu'as-tu fait de ma lettre?
En de si belles mains as-tu su la remettre?

SABINE.

Oui, monsieur; mais....

DORANTE.

Quoi! mais?

SABINE.

Elle a tout déchiré.

DORANTE.

Sans lire?

SABINE.

Sans rien lire.

ACTE V, SCÈNE V.

DORANTE.

Et tu l'as enduré?

SABINE.

Ah! si vous aviez vu comme elle m'a grondée!
Elle me va chasser, l'affaire en est vidée [1].

DORANTE.

Elle s'apaisera; mais, pour t'en consoler,
Tends la main.

SABINE.

Eh! monsieur!

DORANTE.

Ose encor lui parler.
Je ne perds pas sitôt toutes mes espérances.

CLITON.

Voyez la bonne pièce avec ses révérences!
Comme ses déplaisirs sont déjà consolés,
Elle vous en dira plus que vous n'en voulez.

DORANTE.

Elle a donc déchiré mon billet sans le lire?

SABINE.

Elle m'avoit donné charge de vous le dire;
Mais, à parler sans fard....

CLITON.

Sait-elle son métier!

SABINE.

Elle n'en a rien fait, et l'a lu tout entier.
Je ne puis si long-temps abuser un brave homme.

---

[1] On dit aujourd'hui *vider* un procès, une querelle, pour *terminer* un procès, une querelle. Mais il paraît que du temps de Corneille la signification de ce mot était plus étendue, puisqu'on le trouve encore dans *Pompée*, acte I, scène I. Il signifie, comme ici, *une chose décidée*:

Seigneur, quand par le fer les choses sont vidées. (A.-M.)

CLITON.

Si quelqu'un l'entend mieux, je l'irai dire à Rome.

DORANTE.

Elle ne me hait pas, à ce compte?

SABINE.

Elle? non.

DORANTE.

M'aime-t-elle?

SABINE.

Non plus.

DORANTE.

Tout de bon?

SABINE.

Tout de bon.

DORANTE.

Aime-t-elle quelque autre?

SABINE.

Encor moins.

DORANTE.

Qu'obtiendrai-je

SABINE.

Je ne sais.

DORANTE.

Mais enfin, dis-moi.

SABINE.

Que vous dirai-je?

DORANTE.

Vérité.

SABINE.

Je la dis.

DORANTE.

Mais elle m'aimera?

SABINE.

Peut-être.

DORANTE.

Et quand encor?

SABINE.

Quand elle vous croira.

DORANTE.

Quand elle me croira? Que ma joie est extrême!

SABINE.

Quand elle vous croira, dites qu'elle vous aime.

DORANTE.

Je le dis déja donc, et m'en ose vanter,
Puisque ce cher objet n'en sauroit plus douter [1] :
Mon père....

SABINE.

La voici qui vient avec Clarice.

SCÈNE VI.

CLARICE, LUCRÈCE, DORANTE, SABINE, CLITON.

CLARICE, à Lucrèce.

Il peut te dire vrai, mais ce n'est pas son vice.
Comme tu le connois, ne précipite rien.

DORANTE, à Clarice.

Beauté qui pouvez seule et mon mal et mon bien....

CLARICE, à Lucrèce.

On diroit qu'il m'en veut, et c'est moi qu'il regarde.

---

[1] Cette scène participe de cette froideur causée par l'indifférence de Dorante ; il demande avec empressement comment on a reçu sa lettre écrite à une personne qu'il n'aime guère, et qu'il appelle *ce cher objet*. (V.)

LUCRÈCE, à Clarice.
Quelques regards sur toi sont tombés par mégarde.
Voyons s'il continue.

DORANTE, à Clarice.
Ah! que loin de vos yeux
Les moments à mon cœur deviennent ennuyeux!
Et que je reconnois par mon expérience
Quel supplice aux amants est une heure d'absence!

CLARICE, à Lucrèce.
Il continue encor.

LUCRÈCE, à Clarice.
Mais vois ce qu'il m'écrit.

CLARICE, à Lucrèce.
Mais écoute.

LUCRÈCE, à Clarice.
Tu prends pour toi ce qu'il me dit.

CLARICE.
Éclaircissons-nous-en. Vous m'aimez donc, Dorante?

DORANTE, à Clarice.
Hélas! que cette amour vous est indifférente!
Depuis que vos regards m'ont mis sous votre loi....

CLARICE, à Lucrèce.
Crois-tu que le discours s'adresse encore à toi?

LUCRÈCE, à Clarice.
Je ne sais où j'en suis.

CLARICE, à Lucrèce.
Oyons la fourbe entière.

LUCRÈCE, à Clarice.
Vu ce que nous savons, elle est un peu grossière.

CLARICE, à Lucrèce.
C'est ainsi qu'il partage entre nous son amour;
Il te flatte de nuit, et m'en conte de jour[1].

[1] VAR. Il t'en conte de nuit, comme il me fait de jour.

ACTE V, SCÈNE VI.

DORANTE, à Clarice.

Vous consultez ensemble! Ah! quoi qu'elle vous die,
Sur de meilleurs conseils disposez de ma vie;
Le sien auprès de vous me seroit trop fatal;
Elle a quelque sujet de me vouloir du mal.

LUCRÈCE, en elle-même.

Ah! je n'en ai que trop; et si je ne me venge....

CLARICE, à Dorante.

Ce qu'elle me disoit est de vrai fort étrange.

DORANTE.

C'est quelque invention de son esprit jaloux.

CLARICE.

Je le crois : mais enfin me reconnoissez-vous ?

DORANTE.

Si je vous reconnois? quittez ces railleries,
Vous que j'entretins hier dedans les Tuileries,
Que je fis aussitôt maîtresse de mon sort?

CLARICE.

Si je veux toutefois en croire son rapport,
Pour une autre déja votre ame inquiétée¹....

DORANTE.

Pour une autre déja je vous aurois quittée?
Que plutôt à vos pieds mon cœur sacrifié....

CLARICE.

Bien plus, si je la crois, vous êtes marié.

DORANTE.

Vous me jouez, madame; et, sans doute pour rire,
Vous prenez du plaisir à m'entendre redire

---

¹ VAR. Votre ame du depuis * s'est ailleurs engagée.
DORANTE.
Pour une autre déja je vous aurois changée.

* *Du depuis* a toujours été une faute ; c'est une façon de parler provinciale : il est clair que le *du* est de trop avec le *de*. (V.)

Qu'à dessein de mourir en des liens si doux,
Je me fais marié pour toute autre que vous.

CLARICE.

Mais avant qu'avec moi le nœud d'hymen vous lie [1],
Vous serez marié, si l'on veut, en Turquie.

DORANTE.

Avant qu'avec toute autre on me puisse engager [2],
Je serai marié, si l'on veut, en Alger [3].

CLARICE.

Mais enfin vous n'avez que mépris pour Clarice?

DORANTE.

Mais enfin vous savez le nœud de l'artifice,
Et que pour être à vous je fais ce que je puis.

CLARICE.

Je ne sais plus moi-même à mon tour où j'en suis [4].
Lucrèce, écoute un mot.

DORANTE, à Cliton.

Lucrèce! que dit-elle?

CLITON, à Dorante.

Vous en tenez, monsieur : Lucrèce est la plus belle;
Mais laquelle des deux? J'en ai le mieux jugé,
Et vous auriez perdu si vous aviez gagé.

DORANTE, à Cliton.

Cette nuit à la voix j'ai cru la reconnoître.

CLITON, à Dorante.

Clarice sous son nom parloit à sa fenêtre;
Sabine m'en a fait un secret entretien.

---

[1] Var. Et qu'avant que l'hymen avecque moi vous lie.

[2] Var. Dites qu'avant qu'on puisse autrement m'engager.

[3] *Être marié en Turquie ou bien à Alger* n'est pas fort différent; ce n'est pas là enchérir, c'est répéter. (V.)

[4] Var. Moi-mêmes [*], à mon tour, je ne sais où j'en suis.

[*] Il ne faut point ici d's à même. (V.)

DORANTE, à Cliton.

Bonne bouche ! j'en tiens : mais l'autre la vaut bien [1] ;
Et, comme dès tantôt je la trouvois bien faite,
Mon cœur déja penchoit où mon erreur le jette.
Ne me découvre point ; et dans ce nouveau feu
Tu me vas voir, Cliton, jouer un nouveau jeu.
Sans changer de discours, changeons de batterie.

LUCRÈCE, à Clarice.

Voyons le dernier point de son effronterie.
Quand tu lui diras tout, il sera bien surpris.

CLARICE, à Dorante.

Comme elle est mon amie, elle m'a tout appris.
Cette nuit vous l'aimiez, et m'avez méprisée.
Laquelle de nous deux avez-vous abusée ?
Vous lui parliez d'amour en termes assez doux.

DORANTE.

Moi ! depuis mon retour je n'ai parlé qu'à vous.

CLARICE.

Vous n'avez point parlé cette nuit à Lucrèce ?

DORANTE.

Vous n'avez point voulu me faire un tour d'adresse ?
Et je ne vous ai point reconnue à la voix ?

CLARICE.

Nous diroit-il bien vrai pour la première fois [2] ?

---

[1] La méprise de Dorante serait plaisante et intéressante, si, aimant passionnément une des deux, il disait à l'une tout ce qu'il croit dire à l'autre. L'auteur espagnol et le français semblent avoir manqué leur but. Clarice fait connaître, au second acte, qu'elle n'aime ni Dorante ni Alcippe, et qu'elle ne veut qu'un mari. Ainsi nul intérêt dans cette pièce : elle se soutient seulement par des méprises et des mensonges comiques. *Faire un entretien* n'est pas français. *Bonne bouche* est trivial, et cette longue méprise est froide. (V.)

[2] VAR. Vous diroit-il bien vrai pour la première fois ?

DORANTE.

Pour me venger de vous j'eus assez de malice
Pour vous laisser jouir d'un si lourd artifice,
Et, vous laissant passer pour ce que vous vouliez,
Je vous en donnai plus que vous ne m'en donniez.
Je vous embarrassai, n'en faites point la fine.
Choisissez un peu mieux vos dupes à la mine :
Vous pensiez me jouer ; et moi je vous jouois,
Mais par de faux mépris que je désavouois :
Car enfin je vous aime, et je hais de ma vie
Les jours que j'ai vécu sans vous avoir servie.

CLARICE.

Pourquoi, si vous m'aimez, feindre un hymen en l'air,
Quand un père pour vous est venu me parler?
Quel fruit de cette fourbe osez-vous vous promettre?

LUCRÈCE, à Dorante.

Pourquoi, si vous l'aimez, m'écrire cette lettre?

DORANTE, à Lucrèce.

J'aime de ce courroux les principes cachés.
Je ne vous déplais pas, puisque vous vous fâchez.
Mais j'ai moi-même enfin assez joué d'adresse;
Il faut vous dire vrai, je n'aime que Lucrèce.

CLARICE, à Lucrèce.

Est-il un plus grand fourbe? et peux-tu l'écouter[1]?

DORANTE, à Lucrèce.

Quand vous m'aurez ouï, vous n'en pourrez douter.
Sous votre nom, Lucrèce, et par votre fenêtre,
Clarice m'a fait pièce, et je l'ai su connoître;
Comme en y consentant vous m'avez affligé,
Je vous ai mise en peine, et je m'en suis vengé.

---

[1] Elle devait lui dire : *Je suis Clarice, c'est mon nom, et vous avez cru que je m'appelois Lucrèce.* (V.)

ACTE V, SCÈNE VI.

LUCRÈCE.
Mais que disiez-vous hier dedans les Tuileries?

DORANTE.
Clarice fut l'objet de mes galanteries....

CLARICE, à Lucrèce.
Veux-tu long-temps encore écouter ce moqueur?

DORANTE, à Lucrèce.
Elle avoit mes discours, mais vous aviez mon cœur,
Où vos yeux faisoient naître un feu que j'ai fait taire,
Jusqu'à ce que ma flamme ait eu l'aveu d'un père :
Comme tout ce discours n'étoit que fiction,
Je cachois mon retour et ma condition.

CLARICE, à Lucrèce.
Vois que fourbe sur fourbe à nos yeux il entasse,
Et ne fait que jouer des tours de passe-passe [1].

DORANTE, à Lucrèce.
Vous seule êtes l'objet dont mon cœur est charmé.

LUCRÈCE, à Dorante.
C'est ce que les effets m'ont fort mal confirmé.

DORANTE.
Si mon père à présent porte parole au vôtre,
Après son témoignage, en voudrez-vous quelque autre [2]?

LUCRÈCE.
Après son témoignage, il faudra consulter

---

[1] *Passe-passe*; cette expression populaire ne paraît-elle pas ici déplacée? (V.)

[2] De pareils dénouements sont toujours froids et vicieux, parcequ'ils n'ont point ce qu'on appelle la péripétie : ils n'excitent aucune surprise; il n'y a ni comique ni intérêt. *Si mon père consent à mon mariage, y consentez-vous? Oui.* Ce n'est pas la peine de faire cinq actes pour amener quelque chose de si trivial; et, encore une fois, le caractère du Menteur est l'unique cause du succès. (V.)

Si nous aurons encor quelque lieu d'en douter.
DORANTE, à Lucrèce.
Qu'à de telles clartés votre erreur se dissipe.
(à Clarice.)
Et vous, belle Clarice, aimez toujours Alcippe;
Sans l'hymen de Poitiers il ne tenoit plus rien.
Je ne lui ferai pas ce mauvais entretien [1];
Mais entre vous et moi vous savez le mystère.
Le voici qui s'avance, et j'aperçois mon père.

SCÈNE VII.

GÉRONTE, DORANTE, ALCIPPE, CLARICE, LUCRÈCE, ISABELLE, SABINE, CLITON.

ALCIPPE, sortant de chez Clarice, et parlant à elle.
Nos parents sont d'accord, et vous êtes à moi.
GÉRONTE, sortant de chez Lucrèce, et parlant à elle.
Votre père à Dorante engage votre foi.
ALCIPPE, à Clarice.
Un mot de votre main, l'affaire est terminée [2].
GÉRONTE, à Lucrèce.
Un mot de votre bouche achève l'hyménée.
DORANTE, à Lucrèce.
Ne soyez pas rebelle à seconder mes vœux.
ALCIPPE.
Êtes-vous aujourd'hui muettes toutes deux?
CLARICE.
Mon père a sur mes vœux une entière puissance.

---

[1] *Faire un mauvais entretien* est un barbarisme. (V.)
[2] Var. Un seing de votre main, l'affaire est terminée.

LUCRÈCE.

Le devoir d'une fille est dans l'obéissance [1].

GÉRONTE, à Lucrèce.

Venez donc recevoir ce doux commandement.

ALCIPPE, à Clarice.

Venez donc ajouter ce doux consentement.

(Alcippe rentre chez Clarice avec elle et Isabelle, et le reste rentre chez Lucrèce.)

SABINE, à Dorante, comme il rentre.

Si vous vous mariez, il ne pleuvra plus guères.

DORANTE.

Je changerai pour toi cette pluie en rivières [2].

SABINE.

Vous n'aurez pas loisir seulement d'y penser.
Mon métier ne vaut rien quand on s'en peut passer.

CLITON, seul.

Comme en sa propre fourbe un menteur s'embarrasse!
Peu sauroient comme lui s'en tirer avec grace.
  Vous autres qui doutiez s'il en pourroit sortir,
Par un si rare exemple apprenez à mentir [3].

---

[1] Il est assez singulier de remarquer que Corneille a placé ce vers et le suivant dans la bouche de Camille et de Curiace, dans sa belle tragédie des *Horaces*. (V.)

[2] Plaisanterie bien recherchée. Un défaut de cette pièce est la répétition des façons et des gaietés d'une soubrette à qui l'on fait quelques petits présents. (V.)

[3] C'est ici une plaisanterie de valet; mais elle paraît déplacée. On attend la morale de la pièce, qui est toute contraire au propos de Cliton*. Goldoni ne manque jamais à ce devoir; tous ses dénouements sont accompagnés d'une courte leçon de vertu: chez lui, le Menteur est puni, et il doit l'être; il en fait un malhonnête homme, odieux et méprisable. Le Menteur, dans le poëte

* La morale de la pièce est dans la belle scène du père et du fils; elle seroit déplacée dans la bouche de Cliton. (P.)

espagnol et dans la copie faite par Corneille, n'est qu'un étourdi. Il y a peut-être plus d'intérêt dans l'italien, en ce que tous les mensonges du Bugiardo servent à ruiner les espérances d'un honnête homme discret, timide, et fidèle. (V.) — C'est dans *le Menteur* qu'on entendit pour la première fois sur la scène la conversation des honnêtes gens. On n'avait eu jusque-là que des farces grossières, telles que les *Jodelets* de Scarron, et de mauvais romans dialogués. L'intrigue du *Menteur* est faible, et ne roule que sur une méprise de nom qui n'amène pas des situations fort comiques. Mais la facilité et l'agrément des mensonges de Dorante, et la scène entre son père et lui, où le poëte a su être éloquent sans sortir du ton de la comédie, font toujours revoir cette pièce avec plaisir. (LA H.)

FIN.

EXAMEN DU MENTEUR.

Cette pièce est en partie traduite, en partie imitée de l'espagnol [1]. Le sujet m'en semble si spirituel et si bien tourné, que j'ai dit souvent que je voudrois avoir donné les deux plus belles que j'aie faites, et qu'il fût de mon invention. On l'a attribué au fameux Lope de Vega; mais il m'est tombé depuis peu entre les mains un volume de don Juan d'Alarcon, où il prétend que cette comédie est à lui, et se plaint des imprimeurs qui l'ont fait courir sous le nom d'un autre. Si c'est son bien, je n'empêche pas qu'il ne s'en ressaisisse. De quelque main que parte cette comédie, il est constant qu'elle est très ingénieuse; et je n'ai rien vu dans cette langue qui m'aie satisfait davantage. J'ai tâché de la réduire à notre usage et dans nos règles; mais il m'a fallu forcer mon aversion pour les *à parte*, dont je n'aurois pu la purger sans lui faire perdre une bonne partie de ses beautés. Je les ai faits les plus courts que j'ai pu, et je me les suis permis rarement, sans laisser deux acteurs ensemble

---

[1] Il y a ici excès de modestie. La pièce de Corneille s'écarte infiniment de celle d'Alarcon. Le Menteur français est, à bien prendre, un conteur de sornettes, un hâbleur qui ment pour le plaisir de mentir. Il ne commet pas de ces impostures dont l'honneur rougirait : on peut rire de toutes les siennes, et l'on serait presque fâché qu'il en fût trop sévèrement puni. Alarcon donne une autre direction à sa pensée, et par suite une physionomie différente à sa comédie. *La vérité*, voilà ce qu'il a entendu défendre sérieusement; et dans son don Garcia il a châtié ceux qui par leurs mensonges la rendent suspecte. Victime de ses inventions, ce jeune effronté se brouille avec son ami, avec son père, avec sa maîtresse, et finalement épouse la femme qu'il n'aime pas. Dans Corneille, au contraire, le père de Dorante, après l'avoir bien sermonné lui pardonne, et le dénoûment répond au ton comique de la pièce. (Voyez l'*Histoire comparée des littératures espagnole et françoise*, par Adolphe de Puybusque, t. II, p. 160.) (A.-M.)

qui s'entretiennent tout bas, cependant que d'autres disent ce que ceux-là ne doivent pas écouter. Cette duplicité d'action particulière ne rompt point l'unité de la principale; mais elle gêne un peu l'attention de l'auditeur, qui ne sait à laquelle s'attacher, et qui se trouve obligé de séparer aux deux ce qu'il est accoutumé de donner à une. L'unité de lieu s'y trouve, et tout ce qui s'y passe dans Paris; mais le premier acte est dans les Tuileries, et le reste à la Place-Royale. Celle de jour n'y est pas forcée, pourvu qu'on lui laisse les vingt-quatre heures entières. Quant à celle d'action, je ne sais s'il n'y a point quelque chose à dire, en ce que Dorante aime Clarice dans toute la pièce, et épouse Lucrèce à la fin, qui par-là ne répond pas à la protase. L'auteur espagnol lui donne ainsi le change pour punition de ses menteries, et le réduit à épouser par force cette Lucrèce qu'il n'aime point. Comme il se méprend toujours au nom, et croit que Clarice porte celui-là, il lui présente la main quand on lui a accordé l'autre, et dit hautement, lorsqu'on l'avertit de son erreur, que, s'il s'est trompé au nom, il ne se trompe point à la personne. Sur quoi, le père de Lucrèce le menace de le tuer s'il n'épouse sa fille après l'avoir demandée et obtenue; et le sien propre lui fait la même menace. Pour moi, j'ai trouvé cette manière de finir un peu dure, et cru qu'un mariage moins violenté seroit plus au goût de notre auditoire. C'est ce qui m'a obligé à lui donner une pente vers la personne de Lucrèce au cinquième acte, afin qu'après qu'il a reconnu sa méprise aux noms, il fasse de nécessité vertu de meilleure grace, et que la comédie se termine avec pleine tranquillité de tous côtés.

LA SUITE
DU MENTEUR,
COMÉDIE.

1643.

ÉPITRE.

Monsieur,

Je vous avois bien dit que *le Menteur* ne seroit pas le dernier emprunt ou larcin que je ferois chez les Espagnols : en voici une suite qui est encore tirée du même original, et dont Lope a traité le sujet sous le titre de *Amar sine saber a quien*. Elle n'a pas été si heureuse au théâtre que l'autre, quoique plus remplie de beaux sentiments et de beaux vers. Ce n'est pas que j'en veuille accuser ni le défaut des acteurs, ni le mauvais jugement du peuple; la faute en est toute à moi, qui devois mieux prendre mes mesures, et choisir des sujets plus répondants au goût de mon auditoire. Si j'étois de ceux qui tiennent que la poésie a pour but de profiter aussi bien que de plaire, je tâcherois de vous persuader que celle-ci est beaucoup meilleure que l'autre, à cause que Dorante y paroît beaucoup plus honnête homme, et donne des exemples de vertu à suivre; au lieu qu'en l'autre il ne donne que des imperfections à éviter; mais pour moi, qui tiens avec Aristote et Horace que notre art n'a pour but que le divertissement, j'avoue qu'il est ici bien moins à estimer qu'en la première comédie, puisque, avec ses mauvaises habitudes, il a perdu presque toutes ses graces, et qu'il semble avoir quitté la meilleure part de ses agréments lorsqu'il a voulu se corriger de ses défauts. Vous me direz que je suis bien injurieux au métier qui me fait connoître, d'en ravaler le but si bas que de le réduire à plaire au peuple, et que je suis bien hardi tout ensemble de prendre pour garants de mon opinion les deux maîtres dont ceux du parti contraire se fortifient. A cela, je vous dirai que ceux-là même qui mettent si haut le but de l'art sont injurieux à l'artisan, dont ils ravalent d'autant plus le mérite, qu'ils pensent relever la dignité de sa profession, parceque, s'il est obligé de prendre soin de l'utile, il évite seulement une faute quand il s'en acquitte, et n'est digne d'aucune louange. C'est mon Horace qui me l'apprend :

>   Vitavi denique culpam,
> Non laudem merui.

En effet, monsieur, vous ne loueriez pas beaucoup un homme pour avoir réduit un poëme dramatique dans l'unité de jour et de lieu, parceque les lois du théâtre le lui prescrivent, et que sans cela son ouvrage ne seroit qu'un monstre. Pour moi, j'estime extrêmement ceux qui mêlent l'utile au délectable, et d'autant plus qu'ils n'y sont pas obligés par les règles de la poésie : je suis bien aise de dire avec notre docteur :

Omne tulit punctum qui miscuit utile dulci.

Mais je dénie qu'ils faillent contre ces règles, lorsqu'ils ne l'y mêlent pas, et les blâme seulement de ne s'être pas proposé un objet assez digne d'eux, ou, si vous me permettez de parler un peu chrétiennement, de n'avoir pas eu assez de charité pour prendre l'occasion de donner en passant quelque instruction à ceux qui les écoutent ou qui les lisent : pourvu qu'ils aient trouvé le moyen de plaire, ils sont quittes envers leur art; et s'ils pèchent, ce n'est pas contre lui, c'est contre les bonnes mœurs et contre leur auditoire. Pour vous faire voir le sentiment d'Horace là-dessus, je n'ai qu'à répéter ce que j'en ai déjà pris; puisqu'il ne tient pas qu'on soit digne de louange quand on n'a fait que s'acquitter de ce qu'on doit, et qu'il en donne tant à celui qui joint l'utile à l'agréable, il est aisé de conclure qu'il tient que celui-là fait plus qu'il n'étoit obligé de faire. Quant à Aristote, je ne crois pas que ceux du parti contraire aient d'assez bons yeux pour trouver le mot d'utilité dans tout son *Art poétique* : quand il recherche la cause de la poésie, il ne l'attribue qu'au plaisir que les hommes reçoivent de l'imitation; et, comparant l'une à l'autre les parties de la tragédie, il préfère la fable aux mœurs, seulement pour ce qu'elle contient tout ce qu'il y a d'agréable dans le poëme; et c'est pour cela qu'il l'appelle l'ame de la tragédie. Cependant, quand on y mêle quelque utilité, ce doit être principalement dans cette partie qui regarde les mœurs, et que ce grand homme toutefois ne tient point du tout nécessaire, puisqu'il permet de la retrancher entièrement, et demeure d'accord qu'on peut faire une tragédie sans mœurs. Or, pour ne vous pas donner mauvaise impression de la comédie du *Menteur*, qui a donné lieu à cette suite, que vous pourriez juger être simplement faite pour plaire, et n'avoir pas ce noble mélange de l'utilité, d'autant qu'elle semble violer une autre maxime, qu'on veut tenir pour indubitable, touchant la récompense des bonnes actions et la punition des mauvaises, il ne sera peut-être pas hors de propos que je vous dise là-dessus ce que je pense. Il est certain que les actions de Dorante ne sont pas bonnes moralement, n'étant que fourbes et menteries; et néanmoins il obtient enfin ce qu'il souhaite, puisque la vraie Lucrèce est en cette pièce sa dernière inclination. Ainsi, si cette maxime est une véritable règle du théâtre, j'ai failli; et si c'est en ce point seul que consiste l'utilité de la poésie, je n'y en ai point mêlé. Pour le premier, je n'ai qu'à vous dire que cette règle imaginaire est entièrement contre la pratique des anciens; et, sans aller chercher des exemples parmi les Grecs, Sénèque, qui en a tiré presque tous ses sujets, nous en fournira assez : Médée brave Jason après avoir brûlé le palais royal, fait périr le roi et sa fille, et tué ses enfants; dans *la Troade*, Ulysse précipite Astyanax, et Pyrrhus immole Polyxène, tous deux impunément; dans *Aga-*

memnon, il est assassiné par sa femme et par son adultère, qui s'empare de son trône, sans qu'on voie tomber de foudre sur leurs têtes ; Atrée même, dans *le Thyeste*, triomphe de son misérable frère, après lui avoir fait manger ses enfants : et, dans les comédies de Plaute et de Térence, que voyons-nous autre chose que de jeunes fous qui, après avoir, par quelque tromperie, tiré de l'argent de leurs pères, pour dépenser à la suite de leurs amours déréglées, sont enfin richement mariés ; et des esclaves qui, après avoir conduit tout l'intrique[1], et servi de ministres à leurs débauches, obtiennent leur liberté pour récompense? Ce sont des exemples qui ne seroient non plus propres à imiter que les mauvaises finesses de notre Menteur. Vous me demanderez en quoi donc consiste cette utilité de la poésie, qui en doit être un des grands ornements, et qui relève si haut le mérite du poëte quand il en enrichit son ouvrage. J'en trouve deux à mon sens : l'une empruntée de la morale, l'autre qui lui est particulière : celle-là se rencontre aux sentences et réflexions que l'on peut adroitement semer presque partout ; celle-ci en la naïve peinture des vices et des vertus. Pourvu qu'on les sache mettre en leur jour, et les faire connoître par leurs véritables caractères, celles-ci se feront aimer, quoique malheureuses, et ceux-là se feront détester, quoique triomphants. Et comme le portrait d'une laide femme ne laisse pas d'être beau, et qu'il n'est pas besoin d'avertir que l'original n'en est pas

---

[1] On écrivait alors indifféremment *intrigue* et *intrique*, et ce mot était des deux genres. (Par.)

aimable pour empêcher qu'on l'aime, il en est de même dans notre peinture parlante : quand le crime est bien peint de ses couleurs; quand les imperfections sont bien figurées, il n'est pas besoin d'en faire voir un mauvais succès à la fin pour avertir qu'il ne les faut pas imiter : et je m'assure que, toutes les fois que *le Menteur* a été représenté, bien qu'on l'ait vu sortir du théâtre pour aller épouser l'objet de ses derniers desirs, il n'y a eu personne qui se soit proposé son exemple pour acquérir une maîtresse, et qui n'ait pris toutes ses fourbes, quoique heureuses, pour des friponneries d'écolier, dont il faut qu'on se corrige avec soin, si l'on veut passer pour honnête homme. Je vous dirois qu'il y a encore une autre utilité propre à la tragédie, qui est la purgation des passions; mais ce n'est pas ici le lieu d'en parler, puisque ce n'est qu'une comédie que je vous présente. Vous y pourrez rencontrer en quelques endroits ces deux sortes d'utilités dont je vous viens d'entretenir. Je voudrois que le peuple y eût trouvé autant d'agréable, afin que je vous pusse présenter quelque chose qui eût mieux atteint le but de l'art. Telle qu'elle est, je vous la donne, aussi bien que la première, et demeure de tout mon cœur,

Monsieur,

Votre très humble serviteur,
CORNEILLE.

ACTEURS.

DORANTE [1].
CLITON, valet de Dorante [2].
CLÉANDRE, gentilhomme de Lyon.
MÉLISSE, sœur de Cléandre.
PHILISTE, ami de Dorante, et amoureux de Mélisse.
LYSE, femme de chambre de Mélisse.
Un prevôt.

La scène est à Lyon.

Noms des acteurs qui ont joué d'original dans la suite du Menteur :

[1] Bellerose. — [2] Jodelet.

LA SUITE
DU MENTEUR[1].

ACTE PREMIER.

SCÈNE I[2].

DORANTE, CLITON.

(Dorante paroît écrivant dans une prison, et le geôlier ouvrant la porte à Cliton, et le lui montrant.)

CLITON.

Ah! monsieur, c'est donc vous?

DORANTE.

Cliton, je te revoi[3]!

---

[1] Les variantes se trouvent dans l'édition de 1645. (Lef....)

[2] Dès les premiers vers, un grand intérêt commence; Dorante est en prison, après avoir disparu le jour de ses noces : il est vrai qu'il n'a eu aucune raison de s'enfuir quand il allait se marier; que c'est un caprice impardonnable, que ce caprice même le rend un peu méprisable; mais il est en prison; sa maîtresse a épousé son père; ce père est mort : tout cela excite beaucoup de curiosité. C'est une chose à laquelle il ne faut jamais manquer dans les expositions : toute première scène qui ne donne pas envie de voir les autres ne vaut rien. (V.)

[3] *Je revoi* sans *s* est l'orthographe ancienne, et la plus conforme à l'étymologie. On a dit que c'est par licence poétique que les

CLITON.

Je vous trouve, monsieur, dans la maison du roi!
Quel charme, quel désordre, ou quelle raillerie,
Des prisons de Lyon fait votre hôtellerie?

DORANTE.

Tu le sauras tantôt. Mais qui t'amène ici?

CLITON.

Les soins de vous chercher.

DORANTE.

Tu prends trop de souci;
Et bien qu'après deux ans ton devoir s'en avise [1],
Ta rencontre me plaît, j'en aime la surprise;
Ce devoir, quoique tard, enfin s'est éveillé.

CLITON.

Et qui savoit, monsieur, où vous étiez allé?
Vous ne nous témoigniez qu'ardeur et qu'allégresse,
Qu'impatients desirs de posséder Lucrèce;
L'argent étoit touché, les accords publiés,
Le festin commandé, les parents conviés,
Les violons choisis, ainsi que la journée [2].
Rien ne sembloit plus sûr qu'un si proche hyménée;
Et parmi ces apprêts, la nuit d'auparavant
Vous sûtes faire gille [3], et fendîtes le vent.

poëtes suppriment l's de la première personne des verbes, c'est une erreur; ils ne font que rentrer dans la règle de l'orthographe primitive. (A.-M.)

[1] Var. Et quoique après deux ans ton souvenir s'avise,
. . . .
Ton devoir, quoique tard, enfin s'est éveillé.

[2] Var. Tout cet attirail prêt qu'on fait pour l'hyménée,
Les violons choisis, ainsi que la journée :
Qui se fût défié que la nuit de devant
Votre propre grandeur dût fendre ainsi le vent?

[3] Quand quelqu'un s'est dérobé et s'en est fui secrètement,

ACTE I, SCÈNE I.

Comme il ne fut jamais d'éclipse plus obscure,
Chacun sur ce départ forma sa conjecture ;
Tous s'entre-regardoient, étonnés, ébahis[1] :
L'un disoit, « Il est jeune, il veut voir le pays ; »
L'autre, « Il s'est allé battre, il a quelque querelle ; »
L'autre d'une autre idée embrouilloit sa cervelle ;
Et tel vous soupçonnoit de quelque guérison
D'un mal privilégié dont je tairai le nom[2].
Pour moi, j'écoutois tout, et mis dans mon caprice[3]
Qu'on ne devinoit rien que par votre artifice.
Ainsi ce qui chez eux prenoit plus de crédit
M'étoit aussi suspect que si vous l'eussiez dit ;
Et, tout simple et doucet, sans chercher de finesse,
Attendant le boiteux, je consolois Lucrèce[4].

on dit qu'il a fait gille, parceque S. Gilles, prince du Languedoc, s'enfuit secrètement, de peur d'être fait roi. (BELLINGEN, *Étymologie des Proverbes françois*, édition de 1656.)

[1] C'est à Corneille que nous sommes redevables des verbes composés *s'entre-parler, s'entre-aimer, s'entre-regarder*, etc.; son heureuse hardiesse allégea notre langue de ces lourdes périphrases qu'on employait avant lui : *se parler l'un à l'autre, se regarder l'un l'autre, s'aimer d'amour mutuel*, etc. Montaigne offre bien quelques exemples de l'emploi de cette espèce de verbes, mais Corneille en multiplia le nombre, et il les introduisit dans la langue poétique, d'où ils sont passés dans la langue usuelle. (A.-M.)

[2] Il faut plaindre un siècle où l'on présentait sur le théâtre de ces idées qui font rougir. De plus, *privilégié* doit être de cinq syllabes, et Corneille le fait de quatre. (V.)

[3] *Je mis dans mon caprice* ne peut signifier, *je mis dans ma tête, dans ma fantaisie, dans mon imagination, dans mon esprit* : on n'a pas le caprice comme on a une faculté de l'ame ; on peut bien avoir un caprice dans son idée, mais on n'a point une idée dans son caprice. (V.)

[4] Ancienne façon de parler qui signifie *le temps*, parceque les anciens figuraient le temps sous l'emblème d'un vieillard boi-

DORANTE.

Je l'aimois, je te jure ; et, pour la posséder,
Mon amour mille fois voulut tout hasarder :
Mais quand j'eus bien pensé que j'allois à mon âge [1]
Au sortir de Poitiers entrer au mariage,
Que j'eus considéré ses chaînes de plus près [2],
Son visage à ce prix n'eut plus pour moi d'attraits :
L'horreur d'un tel lien m'en fit de la maîtresse ;
Je crus qu'il falloit mieux employer ma jeunesse,
Et que, quelques appas qui pussent me ravir,
C'étoit mal en user que sitôt m'asservir.
Je combats toutefois : mais le temps qui s'avance
Me fait précipiter en cette extravagance ;
Et la tentation de tant d'argent touché
M'achève de pousser où j'étois trop penché.
Que l'argent est commode à faire une folie !
L'argent me fait résoudre à courir l'Italie.
Je pars de nuit en poste, et d'un soin diligent
Je quitte la maîtresse, et j'emporte l'argent.
  Mais, dis-moi, que fit-elle ? et que dit lors son père ?

teux qui avait des ailes, pour faire voir que le mal arrive trop vite, et le bien trop lentement. Nous ne remarquerons pas dans cette pièce toutes les fautes de langage ; elles sont en très grand nombre : mais c'est assez d'avertir qu'en général il ne faut pas imiter le style de cet ouvrage, trop négligé. Il me semble que la meilleure manière de s'instruire est d'observer soigneusement les fautes des bons écrits, parcequ'elles pourraient être d'un exemple dangereux, et de remarquer les beautés des pièces moins heureuses, parceque d'ordinaire ces beautés sont perdues. (V.)

[1] Var. Mais quand j'eus bien pensé qu'il falloit à mon âge.

[2] Il faudrait dire aujourd'hui : que *j'en* eus considéré les chaînes ; à moins cependant que le mariage ne soit personnifié ; ce qui n'est guère admissible dans cette phrase. (A.-M.)

Le mien, ou je me trompe, étoit fort en colère?
CLITON.
D'abord de part et d'autre on vous attend sans bruit;
Un jour se passe, deux, trois, quatre, cinq, six, huit;
Enfin, n'espérant plus, on éclate, on foudroie :
Lucrèce par dépit témoigne de la joie,
Chante, danse, discourt, rit; mais, sur mon honneur,
Elle enrageoit, monsieur, dans l'ame, et de bon cœur.
Ce grand bruit s'accommode, et, pour plâtrer l'affaire,
La pauvre délaissée épouse votre père,
Et, rongeant dans son cœur son déplaisir secret,
D'un visage content prend le change à regret.
L'éclat d'un tel affront l'ayant trop décriée,
Il n'est à son avis que d'être mariée;
Et comme en un naufrage on se prend où l'on peut,
En fille obéissante elle veut ce qu'on veut.
Voilà donc le bon homme enfin à sa seconde,
C'est-à-dire qu'il prend la poste à l'autre monde;
Un peu moins de deux mois le met dans le cercueil.
DORANTE.
J'ai su sa mort à Rome, où j'en ai pris le deuil.
CLITON.
Elle a laissé chez vous un diable de ménage :
Ville prise d'assaut n'est pas mieux au pillage;
La veuve et les cousins, chacun y fait pour soi,
Comme fait un traitant pour les deniers du roi[1],
Où qu'ils jettent la main ils font rafles entières[2];

---

[1] Var. Comme fait un sergent pour les deniers du roi.

[2] *Où que,* pour *en quelque lieu que,* est une bonne locution que nous n'aurions pas dû laisser vieillir, car elle facilite le vers, et elle allége le discours. *Où que* est un adverbe conjonctif de lieu qui répond à *qui que* pour les personnes, et à *quoi que* pour les choses : *qui que* vous soyez, *quoi que* vous disiez, *où que* vous al-

Ils ne pardonnent pas même au plomb des gouttières ;
Et ce sera beaucoup si vous trouvez chez vous,
Quand vous y rentrerez, deux gonds et quatre clous.
　J'apprends qu'on vous a vu cependant à Florence.
Pour vous donner avis je pars en diligence ;
Et je suis étonné qu'en entrant dans Lyon
Je vois courir du peuple avec émotion ;
Je veux voir ce que c'est ; et je vois, ce me semble,
Pousser dans la prison quelqu'un qui vous ressemble ;
On m'y permet l'entrée ; et, vous trouvant ici [1],
Je trouve en même temps mon voyage accourci.
Voilà mon aventure ; apprenez-moi la vôtre.

DORANTE.

La mienne est bien étrange, on me prend pour un autre.

CLITON.

J'eusse osé le gager. Est-ce meurtre, ou larcin ?

DORANTE.

Suis-je fait en voleur, ou bien en assassin ?
Traître, en ai-je l'habit, ou la mine, ou la taille ?

CLITON.

Connoît-on à l'habit aujourd'hui la canaille ?
Et n'est-il point, monsieur, à Paris de filous
Et de taille et de mine aussi bonnes que vous ?

DORANTE.

Tu dis vrai, mais écoute. Après une querelle
Qu'à Florence un jaloux me fit pour quelque belle,
J'eus avis que ma vie y couroit du danger :
Ainsi donc sans trompette il fallut déloger.

---

liez. N'est-il pas étrange que de ces trois locutions de la même famille, nous ayons laissé perdre celle qui est la moins dure à l'oreille? (A.-M.)

[1] Var. Je demande d'entrer, et, vous trouvant ici,
　　　Je trouve avecque vous mon voyage accourci.

Je pars seul et de nuit, et prends ma route en France,
Où, sitôt que je suis en pays d'assurance,
Comme d'avoir couru je me sens un peu las,
J'abandonne la poste, et viens au petit pas.
Approchant de Lyon, je vois dans la campagne....

CLITON, bas.

N'aurons-nous point ici de guerres d'Allemagne [1]?

DORANTE.

Que dis-tu?

CLITON.

Rien, monsieur, je gronde entre mes dents
Du malheur qui suivra ces rares incidents;
J'en ai l'ame déjà toute préoccupée.

DORANTE.

Donc à deux cavaliers je vois tirer l'épée;
Et, pour en empêcher l'événement fatal,
J'y cours la mienne au poing, et descends de cheval.
L'un et l'autre, voyant à quoi je me prépare,
Se hâte [2] d'achever avant qu'on les sépare,
Presse sans perdre temps, si bien qu'à mon abord
D'un coup que l'un alonge il blesse l'autre à mort.
Je me jette au blessé, je l'embrasse, et j'essaie
Pour arrêter son sang de lui bander sa plaie;
L'autre, sans perdre temps en cet événement [3],

---

[1] Voyez *le Menteur*, acte I, sc. III.

VAR. N'aurons-nous point ici des guerres d'Allemagne?

[2] On mettait indifféremment, du temps de Corneille, au singulier ou au pluriel le verbe régi par *l'un et l'autre*. Des grammairiens ont voulu justifier cette bizarrerie en alléguant *uterque*, qui prend le verbe au singulier. Mais *uterque* veut dire *chacun des deux*, comme *quisque* veut dire *chacun d'entre tous*. La phrase latine n'offre donc pas deux sujets, comme la phrase française. (A. M.)

[3] VAR. L'autre, qui voit pour lui le séjour dangereux,

Saute sur mon cheval, le presse vivement,
Disparoît, et, mettant à couvert le coupable,
Me laisse auprès du mort faire le charitable.
  Ce fut en cet état, les doigts de sang souillés,
Qu'au bruit de ce duel, trois sergents éveillés,
Tout gonflés de l'espoir d'une bonne lippée,
Me découvrirent seul, et la main à l'épée.
Lors, suivant du métier le serment solennel,
Mon argent fut pour eux le premier criminel;
Et, s'en étant saisis aux premières approches,
Ces messieurs pour prison lui donnèrent leurs poches;
Et moi, non sans couleur, encor qu'injustement,
Je fus conduit par eux en cet appartement.
Qui te fait ainsi rire? et qu'est-ce que tu penses?

CLITON.

Je trouve ici, monsieur, beaucoup de circonstances :
Vous en avez sans doute un trésor infini;
Votre hymen de Poitiers n'en fut pas mieux fourni;
Et le cheval sur-tout vaut en cette rencontre [1]
Le pistolet ensemble, et l'épée, et la montre [2].

DORANTE.

Je me suis bien défait de ces traits d'écolier,
Dont l'usage autrefois m'étoit si familier;
Et maintenant, Cliton, je vis en honnête homme.

CLITON.

Vous êtes amendé du voyage de Rome;
Et votre ame en ce lieu, réduite au repentir,
Fait mentir le proverbe en cessant de mentir.
Ah! j'aurois plutôt cru....

Saute sur mon cheval, et lui donne des deux.

[1] Var. Et sur-tout le cheval; lui seul, en ce rencontre,
    Vaut et le pistolet, et l'épée, et la montre.

[2] Voyez le récit du *Menteur*, acte II, sc. v.

DORANTE.

Le temps m'a fait connoître
Quelle indignité c'est, et quel mal en peut naître.
CLITON.
Quoi! ce duel, ces coups si justement portés,
Ce cheval, ces sergents....
DORANTE.
Autant de vérités.
CLITON.
J'en suis fâché pour vous, monsieur, et sur-tout d'une,
Que je ne compte pas à petite infortune :
Vous êtes prisonnier, et n'avez point d'argent ;
Vous serez criminel.
DORANTE.
Je suis trop innocent.
CLITON.
Ah! monsieur, sans argent est-il de l'innocence?
DORANTE.
Fort peu ; mais dans ces murs Philiste a pris naissance,
Et comme il est parent des premiers magistrats,
Soit d'argent, soit d'amis, nous n'en manquerons pas.
J'ai su qu'il est en ville, et lui venois d'écrire
Lorsqu'ici le concierge est venu t'introduire.
Va lui porter ma lettre.
CLITON.
Avec un tel secours
Vous serez innocent avant qu'il soit deux jours [1].
Mais je ne comprends rien à ces nouveaux mystères :
Les filles doivent être ici fort volontaires ;
Jusque dans la prison elles cherchent les gens [2].

---

[1] Var. Vous serez innocent avant qu'il soit huit jours.

[2] La dernière partie de cette première scène me paraît d'un

SCÈNE II.

DORANTE, CLITON, LYSE.

CLITON, à Lyse.
Il ne fait que sortir des mains de trois sergents;
Je t'en veux avertir : un fol espoir te trouble;
Il cajole des mieux, mais il n'a pas le double.

LYSE.
J'en apporte pour lui.

CLITON.
Pour lui! tu m'as dupé;
Et je doute sans toi si nous aurions soupé.

LYSE, montrant une bourse.
Avec ce passe-port suis-je la bienvenue?

CLITON.
Tu nous vas à tous deux donner dedans la vue.

LYSE.
Ai-je bien pris mon temps?

CLITON.
Le mieux qu'il se pouvoit.
C'est une honnête fille, et Dieu nous la devoit.
Monsieur, écoutez-la.

DORANTE.
Que veut-elle?

LYSE.
Une dame
Vous offre en cette lettre un cœur tout plein de flamme.

DORANTE.
Une dame?

très grand mérite : il y a cependant quelques fautes de langage. (V.)

ACTE I, SCÈNE II.

CLITON.

Lisez sans faire de façons :
Dieu nous aime, monsieur, comme nous sommes bons ;
Et ce n'est pas là tout, l'amour ouvre son coffre,
Et l'argent qu'elle tient vaut bien le cœur qu'elle offre.

DORANTE lit.

« Au bruit du monde qui vous conduisoit prisonnier, j'ai
« mis les yeux à la fenêtre, et vous ai trouvé de si bonne
« mine, que mon cœur est allé dans la même prison que
« vous, et n'en veut point sortir tant que vous y serez. Je
« ferai mon possible pour vous en tirer au plus tôt. Cepen-
« dant obligez-moi de vous servir de ces cent pistoles que
« je vous envoie ; vous en pouvez avoir besoin en l'état où
« vous êtes, et il m'en demeure assez d'autres à votre ser-
« vice. »

(Dorante continue.)

Cette lettre est sans nom.

CLITON.

Les mots en sont françois.

(à Lyse.)

Dis-moi, sont-ce louis, ou pistoles de poids ?

DORANTE.

Tais-toi.

LYSE, à Dorante.

Pour ma maîtresse il est de conséquence
De vous taire deux jours son nom et sa naissance ;
Ce secret trop tôt su peut la perdre d'honneur.

DORANTE.

Je serai cependant aveugle en mon bonheur ?
Et d'un si grand bienfait j'ignorerai la source ?

CLITON, à Dorante.

Curiosité bas, prenons toujours la bourse.

Souvent c'est perdre tout que vouloir tout savoir[1].

LYSE, à Dorante.

Puis-je la lui donner?

CLITON, à Lyse.

Donne, j'ai tout pouvoir,
Quand même ce seroit le trésor de Venise.

DORANTE.

Tout beau, tout beau, Cliton, il nous faut....

CLITON.

Lâcher prise?
Quoi! c'est ainsi, monsieur....

DORANTE.

Parleras-tu toujours?

CLITON.

Et voulez-vous du ciel renvoyer le secours?

DORANTE.

Accepter de l'argent porte en soi quelque honte.

CLITON.

Je m'en charge pour vous, et la prends pour mon compte.

DORANTE, à Lyse.

Écoute un mot.

CLITON, à part.

Je tremble, il va la refuser[2].

DORANTE.

Ta maîtresse m'oblige.

CLITON.

Il en veut mieux user.
Oyons[3].

---

[1] VAR. Bien souvent on perd tout pour vouloir tout savoir.

[2] VAR. . . . . Je tremble, il la va refuser.

[3] Le verbe *ouïr*, pour écouter, était encore usité dans tous ses temps. Corneille a dit : *j'ois*, pour *j'entends*. (A.-M.)

ACTE I, SCÈNE II.

DORANTE.
Sa courtoisie est extrême et m'étonne :
Mais....

CLITON.
Le diable de mais !

DORANTE.
Mais qu'elle me pardonne [1]....

CLITON, à part.
Je me meurs, je suis mort.

DORANTE.
Si j'en change l'effet,
Et reçois comme un prêt le don qu'elle me fait.

CLITON.
Je suis ressuscité ; prêt, ou don, ne m'importe.

DORANTE, à Cliton, et puis à Lyse.
Prends. Je le lui rendrai même avant que je sorte.

CLITON, à Lyse.
Écoute un mot : tu peux t'en aller à l'instant,
Et revenir demain avec encore autant.
Et vous, monsieur, songez à changer de demeure.
Vous serez innocent avant qu'il soit une heure.

DORANTE, à Cliton, et puis à Lyse.
Ne me romps plus la tête ; et toi, tarde un moment ;
J'écris à ta maîtresse un mot de compliment.
(Dorante va écrire sur la table.)

CLITON.
Dirons-nous cependant deux mots de guerre ensemble ?

LYSE.
Disons.

---

[1] VAR. . . . . Mais qu'elle me pardonne
    Si....
        CLITON.
  Je meurs, je suis mort.

CLITON.

Contemple-moi[1].

LYSE.

Toi?

CLITON.

Oui, moi. Que t'en semble?
Dis.

LYSE.

Que, tout vert et rouge ainsi qu'un perroquet,
Tu n'es que bien en cage, et n'as que du caquet.

CLITON.

Tu ris. Cette action, qu'est-elle?

LYSE.

Ridicule.

CLITON.

Et cette main?

LYSE.

De taille à bien ferrer la mule[2].

CLITON.

Cette jambe, ce pied?

LYSE.

Si tu sors des prisons,
Dignes de t'installer aux Petites-Maisons.

CLITON.

Ce front?

LYSE.

Est un peu creux.

---

[1] Var. . . Contemple-moi.
LYSE.
Je le veux.
CLITON.
Que t'en semble?

[2] *Ferrer la mule*, acheter quelque chose pour quelqu'un, et la lui compter plus cher qu'elle n'a coûté. (Par.)

CLITON.
Cette tête?
LYSE.
Un peu folle.
CLITON.
Ce ton de voix enfin avec cette parole?
LYSE.
Ah! c'est là que mes sens demeurent étonnés;
Le ton de voix est rare aussi bien que le nez [1].
CLITON.
Je meure, ton humeur me semble si jolie,
Que tu me vas résoudre à faire une folie.
Touche; je veux t'aimer, tu seras mon souci :
Nos maîtres font l'amour, nous le ferons aussi.
J'aurai mille beaux mots tous les jours à te dire;
Je coucherai de feux, de sanglots, de martyre [2];

[1] Ce portrait si plaisant avait son modèle. C'est celui de l'acteur même pour qui Corneille composa le rôle de *Cliton* : il se nommait Julien Geoffrin, mais il avait pris au théâtre le nom de *Jodelet*, nom qu'il rendit célèbre. Dès ses débuts, la naïveté de son jeu le mit au premier rang des acteurs comiques. Un contemporain a dit de lui que « les traits de son visage étaient si co-« miques, qu'il lui suffisait de se montrer pour exciter les éclats « de rire, qu'il augmentait encore par la surprise qu'il témoignait « de voir rire les autres. » Entré au théâtre du Marais en 1610, un ordre de Louis XIII le fit passer en 1634 au théâtre de l'hôtel de Bourgogne. Scarron composa pour lui plusieurs pièces, entre autres *Jodelet maître et valet*, *Jodelet souffleté*, etc. Il mourut à la fin de mars 1660. (A.-M.)

[2] *Je coucherai de feux, de sanglots, de martyre*, c'est-à-dire *j'étalerai* mes feux, mes sanglots, mon martyre. Cette expression vient du jeu; on disait coucher de l'argent sur une carte, pour *le poser*, *l'étaler* : *coucher de vingt, de trente pistoles*. On trouve encore un exemple de cette expression dans Molière. (Voyez les notes du *Menteur*, acte III, sc. v.) (A.-M.)

Je te dirai, « Je meurs, je suis dans les abois,
« Je brûle.... »

LYSE.

Et tout cela de ce beau ton de voix?
Ah! si tu m'entreprends deux jours de cette sorte,
Mon cœur est déconfit, et je me tiens pour morte;
Si tu me veux en vie, affoiblis ces attraits,
Et retiens pour le moins la moitié de leurs traits.

CLITON.

Tu sais même charmer alors que tu te moques.
Gouverne doucement l'ame que tu m'escroques.
On a traité mon maître avec moins de rigueur;
On n'a pris que sa bourse, et tu prends jusqu'au cœur.

LYSE.

Il est riche, ton maître?

CLITON.

Assez.

LYSE.

Et gentilhomme?

CLITON.

Il le dit.

LYSE.

Il demeure?

CLITON.

A Paris.

LYSE.

Et se nomme?

DORANTE, fouillant dans la bourse.

Porte-lui cette lettre, et reçois....

CLITON, lui retenant le bras.

Sans compter?

DORANTE.

Cette part de l'argent que tu viens d'apporter.

ACTE I, SCÈNE II.

CLITON.

Elle n'en prendra pas, monsieur, je vous proteste.

LYSE.

Celle qui vous l'envoie en a pour moi de reste.

CLITON.

Je vous le disois bien, elle a le cœur trop bon.

LYSE.

Lui pourrai-je, monsieur, apprendre votre nom?

DORANTE.

Il est dans mon billet. Mais prends, je t'en conjure.

CLITON.

Vous faut-il dire encor que c'est lui faire injure?

LYSE.

Vous perdez temps, monsieur; je sais trop mon devoir.
Adieu : dans peu de temps je viendrai vous revoir [1];
Et porte tant de joie à celle qui vous aime,
Qu'elle rapportera la réponse elle-même.

CLITON.

Adieu, belle railleuse.

LYSE.

Adieu, cher babillard [2].

---

[1] Var. Adieu : je serai peu sans vous venir revoir.

[2] S'il ne s'agissait dans cette scène que d'une femme qui a vu passer un prisonnier, qui, sans le connaître, devient amoureuse de lui, qui lui déclare sa passion en lui envoyant de l'argent, ce ne serait qu'une aventure incroyable et indécente de nos anciens romans; et ce qui n'est ni décent ni vraisemblable ne peut jamais plaire. Mais cette Mélisse ne fait que son devoir en faisant une démarche si extraordinaire; elle obéit à son frère, pour lequel Dorante est en prison; elle s'égaie même en obéissant, car elle n'est point encore éprise de Dorante; elle veut à-la-fois le servir comme elle le doit, l'embarrasser un peu, et voir en même temps s'il est digne qu'on s'attache à lui : tout cela est à-la-fois noble, intéressant, et du haut comique. On ne peut

SCÈNE III.

DORANTE, CLITON.

DORANTE.

Cette fille est jolie, elle a l'esprit gaillard.

CLITON.

J'en estime l'humeur, j'en aime le visage;
Mais plus que tous les deux j'adore son message.

DORANTE.

C'est celle dont il vient qu'il en faut estimer;
C'est elle qui me charme, et que je veux aimer.

CLITON.

Quoi! vous voulez, monsieur, aimer cette inconnue?

---

que louer l'auteur espagnol de cette belle invention; mais il eût fallu y mettre plus d'art et de ménagement. Les plaisanteries du valet et l'avidité pour l'argent sont très grossières; on n'a que trop long-temps avili la comédie par ce bas comique, qui n'est point du tout comique. Ces scènes de valets et de soubrettes ne sont bonnes que quand elles sont absolument nécessaires à l'intérêt de la pièce, et quand elles renouent l'intrigue; elles sont insipides dès qu'on ne les introduit que pour remplir le vide de la scène; et cette insipidité, jointe à la bassesse des discours, déshonore un théâtre fait pour amuser et pour instruire les honnêtes gens. (V.)

Nous en appelons de Voltaire à Molière. N'est-ce pas assez d'avoir banni le naturel de la tragédie? faut-il encore bannir de la comédie la franche gaieté? Les mêmes passions se produisent chez les honnêtes gens et chez les gens grossiers, mais sous des formes différentes, et qu'il est intéressant d'étudier et de comparer. C'est là surtout le but des scènes de valets et de soubrettes. Ici la conversation de Cliton et de Lyse est d'autant plus justifiable qu'elle remplit la scène pendant que Dorante écrit. (A.-M.)

VAR. . . . . Adieu, beau nasillard.

ACTE I, SCÈNE III.

DORANTE.

Oui, je la veux aimer, Cliton.

CLITON.

Sans l'avoir vue?

DORANTE.

Un si rare bienfait en un besoin pressant
S'empare puissamment d'un cœur reconnoissant ;
Et comme de soi-même il marque un grand mérite,
Dessous cette couleur il parle, il sollicite,
Peint l'objet aussi beau qu'on le voit généreux ;
Et, si l'on n'est ingrat, il faut être amoureux.

CLITON.

Votre amour va toujours d'un étrange caprice :
Dès l'abord autrefois vous aimâtes Clarice ;
Celle-ci, sans la voir : mais, monsieur, votre nom,
Lui deviez-vous l'apprendre, et sitôt?

DORANTE.

Pourquoi non?
J'ai cru le devoir faire, et l'ai fait avec joie.

CLITON.

Il est plus décrié que la fausse monnoie [1].

DORANTE.

Mon nom?

CLITON.

Oui : dans Paris, en langage commun,
Dorante et le Menteur à présent ce n'est qu'un ;
Et vous y possédez ce haut degré de gloire
Qu'en une comédie on a mis votre histoire.

DORANTE.

En une comédie?

---

[1] *Monnoie* : ce mot s'écrivait ainsi du temps de Corneille. Voyez le dictionnaire de Richelet, et la note de la scène III de l'acte II du *Menteur*. (A.-M.)

CLITON.
                Et si naïvement,
Que j'ai cru, la voyant, voir un enchantement.
   On y voit un Dorante avec votre visage;
On le prendroit pour vous; il a votre air, votre âge,
Vos yeux, votre action, votre maigre embonpoint,
Et paroît, comme vous, adroit au dernier point [1].
Comme à l'événement j'ai part à la peinture;
Après votre portrait on produit ma figure.
Le héros de la farce, un certain Jodelet,
Fait marcher après vous votre digne valet;
Il a jusqu'à mon nez, et jusqu'à ma parole,
Et nous avons tous deux appris en même école :
C'est l'original même, il vaut ce que je vaux;
Si quelque autre s'en mêle, on peut s'inscrire en faux;
Et tout autre que lui dans cette comédie
N'en fera jamais voir qu'une fausse copie.
Pour Clarice et Lucrèce, elles en ont quelque air :
Philiste avec Alcippe y vient vous accorder.

---

[1] Corneille trace ici le portrait de l'acteur Bellerose, pour qui il avait composé le rôle de Dorante; voilà pourquoi Cliton dit :

   On y voit un Dorante avec votre visage.

Bellerose était chef de la troupe de l'hôtel de Bourgogne; son nom de famille était Pierre Le Messier; il excellait dans la comédie et dans la tragédie, et joua d'original, et avec un égal succès, le rôle de *Cinna* et celui du *Menteur*. Le cardinal de Richelieu lui fit présent d'un habit magnifique pour jouer ce dernier rôle. Scarron, dans son *Roman comique,* fait dire à La Rancune que ce comédien était trop affecté; et on lit dans les Mémoires de Retz que madame de Montbazon ne put se résoudre à aimer le duc de La Rochefoucauld parcequ'il ressemblait à Bellerose, qui, disait-elle, avait l'air trop fade. Il quitta le théâtre à l'entrée de Floridor en 1643, et mourut très âgé, en janvier 1670. (A.-M.)

Votre feu père même est joué sous le masque.
DORANTE.
Cette pièce doit être et plaisante et fantasque.
Mais son nom ?
CLITON.
Votre nom de guerre, LE MENTEUR [1].
DORANTE.
Les vers en sont-ils bons ? fait-on cas de l'auteur ?
CLITON.
La pièce a réussi, quoique foible de style ;
Et d'un nouveau proverbe elle enrichit la ville ;
De sorte qu'aujourd'hui presque en tous les quartiers
On dit, quand quelqu'un ment, qu'il revient de Poitiers.
Et pour moi, c'est bien pis, je n'ose plus paroître.
Ce maraud de farceur m'a fait si bien connoître,
Que les petits enfants, sitôt qu'on m'aperçoit,
Me courent dans la rue, et me montrent au doigt ;
Et chacun rit de voir les courtauds de boutique,
Grossissant à l'envi leur chienne de musique,
Se rompre le gosier, dans cette belle humeur,
A crier après moi, LE VALET DU MENTEUR !
Vous en riez vous-même [2] !
DORANTE.
Il faut bien que j'en rie.

---

[1] Cette tirade et toute cette scène durent plaire beaucoup en leur temps ; elles rappelaient au public l'idée d'un ouvrage qui avait extrêmement réussi. Beaucoup de vers du *Menteur* avaient passé en proverbe ; et même, près de cent ans après, un homme de la cour contant à table des anecdotes très fausses, comme il n'arrive que trop souvent, un des convives, se tournant vers le laquais de cet homme, lui dit : *Cliton, donnez à boire à votre maître.* (V.)

[2] VAR. Vous en riez aussi ?

CLITON.

Je n'y trouve que rire, et cela vous décrie,
Mais si bien, qu'à présent, voulant vous marier,
Vous ne trouveriez pas la fille d'un huissier,
Pas celle d'un recors, pas d'un cabaret même.

DORANTE.

Il faut donc avancer près de celle qui m'aime.
Comme Paris est loin, si je ne suis déçu,
Nous pourrons réussir avant qu'elle ait rien su.
Mais quelqu'un vient à nous, et j'entends du murmure.

SCÈNE IV.

CLÉANDRE, DORANTE, CLITON, LE PREVÔT.

CLÉANDRE, au prevôt.

Ah! je suis innocent; vous me faites injure.

LE PREVÔT, à Cléandre.

Si vous l'êtes, monsieur, ne craignez aucun mal;
Mais comme enfin le mort étoit votre rival,
Et que le prisonnier proteste d'innocence,
Je dois sur ce soupçon vous mettre en sa présence.

CLÉANDRE, au prevôt.

Et si pour s'affranchir il ose me charger?

LE PREVÔT, à Cléandre.

La justice entre vous en saura bien juger.
Souffrez paisiblement que l'ordre s'exécute.

(à Dorante.)

Vous avez vu, monsieur, le coup qu'on vous impute[1];
Voyez ce cavalier, en seroit-il l'auteur?

DORANTE.

Veux-tu point que j'en rie?

---

[1] VAR. Vous dites avoir vu le coup qu'on vous impute.

CLÉANDRE, bas.

Il va me reconnoître. Ah Dieu! je meurs de peur.

DORANTE, au prevôt.

Souffrez que j'examine à loisir son visage.

(bas.)

C'est lui, mais il n'a fait qu'en homme de courage;
Ce seroit lâcheté, quoi qu'il puisse arriver,
De perdre un si grand cœur quand je puis le sauver [1] :
Ne le découvrons point.

CLÉANDRE, bas.

Il me connoît, je tremble.

DORANTE, au prevôt.

Ce cavalier, monsieur, n'a rien qui lui ressemble;
L'autre est de moindre taille, il a le poil plus blond,
Le teint plus coloré, le visage plus rond,
Et je le connois moins, tant plus je le contemple [2].

CLÉANDRE, bas.

O générosité qui n'eut jamais d'exemple!

DORANTE.

L'habit même est tout autre.

LE PREVÔT.

Enfin ce n'est pas lui?

DORANTE.

Non, il n'a point de part au duel d'aujourd'hui.

LE PREVÔT, à Cléandre.

Je suis ravi, monsieur, de voir votre innocence
Assurée à présent par sa reconnoissance;
Sortez quand vous voudrez, vous avez tout pouvoir :
Excusez la rigueur qu'a voulu mon devoir.

---

[1] VAR. De perdre un si grand cœur quand je le puis sauver.

[2] Cette construction ne serait plus admise; il faudrait aujourd'hui : *plus je le contemple, moins je le connais*. (A.-M.)

11.

Adieu.

CLÉANDRE, au prevôt.
Vous avez fait le dû de votre office [1].

SCÈNE V.

DORANTE, CLÉANDRE, CLITON.

DORANTE, à Cléandre.
Mon cavalier, pour vous je me fais injustice;
Je vous tiens pour brave homme, et vous reconnois bien [2];
Faites votre devoir comme j'ai fait le mien.

CLÉANDRE.
Monsieur....

DORANTE.
Point de réplique, on pourroit nous entendre.

CLÉANDRE.
Sachez donc seulement qu'on m'appelle Cléandre,
Que je sais mon devoir, que j'en prendrai souci,
Et que je périrai pour vous tirer d'ici.

SCÈNE VI.

DORANTE, CLITON.

DORANTE.
N'est-il pas vrai, Cliton, que c'eût été dommage

---

[1] Cette scène n'est-elle pas très vraisemblable, très attachante? Dorante n'y joue-t-il pas le rôle d'un homme généreux? n'inspire-t-il pas pour lui un grand intérêt? la situation n'est-elle pas des plus heureuses? ne tient-elle pas les esprits en suspens? Je doute qu'il y ait au théâtre une pièce mieux commencée. (V.)

[2] Var. Je vous tiens pour brave homme, et vous connois fort bien.

De livrer au malheur ce généreux courage ?
J'avois entre mes mains et sa vie et sa mort,
Et je me viens de voir arbitre de son sort.

CLITON.

Quoi ! c'est là donc, monsieur.... ?

DORANTE.

Oui, c'est là le coupable.

CLITON.

L'homme à votre cheval ?

DORANTE.

Rien n'est si véritable.

CLITON.

Je ne sais où j'en suis, et deviens tout confus.
Ne m'aviez-vous pas dit que vous ne mentiez plus ?

DORANTE.

J'ai vu sur son visage un noble caractère,
Qui, me parlant pour lui, m'a forcé de me taire,
Et d'une voix connue entre les gens de cœur
M'a dit qu'en le perdant je me perdrois d'honneur.
J'ai cru devoir mentir pour sauver un brave homme.

CLITON.

Et c'est ainsi, monsieur, que l'on s'amende à Rome [1] ?

---

[1] Cliton fait fort mal de ne pas approuver un mensonge si noble, et Dorante perd ici une belle occasion de faire voir qu'il est des cas où il serait infame de dire la vérité : quel cœur serait assez lâche pour ne point mentir quand il s'agit de sauver la vie et l'honneur d'un père, d'un parent, d'un ami ? Il y avait là de quoi faire de très beaux vers. (V.) — Les plus beaux vers dans la bouche de Cliton ne feraient qu'affaiblir l'effet de la noble action de Dorante. D'ailleurs la question est délicate ; bien des personnes doutent encore qu'il soit permis de mentir même pour sauver la vie de son prochain, et tels qui ont admiré le fait auraient contesté la morale. Corneille se montre donc ici plein de finesse et de tact ; et quant au valet de Dorante, il va sans dire qu'il

Je me tiens au proverbe; oui, courez, voyagez,
Je veux être guenon si jamais vous changez :
Vous mentirez toujours, monsieur, sur ma parole.
Croyez-moi que Poitiers est une bonne école;
Pour le bien du public je veux le publier;
Les leçons qu'on y prend ne peuvent s'oublier.

DORANTE.

Je ne mens plus, Cliton, je t'en donne assurance;
Mais en un tel sujet l'occasion dispense.

CLITON.

Vous en prendrez autant comme vous en verrez.
Menteur vous voulez vivre, et menteur vous mourrez;
Et l'on dira de vous pour oraison funèbre :
« C'étoit en menterie un auteur très célèbre,
« Qui sut y raffiner de si digne façon [1],
« Qu'aux maîtres du métier il en eût fait leçon;
« Et qui tant qu'il vécut, sans craindre aucune risque [2],
« Aux plus forts d'après lui put donner quinze et bisque. »

DORANTE.

Je n'ai plus qu'à mourir, mon épitaphe est fait [3],
Et tu m'érigeras en cavalier parfait :
Tu ferois violence à l'humeur la plus triste.
Mais, sans plus badiner, va-t'en chercher Philiste;
Donne-lui cette lettre; et moi, sans plus mentir,
Avec les prisonniers j'irai me divertir.

n'est pas de force à admirer un mensonge qui peut conduire
à l'échafaud. L'idée de Voltaire ne produirait qu'une déclamation. (A.-M.)

[1] Var. Qui savoit les tailler de si digne façon.

[2] *Aucune risque* serait un solécisme aujourd'hui : risque est masculin. (P.)

[3] *Épitaphe*, au contraire, est du genre féminin. (P.)

ACTE SECOND.

SCÈNE I.

MÉLISSE, LYSE.

MÉLISSE, tenant une lettre ouverte en sa main.
Certes, il écrit bien, sa lettre est excellente.
LYSE.
Madame, sa personne est encor plus galante :
Tout est charmant en lui, sa grace, son maintien...
MÉLISSE.
Il semble que déja tu lui veuilles du bien.
LYSE.
J'en trouve, à dire vrai, la rencontre si belle,
Que je voudrois l'aimer, si j'étois demoiselle [1].

---

[1] C'est précisément ce que dit Antoine à César, dans la tragédie de *Pompée* : *Et si j'étois César, je la voudrois aimer*. Cette idée, ridicule dans le tragique, est ici à sa place : on peut remarquer d'ailleurs que, quand il s'agit d'amour, il y a une infinité de vers qui conviennent également au comique et au tragique : tout ce qui est naturel et tendre peut également s'employer dans les deux genres ; mais ce qui n'est que familier ne doit jamais appartenir qu'au genre comique. Le grand défaut de ce temps-là était de ne pas distinguer ces nuances : on n'y parvint que fort tard, quand le goût épuré de la cour de Louis XIV, l'esprit de Racine, et la critique de Boileau, eurent enfin posé ces bornes, qu'il était si difficile de connaître, et qu'il est si aisé de passer. On doit avouer que c'est un mérite qui ne fut guère connu qu'en France : l'amour n'a été traité sur aucun autre théâtre comme il doit l'être ; les auteurs tragiques de toutes les autres

Il est riche, et de plus il demeure à Paris,
Où des dames, dit-on, est le vrai paradis;
Et, ce qui vaut bien mieux que toutes ces richesses [1],
Les maris y sont bons, et les femmes maîtresses.
Je vous le dis encor, je m'y passerois bien [2];
Et si j'étois son fait, il seroit fort le mien.

MÉLISSE.

Tu n'es pas dégoûtée. Enfin, Lyse, sans rire,
C'est un homme bien fait?

LYSE.

Plus que je ne puis dire.

MÉLISSE.

A sa lettre il paroît qu'il a beaucoup d'esprit;
Mais, dis-moi, parle-t-il aussi bien qu'il écrit?

LYSE.

Pour lui faire en discours montrer son éloquence,
Il lui faudroit des gens de plus de conséquence;
C'est à vous d'éprouver ce que vous demandez.

MÉLISSE.

Et que croit-il de moi?

LYSE.

Ce que vous lui mandez;
Que vous l'avez tantôt vu par votre fenêtre;

nations ont toujours fait parler leurs amants en poëtes. (V.) — Les personnages tragiques doivent être passionnés, et par conséquent *poëtes*, car les passions sont éminemment poétiques : l'amour surtout (et c'est ce qui l'a fait régner sur le théâtre) est le révélateur de la grande poésie. Mais si les personnages tragiques doivent parler poétiquement, ils ne doivent être ni rhéteurs, ni poëtes descriptifs, ni poëtes didactiques. C'est là, je pense, le véritable sens de la note de Voltaire. (A.-M.)

[1] VAR. Et, ce qui vaut bien mieux que toutes ses richesses.
[2] VAR. Et je pense, s'il faut ne vous déguiser rien,
Que si j'étois son fait, il seroit bien le mien.

Que vous l'aimez déja.
MÉLISSE.
Cela pourroit bien être.
LYSE.
Sans l'avoir jamais vu ?
MÉLISSE.
J'écris bien sans le voir.
LYSE.
Mais vous suivez d'un frère un absolu pouvoir [1],
Qui, vous ayant conté par quel bonheur étrange
Il s'est mis à couvert de la mort de Florange,
Se sert de cette feinte, en cachant votre nom,
Pour lui donner secours dedans cette prison.
L'y voyant en sa place, il fait ce qu'il doit faire.
MÉLISSE.
Je n'écrivois tantôt qu'à dessein de lui plaire.
Mais, Lyse, maintenant j'ai pitié de l'ennui
D'un homme si bien fait qui souffre pour autrui;
Et, par quelques motifs que je vienne d'écrire,
Il est de mon honneur de ne m'en pas dédire.
La lettre est de ma main, elle parle d'amour :
S'il ne sait qui je suis, il peut l'apprendre un jour.
Un tel gage m'oblige à lui tenir parole :
Ce qu'on met par écrit passe une amour frivole.
Puisqu'il a du mérite, on ne m'en peut blâmer;
Et je lui dois mon cœur, s'il daigne l'estimer [2].
Je m'en forme en idée une image si rare,
Qu'elle pourroit gagner l'ame la plus barbare;
L'amour en est le peintre, et ton rapport flatteur

---

[1] Cela justifie entièrement le procédé de Mélisse; cela rend son rôle intéressant : tout annonce jusqu'ici une pièce parfaite pour la conduite; nous ne parlons point des fautes de style. (V.)

[2] VAR. Et je lui dois mon cœur, s'il le daigne estimer.

En fournit les couleurs à ce doux enchanteur.
LYSE.
Tout comme vous l'aimez vous verrez qu'il vous aime :
Si vous vous engagez, il s'engage de même,
Et se forme de vous un tableau si parfait,
Que c'est lettre pour lettre, et portrait pour portrait.
Il faut que votre amour plaisamment s'entretienne ;
Il sera votre idée, et vous serez la sienne.
L'alliance est mignarde ; et cette nouveauté,
Sur-tout dans une lettre, aura grande beauté,
Quand vous y souscrirez pour Dorante ou Mélisse,
« Votre très humble idée à vous rendre service. »

Vous vous moquez, madame ; et, loin d'y consentir,
Vous n'en parlez ainsi que pour vous divertir.
MÉLISSE.
Je ne me moque point.
LYSE.
Et que fera, madame,
Cet autre cavalier dont vous possédez l'ame,
Votre amant ?
MÉLISSE.
Qui ?
LYSE.
Philiste.
MÉLISSE.
Ah ! ne présume pas
Que son cœur soit sensible au peu que j'ai d'appas ;
Il fait mine d'aimer, mais sa galanterie
N'est qu'un amusement et qu'une raillerie.
LYSE.
Il est riche, et parent des premiers de Lyon.
MÉLISSE.
Et c'est ce qui le porte à plus d'ambition.

S'il me voit quelquefois, c'est comme par surprise;
Dans ses civilités on diroit qu'il méprise,
Qu'un seul mot de sa bouche est un rare bonheur,
Et qu'un de ses regards est un excès d'honneur.
L'amour même d'un roi me seroit importune,
S'il falloit la tenir à si haute fortune.
La sienne est un trésor qu'il fait bien d'épargner;
L'avantage est trop grand, j'y pourrois trop gagner.
Il n'entre point chez nous; et, quand il me rencontre,
Il semble qu'avec peine à mes yeux il se montre,
Et prend l'occasion avec une froideur
Qui craint en me parlant d'abaisser sa grandeur.

LYSE.
Peut-être il est timide, et n'ose davantage.

MÉLISSE.
S'il craint, c'est que l'amour trop avant ne l'engage.
Il voit souvent mon frère, et ne parle de rien.

LYSE.
Mais vous le recevez, ce me semble, assez bien.

MÉLISSE.
Comme je ne suis pas en amour des plus fines,
Faute d'autre j'en souffre, et je lui rends ses mines;
Mais je commence à voir que de tels cajoleurs
Ne font qu'effaroucher les partis les meilleurs,
Et ne dois plus souffrir qu'avec cette grimace [1]
D'un véritable amant il occupe la place.

LYSE.
Je l'ai vu pour vous voir faire beaucoup de tours.

MÉLISSE.
Qui l'empêche d'entrer, et me voir tous les jours?

---

[1] Var. Et je m'ennuie enfin qu'avec cette grimace.

Cette façon d'agir est-elle plus polie[1]?
Croit-il...?

LYSE.

Les amoureux ont chacun leur folie :
La sienne est de vous voir avec tant de respect,
Qu'il passe pour superbe, et vous devient suspect;
Et la vôtre, un dégoût de cette retenue,
Qui vous fait mépriser la personne connue,
Pour donner votre estime, et chercher avec soin
L'amour d'un inconnu, parcequ'il est de loin.

SCÈNE II.

CLÉANDRE, MÉLISSE, LYSE.

CLÉANDRE.

Envers ce prisonnier as-tu fait cette feinte,
Ma sœur?

MÉLISSE.

Sans me connoître, il me croit l'ame atteinte,
Que je l'ai vu conduire en ce triste séjour,
Que ma lettre et l'argent sont des effets d'amour;
Et Lyse, qui l'a vu, m'en dit tant de merveilles,
Qu'elle fait presque entrer l'amour par les oreilles.

CLÉANDRE.

Ah! si tu savois tout!

MÉLISSE.

Elle ne laisse rien;
Elle en vante l'esprit, la taille, le maintien,
Le visage attrayant, et la façon modeste.

---

[1] VAR. Sommes-nous en Espagne, ou bien en Italie?
LYSE.
Les amoureux, madame, ont chacun leur folie.

ACTE II, SCENE II.

CLÉANDRE.

Ah, que c'est peu de chose au prix de ce qui reste!

MÉLISSE.

Que reste-t-il à dire? Un courage invaincu?

CLÉANDRE.

C'est le plus généreux qui jamais ait vécu;
C'est le cœur le plus noble, et l'ame la plus haute.

MÉLISSE.

Quoi! vous voulez, mon frère, ajouter à sa faute,
Percer avec ces traits un cœur qu'il a blessé[1],
Et vous-même achever ce qu'elle a commencé?

CLÉANDRE.

Ma sœur, à peine sais-je encor comme il se nomme,
Et je sais qu'on n'a vu jamais plus honnête homme,
Et que ton frère enfin périroit aujourd'hui,
Si nous avions affaire à tout autre qu'à lui.
Quoique notre partie ait été si secrète
Que j'en dusse espérer une sûre retraite,
Et que Florange et moi, comme je t'ai conté,
Afin que ce duel ne pût être éventé[2],
Sans prendre de seconds, l'eussions faite de sorte
Que chacun pour sortir choisît diverse porte,
Que nous n'eussions ensemble été vus de huit jours,
Que presque tout le monde ignorât nos amours,
Et que l'occasion me fût si favorable
Que je vis l'innocent saisi pour le coupable[3];
Je crois te l'avoir dit, qu'il nous vint séparer,

---

[1] VAR. Percer avec ces traits un cœur qu'elle a blessé.

[2] VAR. De peur que ce duel ne pût être éventé,
. . . .
Que sans armes chacun sortît par une porte.

[3] Il y a dans ces six vers une multitude de *que*, avec leurs différents rapports, qui nuisent à la clarté de la phrase. (A.-M.)

Et que sur son cheval je sus me retirer.
Comme je me montrois, afin que ma présence
Donnât lieu d'en juger une entière innocence,
Sur un bruit répandu que le défunt et moi
D'une même beauté nous adorions la loi,
Un prevôt soupçonneux me saisit dans la rue,
Me mène au prisonnier, et m'expose à sa vue.
Juge quel trouble j'eus de me voir en ces lieux !
Ce cavalier me voit, m'examine des yeux,
Me reconnoît, je tremble encore à te le dire ;
Mais apprends sa vertu, chère sœur, et l'admire.

Ce grand cœur, se voyant mon destin en la main,
Devient pour me sauver à soi-même inhumain ;
Lui qui souffre pour moi sait mon crime et le nie,
Dit que ce qu'on m'impute est une calomnie,
Dépeint le criminel de toute autre façon,
Oblige le prevôt à sortir sans soupçon,
Me promet amitié, m'assure de se taire.
Voilà ce qu'il a fait ; vois ce que je dois faire.

MÉLISSE.

L'aimer, le secourir, et tous deux avouer
Qu'une telle vertu ne se peut trop louer.

CLÉANDRE.

Si je l'ai plaint tantôt de souffrir pour mon crime,
Cette pitié, ma sœur, étoit bien légitime :
Mais ce n'est plus pitié, c'est obligation,
Et le devoir succède à la compassion.
Nos plus puissants secours ne sont qu'ingratitude ;
Mets à les redoubler ton soin et ton étude [1] ;
Sous ce même prétexte et ces déguisements,
Ajoute à ton argent perles et diamants ;

---

[1] Var. Donc à les redoubler mets toute ton étude.

Qu'il ne manque de rien; et pour sa délivrance
Je vais de mes amis faire agir la puissance.
Que si tous leurs efforts ne peuvent le tirer,
Pour m'acquitter vers lui j'irai me déclarer [1].
  Adieu. De ton côté prends souci de me plaire,
Et vois ce que tu dois à qui te sauve un frère.

MÉLISSE.

Je vous obéirai très ponctuellement [2].

SCÈNE III.

MÉLISSE, LYSE.

LYSE.

Vous pouviez dire encor très volontairement;
Et la faveur du ciel vous a bien conservée,
Si ces derniers discours ne vous ont achevée.
Le parti de Philiste a de quoi s'appuyer;
Je n'en suis plus, madame; il n'est bon qu'à noyer;
Il ne valut jamais un cheveu de Dorante.
Je puis vers la prison apprendre une courante?

MÉLISSE.

Oui, tu peux te résoudre encore à te crotter.

LYSE.

Quels de vos diamants me faut-il lui porter?

MÉLISSE.

Mon frère va trop vite; et sa chaleur l'emporte
Jusqu'à connoître mal des gens de cette sorte.

---

[1] Aujourd'hui on dirait *envers lui;* mais du temps de Corneille la phrase était correcte, et on la retrouve acte III, scène Ire. (A.-M.)

[2] Cette scène redouble encore l'intérêt; l'amour de Mélisse, fondé sur la reconnaissance, dut être attendrissant; les scènes

Aussi, comme son but est différent du mien,
Je dois prendre un chemin fort éloigné du sien.
Il est reconnoissant, et je suis amoureuse ;
Il a peur d'être ingrat, et je veux être heureuse.
A force de présents il se croit acquitter ;
Mais le redoublement ne fait que rebuter.
Si le premier oblige un homme de mérite,
Le second l'importune, et le reste l'irrite ;
Et, passé le besoin, quoi qu'on lui puisse offrir,
C'est un accablement qu'il ne sauroit souffrir.
L'amour est libéral, mais c'est avec adresse :
Le prix de ses présents est en leur gentillesse ;
Et celui qu'à Dorante exprès tu vas porter,
Je veux qu'il le dérobe au lieu de l'accepter
Écoute une pratique assez ingénieuse.

LYSE.

Elle doit être belle, et fort mystérieuse.

MÉLISSE.

Au lieu des diamants dont tu viens de parler,
Avec quelques douceurs il faut le régaler,
Entrer sous ce prétexte, et trouver quelque voie
Par où, sans que j'y sois, tu fasses qu'il me voie :
Porte-lui mon portrait, et, comme sans dessein,
Fais qu'il puisse aisément le surprendre en ton sein ;
Feins lors pour le ravoir un déplaisir extrême :
S'il le rend, c'en est fait ; s'il le retient, il m'aime.

LYSE.

A vous dire le vrai, vous en savez beaucoup.

MÉLISSE.

L'amour est un grand maître, il instruit tout d'un coup.

suivantes soutiennent cet intérêt dans toute sa force, malgré les fautes du style. (V.)

LYSE.

Il vient de vous donner de belles tablatures.

MÉLISSE.

Viens querir mon portrait avec des confitures :
Comme pourra Dorante en user bien ou mal[1],
Nous résoudrons après touchant l'original.

SCÈNE IV.

PHILISTE, DORANTE, CLITON,
dans la prison.

DORANTE.

Voilà, mon cher ami, la véritable histoire
D'une aventure étrange et difficile à croire ;
Mais puisque je vous vois, mon sort est assez doux.

PHILISTE.

L'aventure est étrange et bien digne de vous ;
Et, si je n'en voyois la fin trop véritable,
J'aurois bien de la peine à la trouver croyable :
Vous me seriez suspect, si vous étiez ailleurs.

CLITON.

Ayez pour lui, monsieur, des sentiments meilleurs :
Il s'est bien converti dans un si long voyage ;
C'est tout un autre esprit sous le même visage ;
Et tout ce qu'il débite est pure vérité,
S'il ne ment quelquefois par générosité.
C'est le même qui prit Clarice pour Lucrèce,
Qui fit jaloux Alcippe avec sa noble adresse ;
Et, malgré tout cela, le même toutefois,

---

[1] *Comme* est ici pour *selon que*. L'emploi des conjonctions et des prépositions n'était pas encore bien établi. (A.-M.)

Depuis qu'il est ici, n'a menti qu'une fois.
PHILISTE.
En voudrois-tu jurer?
CLITON.
Oui, monsieur, et j'en jure
Par le dieu des menteurs dont il est créature;
Et, s'il vous faut encore un serment plus nouveau,
Par l'hymen de Poitiers et le festin sur l'eau.
PHILISTE.
Laissant là ce badin, ami, je vous confesse
Qu'il me souvient toujours de vos traits de jeunesse;
Cent fois en cette ville aux meilleures maisons
J'en ai fait un bon conte en déguisant les noms;
J'en ai ri de bon cœur, et j'en ai bien fait rire;
Et, quoi que maintenant je vous entende dire,
Ma mémoire toujours me les vient présenter,
Et m'en fait un rapport qui m'invite à douter.
DORANTE.
Formez en ma faveur de plus saines pensées;
Ces petites humeurs sont aussitôt passées;
Et l'air du monde change en bonnes qualités
Ces teintures qu'on prend aux universités.
PHILISTE.
Dès-lors, à cela près, vous étiez en estime
D'avoir une ame noble, et grande, et magnanime.
CLITON.
Je le disois dès-lors; sans cette qualité,
Vous n'eussiez pu jamais le payer de bonté.
DORANTE.
Ne te tairas-tu point?
CLITON.
Dis-je rien qu'il ne sache?
Et fais-je à votre nom quelque nouvelle tache?

ACTE II, SCÈNE IV.

N'étoit-il pas, monsieur, avec Alcippe et vous,
Quand ce festin en l'air le rendit si jaloux?
Lui qui fut le témoin du conte que vous fîtes [1],
Lui qui vous sépara lorsque vous vous battîtes.
Ne sait-il pas encor les plus rusés détours
Dont votre esprit adroit bricola vos amours?

PHILISTE.

Ami, ce flux de langue est trop grand pour se taire;
Mais, sans plus l'écouter, parlons de votre affaire.
Elle me semble aisée, et j'ose me vanter
Qu'assez facilement je pourrai l'emporter :
Ceux dont elle dépend sont de ma connoissance,
Et même à la plupart je touche de naissance.
Le mort étoit d'ailleurs fort peu considéré,
Et chez les gens d'honneur on ne l'a point pleuré.
Sans perdre plus de temps, souffrez que j'aille apprendre
Pour en venir à bout quel chemin il faut prendre.
Ne vous attristez point cependant en prison,
On aura soin de vous comme en votre maison;
Le concierge en a l'ordre, il tient de moi sa place,
Et sitôt que je parle il n'est rien qu'il ne fasse.

DORANTE.

Ma joie est de vous voir, vous me l'allez ravir.

PHILISTE.

Je prends congé de vous pour vous aller servir.
Cliton divertira votre mélancolie.

---

[1] Var. Fut-il pas le témoin du conte que vous fîtes ?
    Vous sépara-t-il pas lorsque vous vous battîtes ?
    Et sait-il pas enfin les plus rusés détours

SCÈNE V.

DORANTE, CLITON.

CLITON.

Comment va maintenant l'amour ou la folie ?
Cette dame obligeante au visage inconnu,
Qui s'empare des cœurs avec son revenu,
Est-elle encore aimable ? a-t-elle encor des charmes ?
Par générosité lui rendrons-nous les armes ?

DORANTE.

Cliton, je la tiens belle, et m'ose figurer
Qu'elle n'a rien en soi qu'on ne puisse adorer.
Qu'en imagines-tu ?

CLITON.

J'en fais des conjectures
Qui s'accordent fort mal avecque vos figures.
Vous payer par avance, et vous cacher son nom,
Quoi que vous présumiez, ne marque rien de bon.
A voir ce qu'elle a fait, et comme elle procède,
Je jurerois, monsieur, qu'elle est ou vieille ou laide,
Peut-être l'une et l'autre, et vous a regardé
Comme un galant commode, et fort incommodé [1].

DORANTE.

Tu parles en brutal.

CLITON.

Vous, en visionnaire.
Mais, si je disois vrai, que prétendez-vous faire ?

DORANTE.

Envoyer et la dame et les amours au vent.

---

[1] VAR. Comme un galant commode, assez incommodé.

CLITON.
Mais vous avez reçu ; quiconque prend se vend.
DORANTE.
Quitte pour lui jeter son argent à la tête.
CLITON.
Le compliment est doux, et la défaite honnête.
Tout de bon à ce coup vous êtes converti ;
Je le soutiens, monsieur, le proverbe a menti.
Sans scrupule autrefois, témoin votre Lucrèce,
Vous emportiez l'argent, et quittiez la maîtresse ;
Mais Rome vous a fait si grand homme de bien,
Qu'à présent vous voulez rendre à chacun le sien.
Vous vous êtes instruit des cas de conscience.
DORANTE.
Tu m'embrouilles l'esprit, faute de patience.
Deux ou trois jours peut-être, un peu plus, un peu moins,
Éclairciront ce trouble, et purgeront ces soins.
Tu sais qu'on m'a promis que la beauté qui m'aime
Viendra me rapporter sa réponse elle-même :
Vois déjà sa servante, elle revient.
CLITON.
Tant pis.
Dussiez-vous enrager, c'est ce que je vous dis.
Si fréquente ambassade, et maîtresse invisible,
Sont de ma conjecture une preuve infaillible.
Voyons ce qu'elle veut, et si son passeport
Est aussi bien fourni comme au premier abord.
DORANTE.
Veux-tu qu'à tous moments il pleuve des pistoles ?
CLITON.
Qu'avons-nous sans cela besoin de ses paroles ?

SCÈNE VI.

DORANTE, LYSE, CLITON.

DORANTE, à Lyse.
Je ne t'espérois pas si soudain de retour.
LYSE.
Vous jugerez par là d'un cœur qui meurt d'amour.
De vos civilités ma maîtresse est ravie :
Elle seroit venue, elle en brûle d'envie ;
Mais une compagnie au logis la retient :
Elle viendra bientôt, et peut-être elle vient ;
Et je me connois mal à l'ardeur qui l'emporte,
Si vous ne la voyez même avant que je sorte.
Acceptez cependant quelque peu de douceurs
Fort propres en ces lieux à conforter les cœurs ;
Les sèches sont dessous, celles-ci sont liquides.
CLITON.
Les amours de tantôt me sembloient plus solides.
Si tu n'as autre chose, épargne mieux tes pas ;
Cette inégalité ne me satisfait pas.
Nous avons le cœur bon, et, dans nos aventures,
Nous ne fûmes jamais hommes à confitures.
LYSE.
Badin, qui te demande ici ton sentiment ?
CLITON.
Ah ! tu me fais l'amour un peu bien rudement.
LYSE.
Est-ce à toi de parler ? que n'attends-tu ton heure ?
DORANTE.
Saurons-nous cette fois son nom, ou sa demeure ?

ACTE II, SCÈNE VI.

LYSE.

Non pas encor sitôt.

DORANTE.

Mais te vaut-elle bien ?
Parle-moi franchement, et ne déguise rien.

LYSE.

A ce compte, monsieur, vous me trouvez passable?

DORANTE.

Je te trouve de taille et d'esprit agréable,
Tant de grace en l'humeur, et tant d'attraits aux yeux,
Qu'à te dire le vrai, je ne voudrois pas mieux;
Elle me charmera, pourvu qu'elle te vaille.

LYSE.

Ma maîtresse n'est pas tout-à-fait de ma taille,
Mais elle me surpasse en esprit, en beauté,
Autant et plus encor, monsieur, qu'en qualité.

DORANTE.

Tu sais adroitement couler ta flatterie.
Que ce bout de ruban a de galanterie !
Je veux le dérober. Mais qu'est-ce qui le suit ?

LYSE.

Rendez-le-moi, monsieur; j'ai hâte, il s'en va nuit.

DORANTE.

Je verrai ce que c'est.

LYSE.

C'est une mignature.

DORANTE.

Oh, le charmant portrait! l'adorable peinture!
Elle est faite à plaisir ?

LYSE.

Après le naturel.

DORANTE.

Je ne crois pas jamais avoir rien vu de tel.

LYSE.

Ces quatre diamants dont elle est enrichie
Ont sous eux quelque feuille, ou mal nette, ou blanchie;
Et je cours de ce pas y faire regarder.

DORANTE.

Et quel est ce portrait?

LYSE.

Le faut-il demander?
Et doutez-vous si c'est ma maîtresse elle-même [1]?

DORANTE.

Quoi! celle qui m'écrit?

LYSE.

Oui, celle qui vous aime;
A l'aimer tant soit peu vous l'auriez deviné.

DORANTE.

Un si rare bonheur ne m'est pas destiné;
Et tu me veux flatter par cette fausse joie.

LYSE.

Quand je dis vrai, monsieur, je prétends qu'on me croie[2].
Mais je m'amuse trop, l'orfévre est loin d'ici;
Donnez-moi, je perds temps.

DORANTE.

Laisse-moi ce souci;
Nous avons un orfévre arrêté pour ses dettes,
Qui saura tout remettre au point que tu souhaites.

LYSE.

Vous m'en donnez, monsieur.

---

[1] VAR. Voyez-vous pas que c'est ma maîtresse elle-même?
DORANTE.
Qui? celle qui m'écrit?
LYSE.
Oui, celle qui vous aime;
A l'aimer tant soit peu vous l'eussiez deviné.

[2] VAR. Quand je dis vrai, monsieur, j'entends que l'on me croie.

DORANTE.
Je te le ferai voir.
LYSE.
A-t-il la main fort bonne?
DORANTE.
Autant qu'on peut l'avoir.
LYSE.
Sans mentir?
DORANTE.
Sans mentir.
CLITON.
Il est trop jeune, il n'ose.
LYSE.
Je voudrois bien pour vous faire ici quelque chose;
Mais vous le montrerez[1].
DORANTE.
Non, à qui que ce soit.
LYSE.
Vous me ferez chasser si quelque autre le voit.
DORANTE.
Va, dors en sûreté.
LYSE.
Mais enfin à quand rendre?
DORANTE.
Dès demain.
LYSE.
Demain donc je viendrai le reprendre[2];
Je ne puis me résoudre à vous désobliger.
CLITON, à Dorante, puis à Lyse.
Elle se met pour vous en un très grand danger.

---

[1] Var. Mais vous le montreriez.
[2] Var. . . . . Demain donc je le viendrai reprendre.

Dirons-nous rien nous deux?
LYSE.
Non.
CLITON.
Comme tu méprises!
LYSE.
Je n'ai pas le loisir d'entendre tes sottises.
CLITON.
Avec cette rigueur tu me feras mourir.
LYSE.
Peut-être à mon retour je saurai te guérir [1];
Je ne puis mieux pour l'heure : adieu [2].
CLITON.
Tout me succède.

SCÈNE VII.

DORANTE, CLITON.

DORANTE.
Viens, Cliton, et regarde. Est-elle vieille, ou laide?
Voit-on des yeux plus vifs? voit-on des traits plus doux?
CLITON.
Je suis un peu moins dupe, et plus futé que vous.
C'est un leurre, monsieur, la chose est toute claire;
Elle a fait tout du long les mines qu'il faut faire.
On amorce le monde avec de tels portraits,

---

[1] VAR. Peut-être à mon retour je te saurai guérir.

[2] Cette scène du portrait n'est-elle pas encore très ingénieuse? Les menteries que fait Dorante dans cette pièce ne sont plus d'une étourderie ridicule, comme dans la première; elles sont, pour la plupart, dictées par l'honneur ou par la galanterie; elles rendent le Menteur infiniment aimable. (V.)

Pour les faire surprendre on les apporte exprès;
On s'en fâche, on fait bruit, on vous les redemande,
Mais on tremble toujours de crainte qu'on les rende¹;
Et, pour dernière adresse, une telle beauté
Ne se voit que de nuit et dans l'obscurité,
De peur qu'en un moment l'amour ne s'estropie²
A voir l'original si loin de la copie.
Mais laissons ce discours, qui peut vous ennuyer³.
Vous ferai-je venir l'orfèvre prisonnier?

DORANTE.

Simple! n'as-tu point vu que c'étoit une feinte,
Un effet de l'amour dont mon ame est atteinte?

CLITON.

Bon, en voici déja de deux en même jour,
Par devoir d'honnête homme, et par effet d'amour.
Avec un peu de temps nous en verrons bien d'autres.
Chacun a ses talents, et ce sont là les vôtres.

DORANTE.

Tais-toi, tu m'étourdis de tes sottes raisons⁴.
Allons prendre un peu l'air dans la cour des prisons.

---

¹ Var. Mais on tremble toujours de peur qu'on ne les rende.
² Var. De crainte qu'aussitôt l'amour ne s'estropie.
³ Var. Mais laissons ce discours, qui vous peut ennuyer.
⁴ Var. Tais-toi, tu m'étourdis avecque tes raisons.
  Allons prendre un peu d'air dans la cour des prisons.

FIN DU SECOND ACTE.

ACTE TROISIÈME.

SCÈNE I.

CLÉANDRE, DORANTE, CLITON.

(L'acte se passe dans la prison.)

DORANTE.
Je vous en prie encor, discourons d'autre chose,
Et sur un tel sujet ayons la bouche close :
On peut nous écouter, et vous surprendre ici ;
Et si vous vous perdez, vous me perdez aussi.
La parfaite amitié que pour vous j'ai conçue,
Quoiqu'elle soit l'effet d'une première vue,
Joint mon péril au vôtre, et les unit si bien
Qu'au cours de votre sort elle attache le mien.

CLÉANDRE.
N'ayez aucune peur, et sortez d'un tel doute.
J'ai des gens là-dehors qui gardent qu'on n'écoute ;
Et je puis vous parler en toute sûreté[1]
De ce que mon malheur doit à votre bonté.
Si d'un bienfait si grand qu'on reçoit sans mérite
Qui s'avoue insolvable aucunement s'acquitte[2],

---

[1] Var. Et je vous puis parler en toute sûreté.

[2] *Aucunement.* Voilà un mot qui, par une singulière anomalie, s'employait, du temps de Corneille, dans deux sens absolument opposés, comme *négation* et comme *demi-affirmation. Qui s'avoue insolvable aucunement* s'acquitte, veut dire s'acquitte *jusqu'à un certain point,* s'acquitte *en quelque sorte.* Mais ce mot voulait dire

ACTE III, SCÈNE I.

Pour m'acquitter vers vous autant que je le puis,
J'avoue, et hautement, monsieur, que je le suis :
Mais si cette amitié par l'amitié se paie,
Ce cœur qui vous doit tout vous en rend une vraie.
La vôtre la devance à peine d'un moment,
Elle attache mon sort au vôtre également;
Et l'on n'y trouvera que cette différence,
Qu'en vous elle est faveur, en moi reconnoissance.

DORANTE.

N'appelez point faveur ce qui fut un devoir :
Entre les gens de cœur il suffit de se voir.
Par un effort secret de quelque sympathie,
L'un à l'autre aussitôt un certain nœud les lie :
Chacun d'eux sur son front porte écrit ce qu'il est;
Et quand on lui ressemble, on prend son intérêt.

CLITON.

Par exemple, voyez, aux traits de ce visage
Mille dames m'ont pris pour homme de courage;
Et sitôt que je parle, on devine à demi
Que le sexe jamais ne fut mon ennemi.

CLÉANDRE.

Cet homme a de l'humeur[1].

DORANTE.

C'est un vieux domestique
Qui, comme vous voyez, n'est pas mélancolique.
A cause de son âge il se croit tout permis;

---

aussi *nullement*. Il prenait donc sa signification dans la forme de la phrase. « Aucunement, *en quelque sorte*, dit Richelet, a vieilli « en ce sens ; mais il veut dire aussi *nullement*, et dans ce sens il « est encore d'usage. » (A.-M.)

[1] On dirait aujourd'hui : *Il est de bonne humeur.* Ce mot n'avait pas besoin alors de l'adjectif pour signifier *enjouement, gaîté.* (Pan.)

Il se rend familier avec tous mes amis,
Mêle par-tout son mot, et jamais, quoi qu'on die,
Pour donner son avis il n'attend qu'on l'en prie[1].
Souvent il importune, et quelquefois il plaît.

CLÉANDRE.

J'en voudrois connoître un de l'humeur dont il est[2].

CLITON.

Croyez qu'à le trouver vous auriez de la peine;
Le monde n'en voit pas quatorze à la douzaine;
Et je jurerois bien, monsieur, en bonne foi,
Qu'en France il n'en est point que Jodelet et moi[3]

DORANTE.

Voilà de ses bons mots les galantes surprises[4] :
Mais qui parle beaucoup dit beaucoup de sottises;
Et quand il a dessein de se mettre en crédit,
Plus il y fait d'effort, moins il sait ce qu'il dit.

CLITON.

On appelle cela des vers à ma louange.

CLÉANDRE.

Presque insensiblement nous avons pris le change.
Mais revenons, monsieur, à ce que je vous dois.

DORANTE.

Nous en pourrons parler encor quelque autre fois :
Il suffit pour ce coup.

CLÉANDRE.
            Je ne saurois vous taire

---

[1] Var. Pour donner son avis il n'attend qu'on le prie.

[2] Var. J'en voudrois savoir un de l'humeur dont il est.
CLITON.
Croyez qu'à le trouver vous auriez grande peine.

[3] Le rôle de Cliton fut joué d'original par Jodelet, comédien de l'hôtel de Bourgogne. Voyez son portrait, acte Ier, scène II. (A.-M.)

[4] Var. Voilà de ses bons mots les graces plus exquises.

ACTE III, SCÈNE I. 191

En quel heureux état se trouve votre affaire.

Vous sortirez bientôt, et peut-être demain ;
Mais un si prompt secours ne vient pas de ma main.
Les amis de Philiste en ont trouvé la voie :
J'en dois rougir de honte au milieu de ma joie ;
Et je ne saurois voir sans être un peu jaloux
Qu'il m'ôte les moyens de m'employer pour vous ¹.
Je cède avec regret à cet ami fidèle ;
S'il a plus de pouvoir, il n'a pas plus de zèle ;
Et vous m'obligerez, au sortir de prison,
De me faire l'honneur de prendre ma maison.
Je n'attends point le temps de votre délivrance,
De peur qu'encore un coup Philiste me devance ;
Comme il m'ôte aujourd'hui l'espoir de vous servir,
Vous loger est un bien que je lui veux ravir.

DORANTE.

C'est un excès d'honneur que vous me voulez rendre ;
Et je croirois faillir de m'en vouloir défendre.

CLÉANDRE.

Je vous en reprierai quand vous pourrez sortir ² ;
Et lors nous tâcherons à vous bien divertir,
Et vous faire oublier l'ennui que je vous cause.

Auriez-vous cependant besoin de quelque chose ?
Vous êtes voyageur, et pris par des sergents ;
Et quoique ces messieurs soient fort honnêtes gens,
Il en est quelques uns...

CLITON.

Les siens en sont du nombre ;
Ils ont en le prenant pillé jusqu'à son ombre ;

---

¹ VAR. Qu'il m'ôte les moyens de rien faire pour vous.

² Voici un itératif excellent qu'on trouve dans tous les dictionnaires du temps de Corneille, et que l'Académie a rejeté du sien (1835). Cependant l'usage s'en est conservé : on dit très bien

Et n'étoit que le ciel a su le soulager,
Vous le verriez encor fort net et fort léger :
Mais comme je pleurois ses tristes aventures,
Nous avons reçu lettre, argent, et confitures.

CLÉANDRE.

Et de qui?

DORANTE.

Pour le dire il faudroit deviner.
Jugez ce qu'en ma place on peut s'imaginer.
Une dame m'écrit, me flatte, me régale,
Me promet une amour qui n'eut jamais d'égale,
Me fait force présents...

CLÉANDRE.

Et vous visite?

DORANTE.

Non.

CLÉANDRE.

Vous savez son logis?

DORANTE.

Non, pas même son nom.
Ne soupçonnez-vous point ce que ce pourroit être[1]?

CLÉANDRE.

A moins que de la voir, je ne la puis connoître.

DORANTE.

Pour un si bon ami je n'ai point de secret.
Voyez, connoissez-vous les traits de ce portrait?

CLÉANDRE.

Elle semble éveillée, et passablement belle;
Mais je ne vous en puis dire aucune nouvelle,

---

encore aujourd'hui : il l'*a priée* et *repriée*, tout a été inutile. (A.-M.)

[1] Var. Vous figurez-vous point ce que ce pourroit être?

Et je ne connois rien à ces traits que je voi.
Je vais vous préparer une chambre chez moi.
Adieu [1].

SCÈNE II.
DORANTE, CLITON.

DORANTE.

Ce brusque adieu marque un trouble dans l'ame.
Sans doute il la connoît.

CLITON.

C'est peut-être sa femme.

DORANTE.

Sa femme?

CLITON.

Oui, c'est sans doute elle qui vous écrit;
Et vous venez de faire un coup de grand esprit.
Voilà de vos secrets, et de vos confidences.

DORANTE.

Nomme-les par leur nom, dis de mes imprudences.
Mais seroit-ce en effet celle que tu me dis?

CLITON.

Envoyez vos portraits à de tels étourdis,

---

[1] Cette scène ne dément en rien le mérite des deux premiers actes : n'est-ce pas l'invention du monde la plus heureuse, de faire secourir Dorante par son rival Philiste, et de préparer ainsi le plus grand embarras? J'écarte, comme je l'ai déjà dit, tous les petits défauts de langage, les plaisanteries qui ne sont plus de mode; je ne m'arrête qu'à la marche de la pièce, qui me paraît toujours parfaite : la manière dont Mélisse envoie à Dorante son portrait, celle dont il le prend; ce portrait montré à un homme qui paraît surpris et fâché de le voir; encore une fois, y a-t-il rien de mieux ménagé et de plus agréable dans aucune pièce de théâtre? (V.)

Ils gardent un secret avec extrême adresse.
C'est sa femme, vous dis-je, ou du moins sa maîtresse.
Ne l'avez-vous pas vu tout changé de couleur ?
DORANTE.
Je l'ai vu, comme atteint d'une vive douleur,
Faire de vains efforts pour cacher sa surprise.
Son désordre, Cliton, montre ce qu'il déguise.
Il a pris un prétexte à sortir promptement,
Sans se donner loisir d'un mot de compliment.
CLITON.
Qu'il fera dangereux rencontrer sa colère !
Il va tout renverser si l'on le laisse faire,
Et je vous tiens pour mort si sa fureur se croit[1] :
Mais sur-tout ses valets peuvent bien marcher droit.
Malheureux le premier qui fâchera son maître !
Pour autres cent louis je ne voudrois pas l'être.
DORANTE.
La chose est sans remède; en soit ce qui pourra :
S'il fait tant le mauvais, peut-être on le verra.
Ce n'est pas qu'après tout, Cliton, si c'est sa femme,
Je ne sache étouffer cette naissante flamme;
Ce seroit lui prêter un fort mauvais secours
Que lui ravir l'honneur en conservant ses jours[2];
D'une belle action j'en ferois une noire.
J'en ai fait mon ami, je prends part à sa gloire[3];
Et je ne voudrois pas qu'on pût me reprocher
De servir un brave homme au prix d'un bien si cher.

[1] Tous les éditeurs modernes ont pris ce mot pour un des temps du verbe *croître*. *Se croît* pour *s'augmente* n'est pas français, et cette faute n'existe ni dans les éditions publiées du vivant de Corneille, ni dans celle donnée par son frère. (PAR.)

[2] VAR. De lui ravir l'honneur en conservant ses jours.

[3] VAR. J'en ai fait mon ami, j'ai part dedans sa gloire.

ACTE III, SCÈNE II.

CLITON.

Et s'il est son amant?

DORANTE.

Puisqu'elle me préfère,
Ce que j'ai fait pour lui vaut bien qu'il me défère;
Sinon, il a du cœur, il en sait bien les lois,
Et je suis résolu de défendre son choix :
Tandis, pour un moment trève de raillerie ¹,
Je veux entretenir un peu ma rêverie.

(Il prend le portrait de Mélisse.)

Merveille qui m'as enchanté,
Portrait à qui je rends les armes,
As-tu bien autant de bonté
Comme tu me fais voir de charmes?
Hélas! au lieu de l'espérer,
Je ne fais que me figurer
Que tu te plains à cette belle,
Que tu lui dis mon procédé,
Et que je te fus infidèle
Sitôt que je t'eus possédé.

Garde mieux le secret que moi,
Daigne en ma faveur te contraindre :
Si j'ai pu te manquer de foi ²,

---

¹ On disait alors élégamment *tandis* pour *en attendant*. De cette locution il ne reste aujourd'hui que la conjonction *tandis que*, laquelle assurément vaut mieux que *en attendant que*. Corneille offre un second exemple de l'emploi de ce mot dans la scène IV de l'acte III :

Tandis ce soir chez moi nous souperons ensemble.

Ce mot est à regretter. (A.-M.)

² VAR. Si je t'ai pu manquer de foi.

C'est m'imiter que de t'en plaindre.
Ta colère en me punissant
Te fait criminel d'innocent,
Sur toi retombent les vengeances [1]....

CLITON, lui ôtant le portrait.

Vous ne dites, monsieur, que des extravagances,
Et parlez justement le langage des fous.
Donnez, j'entretiendrai ce portrait mieux que vous;
Je veux vous en montrer de meilleures méthodes,
Et lui faire des vœux plus courts et plus commodes.

Adorable et riche beauté,
Qui joins les effets aux paroles,
Merveille qui m'as enchanté
Par tes douceurs et tes pistoles,
Sache un peu mieux les partager;
Et, si tu nous veux obliger
A dépeindre aux races futures
L'éclat de tes faits inouïs,
Garde pour toi les confitures,
Et nous accable de louis.

Voilà parler en homme.

DORANTE.

Arrête tes saillies,
Ou va du moins ailleurs débiter tes folies.
Je ne suis pas toujours d'humeur à t'écouter

CLITON.

Et je ne suis jamais d'humeur à vous flatter;
Je ne vous puis souffrir de dire une sottise :

---

[1] VAR. Sur toi retombent tes vengeances.

Par un double intérêt je prends cette franchise;
L'un, vous êtes mon maître, et j'en rougis pour vous;
L'autre, c'est mon talent, et j'en deviens jaloux.
DORANTE.
Si c'est là ton talent, ma faute est sans exemple.
CLITON.
Ne me l'enviez point, le vôtre est assez ample;
Et puisqu'enfin le ciel m'a voulu départir
Le don d'extravaguer, comme à vous de mentir,
Comme je ne mens point devant votre excellence,
Ne dites à mes yeux aucune extravagance;
N'entreprenez sur moi, non plus que moi sur vous.
DORANTE.
Tais-toi; le ciel m'envoie un entretien plus doux :
L'ambassade revient.
CLITON.
Que nous apporte-t-elle?
DORANTE.
Maraud, veux-tu toujours quelque douceur nouvelle?
CLITON.
Non pas, mais le passé m'a rendu curieux;
Je lui regarde aux mains un peu plutôt qu'aux yeux [1].

---

[1] Ces scènes avec Cliton, ces stances sur un portrait, cette parodie des stances par Cliton, peuvent avoir nui à la pièce : ces défauts seraient bien aisés à corriger. (V.)

Var. Je lui regarde aux mains aussitôt comme aux yeux.

SCÈNE III.

DORANTE, MÉLISSE, déguisée en servante, cachant son visage sous une coiffe, **CLITON, LYSE.**

CLITON, à Lyse.
Montre ton passeport. Quoi! tu viens les mains vides!
(à Dorante.)
Ainsi détruit le temps les biens les plus solides[1] ;
Et moins d'un jour réduit tout votre heur et le mien,
Des louis aux douceurs, et des douceurs à rien.

LYSE.
Si j'apportai tantôt, à présent je demande.

DORANTE.
Que veux-tu ?

LYSE.
Ce portrait, que je veux qu'on me rende[2].

DORANTE.
As-tu pris du secours pour faire plus de bruit ?

LYSE.
J'amène ici ma sœur, parcequ'il s'en va nuit[3] :
Mais vous pensez en vain chercher une défaite ;
Demandez-lui, monsieur, quelle vie on m'a faite.

DORANTE.
Quoi! ta maîtresse sait que tu me l'as laissé ?

---

[1] Var. Ainsi détruit le temps les choses plus solides.

[2] Var. . . . Ce portrait, qu'il faut que l'on me rende.

[3] On dirait maintenant *parcequ'il se fait nuit*. L'ancienne locution avait quelque chose de plus naïf et de plus vif. Pourquoi une phrase toute faite comme celle-ci disparaît-elle de la langue? Il serait difficile d'en trouver la raison. (A.-M.)

Var. C'est ma sœur que j'amène, à cause qu'il fait nuit.

LYSE.

Elle s'en est doutée, et je l'ai confessé.

DORANTE.

Elle s'en est donc mise en colère?

LYSE.

Et si forte,
Que je n'ose rentrer si je ne le rapporte :
Si vous vous obstinez à me le retenir,
Je ne sais dès ce soir, monsieur, que devenir;
Ma fortune est perdue, et dix ans de service.

DORANTE.

Écoute; il n'est pour toi chose que je ne fisse :
Si je te nuis ici, c'est avec grand regret [1];
Mais on aura mon cœur avant que ce portrait.
Va dire de ma part à celle qui t'envoie
Qu'il fait tout mon bonheur, qu'il fait toute ma joie;
Que rien n'approcheroit de mon ravissement,
Si je le possédois de son consentement;
Qu'il est l'unique bien où mon espoir se fonde,
Qu'il est le seul trésor qui me soit cher au monde :
Et, quant à ta fortune, il est en mon pouvoir
De la faire monter par-delà ton espoir.

LYSE.

Je ne veux point de vous, ni de vos récompenses.

DORANTE.

Tu me dédaignes trop.

LYSE.

Je le dois.

CLITON.

Tu l'offenses.
Mais voulez-vous, monsieur, me croire et vous venger?

---

[1] Var. Si je te nuis ici, c'est avecque regret.

Rendez-lui son portrait pour la faire enrager.

LYSE.

O le grand habile homme! il y connoît finesse.
C'est donc ainsi, monsieur, que vous tenez promesse?
Mais puisque auprès de vous j'ai si peu de crédit,
Demandez à ma sœur ce qu'elle m'en a dit,
Et si c'est sans raison que j'ai tant d'épouvante.

DORANTE.

Tu verras que ta sœur sera plus obligeante;
Mais si ce grand courroux lui donne autant d'effroi,
Je ferai tout autant pour elle que pour toi.

LYSE.

N'importe, parlez-lui; du moins vous saurez d'elle
Avec quelle chaleur j'ai pris votre querelle.

DORANTE, à Mélisse.

Son ordre est-il si rude?

MÉLISSE.

Il est assez exprès;
Mais, sans mentir, ma sœur vous presse un peu de près;
Quoi qu'elle ait commandé, la chose a deux visages.

CLITON.

Comme toutes les deux jouent[1] leurs personnages!

MÉLISSE.

Souvent tout cet effort à ravoir un portrait
N'est que pour voir l'amour par l'état qu'on en fait.
C'est peut-être après tout le dessein de madame[2].
Ma sœur, non plus que moi, ne lit pas dans son ame.
En ces occasions, il fait bon hasarder[3],

---

[1] *Jouent* ne peut se placer qu'à la fin, et jamais dans le cours d'un vers. (P.)

[2] Var. Que sait-on si c'est point le dessein de madame?

[3] Var. Si j'étois que de vous, je voudrois hasarder.

Et de force ou de gré je saurois le garder.
Si vous l'aimez, monsieur, croyez qu'en son courage[1]
Elle vous aime assez pour vous laisser ce gage :
Ce seroit vous traiter avec trop de rigueur,
Puisque avant ce portrait on aura votre cœur ;
Et je la trouverois d'une humeur bien étrange,
Si je ne lui faisois accepter cet échange.
Je l'entreprends pour vous, et vous répondrai bien
Qu'elle aimera ce gage autant comme le sien[2].

DORANTE.

O ciel ! et de quel nom faut-il que je te nomme ?

CLITON.

Ainsi font deux soldats logés chez le bonhomme :
Quand l'un veut tout tuer, l'autre rabat les coups ;
L'un jure comme un diable, et l'autre file doux.
  Les belles, n'en déplaise à tout votre grimoire,
Vous vous entr'entendez comme larrons en foire[3].

MÉLISSE.

Que dit cet insolent ?

DORANTE.

C'est un fou qui me sert.

CLITON.

Vous dites que....

DORANTE, à Cliton.

Tais-toi, ta sottise me perd.

---

[1] *Courage* pour *cœur*, sans doute parceque c'est du cœur que vient le courage. C'est ainsi qu'on dit encore aujourd'hui *un homme de cœur* pour *un homme de courage*. (A.-M.)

[2] *Autant comme le sien.* Manière de parler très vive et très pittoresque, qui s'est malheureusement perdue. Il y a une ellipse : *autant* comme elle aime le sien. (A.-M.)

[3] Corneille a dit, acte Ier, *s'entre-regardaient* ; ici, *vous vous entr'entendez*. L'usage a consacré cette union de la préposition

(à Mélisse.)

Je suivrai ton conseil, il m'a rendu la vie.

LYSE.

Avec sa complaisance à flatter votre envie,
Dans le cœur de madame elle croit pénétrer;
Mais son front en rougit, et n'ose se montrer.

MÉLISSE, se découvrant.

Mon front n'en rougit point; et je veux bien qu'il voie
D'où lui vient ce conseil qui lui rend tant de joie.

DORANTE.

Mes yeux, que vois-je? où suis-je? êtes-vous des flatteurs?
Si le portrait dit vrai, les habits sont menteurs.
Madame, c'est ainsi que vous savez surprendre?

MÉLISSE.

C'est ainsi que je tâche à ne me point méprendre,
A voir si vous m'aimez, et savez mériter
Cette parfaite amour que je vous veux porter.
 Ce portrait est à vous, vous l'avez su défendre,
Et de plus sur mon cœur vous pouvez tout prétendre[1];
Mais, par quelque motif que vous l'eussiez rendu,
L'un et l'autre à jamais étoit pour vous perdu;
Je retirois le cœur en retirant ce gage,
Et vous n'eussiez de moi jamais vu que l'image.
Voilà le vrai sujet de mon déguisement.
Pour ne rien hasarder j'ai pris ce vêtement,
Pour entrer sans soupçons, pour en sortir de même,
Et ne me point montrer qu'ayant vu si l'on m'aime.

DORANTE.

Je demeure immobile; et, pour vous répliquer,

---

entre avec les verbes réciproques. On dit encore fort bien : *s'en-tr'aider, s'entr'accuser, s'entr'ouvrir,* etc. (A.-M.)

[1] VAR. Et sur l'original vous pouvez tout prétendre.

ACTE III, SCÈNE III.

Je perds la liberté même de m'expliquer.
Surpris, charmé, confus d'une telle merveille,
Je ne sais si je dors, je ne sais si je veille,
Je ne sais si je vis; et je sais toutefois
Que ma vie est trop peu pour ce que je vous dois;
Que tous mes jours usés à vous rendre service [1],
Que tout mon sang pour vous offert en sacrifice,
Que tout mon cœur brûlé d'amour pour vos appas,
Envers votre beauté ne m'acquitteroient pas.

MÉLISSE.

Sachez, pour arrêter ce discours qui me flatte,
Que je n'ai pu moins faire, à moins que d'être ingrate.
Vous avez fait pour moi plus que vous ne savez;
Et je vous dois bien plus que vous ne me devez.
Vous m'entendrez un jour; à présent je vous quitte;
Et, malgré mon amour, je romps cette visite :
Le soin de mon honneur veut que j'en use ainsi;
Je crains à tous moments qu'on me surprenne ici;
Encor que déguisée, on pourroit me connoître.
Je vous puis cette nuit parler par ma fenêtre,
Du moins si le concierge est homme à consentir,
A force de présents, que vous puissiez sortir :
Un peu d'argent fait tout chez les gens de sa sorte.

DORANTE.

Mais après que les dons m'auront ouvert la porte [2],
Où dois-je vous chercher?

MÉLISSE.

Ayant su la maison,
Vous pourriez aisément vous informer du nom;
Encore un jour ou deux il me faut vous le taire :

---

[1] Var. Que tous mes jours usés dessous votre service.

[2] Var. Je le sais; mais, madame, en cas que je l'emporte,
   Où vous dois-je chercher?

Mais vous n'êtes pas homme à me vouloir déplaire.
Je loge en Bellecour, environ au milieu,
Dans un grand pavillon. N'y manquez pas. Adieu.
DORANTE.
Donnez quelque signal pour plus certaine adresse.
LYSE.
Un linge servira de marque plus expresse;
J'en prendrai soin.
MÉLISSE.
On ouvre, et quelqu'un vous vient voir.
Si vous m'aimez, monsieur....
(Elles baissent toutes deux leurs coiffes.)
DORANTE.
Je sais bien mon devoir;
Sur ma discrétion prenez toute assurance [1].

SCÈNE IV.

PHILISTE, DORANTE, CLITON [2].

PHILISTE.
Ami, notre bonheur passe notre espérance.
Vous avez compagnie? Ah! voyons, s'il vous plaît.
DORANTE.
Laissez-les s'échapper, je vous dirai qui c'est [3].

---

[1] Cette scène, où Mélisse voilée vient voir si on lui rendra son portrait, devait être d'autant plus agréable que les femmes alors étaient en usage de porter un masque de velours, ou d'abaisser leurs coiffes quand elles sortaient à pied : cette mode venait d'Espagne, ainsi que la plupart de nos comédies. (V.)

[2] Var. PHILISTE, DORANTE, CLITON, MÉLISSE, LYSE,
qui s'écoulent incontinent.

[3] Var. Laissez-les s'écouler, je vous dirai qui c'est.

ACTE III, SCÈNE IV.

Ce n'est qu'une lingère : allant en Italie,
Je la vis en passant, et la trouvai jolie;
Nous fîmes connoissance; et me sachant ici,
Comme vous le voyez, elle en a pris souci.

PHILISTE.

Vous trouvez en tous lieux d'assez bonnes fortunes.

DORANTE.

Celle-ci pour le moins n'est pas des plus communes.

PHILISTE.

Elle vous semble belle, à ce compte?

DORANTE.

A ravir.

PHILISTE.

Je n'en suis point jaloux.

DORANTE.

M'y voulez-vous servir ?

PHILISTE.

Je suis trop maladroit pour un si noble rôle.

DORANTE.

Vous n'avez seulement qu'à dire une parole.

PHILISTE.

Qu'une?

DORANTE.

Non. Cette nuit j'ai promis de la voir,
Sûr que vous obtiendrez mon congé pour ce soir.
Le concierge est à vous.

PHILISTE.

C'est une affaire faite.

DORANTE.

Quoi! vous me refusez un mot que je souhaite?

PHILISTE.

L'ordre, tout au contraire, en est déja donné,
Et votre esprit trop prompt n'a pas bien deviné.

Comme je vous quittois avec peine à vous croire,
Quatre de mes amis m'ont conté votre histoire :
Ils marchoient après vous deux ou trois mille pas;
Ils vous ont vu courir, tomber le mort à bas,
L'autre vous démonter, et fuir en diligence :
Ils ont vu tout cela de sur une éminence,
Et n'ont connu personne, étant trop éloignés.
Voilà, quoi qu'il en soit, tous nos procès gagnés.
Et plus tôt de beaucoup que je n'osois prétendre.
Je n'ai point perdu temps, et les ai fait entendre;
Si bien que, sans chercher d'autre éclaircissement,
Vos juges m'ont promis votre élargissement.
Mais, quoiqu'il soit constant qu'on vous prend pour un autr
Il faudra caution, et je serai la vôtre :
Ce sont formalités que pour vous dégager [1]
Les juges, disent-ils, sont tenus d'exiger;
Mais sans doute ils en font ainsi que bon leur semble.
Tandis, ce soir chez moi nous souperons ensemble :
Dans un moment ou deux vous y pourrez venir;
Nous aurons tout loisir de nous entretenir,
Et vous prendrez le temps de voir votre lingère.
Ils m'ont dit toutefois qu'il seroit nécessaire
De coucher pour la forme un moment en prison,
Et m'en ont sur-le-champ rendu quelque raison;
Mais c'est si peu mon jeu que de telles matières,
Que j'en perds aussitôt les plus belles lumières.
Vous sortirez demain, il n'est rien de plus vrai;
C'est tout ce que j'en aime, et tout ce que j'en sai.

DORANTE.

Que ne vous dois-je point pour de si bons offices?

[1] Var. Ce sont formalités que la justice veut;
Autrement, disent-ils, l'affaire ne se peut.
Mais je crois qu'ils en font ainsi que bon leur semble.

PHILISTE.

Ami, ce ne sont là que de petits services;
Je voudrois pouvoir mieux, tout me seroit fort doux.
Je vais chercher du monde à souper avec vous.
Adieu : je vous attends au plus tard dans une heure [1].

SCÈNE V.

DORANTE, CLITON.

DORANTE.

Tu ne dis mot, Cliton.

CLITON.
    Elle est belle, ou je meure.

DORANTE.

Elle te semble belle?

CLITON.
    Et si parfaitement,
Que j'en suis même encor dans le ravissement.
Encor dans mon esprit je la vois, et l'admire,
Et je n'ai su depuis trouver le mot à dire.

DORANTE.

Je suis ravi de voir que mon élection [2]
Ait enfin mérité ton approbation.

---

[1] On pouvait tirer un plus grand parti de l'aventure de Philiste, qui rencontre sa maîtresse dans la prison de Dorante : ce coup de théâtre, qui pouvait fournir les situations les plus intéressantes, ne produit qu'un mensonge aussi plat qu'inutile; tout se borne à faire passer Mélisse pour une lingère : l'intrigue pouvait redoubler, et elle est affaiblie; l'intérêt cesse dès qu'il n'y a plus de danger; le comique cesse aussi dès qu'il n'est plus dans les situations : et voilà ce qui perd une pièce que quelques changements pouvaient rendre excellente. (V.)

[2] VAR. Vraiment je suis ravi que mon élection.

CLITON.

Ah! plût à Dieu, monsieur, que ce fût la servante!
Vous verriez comme quoi je la trouve charmante,
Et comme pour l'aimer je ferois le mutin.

DORANTE.

Admire en cet amour la force du destin.

CLITON.

J'admire bien plutôt votre adresse ordinaire
Qui change en un moment cette dame en lingère.

DORANTE.

C'étoit nécessité dans cette occasion,
De crainte que Philiste eût quelque vision,
S'en formât quelque idée, et la pût reconnoître.

CLITON.

Cette métamorphose est de vos coups de maître;
Je n'en parlerai plus, monsieur, que cette fois :
Mais en un demi-jour comptez déja pour trois.
Un coupable honnête homme, un portrait, une dame,
A son premier métier rendent soudain votre ame;
Et vous savez mentir par générosité,
Par adresse d'amour, et par nécessité.
Quelle conversion!

DORANTE.
Tu fais bien le sévère.

CLITON.

Non, non, à l'avenir je fais vœu de m'en taire;
J'aurois trop à compter.

DORANTE.
Conserver un secret,
Ce n'est pas tant mentir qu'être amoureux discret;
L'honneur d'une maîtresse aisément y dispose.

CLITON.

Ce n'est qu'autre prétexte, et non pas autre chose.

ACTE III, SCÈNE V.

Croyez-moi, vous mourrez, monsieur, dans votre peau,
Et vous mériterez cet illustre tombeau,
Cette digne oraison que naguère j'ai faite [1] :
Vous vous en souvenez sans que je la répète.

DORANTE.

Pour de pareils sujets peut-on s'en garantir ?
Et toi-même, à ton tour, ne crois-tu point mentir [2] ?
L'occasion convie, aide, engage, dispense ;
Et pour servir un autre on ment sans qu'on y pense.

CLITON.

Si vous m'y surprenez, étrillez-y-moi bien.

DORANTE.

Allons trouver Philiste, et ne jurons de rien.

[1] Var. Cette digne oraison que j'avois tantôt faite.
[2] Var. Et toi-même, à ton tour, penses-tu point mentir ?

FIN DU TROISIÈME ACTE.

ACTE QUATRIÈME.

SCÈNE I.

MÉLISSE, LYSE.

MÉLISSE.
J'en tremble encor de peur, et n'en suis pas remise.
LYSE.
Aussi bien comme vous je pensois être prise.
MÉLISSE.
Non, Philiste n'est fait que pour m'incommoder.
Voyez ce qu'en ces lieux il venoit demander,
S'il est heure si tard de faire une visite.
LYSE.
Un ami véritable à toute heure s'acquitte ;
Mais un amant fâcheux, soit de jour, soit de nuit,
Toujours à contre-temps à nos yeux se produit[1],
Et depuis qu'une fois il commence à déplaire,
Il ne manque jamais d'occasion contraire :
Tant son mauvais destin semble prendre de soins
A mêler sa présence où l'on la veut le moins !
MÉLISSE.
Quel désordre eût-ce été, Lyse, s'il m'eût connue !
LYSE.
Il vous auroit donné fort avant dans la vue[2].
MÉLISSE.
Quel bruit et quel éclat n'eût point fait son courroux !

[1] Var. Toujours à contre-temps son malheur le produit.
[2] Var. Il vous eût fort avant donné dedans la vue.

ACTE IV, SCÈNE I.

LYSE.

Il eût été peut-être aussi honteux que vous.
Un homme un peu content et qui s'en fait accroire,
Se voyant méprisé, rabat bien de sa gloire,
Et, surpris qu'il en est en telle occasion,
Toute sa vanité tourne en confusion.
Quand il a de l'esprit, il sait rendre le change;
Loin de s'en émouvoir, en raillant il se venge,
Affecte des mépris, comme pour reprocher
Que la perte qu'il fait ne vaut pas s'en fâcher;
Tant qu'il peut, il témoigne une ame indifférente.
Quoi qu'il en soit enfin, vous avez vu Dorante,
Et fort adroitement je vous ai mise en jeu.

MÉLISSE.

Et fort adroitement tu m'as fait voir son feu.

LYSE.

Eh bien! mais que vous semble encor du personnage?
Vous en ai-je trop dit?

MÉLISSE.

J'en ai vu davantage.

LYSE.

Avez-vous du regret d'avoir trop hasardé?

MÉLISSE.

Je n'ai qu'un déplaisir, d'avoir si peu tardé[1].

LYSE.

Vous l'aimez?

MÉLISSE.

Je l'adore.

LYSE.

Et croyez qu'il vous aime?

---

[1] On dirait que Mélisse regrette de n'avoir pas tardé davantage, tandis qu'au contraire elle regrette *d'avoir tardé, même un peu.* (A.-M.)

MÉLISSE.

Qu'il m'aime, et d'une amour, comme la mienne, extrême.

LYSE.

Une première vue, un moment d'entretien,
Vous fait ainsi tout croire, et ne douter de rien!

MÉLISSE.

Quand les ordres du ciel nous ont faits l'un pour l'autre[1],
Lyse, c'est un accord bientôt fait que le nôtre :
Sa main entre les cœurs, par un secret pouvoir,
Sème l'intelligence avant que de se voir ;
Il prépare si bien l'amant et la maîtresse,
Que leur ame au seul nom s'émeut et s'intéresse.
On s'estime, on se cherche, on s'aime en un moment ;
Tout ce qu'on s'entredit persuade aisément ;
Et, sans s'inquiéter d'aucunes peurs frivoles[2],

---

[1] Si *la Suite du Menteur* est tombée, ces vers ne le sont pas ; presque tous les connaisseurs les savent par cœur : c'est la même pensée qu'on voit dans *Rodogune ;* et cela prouve que les mêmes choses conviennent quelquefois à la comédie et à la tragédie : mais la comédie a sans doute plus de droit à ces petits morceaux naïfs et galants. Celui-ci a toujours passé pour achevé. Il n'y a que ce vers,

Et, sans s'inquiéter d'aucunes peurs frivoles,

qui dépare un peu ce joli couplet. Nous avons déja remarqué combien la rime entraîne de mauvais vers, et avec quel soin il faut empêcher que de deux vers il y en ait un pour le sens, et l'autre pour la rime. (V.)

[2] *D'aucunes peurs,* locution très usitée du temps de Corneille. *Aucun, auqu'un* ne vient pas de *unus,* fausse étymologie qui attribue à ce mot la signification de *pas un,* et qui a entraîné la suppression du pluriel. *Aucun* ou *alqu'un* vient de *aliquis unus,* et veut réellement dire quelqu'un. Mais l'usage a prévalu, et aujourd'hui on ne l'emploie que dans les phrases négatives, interrogatives, et conditionnelles, et toujours au singulier. (A.-M.)

VAR. Et, sans s'inquiéter de mille peurs frivoles.

ACTE IV, SCÈNE I.

La foi semble courir au-devant des paroles ;
La langue en peu de mots en explique beaucoup ;
Les yeux, plus éloquents, font tout voir tout d'un coup ;
Et, de quoi qu'à l'envi tous les deux nous instruisent,
Le cœur en entend plus que tous les deux n'en disent.

LYSE.
Si, comme dit Sylvandre, une ame en se formant [1],
Ou descendant du ciel, prend d'une autre l'aimant,
La sienne a pris le vôtre, et vous a rencontrée.

MÉLISSE.
Quoi ! tu lis les romans ?

LYSE.
Je puis bien lire Astrée ;
Je suis de son village, et j'ai de bons garants
Qu'elle et son Céladon étoient de nos parents.

MÉLISSE.
Quelle preuve en as-tu ?

LYSE.
Ce vieux saule, madame,
Où chacun d'eux cachoit ses lettres et sa flamme,
Quand le jaloux Sémire en fit un faux témoin ;
Du pré de mon grand-père il fait encor le coin ;
Et l'on m'a dit que c'est un infaillible signe
Que d'un si rare hymen je viens en droite ligne.
Vous ne m'en croyez pas ?

---

[1] Tout ce qui suit est une allusion au roman de *l'Astrée,* du marquis d'Urfé ; roman qui eut en France beaucoup de réputation et de cours sous les règnes de Henri IV et de Louis XIII, et qu'on lisait encore même dans les beaux jours de Louis XIV, sur la foi de sa réputation. Toutes ces allusions sont toujours froides au théâtre, parcequ'elles ne sont point liées au nœud de la pièce ; ce n'est que de la conversation, ce n'est que de l'esprit, et toute beauté étrangère est un défaut. (V.)

MÉLISSE.

             De vrai, c'est un grand point.

LYSE.

Aurois-je tant d'esprit, si cela n'étoit point?
D'où viendroit cette adresse à faire vos messages,
A jouer avec vous de si bons personnages,
Ce trésor de lumière et de vivacité,
Que d'un sang amoureux que j'ai d'eux hérité?

MÉLISSE.

Tu le disois tantôt, chacun a sa folie;
Les uns l'ont importune, et la tienne est jolie.

SCÈNE II.

CLÉANDRE, MÉLISSE, LYSE.

CLÉANDRE.

Je viens d'avoir querelle avec ce prisonnier,
Ma sœur [1].

MÉLISSE.

      Avec Dorante? avec ce cavalier
Dont vous tenez l'honneur, dont vous tenez la vie?
Qu'avez-vous fait!

CLÉANDRE.

      Un coup dont tu seras ravie.

MÉLISSE.

Qu'à cette lâcheté je puisse consentir!

---

[1] Var.
                  MÉLISSE.
  Avec?
                    CLÉANDRE.
    Avec Dorante.
                  MÉLISSE.
        Avec ce cavalier.

CLÉANDRE.
Bien plus, tu m'aideras à le faire mentir.
MÉLISSE.
Ne le présumez pas, quelque espoir qui vous flatte;
Si vous êtes ingrat, je ne puis être ingrate.
CLÉANDRE.
Tu sembles t'en fâcher[1]!
MÉLISSE.
Je m'en fâche pour vous.
D'un mot il peut vous perdre, et je crains son courroux.
CLÉANDRE.
Il est trop généreux; et d'ailleurs la querelle,
Dans les termes qu'elle est, n'est pas si criminelle.
Écoute. Nous parlions des dames de Lyon;
Elles sont assez mal en son opinion :
Il confesse de vrai qu'il a peu vu la ville,
Mais il se l'imagine en beautés fort stérile,
Et ne peut se résoudre à croire qu'en ces lieux
La plus belle ait de quoi captiver de bons yeux[2].
Pour l'honneur du pays j'en nomme trois ou quatre;
Mais, à moins que de voir, il n'en veut rien rabattre;
Et comme il ne le peut étant dans la prison,
J'ai cru par un portrait le mettre à la raison;
Et, sans chercher plus loin ces beautés qu'on admire,
Je ne veux que le tien pour le faire dédire.
Me le dénieras-tu, ma sœur, pour un moment?

[1] VAR. Tu t'en fâches, ma sœur.
MÉLISSE.
Je m'en fâche pour vous;
D'un mot il vous peut perdre, et je crains son courroux.
CLÉANDRE.
Il est trop généreux; et puis notre querelle.
[2] VAR. La plus belle ait de quoi suborner de bons yeux.

MÉLISSE.

Vous me jouez, mon frère, assez accortement ;
La querelle est adroite et bien imaginée.

CLÉANDRE.

Non, je m'en suis vanté, ma parole est donnée.

MÉLISSE.

S'il faut ruser ici, j'en sais autant que vous,
Et vous serez bien fin si je ne romps vos coups.
Vous pensez me surprendre, et je n'en fais que rire;
Dites donc tout d'un coup ce que vous voulez dire.

CLÉANDRE.

Eh bien! je viens de voir ton portrait en ses mains.

MÉLISSE.

Et c'est ce qui vous fâche?

CLÉANDRE.

Et c'est dont je me plains.

MÉLISSE.

J'ai cru vous obliger, et l'ai fait pour vous plaire :
Votre ordre étoit exprès.

CLÉANDRE.

Quoi! je te l'ai fait faire?

MÉLISSE.

Ne m'avez-vous pas dit : « Sous ces déguisements
« Ajoute à ton argent perles et diamants? »
Ce sont vos propres mots, et vous en êtes cause.

CLÉANDRE.

Eh quoi! de ce portrait disent-ils quelque chose?

MÉLISSE.

Puisqu'il est enrichi de quatre diamants,
N'est-ce pas obéir à vos commandements?

CLÉANDRE.

C'est fort bien expliquer le sens de mes prières.
Mais, ma sœur, ces faveurs sont un peu singulières :

Qui donne le portrait promet l'original.
MÉLISSE.
C'est encore votre ordre, ou je m'y connois mal¹.
Ne m'avez-vous pas dit : « Prends souci de me plaire,
« Et vois ce que tu dois à qui te sauve un frère ? »
Puisque vous lui devez et la vie et l'honneur,
Pour vous en revancher dois-je moins que mon cœur?
Et doutez-vous encore à quel point je vous aime
Quand pour vous acquitter je me donne moi-même?
CLÉANDRE.
Certes, pour m'obéir avec plus de chaleur,
Vous donnez à mon ordre une étrange couleur,
Et prenez un grand soin de bien payer mes dettes :
Non que mes volontés en soient mal satisfaites;
Loin d'éteindre ce feu, je voudrois l'allumer,
Qu'il eût de quoi vous plaire, et voulût vous aimer.
Je tiendrois à bonheur de l'avoir pour beau-frère;
J'en cherche les moyens, j'y fais ce qu'on peut faire;
Et c'est à ce dessein qu'au sortir de prison
Je viens de l'obliger à prendre la maison²,
Afin que l'entretien produise quelques flammes
Qui forment doucement l'union de vos ames.
Mais vous savez trouver des chemins plus aisés;
Sans savoir s'il vous plaît, ni si vous lui plaisez,
Vous pensez l'engager en lui donnant ces gages³,
Et lui donnez sur vous de trop grands avantages.
  Que sera-ce, ma sœur, si, quand vous le verrez,
Vous n'y rencontrez pas ce que vous espérez,

¹ Var. C'est encore votre ordre, ou je le conçois mal.

² Je viens de l'obliger à prendre *le chemin* de la maison, ou *à venir* à la maison. Cette locution n'est pas heureuse. (A.-M.)

   Var. Je le viens d'obliger à prendre la maison.

³ Var. Vous pensez l'engager avecque de tels gages.

Si quelque aversion vous prend pour son visage,
Si le vôtre le choque, ou qu'un autre l'engage,
Et que de ce portrait, donné légèrement,
Il érige un trophée à quelque objet charmant?

MÉLISSE.

Sans l'avoir jamais vu, je connois son courage [1] :
Qu'importe après cela quel en soit le visage?
Tout le reste m'en plaît; si le cœur en est haut,
Et si l'ame est parfaite, il n'a point de défaut.
Ajoutez que vous-même, après votre aventure,
Ne m'en avez pas fait une laide peinture;
Et, comme vous devez vous y connoître mieux,
Je m'en rapporte à vous, et choisis par vos yeux.
N'en doutez nullement, je l'aimerai, mon frère;
Et si ces foibles traits n'ont point de quoi lui plaire [2],
S'il aime en autre lieu, n'en appréhendez rien;
Puisqu'il est généreux, il en usera bien.

CLÉANDRE.

Quoi qu'il en soit, ma sœur, soyez plus retenue
Alors qu'à tous moments vous serez à sa vue.
Votre amour me ravit, je veux le couronner [3];
Mais souffrez qu'il se donne avant que vous donner.
Il sortira demain, n'en soyez point en peine.
Adieu : je vais une heure entretenir Climène [4].

[1] *Courage* pour *cœur*. Voyez la note acte III, scène III. (A.-M.)

[2] Var. Et si ces foibles traits n'ont pas de quoi lui plaire,
S'il aime en autre lieu, n'en appréhendons rien.

[3] Var. Votre amour me ravit, je la veux couronner.

[4] Pour n'avoir pas su mettre en œuvre l'amour de Mélisse et le don de son portrait, la pièce languit.
Cette scène de Cléandre et de Mélisse n'est qu'ingénieuse; toutes ces petites finesses refroidissent les spectateurs : il faut attacher dans la comédie comme dans la tragédie, quoique par des moyens absolument différents; il faut que le cœur soit oc-

SCÈNE III.

MÉLISSE, LYSE.

LYSE.
Vous en voilà défaite et quitte à bon marché.
Encore est-il traitable alors qu'il est fâché.
Sa colère a pour vous une douce méthode,
Et sur la remontrance il n'est pas incommode.

MÉLISSE.
Aussi qu'ai-je commis pour en donner sujet?
Me ranger à son choix sans savoir son projet,
Deviner sa pensée, obéir par avance,
Sont-ce, Lyse, envers lui des crimes d'importance?

LYSE.
Obéir par avance est un jeu délicat
Dont tout autre que lui feroit un mauvais plat.
Mais ce nouvel amant dont vous faites votre ame
Avec un grand secret ménage votre flamme :
Devoit-il exposer ce portrait à ses yeux?
Je le tiens indiscret.

MÉLISSE.
    Il n'est que curieux,
Et ne montreroit pas si grande impatience
S'il me considéroit avec indifférence;
Outre qu'un tel secret peut souffrir un ami.

LYSE.
Mais un homme qu'à peine il connoît à demi?

MÉLISSE.
Mon frère lui doit tant, qu'il a lieu d'en attendre

cupé; il faut qu'on desire et qu'on craigne; les situations doivent être vives : c'est ici tout le contraire. (V.)

Tout ce que d'un ami tout autre peut prétendre.

LYSE.

L'amour excuse tout dans un cœur enflammé,
Et tout crime est léger dont l'auteur est aimé.
Je serois plus sévère, et tiens qu'à juste titre
Vous lui pouvez tantôt en faire un bon chapitre.

MÉLISSE.

Ne querellons personne; et, puisque tout va bien,
De crainte d'avoir pis, ne nous plaignons de rien.

LYSE.

Que vous avez de peur que le marché n'échappe!

MÉLISSE.

Avec tant de façons que veux-tu que j'attrape[1]?
Je possède son cœur, je ne veux rien de plus,
Et je perdrois le temps en débats superflus.
Quelquefois en amour trop de finesse abuse.
S'excusera-t-il mieux que mon feu ne l'excuse[2]?
Allons, allons l'attendre; et, sans en murmurer,
Ne pensons qu'aux moyens de nous en assurer.

LYSE.

Vous ferez-vous connoître?

MÉLISSE.

Oui, s'il sait de mon frère
Ce que jusqu'à présent j'avois voulu lui taire;
Sinon, quand il viendra prendre son logement,
Il se verra surpris plus agréablement[3].

---

[1] Var. Avecque tes façons que veux-tu que j'attrape?

[2] Var. S'excusera-t-il mieux que le mien ne l'excuse?

[3] Cette scène augmente l'ennui. (V.)

SCÈNE IV.

DORANTE, PHILISTE, CLITON.

DORANTE.

Me reconduire encor! cette cérémonie
D'entre les vrais amis devroit être bannie.

PHILISTE.

Jusques en Bellecour je vous ai reconduit,
Pour voir une maîtresse en faveur de la nuit.
Le temps est assez doux, et je la vois paroître
En de semblables nuits souvent à la fenêtre :
J'attendrai le hasard un moment en ce lieu,
Et vous laisse aller voir votre lingère. Adieu.

DORANTE.

Que je vous laisse ici de nuit sans compagnie!

PHILISTE.

C'est faire à votre tour trop de cérémonie.
Peut-être qu'à Paris j'aurois besoin de vous;
Mais je ne crains ici ni rivaux, ni filous.

DORANTE.

Ami, pour des rivaux, chaque jour en fait naître;
Vous en pouvez avoir, et ne les pas connoître :
Ce n'est pas que je veuille entrer dans vos secrets,
Mais nous nous tiendrons loin en confidents discrets.
J'ai du loisir assez.

PHILISTE.

Si l'heure ne vous presse,
Vous saurez mon secret touchant cette maîtresse;
Elle demeure, ami, dans ce grand pavillon.

CLITON, bas.

Tout se prépare mal, à cet échantillon.

DORANTE.

Est-ce où je pense voir un linge qui voltige?

PHILISTE.

Justement.

DORANTE.

Elle est belle?

PHILISTE.

Assez.

DORANTE.

Et vous oblige?

PHILISTE.

Je ne saurois encor, s'il faut tout avouer,
Ni m'en plaindre beaucoup, ni beaucoup m'en louer;
Son accueil n'est pour moi ni trop doux, ni trop rude;
Il est et sans faveur, et sans ingratitude,
Et je la vois toujours dedans un certain point
Qui ne me chasse pas, et ne l'engage point.
Mais je me trompe fort, ou sa fenêtre s'ouvre.

DORANTE.

Je me trompe moi-même, ou quelqu'un s'y découvre.

PHILISTE.

J'avance; approchez-vous, mais sans suivre mes pas,
Et prenez un détour qui ne vous montre pas :
Vous jugerez quel fruit je puis espérer d'elle;
Pour Cliton, il peut faire ici la sentinelle.

DORANTE, parlant à Cliton, après que Philiste s'est éloigné.

Que me vient-il de dire? et qu'est-ce que je voi?
Cliton, sans doute il aime en même lieu que moi.
O ciel! que mon bonheur est de peu de durée!

CLITON.

S'il prend l'occasion qui vous est préparée,
Vous pouvez disputer avec votre valet

A qui mieux de vous deux gardera le mulet ¹.
DORANTE.
Que de confusion et de trouble en mon ame!
CLITON.
Allez prêter l'oreille aux discours de la dame;
Au bruit que je ferai prenez bien votre temps,
Et nous lui donnerons de jolis passe-temps ².
(Dorante va auprès de Philiste.)

SCÈNE V.

MÉLISSE, LYSE, à la fenêtre, PHILISTE, DORANTE, CLITON.

MÉLISSE.

Est-ce vous?

PHILISTE.

Oui, madame.

MÉLISSE.

Ah, que j'en suis ravie!
Que mon sort cette nuit devient digne d'envie!
Certes, je n'osois plus espérer ce bonheur.

PHILISTE.

Manquerois-je à venir où j'ai laissé mon cœur?

MÉLISSE.

Qu'ainsi je sois aimée! et que de vous j'obtienne
Une amour si parfaite, et pareille à la mienne!

PHILISTE.

Ah! s'il en est besoin, j'en jure, et par vos yeux.

---

¹ *Garder le mulet*, attendre à une porte avec impatience, s'ennuyer à attendre. (PAR.)

² Tout est manqué. (V.)

MÉLISSE.

Vous revoir en ce lieu m'en persuade mieux [1] ;
Et, sans autre serment, cette seule visite
M'assure d'un bonheur qui passe mon mérite.

CLITON.

A l'aide!

MÉLISSE.

J'ois du bruit.

CLITON.

A la force! au secours!

PHILISTE.

C'est quelqu'un qu'on maltraite; excusez si j'y cours.
Madame, je reviens.

CLITON, s'éloignant toujours derrière le théâtre.

On m'égorge, on me tue.

Au meurtre!

PHILISTE.

Il est déjà dans la prochaine rue.

DORANTE.

C'est Cliton; retournez, il suffira de moi.

PHILISTE.

Je ne vous quitte point, allons.

(Ils sortent tous deux.)

MÉLISSE.

Je meurs d'effroi.

CLITON, derrière le théâtre.

Je suis mort!

MÉLISSE.

Un rival lui fait cette surprise.

LYSE.

C'est plutôt quelque ivrogne, ou quelque autre sottise

---

[1] Var. Vous revoir en ce lieu me persuade mieux.

Qui ne méritoit pas rompre votre entretien.
MÉLISSE.
Tu flattes mes desirs [1].

SCÈNE VI.
DORANTE, MÉLISSE, LYSE.

DORANTE.
Madame, ce n'est rien :
Des marauds, dont le vin embrouilloit la cervelle,
Vidoient à coups de poing une vieille querelle;
Ils étoient trois contre un, et le pauvre battu
A crier de la sorte exerçoit sa vertu.
(bas.)
Si Cliton m'entendoit, il compteroit pour quatre.
MÉLISSE.
Vous n'avez donc point eu d'ennemis à combattre?
DORANTE.
Un coup de plat d'épée a tout fait écouler.
MÉLISSE.
Je mourois de frayeur vous y voyant aller.
DORANTE.
Que Philiste est heureux! qu'il doit aimer la vie!
MÉLISSE.
Vous n'avez pas sujet de lui porter envie.
DORANTE.
Vous lui parliez naguère en termes assez doux.
MÉLISSE.
Je pense d'aujourd'hui n'avoir parlé qu'à vous.

---

[1] C'est encore pis; cette Mélisse qui prend Philiste son amant pour Dorante, ce Cliton qui crie au secours, font tomber la pièce. (V.)

DORANTE.

Vous ne lui parliez pas avant tout ce vacarme?
Vous ne lui disiez pas que son amour vous charme,
Qu'aucuns feux à vos feux ne peuvent s'égaler?

MÉLISSE.

J'ai tenu ce discours, mais j'ai cru vous parler.
N'êtes-vous pas Dorante?

DORANTE.

Oui, je le suis, madame,
Le malheureux témoin de votre peu de flamme.
Ce qu'un moment fit naître, un autre l'a détruit;
Et l'ouvrage d'un jour se perd en une nuit.

MÉLISSE.

L'erreur n'est pas un crime; et votre aimable idée[1],
Régnant sur mon esprit, m'a si bien possédée,
Que dans ce cher objet le sien s'est confondu[2],
Et lorsqu'il m'a parlé je vous ai répondu;
En sa place tout autre eût passé pour vous-même :
Vous verrez par la suite à quel point je vous aime.
Pardonnez cependant à mes esprits déçus;
Daignez prendre pour vous les vœux qu'il a reçus;
Ou si, manque d'amour, votre soupçon persiste...

DORANTE.

N'en parlons plus, de grace, et parlons de Philiste;
Il vous sert, et la nuit me l'a trop découvert.

MÉLISSE.

Dites qu'il m'importune, et non pas qu'il me sert;
N'en craignez rien. Adieu, j'ai peur qu'il ne revienne.

DORANTE.

Où voulez-vous demain que je vous entretienne?

---

[1] Var. L'erreur n'est pas un crime, et votre chère idée.

[2] Var. Que dedans votre objet le sien s'est confondu.

Je dois être élargi.
MÉLISSE.
Je vous ferai savoir
Dès demain chez Cléandre où vous me pourrez voir.
DORANTE.
Et qui vous peut sitôt apprendre ces nouvelles?
MÉLISSE.
Et ne savez-vous pas que l'Amour a des ailes?
DORANTE.
Vous avez habitude avec ce cavalier?
MÉLISSE.
Non, je sais tout cela d'un esprit familier.
Soyez moins curieux, plus secret, plus modeste,
Sans ombrage, et demain nous parlerons du reste.
DORANTE, seul.
Comme elle est ma maîtresse, elle m'a fait leçon,
Et d'un soupçon je tombe en un autre soupçon.
Lorsque je crains Cléandre, un ami me traverse :
Mais nous avons bien fait de rompre le commerce.
Je crois l'entendre.

SCÈNE VII.
DORANTE, PHILISTE, CLITON.

PHILISTE.
Ami, vous m'avez tôt quitté!
DORANTE.
Sachant fort peu la ville, et dans l'obscurité,
En moins de quatre pas j'ai tout perdu de vue;
Et m'étant égaré dès la première rue,
Comme je sais un peu ce que c'est que l'amour,
J'ai cru qu'il vous falloit attendre en Bellecour;

Mais je n'ai plus trouvé personne à la fenêtre.
Dites-moi cependant, qui massacroit ce traître?
Qui le faisoit crier?

PHILISTE.

A quelque mille pas,
Je l'ai rencontré seul tombé sur des plâtras.

DORANTE.

Maraud, ne criois-tu que pour nous mettre en peine?

CLITON.

Souffrez encore un peu que je reprenne haleine.
  Comme à Lyon le peuple aime fort les laquais,
Et leur donne souvent de dangereux paquets,
Deux coquins, me trouvant tantôt en sentinelle,
Ont laissé choir sur moi leur haine naturelle;
Et sitôt qu'ils ont vu mon habit rouge et vert [1]....

DORANTE.

Quand il est nuit sans lune, et qu'il fait temps couvert,
Connoît-on les couleurs? Tu donnes une bourde.

CLITON.

Ils portoient sous le bras une lanterne sourde.
C'étoit fait de ma vie, ils me traînoient à l'eau;
Mais, sentant du secours, ils ont craint pour leur peau,
Et, jouant des talons tous deux en gens habiles,
Ils m'ont fait trébucher sur un monceau de tuiles [2],
Chargé de tant de coups et de poing et de pied,
Que je crois tout au moins en être estropié.
Puissé-je voir bientôt la canaille noyée!

PHILISTE.

Si j'eusse pu les joindre, ils me l'eussent payée

---

[1] Var. Et me prenant pour l'être à l'habit rouge et vert.
[2] Var. M'ont jeté de roideur sur un monceau de tuiles.

L'heureuse occasion dont je n'ai pu jouir [1],
Et que cette sottise a fait évanouir.
Vous en êtes témoin, cette belle adorable
Ne me pourroit jamais être plus favorable;
Jamais je n'en reçus d'accueil si gracieux :
Mais j'ai bientôt perdu ces moments précieux.
 Adieu. Je prendrai soin demain de votre affaire.
Il est saison pour vous de voir votre lingère.
Puissiez-vous recevoir dans ce doux entretien [2]
Un plaisir plus solide et plus long que le mien!

SCÈNE VIII.

DORANTE, CLITON.

DORANTE.
Cliton, si tu le peux, regarde-moi sans rire.
CLITON.
J'entends à demi-mot, et ne m'en puis dédire.
J'ai gagné votre mal.
DORANTE.
 Eh bien! l'occasion?
CLITON.
Elle fait le menteur ainsi que le larron.
Mais si j'en ai donné, c'est pour votre service.
DORANTE.
Tu l'as bien fait courir avec cet artifice.
CLITON.
Si je ne fusse chu, je l'eusse mené loin :
Mais sur-tout j'ai trouvé la lanterne au besoin;

---

[1] Var. La belle occasion dont je n'ai pu jouir.

[2] Var. Puissiez-vous recevoir dedans son entretien.

Et, sans ce prompt secours, votre feinte importune
M'eût bien embarrassé de votre nuit sans lune.
Sachez une autre fois que ces difficultés
Ne se proposent point qu'entre gens concertés.

DORANTE.

Pour le mieux éblouir, je faisois le sévère.

CLITON.

C'étoit un jeu tout propre à gâter le mystère.
Dites-moi cependant, êtes-vous satisfait?

DORANTE.

Autant comme on peut l'être.

CLITON.

En effet?

DORANTE.

En effet.

CLITON.

Et Philiste?

DORANTE.

Il se tient comblé d'heur et de gloire :
Mais on l'a pris pour moi dans une nuit si noire;
On s'excuse du moins avec cette couleur[1].

CLITON.

Ces fenêtres toujours vous ont porté malheur.
Vous y prîtes jadis Clarice pour Lucrèce[2] :

---

[1] *S'excuser avec des couleurs.* Cette expression, qui paraît de l'invention de Corneille, n'a pas fait fortune, quoiqu'elle ait été employée par Racine, et dans un de ses chefs-d'œuvre :

J'inventai des couleurs, j'armai la calomnie. (*Esth.*, act. II, sc. i.)

Aujourd'hui on n'invente plus des couleurs, mais on colore un mensonge. Cette expression est évidemment sortie de l'autre. (A.-M.)

[2] Voyez *le Menteur*, acte III, sc. iv. (PAR.)

Aujourd'hui, même erreur trompe cette maîtresse [1],
Et vous n'avez point eu de pareils rendez-vous
Sans faire une jalouse, ou devenir jaloux.

DORANTE.

Je n'ai pas lieu de l'être, et n'en sors pas fort triste.

CLITON.

Vous pourrez maintenant savoir tout de Philiste [2].

DORANTE.

Cliton, tout au contraire, il me faut l'éviter :
Tout est perdu pour moi s'il me va tout conter.
De quel front oserois-je, après sa confidence,
Souffrir que mon amour se mît en évidence ?
Après les soins qu'il prend de rompre ma prison,
Aimer en même lieu semble une trahison.
Voyant cette chaleur qui pour moi l'intéresse,
Je rougis en secret de servir sa maîtresse,
Et crois devoir du moins ignorer son amour [3]
Jusqu'à ce que le mien ait pu paroître au jour.
Déclaré le premier, je l'oblige à se taire ;
Ou, si de cette flamme il ne se peut défaire,
Il ne peut refuser de s'en remettre au choix
De celle dont tous deux nous adorons les lois.

CLITON.

Quand il vous préviendra, vous pouvez le défendre
Aussi bien contre lui comme contre Cléandre.

DORANTE.

Contre Cléandre et lui je n'ai pas même droit ;

---

[1] Var. Aujourd'hui, même erreur trompe votre maîtresse.

[2] Var. Vous pourrez maintenant savoir tout de Philiste.
DORANTE.
Cliton, tout au contraire, il le faut éviter.

[3] Var. Et crois devoir au moins ignorer son amour.

Je dois autant à l'un comme l'autre me doit;
Et tout homme d'honneur n'est qu'en inquiétude,
Pouvant être suspect de quelque ingratitude.
Allons nous reposer; la nuit et le sommeil
Nous pourront inspirer quelque meilleur conseil.

FIN DU QUATRIÈME ACTE.

ACTE CINQUIÈME.

SCÈNE I.

LYSE, CLITON.

CLITON.
Nous voici bien logés, Lyse, et, sans raillerie,
Je ne souhaitois pas meilleure hôtellerie.
Enfin nous voyons clair à ce que nous faisons,
Et je puis à loisir te conter mes raisons.

LYSE.
Tes raisons? c'est-à-dire autant d'extravagances.

CLITON.
Tu me connois déjà!

LYSE.
Bien mieux que tu ne penses.

CLITON.
J'en débite beaucoup.

LYSE.
Tu sais les prodiguer.

CLITON.
Mais sais-tu que l'amour me fait extravaguer?

LYSE.
En tiens-tu donc pour moi?

CLITON.
J'en tiens, je le confesse.

LYSE.
Autant comme ton maître en tient pour ma maîtresse?

CLITON.

Non pas encor si fort, mais dès ce même instant
Il ne tiendra qu'à toi que je n'en tienne autant ;
Tu n'as qu'à l'imiter pour être autant aimée.

LYSE.

Si son ame est en feu, la mienne est enflammée ;
Et je crois jusqu'ici ne l'imiter pas mal.

CLITON.

Tu manques, à vrai dire, encore au principal.

LYSE.

Ton secret est obscur.

CLITON.

Tu ne veux pas l'entendre ;
Vois quelle est sa méthode, et tâche de la prendre.
Ses attraits tout-puissants ont des avant-coureurs
Encor plus souverains à lui gagner les cœurs.
Mon maître se rendit à ton premier message :
Ce n'est pas qu'en effet je n'aime ton visage ;
Mais l'amour aujourd'hui dans les cœurs les plus vains
Entre moins par les yeux qu'il ne fait par les mains,
Et quand l'objet aimé voit les siennes garnies,
Il voit en l'autre objet des graces infinies.
Pourrois-tu te résoudre à m'attaquer ainsi ?

LYSE.

J'en voudrois être quitte à moins d'un grand merci.

CLITON.

Écoute ; je n'ai pas une ame intéressée,
Et je te veux ouvrir le fond de ma pensée.
Aimons-nous but à but, sans soupçons, sans rigueur ;
Donnons ame pour ame, et rendons cœur pour cœur.

LYSE.

J'en veux bien à ce prix.

ACTE V, SCÈNE I.

CLITON.

Donc, sans plus de langage,
Tu veux bien m'en donner quelques baisers pour gage?

LYSE.

Pour l'ame et pour le cœur, tant que tu le voudras [1] ;
Mais pour le bout du doigt, ne le demande pas :
Un amour délicat hait ces faveurs grossières,
Et je t'ai bien donné des preuves plus entières.
Pourquoi me demander des gages superflus?
Ayant l'ame et le cœur, que te faut-il de plus?

CLITON.

J'ai le goût fort grossier en matière de flamme ;
Je sais que c'est beaucoup qu'avoir le cœur et l'ame,
Mais je ne sais pas moins qu'on a fort peu de fruit
Et de l'ame et du cœur, si le reste ne suit.

LYSE.

Eh quoi, pauvre ignorant! ne sais-tu pas encore
Qu'il faut suivre l'humeur de celle qu'on adore,
Se rendre complaisant, vouloir ce qu'elle veut?

CLITON.

Si tu n'en veux changer, c'est ce qui ne se peut.
De quoi me guériroient ces gages invisibles?
Comme j'ai l'esprit lourd, je les veux plus sensibles ;
Autrement, marché nul.

LYSE.

Ne désespère point ;
Chaque chose a son ordre, et tout vient à son point ;
Peut-être avec le temps nous pourrons nous connoître.
Apprends-moi cependant qu'est devenu ton maître.

CLITON.

Il est avec Philiste allé remercier

---

[1] Var. Pour l'ame et pour le cœur, autant que tu voudras.

Ceux que pour son affaire il a voulu prier.

LYSE.

Je crois qu'il est ravi de voir que sa maîtresse
Est la sœur de Cléandre, et devient son hôtesse?

CLITON.

Il a raison de l'être, et de tout espérer.

LYSE.

Avec toute assurance il peut se déclarer¹;
Autant comme la sœur le frère le souhaite;
Et s'il l'aime en effet, je tiens la chose faite.

CLITON.

Ne doute point s'il l'aime après qu'il meurt d'amour.

LYSE.

Il semble toutefois fort triste à son retour².

SCÈNE II.

DORANTE, CLITON, LYSE.

DORANTE.

Tout est perdu, Cliton; il faut ployer bagage³.

CLITON.

Je fais ici, monsieur, l'amour de bon courage;
Au lieu de m'y troubler, allez en faire autant.

---

¹ VAR. Avec toute assurance il se peut déclarer.

² Ces scènes où les valets font l'amour à l'imitation de leurs maîtres sont enfin proscrites du théâtre avec beaucoup de raison : ce n'est qu'une parodie basse et dégoûtante des premiers personnages. (V.) — Il y a une de ces scènes dans *le Dépit amoureux* de Molière, et le public ne l'a jamais trouvée dégoûtante : à force de vouloir ennoblir le comique, on l'a rendu froid et sérieux. (P.)

³ On dirait aujourd'hui : *plier bagage*. *Ployer* ne se prend plus que dans le sens de *faire fléchir, courber*. (PAR.)

DORANTE.

N'en parlons plus.

CLITON.

Entrez, vous dis-je, on vous attend.

DORANTE.

Que m'importe?

CLITON.

On vous aime.

DORANTE.

Hélas!

CLITON.

On vous adore.

DORANTE.

Je le sais.

CLITON.

D'où vient donc l'ennui qui vous dévore?

DORANTE.

Que je te trouve heureux!

CLITON.

Le destin m'est si doux,
Que vous avez sujet d'en être fort jaloux :
Alors qu'on vous caresse à grands coups de pistoles,
J'obtiens tout doucement paroles pour paroles.
L'avantage est fort rare, et me rend fort heureux.

DORANTE.

Il faut partir, te dis-je.

CLITON.

Oui, dans un an, ou deux.

DORANTE.

Sans tarder un moment.

LYSE.

L'amour trouve des charmes
A donner quelquefois de pareilles alarmes.

DORANTE.

Lyse, c'est tout de bon.

LYSE.

Vous n'en avez pas lieu.

DORANTE.

Ta maîtresse survient; il faut lui dire adieu :
Puisse en ses belles mains ma douleur immortelle
Laisser toute mon ame en prenant congé d'elle!

SCÈNE III.

DORANTE, MÉLISSE, LYSE, CLITON.

MÉLISSE.

Au bruit de vos soupirs, tremblante et sans couleur,
Je viens savoir de vous mon crime, ou mon malheur;
Si j'en suis le sujet, si j'en suis le remède;
Si je puis le guérir, ou s'il faut que j'y cède;
Si je dois, ou vous plaindre, ou me justifier,
Et de quels ennemis il faut me défier [1].

DORANTE.

De mon mauvais destin, qui seul me persécute.

MÉLISSE.

A ses injustes lois que faut-il que j'impute [2] ?

DORANTE.

Le coup le plus mortel dont il m'eût pu frapper.

MÉLISSE.

Est-ce un mal que mes yeux ne puissent dissiper?

DORANTE.

Votre amour le fait naître, et vos yeux le redoublent.

---

[1] Var. Et de quel ennemi je me dois défier.
[2] Var. A son injuste loi que faut-il que j'impute?

ACTE V, SCÈNE III.

MÉLISSE.

Si je ne puis calmer les soucis qui vous troublent,
Mon amour avec vous saura les partager ¹.

DORANTE.

Ah! vous les aigrissez, les voulant soulager!
Puis-je voir tant d'amour avec tant de mérite,
Et dire sans mourir qu'il faut que je vous quitte?

MÉLISSE.

Vous me quittez! ô ciel! Mais, Lyse, soutenez;
Je sens manquer la force à mes sens étonnés.

DORANTE.

Ne croissez point ma plaie, elle est assez ouverte ² ;
Vous me montrez en vain la grandeur de ma perte
Ce grand excès d'amour que font voir vos douleurs
Triomphe de mon cœur sans vaincre mes malheurs.
On ne m'arrête pas pour redoubler mes chaînes,
On redouble ma flamme, on redouble mes peines;
Mais tous ces nouveaux feux qui viennent m'embraser
Me donnent seulement plus de fers à briser.

MÉLISSE.

Donc à m'abandonner votre ame est résolue?

DORANTE.

Je cède à la rigueur d'une force absolue.

MÉLISSE.

Votre manque d'amour vous y fait consentir.

DORANTE.

Traitez-moi de volage, et me laissez partir;
Vous me serez plus douce en m'étant plus cruelle.
Je ne pars toutefois que pour être fidèle;
A quelques lois par-là qu'il me faille obéir ³,

---

¹ Var. Du moins avecque vous je puis les partager.

² Var. N'aigrissez point ma plaie, elle est assez ouverte.

³ Var. Et je me résoudrois à lui désobéir.

Je m'en révolterois, si je pouvois trahir.
Sachez-en le sujet; et peut-être, madame,
Que vous-même avouerez, en lisant dans mon ame,
Qu'il faut plaindre Dorante au lieu de l'accuser,
Que plus il quitte en vous, plus il est à priser,
Et que tant de faveurs dessus lui répandues
Sur un indigne objet ne sont pas descendues.
 Je ne vous redis point combien il m'étoit doux
De vous connoître enfin, et de loger chez vous,
Ni comme avec transport je vous ai rencontrée :
Par cette porte, hélas! mes maux ont pris entrée,
Par ce dernier bonheur mon bonheur s'est détruit;
Ce funeste départ en est l'unique fruit;
Et ma bonne fortune, à moi-même contraire,
Me fait perdre la sœur par la faveur du frère.
 Le cœur enflé d'amour et de ravissement,
J'allois rendre à Philiste un mot de compliment;
Mais lui tout aussitôt, sans le vouloir entendre,
« Cher ami, m'a-t-il dit, vous logez chez Cléandre,
« Vous aurez vu sa sœur, je l'aime, et vous pouvez
« Me rendre beaucoup plus que vous ne me devez :
« En faveur de mes feux parlez à cette belle;
« Et comme mon amour a peu d'accès chez elle,
« Faites l'occasion quand je vous irai voir. »
A ces mots j'ai frémi sous l'horreur du devoir.
Par ce que je lui dois jugez de ma misère[1],
Voyez ce que je puis, et ce que je dois faire.
Ce cœur qui le trahit, s'il vous aime aujourd'hui,
Ne vous trahit pas moins s'il vous parle pour lui.

Si je pouvois me résoudre à trahir.

[1] Var. Par ce que je lui dois, jugez, dans ma misère,
Ce que j'ai dû promettre, et ce que je dois faire.

Ainsi, pour n'offenser son amour ni le vôtre,
Ainsi, pour n'être ingrat ni vers l'un ni vers l'autre,
J'ôte de votre vue un amant malheureux,
Qui ne peut plus vous voir sans vous trahir tous deux [1] :
Lui, puisqu'à son amour j'oppose ma présence;
Vous, puisque en sa faveur je m'impose silence.

MÉLISSE.

C'est à Philiste donc que vous m'abandonnez?
Ou plutôt c'est Philiste à qui vous me donnez?
Votre amitié trop ferme, ou votre amour trop lâche,
M'ôtant ce qui me plaît, me rend ce qui me fâche?
Que c'est à contre-temps faire l'amant discret,
Qu'en ces occasions conserver un secret!
Il falloit découvrir... Mais, simple, je m'abuse;
Un amour si léger eût mal servi d'excuse;
Un bien acquis sans peine est un trésor en l'air;
Ce qui coûte si peu ne vaut pas en parler [2] :
La garde en importune, et la perte en console;
Et pour le retenir c'est trop qu'une parole.

DORANTE.

Quelle excuse, madame! et quel remerciement!
Et quel compte eût-il fait d'un amour d'un moment,
Allumé d'un coup d'œil? car lui dire autre chose,
Lui conter de vos feux la véritable cause,
Que je vous sauve un frère, et qu'il me doit le jour,
Que la reconnoissance a produit votre amour,
C'étoit mettre en sa main le destin de Cléandre,

---

[1] Var. Puisque même à vous voir je vous trahis tous deux :
   Lui, soutenant vos feux avecque ma présence;
   Vous, parlant pour Philiste avecque mon silence.

[2] *Ne vaut pas en parler,* pour *ne vaut pas qu'on en parle.* Phrase claire et rapide qui se retrouve dans Montaigne, mais qui malheureusement n'est plus d'usage. (A.-M.)

C'étoit trahir ce frère en voulant vous défendre,
C'étoit me repentir de l'avoir conservé,
C'étoit l'assassiner après l'avoir sauvé ;
C'étoit désavouer ce généreux silence
Qu'au péril de mon sang garda mon innocence,
Et perdre, en vous forçant à ne plus m'estimer,
Toutes les qualités qui vous firent m'aimer.

MÉLISSE.

Hélas ! tout ce discours ne sert qu'à me confondre.
Je n'y puis consentir, et ne sais qu'y répondre[1].
Mais je découvre enfin l'adresse de vos coups ;
Vous parlez pour Philiste, et vous faites pour vous :
Vos dames de Paris vous rappellent vers elles[2] ;
Nos provinces pour vous n'en ont point d'assez belles.
Si dans votre prison vous avez fait l'amant,
Je ne vous y servois que d'un amusement.
A peine en sortez-vous que vous changez de style ;
Pour quitter la maîtresse il faut quitter la ville.
Je ne vous retiens plus, allez.

DORANTE.

Puisse à vos yeux
M'écraser à l'instant la colère des cieux,
Si j'adore autre objet que celui de Mélisse[3],
Si je conçois des vœux que pour votre service,
Et si pour d'autres yeux on m'entend soupirer,
Tant que je pourrai voir quelque lieu d'espérer[4] !
Oui, madame, souffrez que cet amour persiste

---

[1] Var. Je n'y puis consentir, et n'y sais que répondre.

[2] Var. Vos dames de Paris vous appellent vers elles.

[3] *Celui de* est de trop. Corneille veut dire : *si j'adore* un autre objet, une autre femme que Mélisse. (A.-M.)

[4] *Tant que* est ici employé deux fois. Dans le premier vers il veut dire *aussi long-temps que*, dans le vers suivant il est pour

Tant que l'hymen engage ou Mélisse, ou Philiste;
Jusque-là les douceurs de votre souvenir
Avec un peu d'espoir sauront m'entretenir :
J'en jure par vous-même, et ne suis point capable
D'un serment ni plus saint ni plus inviolable.
Mais j'offense Philiste avec un tel serment;
Pour guérir vos soupçons je nuis à votre amant.
J'effacerai ce crime avec cette prière :
Si vous devez le cœur à qui vous sauve un frère,
Vous ne devez pas moins au généreux secours
Dont tient le jour celui qui conserva ses jours.
Aimez en ma faveur un ami qui vous aime,
Et possédez Dorante en un autre lui-même.
 Adieu. Contre vos yeux c'est assez combattu,
Je sens à leurs regards chanceler ma vertu;
Et, dans le triste état où mon ame est réduite,
Pour sauver mon honneur, je n'ai plus que la fuite[1].

SCÈNE IV.

DORANTE, PHILISTE, MÉLISSE, LYSE, CLITON.

PHILISTE.

Ami, je vous rencontre assez heureusement.
Vous sortiez?

---

jusqu'à ce que, comme en latin *dum*. Cette seconde acception est perdue. (A.-M.)

[1] Cette scène pouvait faire un très grand effet, et ne le fait point. Les plus beaux sentiments n'attendrissent jamais quand ils ne sont pas amenés, préparés par une situation pressante, par quelque coup de théâtre, par quelque chose de vif et d'animé. (V.)

DORANTE.

Oui, je sors, ami, pour un moment.
Entrez, Mélisse est seule, et je pourrois vous nuire.

PHILISTE.

Ne m'échappez donc point avant que m'introduire ;
Après, sur le discours vous prendrez votre temps,
Et nous serons ainsi l'un et l'autre contents [1].
Vous me semblez troublé !

DORANTE.

J'ai bien raison de l'être.
Adieu.

PHILISTE.

Vous soupirez et voulez disparoître !
De Mélisse ou de vous je saurai vos malheurs.
Madame, puis-je...? O ciel ! elle-même est en pleurs !
Je ne vois des deux parts que des sujets d'alarmes.
D'où viennent ses soupirs ? et d'où naissent vos larmes ?
Quel accident vous fâche, et le fait retirer ?
Qu'ai-je à craindre pour vous, ou qu'ai-je à déplorer ?

MÉLISSE.

Philiste, il est tout vrai... Mais retenez Dorante,
Sa présence au secret est la plus importante.

DORANTE.

Vous me perdez, madame.

MÉLISSE.

Il faut tout hasarder
Pour un bien qu'autrement je ne puis plus garder.

---

[1] Après ce vers on lit, dans la première édition, les quatre suivants, que Corneille a supprimés :

> Je voudrois toutefois vous dire une nouvelle,
> Et vous en faire rire en sortant d'avec elle ;
> Chez un de mes amis je viens de rencontrer
> Certain livre nouveau que je vous veux montrer.

LYSE.

Cléandre entre.

MÉLISSE.

Le ciel à propos nous l'envoie.

SCÈNE V.

DORANTE, PHILISTE, CLÉANDRE, MÉLISSE, LYSE, CLITON.

CLÉANDRE.

Ma sœur, auriez-vous cru...? Vous montrez peu de joie!
En si bon entretien qui vous peut attrister?

MÉLISSE, à Cléandre.

J'en contois le sujet, vous pouvez l'écouter.

(à Philiste.)

Vous m'aimez, je l'ai su de votre propre bouche [1],
Je l'ai su de Dorante, et votre amour me touche,
Si trop peu pour vous rendre un amour tout pareil [2],
Assez pour vous donner un fidèle conseil.
Ne vous obstinez plus à chérir une ingrate;
J'aime ailleurs, c'est en vain qu'un faux espoir vous flatte.
J'aime, et je suis aimée, et mon frère y consent;
Mon choix est aussi beau que mon amour puissant.
Vous l'auriez fait pour moi, si vous étiez mon frère.

---

[1] VAR. Vous m'aimez, je l'ai su, monsieur, de votre bouche.

[2] Ellipse très hardie, et qui cependant ne nuit pas à la clarté : tout dépend de la manière dont on prononce le vers. Pour montrer la beauté de cette forme, il suffit de construire la phrase comme on se croirait obligé de la construire aujourd'hui : Si votre amour me touche trop peu pour que je vous rende un amour tout pareil, il me touche assez pour que, etc. (A.-M.)

C'est Dorante, en un mot, qui seul a pu me plaire.
Ne me demandez point ni quelle occasion,
Ni quel temps entre nous a fait cette union;
S'il la faut appeler ou surprise, ou constance;
Je ne vous en puis dire aucune circonstance :
Contentez-vous de voir que mon frère aujourd'hui
L'estime et l'aime assez pour le loger chez lui,
Et d'apprendre de moi que mon cœur se propose
Le change et le tombeau pour une même chose.
Lorsque notre destin nous sembloit le plus doux,
Vous l'avez obligé de me parler pour vous;
Il l'a fait, et s'en va pour vous quitter la place :
Jugez par ce discours quel malheur nous menace[1].
Voilà cet accident qui le fait retirer;
Voilà ce qui le trouble, et qui me fait pleurer;
Voilà ce que je crains; et voilà les alarmes
D'où viennent ses soupirs, et d'où naissent mes larmes.

PHILISTE.

Ce n'est pas là, Dorante, agir en cavalier.
Sur ma parole encor vous êtes prisonnier;
Votre liberté n'est qu'une prison plus large;
Et je réponds de vous s'il survient quelque charge.
Vous partez cependant, et sans m'en avertir!
Rentrez dans la prison dont vous vouliez sortir.

DORANTE.

Allons, je suis tout prêt d'y laisser une vie
Plus digne de pitié qu'elle n'étoit d'envie;
Mais, après le bonheur que je vous ai cédé,
Je méritois peut-être un plus doux procédé.

PHILISTE.

Un ami tel que vous n'en mérite point d'autre.

---

[1] VAR. Jugez par-là, monsieur, quel malheur nous menace.

Je vous dis mon secret, vous me cachez le vôtre,
Et vous ne craignez point d'irriter mon courroux,
Lorsque vous me jugez moins généreux que vous!
Vous pouvez me céder un objet qui vous aime;
Et j'ai le cœur trop bas pour vous traiter de même,
Pour vous en céder un à qui l'amour me rend
Sinon trop malvoulu, du moins indifférent [1]!
Si vous avez pu naître et noble et magnanime,
Vous ne me deviez pas tenir en moindre estime :
Malgré notre amitié, je m'en dois ressentir.
Rentrez dans la prison dont vous vouliez sortir [2].

CLÉANDRE.

Vous prenez pour mépris son trop de déférence,
Dont il ne faut tirer qu'une pleine assurance
Qu'un ami si parfait, que vous osez blâmer,
Vous aime plus que lui, sans vous moins estimer.
Si pour lui votre foi sert aux juges d'otage,
Permettez qu'auprès d'eux la mienne la dégage,
Et, sortant du péril d'en être inquiété,
Remettez-lui, monsieur, toute sa liberté;

---

[1] *Malvoulu* pour *mal vu, mal venu*; il est encore d'usage dans ces phrases toutes faites : *il est bienvoulu, il est malvoulu.* (A.-M.)

[2] Cette scène est encore manquée : l'auteur n'a point fait de Philiste l'usage qu'il en pouvait faire. Un rival ne doit jamais être un personnage épisodique et inutile. Philiste est froid; et c'est, comme on l'a dit si souvent, le plus grand des défauts. Ce refrain, *Rentrez dans la prison dont vous vouliez sortir,* est encore plus froid que le caractère de Philiste; et cette petite finesse anéantit tout le mérite que pouvait avoir Philiste en se sacrifiant pour son ami.

Je ne sais si je me trompe; mais, en donnant de l'ame à ce caractère, en mettant en œuvre la jalousie, en retranchant quelques mauvaises plaisanteries de Cliton, on ferait de cette pièce un chef-d'œuvre. (V.)

Ou, si mon mauvais sort vous rend inexorable,
Au lieu de l'innocent arrêtez le coupable :
C'est moi qui me sus hier sauver sur son cheval,
Après avoir donné la mort à mon rival ;
Ce duel fut l'effet de l'amour de Climène,
Et Dorante sans vous se fût tiré de peine,
Si devant le prevôt son cœur trop généreux
N'eût voulu méconnoître un homme malheureux.

PHILISTE.

Je ne demande plus quel secret a pu faire
Et l'amour de la sœur, et l'amitié du frère ;
Ce qu'il a fait pour vous est digne de vos soins.
Vous lui devez beaucoup, vous ne rendez pas moins :
D'un plus haut sentiment la vertu n'est capable ;
Et puisque ce duel vous avoit fait coupable,
Vous ne pouviez jamais envers un innocent
Être plus obligé ni plus reconnoissant.
Je ne m'oppose point à votre gratitude ;
Et si je vous ai mis en quelque inquiétude,
Si d'un si prompt départ j'ai paru me piquer [1],
Vous ne m'entendiez pas, et je vais m'expliquer.

On nomme une prison le nœud de l'hyménée ;
L'amour même a des fers dont l'ame est enchaînée ;
Vous les rompiez pour moi, je n'y puis consentir [2].
Rentrez dans la prison dont vous vouliez sortir.

DORANTE.

Ami, c'est là le but qu'avoit votre colère ?

PHILISTE.

Ami, je fais bien moins que vous ne vouliez faire.

CLÉANDRE.

Comme à lui je vous dois et la vie et l'honneur.

[1] Var. Si de votre départ j'ai paru me piquer.
[2] Var. Vous les quittiez pour moi, je n'y puis consentir.

MÉLISSE.

Vous m'avez fait trembler pour croître mon bonheur.

PHILISTE, à Mélisse.

J'ai voulu voir vos pleurs pour mieux voir votre flamme,
Et la crainte a trahi les secrets de votre ame.
Mais quittons désormais des compliments si vains.

(à Cléandre.)

Votre secret, monsieur, est sûr entre mes mains;
Recevez-moi pour tiers d'une amitié si belle;
Et croyez qu'à l'envi je vous serai fidèle [1].

[1] Dans l'origine, cette comédie ne finissait pas là. Les vers suivants, qui ne se trouvent que dans la première édition (1645), et que personne avant nous n'a recueillis, furent retranchés par Corneille. Peut-être regarda-t-il comme un hors-d'œuvre cette dissertation sur le mérite de sa pièce. (PAR.)

(Philiste montre à Dorante *le Menteur* imprimé.)

Cher ami, cependant connoissez-vous ceci?

DORANTE.

Oui, je sais ce que c'est; vous en êtes aussi :
Un peu moins que le mien votre nom s'y fait lire;
Et, si Cliton dit vrai, nous aurons de quoi rire.
C'est une comédie, où, pour parler sans fard,
Philiste, ainsi que moi, doit avoir quelque part :
Au sortir d'écolier, j'eus certaine aventure
Qui me met là-dedans en fort bonne posture;
On la joue au Marais, sous le nom du Menteur.

CLITON.

Gardez que celle-ci n'aille jusqu'à l'auteur,
Et que pour une suite il n'y trouve matière;
La seconde, à mon gré, vaudroit bien la première.

DORANTE.

Fais-en ample mémoire, et va le lui porter;
Nous prendrons du plaisir à la représenter :
Entre les gens d'honneur on fait de ces parties,
Et je tiens celle-ci pour des mieux assorties.

PHILISTE.

Le sujet serait beau.

DORANTE.

Vous n'en savez pas tout.

CLITON, seul.
Ceux qui sont las debout se peuvent aller seoir;

MÉLISSE.
Quoi! jouer nos amours ainsi de bout en bout!
CLÉANDRE.
La majesté des rois, que leur cour idolâtre,
Sans perdre son éclat, monte sur le théâtre :
C'est gloire, et non pas honte; et pour moi, j'y consens.
PHILISTE.
S'il vous en faut encor des motifs plus puissants,
Vous pouvez effacer avec cette seconde
Les bruits que la première a laissés dans le monde,
Et ce cœur généreux n'a que trop d'intérêt
Qu'elle fasse par-tout connoître ce qu'elle est.
CLITON.
Mais peut-on l'ajuster dans les vingt et quatre heures?
DORANTE.
Qu'importe?
CLITON.
A mon avis, ce sont bien les meilleures;
Car, graces au bon Dieu, nous nous y connoissons;
Les poëtes au parterre en font tant de leçons,
Et là, cette science est si bien éclaircie,
Que nous savons que c'est que de péripétie,
Catastase, épisode, unité, dénouement,
Et, quand nous en parlons, nous parlons congrûment.
Donc, en termes de l'art, je crains que votre histoire
Soit peu juste au théâtre, et la preuve est notoire :
Si le sujet est rare, il est irrégulier;
Car vous êtes le seul qu'on y voit marier.
DORANTE.
L'auteur y peut mettre ordre avec beaucoup de peine :
Cléandre en même temps épousera Climène;
Et pour Philiste, il n'a qu'à me faire une sœur
Dont il recevra l'offre avec joie et douceur;
Il te pourra toi-même assortir avec Lyse.
CLITON.
L'invention est juste, et me semble de mise.
Ne reste plus qu'un point touchant votre cheval :
Si l'auteur n'en rend compte, elle finira mal;
Les esprits délicats y trouveront à dire,
Et feront de la pièce entre eux une satire,

Je vous donne en passant cet avis, et bonsoir.

Si, de quoi qu'on y parle, autant gros que menu,
La fin ne leur apprend ce qu'il est devenu.
CLÉANDRE.
De peur que dans la ville il me fît reconnoître,
Je le laissai bientôt libre de chercher maître ;
Mais, pour mettre la pièce à sa perfection,
L'auteur, à ce défaut, jouera d'invention.
DORANTE.
Nous perdons trop de temps autour de sa doctrine ;
Qu'à son choix, comme lui, tout le monde y raffine ;
Allons voir comme ici l'auteur m'a figuré,
Et rire à mes dépens après avoir pleuré.
CLITON, seul.
Tout change, et de la joie on passe à la tristesse ;
Aux plus grands déplaisirs succède l'allégresse ;
Ceux qui sont las debout. . . . . . .

FIN.

EXAMEN
DE LA SUITE DU MENTEUR.

L'effet de cette pièce n'a pas été si avantageux que celui de la précédente, bien qu'elle soit mieux écrite [1]. L'original espagnol est de Lope de Vègue sans contredit, et a ce défaut, que ce n'est que le valet qui fait rire, au lieu qu'en l'autre les principaux agréments sont dans la bouche du maître. L'on a pu voir par les divers succès quelle différence il y a entre les railleries spirituelles d'un honnête homme de bonne humeur, et les bouffonneries froides d'un plaisant à gages. L'obscurité que fait en celle-ci le rapport à l'autre a pu contribuer quelque chose à sa disgrace, y ayant beaucoup de choses qu'on ne peut entendre, si l'on n'a l'idée présente du *Menteur*. Elle a encore quelques défauts particuliers. Au second acte, Cléandre raconte à sa sœur la générosité de Dorante qu'on a vue au premier, contre la maxime, qu'il ne faut jamais faire raconter ce que le spectateur a déjà vu. Le cinquième est trop sérieux pour une pièce si enjouée, et n'a rien de plaisant que la première scène entre un valet et une servante. Cela plaît si fort en Espagne, qu'ils font souvent parler bas les amants de condition, pour donner lieu à ces sortes de gens de s'entredire des badinages; mais en France, ce n'est pas le goût

---

[1] *La Suite du Menteur* ne réussit point. Serait-il permis de dire qu'avec quelques changements elle ferait au théâtre plus d'effet que *le Menteur* même? L'intrigue de cette seconde pièce espagnole est beaucoup plus intéressante que la première. Dès que l'intrigue attache, le succès ne dépend plus que de quelques embellissements, de quelques convenances, que peut-être Corneille négligea trop dans les derniers actes de cette pièce. (V.)

de l'auditoire. Leur entretien est plus supportable au premier acte, cependant que Dorante écrit; car il ne faut jamais laisser le théâtre sans qu'on y agisse, et l'on n'y agit qu'en parlant. Ainsi Dorante qui écrit ne le remplit pas assez; et toutes les fois que cela arrive, il faut fournir l'action par d'autres gens qui parlent. Le second débute par une adresse digne d'être remarquée, et dont on peut former cette règle, que, quand on a quelque occasion de louer une lettre, un billet, ou quelque autre pièce éloquente ou spirituelle, il ne faut jamais la faire voir, parcequ'alors c'est une propre louange que le poëte se donne à soi-même; et souvent le mérite de la chose répond si mal aux éloges qu'on en fait, que j'ai vu des stances présentées à une maîtresse, qu'elle vantoit d'une haute excellence, bien qu'elles fussent très médiocres; et cela devenoit ridicule. Mélisse loue ici la lettre que Dorante lui a écrite; et comme elle ne la lit point, l'auditeur a lieu de croire qu'elle est aussi bien faite qu'elle le dit. Bien que d'abord cette pièce n'eût pas grande approbation, quatre ou cinq ans après la troupe du Marais la remit sur le théâtre avec un succès plus heureux; mais aucune des troupes qui courent les provinces ne s'en est chargée. Le contraire est arrivé de *Théodore*[1], que les troupes de Paris n'y ont point rétablie depuis sa disgrace, mais que celles des provinces y ont fait assez passablement réussir.

[1] Il ne faut jamais juger d'une pièce par les succès des premières années, ni à Paris ni en province; le temps seul met le prix aux ouvrages, et l'opinion réfléchie des bons juges est à la longue l'arbitre du goût du public. (V.)

THÉODORE

VIERGE ET MARTYRE,

TRAGÉDIE CHRÉTIENNE.

1645.

A MONSIEUR L. P. C. B.

Monsieur,

Je n'abuserai point de votre absence de la cour pour vous imposer touchant cette tragédie : sa représentation n'a pas eu grand éclat; et, quoique beaucoup en attribuent la cause à diverses conjonctures qui pourroient me justifier aucunement, pour moi je ne m'en veux prendre qu'à ses défauts, et la tiens mal faite, puisqu'elle a été mal suivie. J'aurois tort de m'opposer au jugement du public : il m'a été trop avantageux en mes autres ouvrages pour le désavouer en celui-ci; et, si je l'accusois d'erreur ou d'injustice pour *Théodore*, mon exemple donneroit lieu à tout le monde de soupçonner des mêmes choses tous les arrêts qu'il a prononcés en ma faveur. Ce n'est pas toutefois sans quelque sorte de satisfaction que je vois que la meilleure partie de mes juges impute ce mauvais succès à l'idée de la prostitution que l'on n'a pu souffrir, quoiqu'on sût bien qu'elle n'auroit pas d'effet, et que pour en exténuer l'horreur j'aie employé tout ce que l'art et l'expérience m'ont pu fournir de lumières ; et certes il y a de quoi congratuler à la pureté[1] de notre théâtre, de voir qu'une histoire qui fait le plus bel ornement du second livre *des Vierges* de saint Ambroise se trouve trop licencieuse pour y être supportée. Qu'eût-on dit, si, comme ce grand docteur de l'Église, j'eusse fait voir Théodore dans le lieu infame, si j'eusse décrit les diverses agitations de son ame durant qu'elle y fut, si j'eusse figuré les troubles qu'elle y ressentit au premier moment qu'elle y vit entrer Didyme? C'est là-dessus que ce grand saint fait triompher son éloquence, et c'est pour ce spectacle qu'il invite particulièrement les vierges à ouvrir les yeux. Je l'ai dérobé à la vue, et, autant que j'ai pu, à l'imagination de mes auditeurs ; et après y avoir consumé toute mon adresse, la modestie de notre scène a désavoué comme indigne d'elle[2] ce

---

[1] *Congratuler à* ne se dit plus. Cette phrase est latine, *tibi gratulor* : mais aujourd'hui *congratuler* régit l'accusatif, comme *féliciter*. (V.)

[2] Les honnêtes gens assemblés sont toujours chastes. On souffrait, du temps de Hardi, qu'on parlât de viol sur le théâtre de la manière la plus grossière ; mais c'est qu'alors il n'y avait que des hommes grossiers qui fréquentassent les spectacles. Mairet et Rotrou furent les premiers qui épurèrent un peu la scène des indécences les plus révoltantes. Il était impossible que cette pièce de Corneille eût du succès en 1645 ; elle en aurait eu vingt ans auparavant. Il choisit ce sujet, parcequ'il connaissait plus son cabinet que le monde, et qu'il avait plus de génie que de goût. C'est toujours la même versification, tantôt forte, tantôt faible, toujours la même inégalité de style, le même tour de

peu que la nécessité de mon sujet m'a forcé d'en faire
connoître. Après cela, j'oserai bien dire que ce n'est
pas contre des comédies pareilles aux nôtres que dé-
clame saint Augustin[1], et que ceux que le scrupule, ou
le caprice, ou le zèle, en rend opiniâtres ennemis, n'ont
pas grande raison de s'appuyer de son autorité : c'est
avec justice qu'il condamne celles de son temps, qui ne
méritoient que trop le nom qu'il leur donne de spectacles de turpitude; mais c'est avec injustice qu'on veut
étendre cette condamnation jusqu'à celles du nôtre,
qui ne contiennent, pour l'ordinaire, que des exemples
d'innocence, de vertu, et de piété. J'aurois mauvaise
grace de vous en entretenir plus au long; vous êtes déja
trop persuadé de ces vérités, et ce n'est pas mon dessein d'entreprendre ici de désabuser ceux qui ne veulent pas l'être : il est juste qu'on les abandonne à leur
aveuglement volontaire, et que, pour peine de la trop
facile croyance qu'ils donnent à des invectives mal fondées, ils demeurent privés du plus agréable et du plus
utile des divertissements[2] dont l'esprit humain soit ca-

phrase, la même manière d'intriguer; mais, n'étant pas soutenu
par le sujet, comme dans les pièces précédentes, il ne pouvait
ni s'élever ni intéresser. Puisqu'il faut des notes sur toutes les
pièces de Corneille, on en donne aussi quelques unes sur *Théodore*; mais un commentaire n'est pas un panégyrique : on doit
au public la vérité dans toute son étendue. (V.)

[1] On sait assez que saint Augustin ignorait le grec : s'il avait
connu cette belle langue, il n'aurait pas déclamé contre Sophocle; ou s'il eût déclamé contre ce grand homme, il eût été
fort à plaindre. (V.)

[2] On ne peut rien dire de plus fort en faveur de l'art des Sophocle, dont Aristote a donné les règles; et il est bien honteux

pable. Contentons-nous d'en jouir sans leur en faire pour notre nation, devenue si critique après avoir été si barbare, que Corneille ait été obligé de faire l'apologie d'un art qui était si respectable entre ses mains.

Le grand Corneille traite ici avec une fierté qui sied bien à sa réputation et à son mérite ces hommes bassement jaloux du premier des beaux-arts, qui colorent leur envie du prétexte de la religion : ils craignent que la nation ne s'instruise au théâtre, et que des hommes accoutumés à nourrir leur esprit de ce que la raison a de plus pur et de ce que l'éloquence des vers a de plus touchant, ne deviennent indifférents pour de vaines disputes scolastiques, pour de misérables querelles, dans lesquelles on veut trop souvent entraîner les citoyens.

Ces ennemis de la société ont imaginé qu'un chrétien devait regarder *Cinna, les Horaces,* et *Polyeucte,* du même œil dont les Pères de l'Église regardaient les mimes et les farces obscènes qu'on représentait de leur temps dans les provinces de l'empire romain.

On consulta sur cette question, dans l'année 1742, monsignor Cerati, confesseur du pape Clément XII, et du consistoire qui élut ce pape. J'ai heureusement retrouvé une partie de sa réponse, écrite de sa main, commençant par ces mots : *I concilii e i Padri*, et finissant par ceux-ci : *Giovan-Battista Andreini* ; et voici la traduction fidèle des principaux articles de sa lettre :

« Les conciles et les Pères qui ont condamné la comédie, comme il paraît par le troisième article du concile de Carthage de l'an 397, entendaient les représentations obscènes, mêlées de sacré et de profane, la dérision des choses ecclésiastiques, les blasphèmes, etc.

« Les comédies, dans des temps plus éclairés, ne furent pas de ce genre ; c'est pourquoi saint Thomas, quest. 168, art. 3, parlant de la comédie, s'exprime ainsi :

« *Officium histrionum, ordinatum ad solatium hominibus exhiben-
« dum, non est secundum se illicitum, nec sunt in statu peccati, dum-
« modo moderate ludo utantur, id est non utendo aliquibus illicitis
« verbis, vel factis, et non adhibendo ludos negotiis et temporibus inde-
« bitis.*

« L'emploi des comédiens, institué pour donner quelque départ; et souffrez que, sans faire aucun effort pour les

« lassement aux hommes, n'est pas en soi illicite; ils ne sont
« point dans l'état de péché, pourvu qu'ils usent honnêtement
« de leurs talents, c'est-à-dire qu'ils évitent les mots et les actions
« défendues, et qu'ils ne représentent point dans les temps qui
« ne sont point permis.

« Cajetan, en commentant ce passage, conclut : *Donc l'art des*
« *comédiens qui se contiennent dans les bornes n'est point condamnable,*
« *mais permis.*

« Saint Antonin, archevêque de Florence, dans sa *Somme théo-*
« *logique,* partie 3, titre 3, chap. 4, dit :

« Au temps de saint Charles Borromée, il fut défendu à cer-
« tains comédiens de représenter sur le théâtre de Milan : ils
« allèrent trouver saint Charles, et obtinrent de lui un décret
« portant permission de représenter des comédies dans son dio-
« cèse, en observant les règles prescrites par saint Thomas ; il se
« fit présenter tous les sujets des scènes qu'ils jouaient im-
« promptu, et il leur fit jurer que toutes les nouvelles scènes
« qu'ils mêleraient à celles dont il avait vu la disposition seraient
« aussi honnêtes et aussi décentes que les autres.

« L'usage de l'Italie est de permettre toutes les représentations
« qui ne portent point de scandale. On joue des pièces à Rome
« dans de certains temps, et particulièrement dans des colléges.
« Les comédiens approchent des sacrements, et on ne trouve
« aucune bulle ni aucun décret des papes qui les en privent : on
« leur donne la sépulture dans les églises, comme à tous les
« autres bons catholiques, avec toutes les cérémonies sacrées,
« *con tutte le sacre fonzioni.*

« Nicolo Barbieri rapporte qu'Isabella Andreini reçut à Lyon
« beaucoup d'honneurs, qu'elle y fut enterrée avec pompe, et
« que son corps fut accompagné des principaux de la ville, qui
« firent graver son épitaphe sur le bronze.

« L'empereur Matthias donna des lettres de noblesse à Pierre
« Cequini. Jean-Baptiste Andreini fut de l'Académie de Mantoue,
« et capitaine des chasses.

« Le même Nicolo Barbieri rapporte que Rinoceronte, comé-
« dien, mourut de son temps en odeur de sainteté. »

Si Lope de Vega et Shakespeare ne furent pas regardés comme

guérir de leur foiblesse, je finisse en vous assurant que je suis et serai toute ma vie,

Monsieur,

Votre très humble et très
obligé serviteur,
CORNEILLE.

de saints personnages, personne au moins, ni à Madrid ni à Londres, ne reprocha à ces deux célèbres auteurs d'avoir représenté leurs ouvrages selon l'usage des anciens Grecs, nos maîtres. Le fameux docteur Ramon, le licencié Michel Sanchez, le chanoine Mira de Mesova, le chanoine Tarraga, firent beaucoup de comédies, presque toutes estimées, et leurs fonctions de prêtres n'en furent pas interrompues. Plusieurs prêtres en France en ont fait, témoin le cardinal de Richelieu, l'abbé Boyer, l'abbé Genest, aumônier de madame la duchesse d'Orléans, et tant d'autres. Enfin l'art doit être encouragé, l'abus de l'art seul peut avilir.

Pour dernière preuve incontestable, rapportons la déclaration de Louis XIII, du 16 avril 1641, enregistrée au parlement; elle dit expressément :

« Nous voulons que l'exercice des comédiens, qui peut inno-
« cemment détourner nos sujets de diverses occupations mau-
« vaises, ne puisse leur être imputé à blâme, ni préjudicier à
« leur réputation dans le commerce public. »

C'est en vertu de cette déclaration que Louis XIV maintint Floridor, sieur de Soulas, dans la possession de sa noblesse, par arrêt du conseil du 10 septembre 1668. En bonne foi, peut-on flétrir un pensionnaire du roi, déclaré gentilhomme par le roi, pour avoir rempli des fonctions dont le roi lui ordonne expressément de s'acquitter? Il est mis en prison s'il ne joue pas, il est excommunié s'il joue : voilà un bel exemple de nos contradictions. En faut-il davantage pour confondre ceux qui se déclarent contre nos spectacles, autant par ignorance que par mauvaise volonté? (V.)

ACTEURS.

VALENS, gouverneur d'Antioche.
PLACIDE, fils de Valens, et amoureux de Théodore.
CLÉOBULE, ami de Placide.
DIDYME, amoureux de Théodore.
PAULIN, confident de Valens.
LYCANTE, capitaine d'une cohorte romaine.
MARCELLE, femme de Valens.
THÉODORE, princesse d'Antioche.
STÉPHANIE, confidente de Marcelle.

La scène est à Antioche, dans le palais du gouverneur.

THÉODORE
VIERGE ET MARTYRE[1].

ACTE PREMIER.

SCÈNE I.
PLACIDE, CLÉOBULE.

PLACIDE.
Il est vrai, Cléobule, et je veux l'avouer,
La fortune me flatte assez pour m'en louer :
Mon père est gouverneur de toute la Syrie[2] ;
Et, comme si c'étoit trop peu de flatterie[3],
Moi-même elle m'embrasse, et vient de me donner[4],
Tout jeune que je suis, l'Égypte à gouverner.
Certes, si je m'enflois de ces vaines fumées

---

[1] Les variantes se trouvent dans l'édition de 1646. (LEF....)
Cette pièce ne mérite aucun commentaire; elle pèche par l'indécence du sujet, par la conduite, par la froideur, par le style. On ne fera que très peu de remarques. (V.)

[2] Dans *Polyeucte*, Félix est gouverneur de *toute* l'Arménie, et ici Valens est gouverneur de *toute* la Syrie : un mot de trop gâte un beau vers, et rend un médiocre mauvais. (V.)

[3] *Trop peu de flatterie* de donner le gouvernement *de toute la Syrie!* et *la fortune qui embrasse Placide!* quelles expressions! quel style! quelle négligence! (V.)

[4] VAR. Moi-même elle m'embrasse, et me vient de donner.

Dont on voit à la cour tant d'ames si charmées [1],
Si l'éclat des grandeurs avoit pu me ravir,
J'aurois de quoi me plaire et de quoi m'assouvir [2].
Au-dessous des Césars, je suis ce qu'on peut être ;
A moins que de leur rang le mien ne sauroit croître [3] ;
Et pour haut qu'on ait mis des titres si sacrés [4],
On y monte souvent par de moindres degrés [5].
Mais ces honneurs pour moi ne sont qu'une infamie,
Parceque je les tiens d'une main ennemie [6],

[1] Il faut convenir que ce style est bas et incorrect ; et malheureusement la plus grande partie de la pièce est écrite dans ce goût.
On a exigé un commentaire sur toutes les pièces de Corneille ; mais toutes n'en méritent pas. Que verra-t-on par ce commentaire ? que nul auteur n'est jamais tombé si bas après être monté si haut. La seule consolation d'un travail si ingrat est que du moins tant de fautes peuvent être de quelque utilité ; elles feront voir aux étrangers que les beautés ne nous aveuglent pas sur les défauts ; que notre nation est juste en admirant et en désapprouvant ; et les jeunes auteurs, en voyant ces chutes déplorables et si fréquentes, en seront plus sur leurs gardes. (V.)

[2] *Un éclat qui peut ravir ! un homme qui auroit de quoi se plaire et de quoi s'assouvir !* Nul auteur n'a jamais écrit plus mal et mieux : voilà pourquoi on disait que Corneille avait un démon qui fit pour lui les belles scènes de ses tragédies, et qui lui laissa faire tout le reste. (V.)

[3] Cela n'est pas français : un rang ne croit pas ; on passe, ou s'élève d'un rang à un autre. (V.) — Un rang peut s'accroître quand on y joint de nouvelles prérogatives, de nouveaux honneurs, en un mot lorsqu'il devient supérieur à ce qu'il était. (P.)

[4] Var. Et, si de cet espoir je voulois me flatter,
Par de moindres degrés on en voit y monter.
Mais je tiens ces honneurs à titre d'infamie.

[5] *On y monte souvent par de moindres degrés*, n'est pas plus exact que le reste ; on ne monte pas à un titre. (V.)

[6] *Parceque* est une conjonction dure à l'oreille, et traînante en vers ; il faut toujours l'éviter : mais, quand il est répété, il

Et leur plus doux appât qu'un excès de rigueur [1],
Parceque pour échange on veut avoir mon cœur.
On perd temps toutefois; ce cœur n'est point à vendre [2].
Marcelle, en vain par-là tu crois gagner un gendre;
Ta Flavie à mes yeux fait toujours même horreur.
Ton frère Marcellin peut tout sur l'empereur.
Mon père est ton époux, et tu peux sur son ame
Ce que sur un mari doit pouvoir une femme :
Va plus outre [3]; et, par zèle ou par dextérité,
Joins le vouloir des dieux à leur autorité [4];
Assemble leur faveur, assemble leur colère [5] :
Pour aimer je n'écoute empereur, dieux, ni père;
Et je la trouverois un objet odieux
Des mains de l'empereur, et d'un père, et des dieux.

CLÉOBULE.

Quoique pour vous Marcelle ait le nom de marâtre,
Considérez, seigneur, qu'elle vous idolâtre;
Voyez d'un œil plus sain ce que vous lui devez,
Les biens et les honneurs qu'elle vous a sauvés.
Quand Dioclétian fut maître de l'empire....

PLACIDE.

Mon père étoit perdu, c'est ce que tu veux dire.
Sitôt qu'à son parti le bonheur eut manqué,

devient intolérable. On pardonne toutes ces fautes dans des ouvrages remplis de beautés, comme les précédents. (V.)

[1] Var. Et leur plus doux appât n'a pour moi que rigueur.

[2] On peut dire, dans le style noble : *vendre son sang, vendre son honneur à la fortune;* mais *un cœur à vendre* est bas. (V.)

[3] Terme autrefois familier, et qui n'est plus français. (V.)

[4] Pourquoi *le vouloir des dieux?* Cet hymen n'est point ordonné par un oracle; les *dieux* sont ici de trop : *le vouloir* n'est plus d'usage. (V.)

[5] Il faudrait *leurs faveurs* au pluriel, parcequ'on ne peut assembler une seule chose. (V.)

Sa tête fut proscrite, et son bien confisqué;
On vit à Marcellin sa dépouille donnée :
Il sut la racheter par ce triste hyménée [1];
Et, forçant son grand cœur à ce honteux lien,
Lui-même il se livra pour rançon de son bien.
Dès-lors on asservit jusques à mon enfance ;
De Flavie avec moi l'on conclut l'alliance;
Et depuis ce moment Marcelle a fait chez nous
Un destin que tout autre auroit trouvé fort doux [2].
La dignité du fils, comme celle du père,
Descend du haut pouvoir que lui donne ce frère;
Mais, à la regarder de l'œil dont je la voi,
Ce n'est qu'un joug pompeux qu'on veut jeter sur moi.
On élève chez nous un trône pour sa fille;
On y sème l'éclat dont on veut qu'elle brille :
Et dans tous ces honneurs je ne vois en effet
Qu'un infame dépôt des présents qu'on lui fait.

CLÉOBULE.

S'ils ne sont qu'un dépôt du bien qu'on lui veut faire [3],
Vous en êtes, seigneur, mauvais dépositaire,
Puisqu'avec tant d'effort on vous voit travailler
A mettre ailleurs l'éclat dont elle doit briller [4].
Vous aimez Théodore, et votre ame ravie

[1] Var. Il en rompit le coup par ce triste hyménée;
Et par raison d'état il sut, dans son malheur,
Se racheter du frère en épousant la sœur.

[2] Style bas et négligé de la comédie. En voilà assez sur le style de la pièce, dont les fautes ne sont rachetées par aucun morceau sublime; nous nous contenterons de remarquer les endroits moins faibles que les autres. Il est étrange que Corneille ait senti le vice de son sujet, et qu'il n'ait pas senti le vice de sa diction. (V.)

[3] Var. S'ils ne sont qu'un dépôt des biens qu'on lui veut faire.

[4] Travailler à mettre ailleurs un éclat! (V.)

ACTE I, SCÈNE I.

Lui veut donner ce trône élevé pour Flavie[1] :
C'est là le fondement de votre aversion.

PLACIDE.

Ce n'est point un secret que cette passion :
Flavie au lit malade en meurt de jalousie[2],
Et, dans l'âpre dépit dont sa mère est saisie,
Elle tonne, foudroie, et, pleine de fureur,
Menace de tout perdre auprès de l'empereur.
Commé de ses faveurs, je ris de sa colère :
Quoi qu'elle ait fait pour moi, quoi qu'elle puisse faire,
Le passé sur mon cœur ne peut rien obtenir,
Et je laisse au hasard le soin de l'avenir.
Je me plais à braver cet orgueilleux courage ;
Chaque jour pour l'aigrir je vais jusqu'à l'outrage[3] :

[1] Le terme de *trône* ne peut jamais convenir à un gouverneur de province. (V.)

[2] Ce style prosaïque est inadmissible dans le tragique; la poésie n'est faite que pour déguiser et embellir tous ces détails. Voyez comment Racine rend la même idée :

> Phèdre, atteinte d'un mal qu'elle s'obstine à taire,
> Lasse enfin d'elle-même et du jour qui l'éclaire.... (V.)

[3] Il n'était pas nécessaire que Placide outrageât tous les jours sa belle-mère, qui lui veut donner sa fille; ce sont là des mœurs révoltantes, et qui rendent tout d'un coup le premier personnage odieux. Nous ne parlerons plus guère du style; nous nous en tiendrons à l'art de la tragédie. Il n'y a rien de tragique dans cette intrigue; c'est un jeune homme qui ne veut point de la femme qu'on lui offre, et qui en aime une autre qui ne veut point de lui : vrai sujet de comédie, et même sujet trivial. Nous avons déjà remarqué que les gens peu instruits croient que Racine a gâté le théâtre en y introduisant ces intrigues d'amour; mais il n'y a aucune pièce de Corneille dont l'amour ne fasse l'intrigue : la seule différence est que Racine a traité cette passion en maître, et que Corneille n'a jamais su faire parler des amants, excepté dans *le Cid,* où il était conduit par un auteur espagnol. Ce n'est pas l'amour qui domine dans *Po-*

Son ame impérieuse et prompte à fulminer
Ne sauroit me haïr jusqu'à m'abandonner :
Souvent elle me flatte alors que je l'offense ;
Et quand je l'ai poussée à quelque violence,
L'amour de sa Flavie en rompt tous les effets,
Et l'éclat s'en termine à de nouveaux bienfaits.
Je la plains toutefois; et, plus à plaindre qu'elle [1],
Comme elle aime un ingrat, j'adore une cruelle,
Dont la rigueur la venge, et, rejetant ma foi,
Me rend tous les mépris que Flavie a de moi [2].
Mon sort des deux côtés mérite qu'on le plaigne :
L'une me persécute, et l'autre me dédaigne ;
Je hais qui m'idolâtre, et j'aime qui me fuit,
Et je poursuis en vain, ainsi qu'on me poursuit.
Telle est de mon destin la fatale injustice ;
Telle est la tyrannie ensemble et le caprice
Du démon aveuglé, qui sans discrétion
Verse l'antipathie et l'inclination.
Mais puisqu'à d'autres yeux je parois trop aimable [3],
Que peut voir Théodore en moi de méprisable ?
Sans doute elle aime ailleurs, et s'impute à bonheur
De préférer Didyme au fils du gouverneur.

CLÉOBULE.

Comme elle, je suis né, seigneur, dans Antioche,
Et par les droits du sang je lui suis assez proche ;

lyeucte, c'est la victoire que remporte Pauline sur son amant, c'est la noblesse de Sévère. (V.)

[1] Var. Je la plains sa Flavie; et, plus à plaindre qu'elle.
[2] Var. Me rend tous les mépris qu'elle reçoit de moi.
    Ainsi par toutes deux mon sort me persécute :
    L'une me sollicite, et l'autre me rebute.
[3] Var. Mais que voit Théodore en moi de méprisable ?
    Puisqu'on m'adore ailleurs, encor dois-je être aimable ;
    Elle aime, elle aime un autre, et s'impute à bonheur.

Je connois son courage, et vous répondrai bien
Qu'étant sourde à vos vœux elle n'écoute rien,
Et que cette rigueur dont votre amour l'accuse [1]
Ne donne point ailleurs ce qu'elle vous refuse.
Ce malheureux rival dont vous êtes jaloux
En reçoit chaque jour plus de mépris que vous :
Mais quand même ses feux répondroient à vos flammes,
Qu'une amour mutuelle uniroit vos deux ames,
Voyez où cette amour vous peut précipiter,
Quel orage sur vous elle doit exciter,
Ce que dira Valens, ce que fera Marcelle [2].
Souffrez que son parent vous dise enfin pour elle....

PLACIDE.

Ah! si je puis encor quelque chose sur toi,
Ne me dis rien pour elle, et dis-lui tout pour moi ;
Dis-lui que je suis sûr des bontés de mon père ;
Ou que, s'il se rendoit d'une humeur trop sévère,
L'Égypte où l'on m'envoie est un asile ouvert
Pour mettre notre flamme et notre heur à couvert.
Là, saisis d'un rayon des puissances suprêmes,
Nous ne recevrons plus de lois que de nous-mêmes.
Quelques noires vapeurs que puissent concevoir
Et la mère et la fille ensemble au désespoir,
Tout ce qu'elles pourront enfanter de tempêtes,
Sans venir jusqu'à nous crèvera sur leurs têtes,
Et nous érigerons en cet heureux séjour
De leur rage impuissante un trophée à l'amour.

---

[1] Var. Et que, dans la rigueur dont votre amour l'accuse,
    Personne n'obtiendra ce qu'elle vous refuse.
    Ce rival malheureux dont vous êtes jaloux
    En est encor, seigneur, plus maltraité que vous.
[2] Var. Que dira votre père, et que fera Marcelle ?
    De grace, permettez que je parle pour elle.

Parle, parle pour moi, presse, agis, persuade;
Fais quelque chose enfin pour mon esprit malade;
Fais-lui voir mon pouvoir, fais-lui voir mon ardeur :
Son dédain est peut-être un effet de sa peur [1];
Et, si tu lui pouvois arracher cette crainte,
Tu pourrois dissiper cette froideur contrainte,
Tu pourrois... Mais je vois Marcelle qui survient.

SCÈNE II.

MARCELLE, PLACIDE, CLÉOBULE, STÉPHANIE.

MARCELLE.

Ce mauvais conseiller toujours vous entretient [2]!

PLACIDE.

Vous dites vrai, madame, il tâche à me surprendre;
Son conseil est mauvais, mais je sais m'en défendre.

MARCELLE.

Il vous parle d'aimer?

PLACIDE.

Contre mon sentiment.

---

[1] Var. Dissipe ces frayeurs, tu vaincras sa froideur.
CLÉOBULE.
Je parlerai, seigneur, quoique sans espérance
De pouvoir l'arracher de son indifférence.
Son cœur trop résolu.... Mais Marcelle survient.

[2] Cette scène de bravade entre Marcelle et Placide paraît contre toute bienséance; c'est une picoterie bourgeoise, et des bourgeois bien élevés parleraient plus noblement. Marcelle querelle Placide, tandis qu'elle devrait tâcher de lui plaire. Quel rôle désagréable que celui d'une femme qui veut à toute force qu'on épouse sa fille, qui dit des injures grossières à celui dont elle veut faire son gendre, et qui en essuie de plus fortes! Mar-

ACTE I, SCÈNE II.

MARCELLE.

Levez, levez le masque, et parlez franchement :
De votre Théodore il est l'agent fidèle ;
Pour vous mieux engager elle fait la cruelle,
Vous chasse en apparence, et, pour vous retenir,
Par ce parent adroit vous fait entretenir.

PLACIDE.

Par ce fidèle agent elle est donc mal servie [1] :
Loin de parler pour elle, il parle pour Flavie ;
Et ce parent adroit en matière d'amour
Agit contre son sang pour mieux faire sa cour.
C'est, madame, en effet le mal qu'il me conseille ;
Mais j'ai le cœur trop bon pour lui prêter l'oreille.

MARCELLE.

Dites le cœur trop bas pour aimer en bon lieu.

PLACIDE.

L'objet où vont mes vœux seroit digne d'un dieu.

MARCELLE.

Il est digne de vous, d'une ame vile et basse.

PLACIDE.

Je fais donc seulement ce qu'il faut que je fasse.
Ne blâmez que Flavie : un cœur si bien placé
D'une ame vile et basse est trop embarrassé ;
D'un choix qui lui fait honte il faut qu'elle s'irrite,
Et me prive d'un bien qui passe mon mérite.

celle dit que Placide a le cœur trop bas pour aimer en bon lieu,
qu'il a une ame vile et basse ; Placide répond sur le même ton :
cela seul devait faire tomber la pièce, qui d'ailleurs est une des
plus mal écrites. (V.)

[1] Var. Il m'entretient donc mal, au gré de son envie :
    Au lieu de Théodore, il parle pour Flavie ;
    Et, mauvais conseiller en matière d'amour,
    Il fait contre son sang, pour mieux faire sa cour.

MARCELLE.
Avec quelle arrogance osez-vous me parler ?
PLACIDE.
Au-dessous de Flavie ainsi me ravaler,
C'est de cette arrogance un mauvais témoignage.
Je ne me puis, madame, abaisser davantage.
MARCELLE.
Votre respect est rare, et fait voir clairement
Que votre humeur modeste aime l'abaissement.
Eh bien ! puisqu'à présent j'en suis mieux avertie,
Il faudra satisfaire à cette modestie ;
Avec un peu de temps nous en viendrons à bout.
PLACIDE.
Vous ne m'ôterez rien, puisque je vous dois tout.
Qui n'a que ce qu'il doit a peu de perte à faire.
MARCELLE.
Vous pourrez bientôt prendre un sentiment contraire[1].
PLACIDE.
Je n'en changerai point pour la perte d'un bien
Qui me rendra celui de ne vous devoir rien.
MARCELLE.
Ainsi l'ingratitude en soi-même se flatte.
Mais je saurai punir cette ame trop ingrate ;
Et, pour mieux abaisser vos esprits soulevés,
Je vous ôterai plus que vous ne me devez.
PLACIDE.
La menace est obscure ; expliquez-la, de grace.
MARCELLE.
L'effet expliquera le sens de la menace.
Tandis, souvenez-vous, malgré tous vos mépris,

---

[1] VAR. Nous vous verrons bientôt d'un sentiment contraire.
PLACIDE.
Je n'en saurois changer par la perte d'un bien.

ACTE I, SCÈNE II.

Que j'ai fait ce que sont et le père et le fils :
Vous me devez l'Égypte; et Valens, Antioche.

PLACIDE.

Nous ne vous devons rien après un tel reproche.
Un bienfait perd sa grace à le trop publier¹ ;
Qui veut qu'on s'en souvienne, il le doit oublier.

MARCELLE.

Je l'oublierois, ingrat, si pour tant de puissance
Je recevois de vous quelque reconnoissance.

PLACIDE.

Et je m'en souviendrois jusqu'aux derniers abois,
Si vous vous contentiez de ce que je vous dois.

MARCELLE.

Après tant de bienfaits, osé-je trop prétendre?

PLACIDE.

Ce ne sont plus bienfaits alors qu'on veut les vendre.

MARCELLE.

Que doit donc un grand cœur aux faveurs qu'il reçoit?

PLACIDE.

S'avouant redevable, il rend tout ce qu'il doit.

MARCELLE.

Tous les ingrats en foule iront à votre école²,
Puisqu'on y devient quitte en payant de parole.

PLACIDE.

Je vous dirai donc plus, puisque vous me pressez :
Nous ne vous devons pas tout ce que vous pensez.

MARCELLE.

Que seriez-vous sans moi ?

---

¹ Racine a imité heureusement ce vers dans *Iphigénie* :
    Un bienfait reproché tint toujours lieu d'offense. (V.)

² VAR. Les ingrats à la foule iront à votre école.

PLACIDE.
Sans vous ? ce que nous sommes.
Notre empereur est juste, et sait choisir les hommes;
Et mon père, après tout, ne se trouve qu'au rang
Où l'auroient mis sans vous ses vertus et son sang.

MARCELLE.
Ne vous souvient-il plus qu'on proscrivit sa tête?

PLACIDE.
Par-là votre artifice en fit votre conquête.

MARCELLE.
Ainsi de ma faveur vous nommez les effets!

PLACIDE.
Un autre ami peut-être auroit bien fait sa paix;
Et si votre faveur pour lui s'est employée,
Par son hymen, madame, il vous a trop payée.
On voit peu d'unions de deux telles moitiés;
Et, la faveur à part, on sait qui vous étiez.

MARCELLE.
L'ouvrage de mes mains avoir tant d'insolence!

PLACIDE.
Elles m'ont mis trop haut pour souffrir une offense.

MARCELLE.
Quoi! vous tranchez ici du nouveau gouverneur?

PLACIDE.
De mon rang en tous lieux je soutiendrai l'honneur.

MARCELLE.
Considérez donc mieux quelle main vous y porte;
L'hymen seul de Flavie en est pour vous la porte.

PLACIDE.
Si je n'y puis entrer qu'acceptant cette loi,
Reprenez votre Égypte, et me laissez à moi.

MARCELLE.
Plus il me doit d'honneurs, plus son orgueil me brave!

PLACIDE.
Plus je reçois d'honneurs, moins je dois être esclave.
MARCELLE.
Conservez ce grand cœur, vous en aurez besoin.
PLACIDE.
Je le conserverai, madame, avec grand soin ;
Et votre grand pouvoir en chassera la vie
Avant que d'y surprendre aucun lieu pour Flavie.
MARCELLE.
J'en chasserai du moins l'ennemi qui me nuit.
PLACIDE.
Vous ferez peu d'effet avec beaucoup de bruit.
MARCELLE.
Je joindrai de si près l'effet à la menace,
Que sa perte aujourd'hui me quittera la place.
PLACIDE.
Vous perdrez aujourd'hui...?
MARCELLE.
Théodore à vos yeux.
M'entendez-vous, Placide ? Oui, j'en jure les dieux
Qu'aujourd'hui mon courroux, armé contre son crime,
Au pied de leurs autels en fera ma victime.
PLACIDE.
Et je jure à vos yeux ces mêmes immortels
Que je la vengerai jusque sur leurs autels.
Je jure plus encor, que, si je pouvois croire
Que vous eussiez dessein d'une action si noire,
Il n'est point de respect qui pût me retenir [1]
D'en punir la pensée et de vous prévenir,
Et que, pour garantir une tête si chère,
Je vous irois chercher jusqu'au lit de mon père.

---

[1] Var. Il n'est point de respect qui me pût retenir.

M'entendez-vous, madame? Adieu. Pensez-y bien.
N'épargnez pas mon sang si vous versez le sien;
Autrement ce beau sang en fera verser d'autre,
Et ma fureur n'est pas pour se borner au vôtre[1].

SCÈNE III[2].

MARCELLE, STÉPHANIE.

MARCELLE.
As-tu vu, Stéphanie, un plus farouche orgueil?
As-tu vu des mépris plus dignes du cercueil?
Et pourrois-je épargner cette insolente vie,
Si sa perte n'étoit la perte de Flavie,
Dont le cruel destin prend un si triste cours
Qu'aux jours de ce barbare il attache ses jours?
STÉPHANIE.
Je tremble encor de voir où sa rage l'emporte.
MARCELLE.
Ma colère en devient et plus juste et plus forte;
Et l'aveugle fureur dont ses discours sont pleins
Ne m'arrachera pas ma vengeance des mains.
STÉPHANIE.
Après votre vengeance appréhendez la sienne.
MARCELLE.
Qu'une indigne épouvante à présent me retienne!
De ce feu turbulent l'éclat impétueux

---

[1] VAR. Et ma fureur n'est pas pour s'arrêter au vôtre.

[2] Corneille avoue la faiblesse et la lâcheté de Valens; mais comment ne sentait-il pas que le rôle de Marcelle révoltait encore davantage? (V.)

ACTE I, SCÈNE III.

N'est qu'un foible avorton d'un cœur présomptueux [1].
La menace à grand bruit ne porte aucune atteinte,
Elle n'est qu'un effet d'impuissance et de crainte;
Et qui si près du mal s'amuse à menacer
Veut amollir le coup qu'il ne peut repousser.

STÉPHANIE.

Théodore vivante, il craint votre colère;
Mais voyez qu'il ne craint que parcequ'il espère;
Et c'est à vous, madame, à bien considérer
Qu'il cessera de craindre en cessant d'espérer.

MARCELLE.

Si l'espoir fait sa peur, nous n'avons qu'à l'éteindre [2] :
Il cessera d'aimer aussi bien que de craindre.
L'amour va rarement jusque dans un tombeau
S'unir au reste affreux de l'objet le plus beau.
Hasardons; je ne vois que ce conseil à prendre.
Théodore vivante, il n'en faut rien prétendre;
Et Théodore morte, on peut encor douter
Quel sera le succès que tu veux redouter.
Quoi qu'il arrive enfin, de la sorte outragée,
C'est un plaisir bien doux que de se voir vengée.
Mais dis-moi, ton indice est-il bien assuré?

STÉPHANIE.

J'en réponds sur ma tête, et l'ai trop avéré.

MARCELLE.

Ne t'oppose donc plus à ce moment de joie
Qu'aujourd'hui par ta main le juste ciel m'envoie.

---

[1] Si on assemblait des mots au hasard, il est à présumer qu'ils ne s'arrangeraient pas plus mal (V.)

[2] VAR. L'espoir nourrit sa flamme, et, venant à s'éteindre,
  Il peut cesser d'aimer aussi bien que de craindre;
  Et l'amour rarement passe dans un tombeau,
  Qui ne laisse aucun charme à l'objet le plus beau.

Valens vient à propos, et sur tes bons avis
Je vais forcer le père à me venger du fils.

SCÈNE IV.

VALENS, MARCELLE, PAULIN, STÉPHANIE.

MARCELLE.

Jusques à quand, seigneur, voulez-vous qu'abusée
Au mépris d'un ingrat je demeure exposée,
Et qu'un fils arrogant sous votre autorité
Outrage votre femme avec impunité?
Sont-ce là les douceurs, sont-ce là les caresses
Qu'en faisoient à ma fille espérer vos promesses?
Et faut-il qu'un amour conçu par votre aveu
Lui coûte enfin la vie, et vous touche si peu?

VALENS.

Plût aux dieux que mon sang eût de quoi satisfaire
Et l'amour de la fille, et l'espoir de la mère,
Et qu'en le répandant je lui pusse gagner
Ce cœur dont l'insolence ose la dédaigner!
Mais de ses volontés le ciel est le seul maître.
J'ai promis de l'amour, il le doit faire naître.
Si son ordre n'agit, l'effet ne s'en peut voir,
Et je pense être quitte y faisant mon pouvoir.

MARCELLE.

Faire votre pouvoir avec tant d'indulgence,
C'est avec son orgueil être d'intelligence;
Aussi bien que le fils le père m'est suspect,
Et vous manquez de foi comme lui de respect.
Ah! si vous déployiez cette haute puissance
Que donnent aux parents les droits de la naissance....

VALENS.

Si la haine et l'amour lui doivent obéir,
Déployez-la, madame, à le faire haïr.
Quel que soit le pouvoir d'un père en sa famille,
Puis-je plus sur mon fils que vous sur votre fille?
Et si vous n'en pouvez vaincre la passion ¹,
Dois-je plus obtenir sur tant d'aversion?

MARCELLE.

Elle tâche à se vaincre, et son cœur y succombe;
Et l'effort qu'elle y fait la jette sous la tombe.

VALENS.

Elle n'a toutefois que l'amour à dompter;
Et Placide bien moins se pourroit surmonter,
Puisque deux passions le font être rebelle,
L'amour pour Théodore, et la haine pour elle.

MARCELLE.

Otez-lui Théodore; et, son amour dompté,
Vous dompterez sa haine avec facilité.

VALENS.

Pour l'ôter à Placide il faut qu'elle se donne.
Aime-t-elle quelque autre?

MARCELLE.

Elle n'aime personne.
Mais qu'importe, seigneur, qu'elle écoute aucuns vœux?
Ce n'est pas son hymen, c'est sa mort que je veux.

VALENS.

Quoi! madame, abuser ainsi de ma puissance!
A votre passion immoler l'innocence!
Les dieux m'en puniroient.

MARCELLE.

Trouvent-ils innocents

---

¹ Var. Et si vous ne pouvez vaincre sa passion,
   Dois-je plus obtenir sur son aversion?

Ceux dont l'impiété leur refuse l'encens?
Prenez leur intérêt : Théodore est chrétienne;
C'est la cause des dieux, et ce n'est plus la mienne.

VALENS.

Souvent la calomnie....

MARCELLE.

Il n'en faut plus parler,
Si vous vous préparez à le dissimuler.
Devenez protecteur de cette secte impie
Que l'empereur jamais ne crut digne de vie;
Vous pouvez en ces lieux vous en faire l'appui [1] :
Mais songez qu'il me reste un frère auprès de lui.

VALENS.

Sans en importuner l'autorité suprême,
Si je vous suis suspect, n'en croyez que vous-même,
Agissez en ma place, et faites-la venir [2];
Quand vous la convaincrez, je saurai la punir;
Et vous reconnoîtrez que dans le fond de l'ame
Je prends, comme je dois, l'intérêt d'une femme.

MARCELLE.

Puisque vous le voulez, j'oserai la mander :
Allez-y, Stéphanie, allez sans plus tarder.

(Stéphanie s'en va, et Marcelle continue à parler à Valens.)

Et si l'on m'a flattée avec un faux indice,
Je vous irai moi-même en demander justice.

VALENS.

N'oubliez pas alors que je la dois à tous,
Et même à Théodore, aussi bien comme à vous.

MARCELLE.

N'oubliez pas non plus quelle est votre promesse.

[1] VAR. Mais gardez d'oublier, vous faisant leur appui,
Qu'il me demeure encore un frère auprès de lui.
[2] VAR. Agissez en ma place, et la faites venir.

ACTE I, SCÈNE IV.

(Valens s'en va, et Marcelle continue.)

Il est temps que Flavie ait part à l'allégresse :
Avec cette espérance allons la soulager.
Et vous, dieux, qu'avec moi j'entreprends de venger,
Agréez ma victime, et, pour finir ma peine,
Jetez un peu d'amour où règne tant de haine ;
Ou, si c'est trop pour nous qu'il soupire à son tour [1],
Jetez un peu de haine où règne tant d'amour [2].

[1] Var. Ou, si c'est trop pour moi qu'il soupire à son tour.

[2] Il faut avouer que malheureusement, de cent tragédies françaises, il y en a quatre-vingt-dix-huit fondées sur un mariage qu'une des parties veut, et que l'autre ne veut pas ; c'est l'intrigue de toutes les comédies : c'est une uniformité qui fait tout languir. Les femmes, dit-on, qui fréquentent nos spectacles, et qui seules y attirent les hommes, ont réduit tous les auteurs à ne marcher que dans ce chemin qu'elles leur ont tracé ; et Racine seul est parvenu à répandre des fleurs sur cette route trop commune, et à embellir cette stérilité misérable. Il est à croire que le génie de Corneille aurait pris une autre voie, s'il avait pu secouer le joug, si l'on avait représenté la tragédie ailleurs que dans un vil jeu de paume, où les courtauds de boutique allaient pour cinq sous, si la nation avait eu quelque connaissance de l'antiquité, si Paris avait pu alors avoir quelque chose d'Athènes. (V.)

FIN DU PREMIER ACTE.

ACTE SECOND.

SCÈNE I.

THÉODORE, CLÉOBULE, STÉPHANIE.

STÉPHANIE.
Marcelle n'est pas loin, et je me persuade
Que son amour l'attache auprès de sa malade;
Mais je vais l'avertir que vous êtes ici.
THÉODORE.
Vous m'obligerez fort d'en prendre le souci,
Et de lui témoigner avec quelle franchise
A ses commandements vous me voyez soumise.
STÉPHANIE.
Dans un moment ou deux vous la verrez venir.

SCÈNE II[1].

CLÉOBULE, THÉODORE.

CLÉOBULE.
Tandis, permettez-moi de vous entretenir,
Et de blâmer un peu cette vertu farouche,
Cette insensible humeur qu'aucun objet ne touche,
D'où naissent tant de feux sans pouvoir l'enflammer,

---

[1] Cette scène, aux vices de la diction près, n'est pas répréhensible; les sentiments et le caractère de Théodore s'y développent. (V.

Et qui semble haïr quiconque l'ose aimer.
 Je veux bien avec vous que dessous votre empire
Toute notre jeunesse en vain brûle et soupire;
J'approuve les mépris que vous rendez à tous;
Le ciel n'en a point fait qui soient dignes de vous :
Mais je ne puis souffrir que la grandeur romaine
S'abaissant à vos pieds ait part à cette haine,
Et que vous égaliez par vos durs traitements [1]
Ces maîtres de la terre aux vulgaires amants.
Quoiqu'une âpre vertu du nom d'amour s'irrite,
Elle trouve sa gloire à céder au mérite;
Et sa sévérité ne lui fait point de lois
Qu'elle n'aime à briser pour un illustre choix.
Voyez ce qu'est Valens, voyez ce qu'est Placide,
Voyez sur quels états l'un et l'autre préside,
Où le père et le fils peuvent un jour régner;
Et cessez d'être aveugle, et de le dédaigner.

THÉODORE.

Je ne suis point aveugle, et vois ce qu'est un homme
Qu'élèvent la naissance, et la fortune, et Rome;
Je rends ce que je dois à l'éclat de son sang;
J'honore son mérite, et respecte son rang :
Mais vous connoissez mal cette vertu farouche
De vouloir qu'aujourd'hui l'ambition la touche,
Et qu'une ame insensible aux plus saintes ardeurs
Cède honteusement à l'éclat des grandeurs.
Si cette fermeté dont elle est ennoblie
Par quelques traits d'amour pouvoit être affoiblie,
Mon cœur, plus incapable encor de vanité,
Ne feroit point de choix que dans l'égalité;
Et, rendant aux grandeurs un respect légitime,

---

[1] Var. Et que vous égaliez dedans vos sentiments.

J'honorerois Placide, et j'aimerois Didyme.
CLÉOBULE.
Didyme, que sur tous vous semblez dédaigner !
THÉODORE.
Didyme, que sur tous je tâche d'éloigner,
Et qui verroit bientôt sa flamme couronnée
Si mon ame à mes sens étoit abandonnée,
Et se laissoit conduire à ces impressions
Que forment en naissant les belles passions.
Comme cet avantage est digne qu'on le craigne [1],
Plus je penche à l'aimer, et plus je le dédaigne ;
Et m'arme d'autant plus, que mon cœur en secret
Voudroit s'en laisser vaincre, et combat à regret.
Je me fais tant d'effort lorsque je le méprise,
Que par mes propres sens je crains d'être surprise ;
J'en crains une révolte, et que, las d'obéir,
Comme je les trahis, ils ne m'osent trahir.

Voilà, pour vous montrer mon ame toute nue,
Ce qui m'a fait bannir Didyme de ma vue :
Je crains d'en recevoir quelque coup d'œil fatal,
Et chasse un ennemi dont je me défends mal.
Voilà quelle je suis, et quelle je veux être ;
La raison quelque jour s'en fera mieux connoître :
Nommez-la cependant vertu, caprice, orgueil,
Ce dessein me suivra jusque dans le cercueil.
CLÉOBULE.
Il peut vous y pousser, si vous n'y prenez garde.
D'un œil envenimé Marcelle vous regarde ;
Et, se prenant à vous du mauvais traitement
Que sa fille à ses yeux reçoit de votre amant,
Sa jalouse fureur ne peut être assouvie

---

[1] Var. Mais comme enfin c'est lui qu'il faut que plus je craigne.

A moins de votre sang, à moins de votre vie :
Ce n'est plus en secret que frémit son courroux [1],
Elle en parle tout haut, elle s'en vante à nous,
Elle en jure les dieux ; et, ce que j'appréhende,
Pour ce triste sujet sans doute elle vous mande.
Dans un péril si grand faites un protecteur.

THÉODORE.

Si je suis en péril, Placide en est l'auteur ;
L'amour qu'il a pour moi lui seul m'y précipite ;
C'est par-là qu'on me hait, c'est par-là qu'on s'irrite.
On n'en veut qu'à sa flamme, on n'en veut qu'à son choix ;
C'est contre lui qu'on arme ou la force ou les lois.
Tous les vœux qu'il m'adresse avancent ma ruine,
Et par une autre main c'est lui qui m'assassine.
Je sais quel est mon crime ; et je ne doute pas
Du prétexte qu'aura l'arrêt de mon trépas [2] ;
Je l'attends sans frayeur : mais, de quoi qu'on m'accuse,
S'il portoit à Flavie un cœur que je refuse,
Qui veut finir mes jours les voudroit protéger,
Et par ce changement il feroit tout changer.
Mais mon péril le flatte ; et son cœur en espère
Ce que jusqu'à présent tous ses soins n'ont pu faire ;
Il attend que du mien j'achète son appui :
J'en trouverai peut-être un plus puissant que lui ;
Et s'il me faut périr, dites-lui qu'avec joie
Je cours à cette mort où son amour m'envoie,
Et que, par un exemple assez rare à nommer,
Je périrai pour lui, si je ne puis l'aimer.

CLÉOBULE.

Ne vous pas mieux servir d'un amour si fidèle,

---

[1] VAR. Ce n'est plus en secret qu'éclate son courroux.
[2] VAR. Sur quoi l'on doit fonder l'arrêt de mon trépas.

C'est....

THÉODORE.

Quittons ce discours, je vois venir Marcelle [1].

SCÈNE III.

MARCELLE, THÉODORE, CLÉOBULE, STÉPHANIE.

MARCELLE, à Cléobule.

Quoi! toujours l'un ou l'autre est par vous obsédé?
Qui vous amène ici? vous avois-je mandé?
Et ne pourrai-je voir Théodore ou Placide,
Sans que vous leur serviez d'interprète ou de guide?
Cette assiduité marque un zèle imprudent;
Et ce n'est pas agir en adroit confident.

CLÉOBULE.

Je crois qu'on me doit voir d'une ame indifférente
Accompagner ici Placide et ma parente.
Je fais ma cour à l'un à cause de son rang,
Et rends à l'autre un soin où m'oblige le sang [2].

MARCELLE.

Vous êtes bon parent.

CLÉOBULE.
   Elle m'oblige à l'être.

---

[1] Rien n'est plus froid et plus déplacé dans le tragique que ces scènes dans lesquelles un confident parle à une femme en faveur de l'amour d'un autre; c'est ce qu'on a tant reproché à Racine dans son *Alexandre*, où Éphestion parait en *fidèle confident du beau feu de son maître*. Rien n'a plus avili notre théâtre, et ne l'a rendu plus ridicule aux yeux des étrangers, que ces scènes d'ambassadeurs d'amour : heureusement il y en a peu dans Corneille. (V.)

[2] VAR. Et rends un soin à l'autre où m'oblige le sang.

MARCELLE.

Votre humeur généreuse aime à le reconnoître;
Et, sensible aux faveurs que vous en recevez,
Vous rendez à tous deux ce que vous leur devez.
Un si rare service aura sa récompense
Plus grande qu'on n'estime, et plus tôt qu'on ne pense.
Cependant quittez-nous, que je puisse à mon tour
Servir de confidente à cet illustre amour.

CLÉOBULE.

Ne croyez pas, madame....

MARCELLE.

Obéissez, de grace.
Je sais ce qu'il faut croire, et vois ce qui se passe.

SCÈNE IV.

MARCELLE, THÉODORE, STÉPHANIE.

MARCELLE.

Ne vous offensez pas, objet rare et charmant,
Si ma haine avec lui traite un peu rudement.
Ce n'est point avec vous que je la dissimule :
Je chéris Théodore, et je hais Cléobule;
Et, par un pur effet du bien que je vous veux,
Je ne puis voir ici ce parent dangereux.
Je sais que pour Placide il vous fait tout facile,
Qu'en sa grandeur nouvelle il vous peint un asile,
Et tâche à vous porter jusqu'à la vanité
D'espérer me braver avec impunité;
Je n'ignore non plus que votre ame plus saine,
Connoissant son devoir, ou redoutant ma haine,
Rejette ses conseils, en dédaigne le prix,

Et fait de ces grandeurs un généreux mépris.
Mais comme avec le temps il pourroit vous séduire,
Et vous, changeant d'humeur, me forcer à vous nuire,
J'ai voulu vous parler, pour vous mieux avertir
Qu'il seroit malaisé de vous en garantir;
Que si ce qu'est Placide enfloit votre courage,
Je puis en un moment renverser mon ouvrage,
Abattre sa fortune, et détruire avec lui
Quiconque m'oseroit opposer son appui.
Gardez donc d'aspirer au rang où je l'élève.
Qui commence le mieux ne fait rien s'il n'achève.
Ne servez point d'obstacle à ce que j'en prétends;
N'acquérez point ma haine en perdant votre temps.
Croyez que me tromper, c'est vous tromper vous-même;
Et si vous vous aimez, souffrez que je vous aime.

THÉODORE.

Je n'ai point vu, madame, encor jusqu'à ce jour
Avec tant de menace expliquer tant d'amour,
Et, peu faite à l'honneur de pareilles visites,
J'aurois lieu de douter de ce que vous me dites;
Mais soit que ce puisse être, ou feinte, ou vérité,
Je veux bien vous répondre avec sincérité.

Quoique vous me jugiez l'ame basse et timide,
Je croirois sans faillir pouvoir aimer Placide;
Et si sa passion avoit pu me toucher,
J'aurois assez de cœur pour ne le point cacher.
Cette haute puissance à ses vertus rendue
L'égale presque aux rois dont je suis descendue;
Et si Rome et le temps m'en ont ôté le rang,
Il m'en demeure encor le courage et le sang.
Dans mon sort ravalé je sais vivre en princesse;
Je fuis l'ambition, mais je hais la foiblesse :
Et comme ses grandeurs ne peuvent m'ébranler,

ACTE II, SCÈNE IV.

L'épouvante jamais ne me fera parler [1].
Je l'estime beaucoup, mais en vain il soupire;
Quand même sur ma tête il feroit choir l'empire,
Vous me verriez répondre à cette illustre ardeur
Avec la même estime et la même froideur.
Sortez d'inquiétude, et m'obligez de croire
Que la gloire où j'aspire est tout une autre gloire,
Et que, sans m'éblouir de cet éclat nouveau,
Plutôt que dans son lit j'entrerois au tombeau [2].

MARCELLE.

Je vous crois : mais souvent l'amour brûle sans luire;
Dans un profond secret il aime à se conduire;
Et voyant Cléobule aller tant et venir,
Entretenir Placide, et vous entretenir,
Je sens toujours dans l'ame un reste de scrupule [3],
Que je blâme moi-même, et tiens pour ridicule.
Mais mon cœur soupçonneux ne s'en peut départir.
Vous avez deux moyens de l'en faire sortir [4];
Épousez ou Didyme, ou Cléante, ou quelque autre,
Ne m'importe pas qui, mon choix suivra le vôtre,
Et je le comblerai de tant de dignités,
Que peut-être il vaudra ce que vous me quittez;
Ou, si vous ne pouvez sitôt vous y résoudre,
Jurez-moi par ce Dieu qui porte en main la foudre,
Et dont tout l'univers doit craindre le courroux,
Que Placide jamais ne sera votre époux.

---

[1] Var. L'épouvante non plus ne me fait point parler.

[2] On retrouve dans quelques vers de cette scène l'auteur des beaux morceaux de *Polyeucte*; mais une fille de qualité qui veut mourir vierge est fort bonne pour le couvent, et fort mauvaise pour le théâtre. (V.)

[3] Var. J'ai toujours dedans l'ame un reste de scrupule.

[4] Var. Vous avez deux moyens de m'en faire sortir.

19.

Je lui fais pour Flavie offrir un sacrifice :
Peut-être que vos vœux le rendront plus propice :
Venez les joindre aux miens, et le prendre à témoin.
THÉODORE.
Je veux vous satisfaire; et, sans aller si loin,
J'atteste ici le Dieu qui lance le tonnerre,
Ce monarque absolu du ciel et de la terre,
Et dont tout l'univers doit craindre le courroux,
Que Placide jamais ne sera mon époux.
En est-ce assez, madame? êtes-vous satisfaite?
MARCELLE.
Ce serment à-peu-près est ce que je souhaite;
Mais, pour vous dire tout, la sainteté des lieux,
Le respect des autels, la présence des dieux,
Le rendant et plus saint et plus inviolable,
Me le pourroient aussi rendre bien plus croyable.
THÉODORE.
Le Dieu que j'ai juré connoît tout, entend tout;
Il remplit l'univers de l'un à l'autre bout;
Sa grandeur est sans borne ainsi que sans exemple;
Il n'est pas moins ici qu'au milieu de son temple,
Et ne m'entend pas mieux dans son temple qu'ici.
MARCELLE.
S'il vous entend par-tout, je vous entends aussi :
On ne m'éblouit point d'une mauvaise ruse;
Suivez-moi dans le temple, et tôt, et sans excuse.
THÉODORE.
Votre cœur soupçonneux ne m'y croiroit non plus,
Et je vous y ferois des serments superflus.
MARCELLE.
Vous désobéissez?
THÉODORE.
Je crois vous satisfaire.

MARCELLE.

Suivez, suivez mes pas.

THÉODORE.

Ce seroit vous déplaire;
Vos desseins d'autant plus en seroient reculés;
Ma désobéissance est ce que vous voulez.

MARCELLE.

Il faut de deux raisons que l'une vous retienne;
Ou vous aimez Placide, ou vous êtes chrétienne.

THÉODORE.

Oui, je la suis, madame, et le tiens à plus d'heur
Qu'une autre ne tiendroit toute votre grandeur.
Je vois qu'on vous l'a dit, ne cherchez plus de ruse;
J'avoue et hautement, et tôt, et sans excuse.
Armez-vous à ma perte, éclatez, vengez-vous,
Par ma mort à Flavie assurez un époux;
Et noyez dans ce sang, dont vous êtes avide,
Et le mal qui la tue, et l'amour de Placide.

MARCELLE.

Oui, pour vous en punir je n'épargnerai rien;
Et l'intérêt des dieux assurera le mien.

THÉODORE.

Le vôtre en même temps assurera ma gloire;
Triomphant de ma vie, il fera ma victoire[1],
Mais si grande, si haute, et si pleine d'appas,
Qu'à ce prix j'aimerai les plus cruels trépas.

MARCELLE.

De cette illusion soyez persuadée;
Périssant à mes yeux, triomphez en idée;
Goûtez d'un autre monde à loisir les appas,

---

[1] VAR. Et, triomphant de moi, m'apporte une victoire
Si haute, si durable, et si pleine d'appas,
Qu'on l'achète trop peu des plus cruels trépas.

Et devenez heureuse où je ne serai pas :
Je n'en suis point jalouse, et toute ma puissance
Vous veut bien d'un tel heur hâter la jouissance;
Mais gardez de pâlir et de vous étonner
A l'aspect du chemin qui vous y doit mener [1].

THÉODORE.

La mort n'a que douceur pour une ame chrétienne.

MARCELLE.

Votre félicité va donc faire la mienne.

THÉODORE.

Votre haine est trop lente à me la procurer.

MARCELLE.

Vous n'aurez pas long-temps sujet d'en murmurer [2].
Allez trouver Valens, allez, ma Stéphanie :
Mais demeurez, il vient [3].

SCÈNE V.

VALENS, MARCELLE, THÉODORE, PAULIN, STÉPHANIE.

MARCELLE.

Ce n'est point calomnie,
Seigneur, elle est chrétienne, et s'en ose vanter.

VALENS.

Théodore, parlez sans vous épouvanter.

---

[1] Var. Entrant dans le chemin qui vous y doit mener.

[2] Var. Vous n'aurez pas sujet long-temps d'en murmurer.

[3] L'auteur dit, avec une candeur digne de lui, qu'une femme sans grande passion ne pouvait faire un grand effet : on ne peut sans doute s'intéresser à elle ; mais on s'intéresse beaucoup moins à Marcelle : son caractère indigne et son ton ironique et insultant dégoûtent. (V.)

THÉODORE.

Puisque je suis coupable aux yeux de l'injustice,
Je fais gloire du crime, et j'aspire au supplice;
Et d'un crime si beau le supplice est si doux,
Que qui peut le connoître en doit être jaloux.

VALENS.

Je ne recherche plus la damnable origine
De cette aveugle amour où Placide s'obstine;
Cette noire magie, ordinaire aux chrétiens,
L'arrête indignement dans vos honteux liens;
Votre charme après lui se répand sur Flavie :
De l'un il prend le cœur, et de l'autre la vie.
Vous osez donc ainsi jusque dans ma maison,
Jusque sur mes enfants verser votre poison?
Vous osez donc tous deux les prendre pour victimes[1]?

THÉODORE.

Seigneur, il ne faut point me supposer de crimes,
C'est à des faussetés sans besoin recourir;
Puisque je suis chrétienne, il suffit pour mourir.
Je suis prête : où faut-il que je porte ma vie?
Où me veut votre haine immoler à Flavie?
Hâtez, hâtez, seigneur, ces heureux châtiments
Qui feront mes plaisirs et vos contentements.

VALENS.

Ah! je rabattrai bien cette fière constance.

THÉODORE.

Craindrois-je des tourments qui font ma récompense?

VALENS.

Oui, j'en sais que peut-être aisément vous craindrez,
Vous en recevrez l'ordre, et vous en résoudrez.
Ce courage toujours ne sera pas si ferme.

---

[1] Var. Vous osez de tous deux en faire vos victimes?

Paulin, que là-dedans pour prison on l'enferme;
Mettez-y bonne garde.

(Paulin la conduit avec quelques soldats, et l'ayant enfermée, il revient incontinent.)

SCÈNE VI.

VALENS, MARCELLE, PAULIN, STÉPHANIE.

MARCELLE.

Eh quoi! pour la punir,
Quand le crime est constant, qui vous peut retenir?

VALENS.

Agréerez-vous le choix que je fais d'un supplice?

MARCELLE.

J'agréerai tout, seigneur, pourvu qu'elle périsse :
Choisissez le plus doux, ce sera m'obliger.

VALENS.

Ah! que vous savez mal comme il se faut venger[1]!

MARCELLE.

Je ne suis point cruelle, et n'en veux à sa vie
Que pour rendre Placide à l'amour de Flavie.

---

[1] Ce ne sont plus, on l'a déjà dit, les expressions que nous examinons : il faut plaindre ici la faiblesse de l'esprit humain; c'est l'auteur de *Cinna* qui met dans la tête d'un Romain qu'on ne doit se venger d'une princesse qu'en l'envoyant dans un mauvais lieu; et c'est à sa femme qu'il tient ce langage! Au reste, on doute fort que cette aventure soit vraie; ces contes qu'on nous fait de jeunes et belles chrétiennes condamnées à la prostitution sont l'opposé des mœurs et des lois romaines : une nation qui condamnait les vestales à être enterrées toutes vives pour une faiblesse n'avait garde de permettre qu'on prostituât des princesses à des soldats, pour cause de religion. On pourrait mettre un événement au théâtre, si, sans être vrai, il avait été

Otez-nous cet obstacle à nos contentements;
Mais en faveur du sexe épargnez les tourments;
Qu'elle meure, il suffit.

VALENS.

Oui, sans plus de demeure,
Pour l'intérêt des dieux je consens qu'elle meure :
Indigne de la vie, elle doit en sortir;
Mais pour votre intérêt je n'y puis consentir.
Quoi! madame, la perdre est-ce gagner Placide?
Croyez-vous que sa mort le change, ou l'intimide?
Que ce soit un moyen d'être aimable à ses yeux,
Que de mettre au tombeau ce qu'il aime le mieux?
Ah! ne vous flattez point d'une espérance vaine :
En cherchant son amour vous redoublez sa haine;
Et, dans le désespoir où vous l'allez plonger,
Loin d'en aimer la cause, il voudra s'en venger.
Chaque jour à ses yeux cette ombre ensanglantée,
Sortant des tristes nuits où vous l'aurez jetée,
Vous peindra toutes deux avec des traits d'horreur
Qui feront de sa haine une aveugle fureur :
Et lors je ne dis pas tout ce que j'appréhende.
Son ame est violente, et son amour est grande :
Verser le sang aimé ce n'est pas l'en guérir;
Et le désespérer ce n'est pas l'acquérir[1].

MARCELLE.

Ainsi donc vous laissez Théodore impunie?

---

vraisemblable; mais il faudrait sur-tout qu'il fût noble et tragique : celui-ci est faux, ridicule, et abominable; il est tiré de ces légendes qui sont la honte de l'esprit humain. (V.)

[1] Comme si on ne désespérait pas ce Placide en envoyant au b... une fille respectable qu'il veut épouser! Valens ne savait-il pas qu'on peut, avec le temps, pardonner le meurtre, et qu'on ne pardonne jamais les affronts? (V.)

VALENS.

Non, je la veux punir, mais par l'ignominie,
Et, pour forcer Placide à vous porter ses vœux,
Rendre cette chrétienne indigne de ses feux.

MARCELLE.

Je ne vous entends point.

VALENS.

Contentez-vous, madame,
Que je vois pleinement les desirs de votre ame,
Que de votre intérêt je veux faire le mien.
Allez, et sur ce point ne demandez plus rien.
Si je m'expliquois mieux, quoique son ennemie,
Vous la garantiriez d'une telle infamie ;
Et, quelque bon succès qu'il en faille espérer,
Votre haute vertu ne pourroit l'endurer.
Agréez ce supplice, et, sans que je le nomme,
Sachez qu'assez souvent on le pratique à Rome,
Qu'il est craint des chrétiens, qu'il plaît à l'empereur [1],
Qu'aux filles de sa sorte il fait le plus d'horreur,
Et que ce digne objet de votre juste haine
Voudroit de mille morts racheter cette peine.

MARCELLE.

Soit que vous me vouliez éblouir ou venger,
Jusqu'à l'événement je n'en veux point juger ;
Je vous en laisse faire. Adieu : disposez d'elle ;
Mais gardez d'oublier qu'enfin je suis Marcelle,
Et que si vous trompez un si juste courroux,
Je me saurai bientôt venger d'elle et de vous.

---

[1] VAR. Il est craint des chrétiens ; il plaît à l'empereur ;
Aux filles de sa sorte il fait le plus d'horreur,
Et celle qu'aujourd'hui veut perdre votre haine.

SCÈNE VII.

VALENS, PAULIN.

VALENS.

L'impérieuse humeur! vois comme elle me brave,
Comme son fier orgueil m'ose traiter d'esclave.

PAULIN.

Seigneur, j'en suis confus, mais vous le méritez;
Au lieu d'y résister, vous vous y soumettez.

VALENS.

Ne t'imagine pas que dans le fond de l'ame
Je préfère à mon fils les fureurs d'une femme :
L'un m'est plus cher que l'autre, et par ce triste arrêt
Ce n'est que de ce fils que je prends l'intérêt [1].
Théodore est chrétienne, et ce honteux supplice
Vient moins de ma rigueur que de mon artifice :
Cette haute infamie où je veux la plonger
Est moins pour la punir que pour la voir changer.
Je connois les chrétiens; la mort la plus cruelle
Affermit leur constance, et redouble leur zèle [2];
Et, sans s'épouvanter de tous nos châtiments,
Ils trouvent des douceurs au milieu des tourments :
Mais la pudeur peut tout sur l'esprit d'une fille
Dont la vertu répond à l'illustre famille;
Et j'attends aujourd'hui d'un si puissant effort
Ce que n'obtiendroient pas les frayeurs de la mort.
Après ce grand effet j'oserai tout pour elle,

---

[1] Var. C'est de lui seulement que je prends l'intérêt.

[2] Var. Endurcit leur constance, et redouble leur zèle.

En dépit de Flavie, en dépit de Marcelle;
Et je n'ai rien à craindre auprès de l'empereur,
Si ce cœur endurci renonce à son erreur :
Lui-même il me louera d'avoir su l'y réduire;
Lui-même il détruira ceux qui m'en voudroient nuire.
J'aurai lieu de braver Marcelle et ses amis :
Ma vertu me soutient où son crédit m'a mis;
Mais elle me perdroit, quelque rang que je tienne,
Si j'osois à ses yeux sauver cette chrétienne [1].

Va la voir de ma part, et tâche à l'étonner :
Dis-lui qu'à tout le peuple on va l'abandonner [2],
Tranche le mot enfin, que je la prostitue :
Et, quand tu la verras troublée et combattue,
Donne entrée à Placide, et souffre que son feu [3]
Tâche d'en arracher un favorable aveu.
Les larmes d'un amant et l'horreur de sa honte
Pourront fléchir ce cœur qu'aucun péril ne dompte,
Et lors elle n'a point d'ennemis si puissants
Dont elle ne triomphe avec un peu d'encens;
Et cette ignominie où je l'ai condamnée
Se changera soudain en heureux hyménée.

PAULIN.
Votre prudence est rare, et j'en suivrai les lois.

---

[1] Var. Si j'osois à ses yeux sauver une chrétienne.

[2] Voilà pourtant le nœud de la pièce. On ne sort point d'étonnement que le même homme qui a imaginé le cinquième acte de *Rodogune* ait fait un pareil ouvrage. (V.)

[3] Var. Donne entrée à Placide, et laisse agir son feu.
  Mais sur-tout cache-lui que c'est par mon aveu.
  Les larmes d'un amant et sa honte si proche
  Pourront en sa faveur fendre ce cœur de roche.
  Alors elle n'a point d'ennemis si puissants.

Daigne le juste ciel seconder votre choix [1],
Et, par une influence un peu moins rigoureuse,
Disposer Théodore à vouloir être heureuse!

[1] Var. Veuille le juste ciel seconder votre choix.

FIN DU SECOND ACTE.

ACTE TROISIÈME.

SCÈNE I.

THÉODORE, PAULIN.

THÉODORE.
Où m'allez-vous conduire?
PAULIN.
                    Il est en votre choix;
Suivez-moi dans le temple, ou subissez nos lois.
THÉODORE.
De ces indignités vos juges sont capables [1]!
PAULIN.
Ils égalent la peine aux crimes des coupables.
THÉODORE.
Si le mien est trop grand pour le dissimuler,
N'est-il point de tourments qui puissent l'égaler?
PAULIN.
Comme dans les tourments vous trouvez des délices,
Ils ont trouvé pour vous ailleurs de vrais supplices [2],

---

[1] Var. De cette indignité Valens est donc capable!
    PAULIN.
Il égale la peine au crime du coupable.

[2] Var. Il veut dans les plaisirs vous trouver des supplices,
. . . .
De votre vertu même il fait votre bourreau.
    THÉODORE.
Ah! que c'est en effet un étrange supplice
Quand la vertu se voit sacrifiée au vice!

Et, par un châtiment aussi grand que nouveau,
De votre vertu même ils font votre bourreau.
THÉODORE.
Ah! qu'un si détestable et honteux sacrifice
Est pour elle en effet un rigoureux supplice!
PAULIN.
Ce mépris de la mort qui par-tout à nos yeux
Brave si hautement et nos lois et nos dieux,
Cette indigne fierté ne seroit pas punie
A ne vous ôter rien de plus cher que la vie :
Il faut qu'on leur immole, après de tels mépris [1],
Ce que chez votre sexe on met à plus haut prix;
Ou que cette fierté, de nos lois ennemie,
Cède aux justes horreurs d'une pleine infamie,
Et que votre pudeur rende à nos immortels
L'encens que votre orgueil refuse à leurs autels.
THÉODORE.
Valens me fait par vous porter cette menace :
Mais, s'il hait les chrétiens, il respecte ma race;
Le sang d'Antiochus n'est pas encor si bas
Qu'on l'abandonne en proie aux fureurs des soldats [2].
PAULIN.
Ne vous figurez point qu'en un tel sacrilége
Le sang d'Antiochus ait quelque privilége :
Les dieux sont au-dessus des rois dont vous sortez,
Et l'on vous traite ici comme vous les traitez.
Vous les déshonorez, et l'on vous déshonore.

---

[1] VAR. Il faut vous arracher, pour punir ces mépris,
. . . .
    Ou qu'enfin ce grand cœur, que feu ni fer ne dompte,
    Soit dompté par l'effort d'une louable honte.

[2] VAR. Qu'on l'abandonne en proie aux plaisirs des soldats.

THÉODORE.

Vous leur immolez donc l'honneur de Théodore,
A ces dieux dont enfin la plus sainte action
N'est qu'inceste, adultère, et prostitution?
Pour venger les mépris que je fais de leurs temples,
Je me vois condamnée à suivre leurs exemples,
Et, dans vos dures lois, je ne puis éviter
Ou de leur rendre hommage, ou de les imiter!
Dieu de la pureté, que vos lois sont bien autres!

PAULIN.

Au lieu de blasphémer, obéissez aux nôtres,
Et ne redoublez point par vos impiétés
La haine et le courroux de nos dieux irrités :
Après nos châtiments ils ont encor leur foudre.
On vous donne de grace une heure à vous résoudre;
Vous savez votre arrêt, vous avez à choisir;
Usez utilement de ce peu de loisir.

THÉODORE.

Quelles sont vos rigueurs, si vous le nommez grace!
Et quel choix voulez-vous qu'une chrétienne fasse,
Réduite à balancer son esprit agité
Entre l'idolâtrie et l'impudicité?
Le choix est inutile où les maux sont extrêmes.
Reprenez votre grace, et choisissez vous-mêmes :
Quiconque peut choisir consent à l'un des deux,
Et le consentement est seul lâche et honteux.
Dieu, tout juste et tout bon, qui lis dans nos pensées,
N'impute point de crime aux actions forcées.
Soit que vous contraigniez pour vos dieux impuissants
Mon corps à l'infamie, ou ma main à l'encens,
Je saurai conserver d'une ame résolue
A l'époux sans macule une épouse impollue.

SCÈNE II.

PLACIDE, THÉODORE, PAULIN.

THÉODORE.

Mais que vois-je? ah! seigneur, est-ce Marcelle ou vous
Dont sur mon innocence éclate le courroux?
L'arrêt qu'a contre moi prononcé votre père,
Est-ce pour la venger, ou pour vous satisfaire?
Est-ce mon ennemie ou mon illustre amant
Qui du nom de vos dieux abuse insolemment[1]?
Vos feux de sa fureur se sont-ils faits complices?
Sont-ils d'intelligence à choisir mes supplices?
Étouffent-ils si bien vos respects généreux
Qu'ils fassent mon bourreau d'un héros amoureux?

PLACIDE.

Retirez-vous, Paulin.

PAULIN.

On me l'a mise en garde.

PLACIDE.

Je sais jusqu'à quel point ce devoir vous regarde;
Prenez soin de la porte, et sans me répliquer :
Ce n'est pas devant vous que je veux m'expliquer.

PAULIN.

Seigneur....

---

[1] Var. Qui du nom de ses dieux abuse insolemment?
　　　Ou si vos feux enfin, de sa haine complices,
　　　Me voyant accusée, ont choisi mes supplices,
　　　Et, changeant en fureur vos respects généreux,
　　　Font mon premier bourreau d'un héros amoureux?
　　　　　　　　　PLACIDE.
　　　Laissez-nous seuls, Paulin.

PLACIDE.

Laissez-nous, dis-je, et craignez ma colère;
Je vous garantirai de celle de mon père.

SCÈNE III.

PLACIDE, THÉODORE.

THÉODORE.

Quoi! vous chassez Paulin, et vous craignez ses yeux,
Vous qui ne craignez pas la colère des cieux!

PLACIDE.

Redoublez vos mépris, mais bannissez des craintes
Qui portent à mon cœur de plus rudes atteintes;
Ils sont encor plus doux que les indignités
Qu'imputent vos frayeurs à mes témérités;
Et ce n'est pas contre eux que mon ame s'irrite.
Je sais qu'ils font justice à mon peu de mérite :
Et lorsque vous pouviez jouir de vos dédains [1],

---

[1] Voilà comme Corneille parle d'amour quand il n'est pas guidé par Guillem de Castro, et quand il n'a que l'amour à faire parler : c'est le style des romans de son temps ; c'est le style de ses comédies. Rien n'est plus insipide, plus bourgeois, plus dégoûtant, que le langage purement amoureux qui a déshonoré toujours le théâtre français : Racine, au moins, par la pureté de sa diction, par l'harmonie des vers, par le choix des mots, par un style aussi soigné que naturel, ennoblit un peu ce petit genre, et réchauffe la froideur de ce langage. Je ne parle pas ici de cet amour passionné, furieux, terrible, qui entre si bien dans la vraie tragédie ; je parle des déclarations d'Antiochus, de Xipharès, de Pharnace, d'Hippolyte ; je parle des scènes de coquetterie ; je parle de ces amours, plus propres à l'idylle et à la comédie qu'à la tragédie, dont il a seul soutenu la faiblesse par le charme de la poésie, et par des sentiments vrais et délicats, inconnus à tout autre qu'à lui. (V.)

ACTE III, SCÈNE III.

Si j'osois les nommer quelquefois inhumains,
Je les justifiois dedans ma conscience,
Et je n'attendois rien que de ma patience,
Sans que, pour ces grandeurs qui font tant de jaloux,
Je me sois jamais cru moins indigne de vous.
Aussi ne pensez pas que je vous importune
De payer mon amour, ou de voir ma fortune :
Je ne demande pas un bien qui leur soit dû ;
Mais je viens pour vous rendre un bien presque perdu,
Encor le même amant qu'une rigueur si dure
A toujours vu brûler et souffrir sans murmure,
Qui plaint du sexe en vous les respects violés ;
Votre libérateur enfin, si vous voulez.

THÉODORE.

Pardonnez donc, seigneur, à la première idée
Qu'a jeté dans mon ame une peur mal fondée.
De mille objets d'horreur mon esprit combattu
Auroit tout soupçonné de la même vertu.
Dans un péril si proche et si grand pour ma gloire,
Comme je dois tout craindre, aussi je puis tout croire ;
Et mon honneur timide, entre tant d'ennemis,
Sur les ordres du père a mal jugé du fils.
Je vois, graces au ciel, par un effet contraire,
Que la vertu du fils soutient celle du père,
Qu'elle ranime en lui la raison qui mouroit,
Qu'elle rappelle en lui l'honneur qui s'égaroit ;
Et, le rétablissant dans une ame si belle,
Détruit heureusement l'ouvrage de Marcelle.
Donc à votre prière il s'est laissé toucher?

PLACIDE.

J'aurois touché plutôt un cœur tout de rocher :
Soit crainte, soit amour qui possède son ame,
Elle est tout asservie aux fureurs d'une femme.

308 THÉODORE.

Je le dis à ma honte, et j'en rougis pour lui,
Il est inexorable, et j'en mourrois d'ennui,
Si nous n'avions l'Égypte, où fuir l'ignominie
Dont vous veut lâchement combler sa tyrannie.
Consentez-y, madame, et je suis assez fort
Pour rompre vos prisons et changer votre sort;
Ou si votre pudeur au peuple abandonnée [1]
S'en peut mieux affranchir que par mon hyménée,
S'il est quelque autre voie à vous sauver l'honneur,
J'y consens, et renonce à mon plus doux bonheur [2].
Mais si contre un arrêt à cet honneur funeste
Pour en rompre le coup ce moyen seul vous reste,
Si, refusant Placide, il vous faut être à tous,
Fuyez cette infamie en suivant un époux;
Suivez-moi dans des lieux où je serai le maître,
Où vous serez sans peur ce que vous voudrez être;
Et peut-être, suivant ce que vous résoudrez,
Je n'y serai bientôt que ce que vous voudrez [3].
C'est assez m'expliquer; que rien ne vous retienne :
Je vous aime, madame, et vous aime chrétienne.
Venez me donner lieu d'aimer ma dignité,
Qui fera mon bonheur et votre sûreté.

THÉODORE.

N'espérez pas, seigneur, que mon sort déplorable [4]

---

[1] Var. Que si votre pudeur au peuple abandonnée.

[2] Var. J'y consens, et renonce encore à mon bonheur.

[3] Var. Je ne serai bientôt que ce que vous voudrez.

[4] Ce couplet de Théodore est fort beau, quoique trop long, et quoiqu'il y ait une affectation condamnable à parler d'un amant qui s'unit à ce qu'il aime si fortement, qu'il en fait une part de lui-même. Mais pourquoi Corneille a-t-il réussi dans ce morceau? C'est que les sentiments y sont grands; c'est que l'objet en serait vraiment tragique, s'il n'était pas avili par le ridicule

ACTE III, SCÈNE III.

Me puisse à votre amour rendre plus favorable,
Et que d'un si grand coup mon esprit abattu
Défère à ses malheurs plus qu'à votre vertu.
Je l'ai toujours connue et toujours estimée ;
Je l'ai plainte souvent d'aimer sans être aimée ;
Et, par tous ces dédains où j'ai su recourir,
J'ai voulu vous déplaire afin de vous guérir.
Louez-en le dessein, en apprenant la cause.
Un obstacle éternel à vos desirs s'oppose.
Chrétienne, et sous les lois d'un plus puissant époux....
Mais, seigneur, à ce mot ne soyez point jaloux[1] ;
Quelque haute splendeur que vous teniez de Rome,
Il est plus grand que vous : mais ce n'est point un homme ;
C'est le Dieu des chrétiens, c'est le maître des rois,
C'est lui qui tient ma foi, c'est lui dont j'ai fait choix ;
Et c'est enfin à lui que mes vœux ont donnée
Cette virginité que l'on a condamnée.
    Que puis-je donc pour vous, n'ayant rien à donner ?
Et par où votre amour se peut-il couronner,
Si pour moi votre hymen n'est qu'un lâche adultère,
D'autant plus criminel qu'il seroit volontaire,
Dont le ciel puniroit les sacriléges nœuds,
Et que ce Dieu jaloux vengeroit sur tous deux ?
Non, non, en quelque état que le sort m'ait réduite,
Ne me parlez, seigneur, ni d'hymen, ni de fuite :
C'est changer d'infamie, et non pas l'éviter ;
Loin de m'en garantir, c'est m'y précipiter.
Mais, pour braver Marcelle, et m'affranchir de honte,

---

honteux de la prostitution. Toutes les fois que Corneille a quelque chose de vigoureux à traiter, on le retrouve ; mais ces beaux morceaux sont perdus. (V.)

[1] Var. Mais, seigneur, à ce mot ne soyez pas jaloux.

Il est une autre voie et plus sûre et plus prompte,
Que dans l'éternité j'aurois lieu de bénir,
La mort; et c'est de vous que je dois l'obtenir.
Si vous m'aimez encor, comme j'ose le croire,
Vous devez cette grace à votre propre gloire;
En m'arrachant la mienne on la va déchirer;
C'est votre choix, c'est vous qu'on va déshonorer [1].
L'amant si fortement s'unit à ce qu'il aime,
Qu'il en fait dans son cœur une part de lui-même.
C'est par-là qu'on vous blesse, et c'est par-là, seigneur,
Que peut jusques à vous aller mon déshonneur [2].
Tranchez donc cette part par où l'ignominie
Pourroit souiller l'éclat d'une si belle vie :
Rendez à votre honneur toute sa pureté,
Et mettez par ma mort son lustre en sûreté.
Mille dont votre Rome adore la mémoire
Se sont bien tout entiers immolés à leur gloire;
Comme eux, en vrai Romain de la vôtre jaloux,
Immolez cette part trop indigne de vous;
Sauvez-la par sa perte; ou si quelque tendresse
A ce bras généreux imprime sa foiblesse,
Si du sang d'une fille il craint de se rougir [3],
Armez, armez le mien, et le laissez agir.
Ma loi me le défend, mais mon Dieu me l'inspire;
Il parle, et j'obéis à son secret empire;
Et, contre l'ordre exprès de son commandement,
Je sens que c'est de lui que vient ce mouvement.
Pour le suivre, seigneur, souffrez que votre épée [4]

[1] VAR. Et c'est vous que par moi l'on va déshonorer.
[2] VAR. Que peut jusques à vous aller le déshonneur.
[3] VAR. Si du sang d'une fille il craint à se rougir.
[4] VAR. Pour le suivre, seigneur, prêtez donc cette épée.

PLACIDE.

Vous l'aurez, vous l'aurez, mais dans mon sang trempée.

Me puisse....

PLACIDE.

Oui, vous l'aurez, mais dans mon sang trempée;
Et votre bras du moins en recevra du mien
Le glorieux exemple avant que le moyen.

THÉODORE.

Ah! ce n'est pas pour vous un mouvement à suivre;
C'est à moi de mourir, mais c'est à vous de vivre.

PLACIDE.

Ah! faites-moi donc vivre, ou me laissez mourir;
Cessez de me tuer, ou de me secourir.
Puisque vous n'écoutez ni mes vœux ni mes larmes,
Puisque la mort pour vous a plus que moi de charmes,
Souffrez que ce trépas, que vous trouvez si doux,
Ait à son tour pour moi plus de douceur que vous.
Puis-je vivre et vous voir morte ou déshonorée,
Vous que de tout mon cœur j'ai toujours adorée,
Vous qui de mon destin réglez le triste cours,
Vous, dis-je, à qui j'attache et ma gloire et mes jours[1]?
Non, non, s'il vous faut voir déshonorée ou morte,
Souffrez un désespoir où la raison me porte;
Renoncer à la vie avant de tels malheurs,
Ce n'est que prévenir l'effet de mes douleurs.
En ces extrémités je vous conjure encore
Non par ce zèle ardent d'un cœur qui vous adore,
Non par ce vain éclat de tant de dignités,
Trop au-dessous du sang des rois dont vous sortez,
Non par ce désespoir où vous poussez ma vie,
Mais par la sainte horreur que vous fait l'infamie,
Par ce Dieu que j'ignore, et pour qui vous vivez[2],

---

[1] VAR. Vous où je mets ma gloire, où j'attache mes jours.
[2] VAR. Par le Dieu que j'ignore, et pour qui vous vivez.

Et par ce même bien que vous lui conservez ;
Daignez en éviter la perte irréparable,
Et sous les saints liens d'un nœud si vénérable
Mettez en sûreté ce qu'on va vous ravir.

THÉODORE.

Vous n'êtes pas celui dont Dieu s'y veut servir :
Il saura bien sans vous en susciter un autre,
Dont le bras moins puissant, mais plus saint que le vôtre,
Par un zèle plus pur se fera mon appui [1],
Sans porter ses desirs sur un bien tout à lui.
Mais parlez à Marcelle.

SCÈNE IV.

MARCELLE, PLACIDE, THÉODORE, PAULIN, STÉPHANIE.

PLACIDE.

             Ah dieux ! quelle infortune !
Faut-il qu'à tous moments....

MARCELLE.

                    Je vous suis importune
De mêler ma présence aux secrets des amants,
Qui n'ont jamais besoin de pareils truchements.

PAULIN.

Madame, on m'a forcé de puissance absolue.

MARCELLE, à Paulin.

L'ayant soufferte ainsi, vous l'avez bien voulue.
Ne me répliquez plus, et me la renfermez [2].

[1] Elle est donc déjà informée que Didyme entrera dans le mauvais lieu pour sauver son honneur. (V.)

[2] Il n'y a rien de plus indécent, de plus révoltant, de plus atroce, de plus bas, de plus lâche, que cette Marcelle qui vient

SCÈNE V.

MARCELLE, PLACIDE, STÉPHANIE.

MARCELLE.

Ainsi donc vos desirs en sont toujours charmés?
Et quand un juste arrêt la couvre d'infamie
Comme de tout l'empire et des dieux ennemie,
Au milieu de sa honte elle plaît à vos yeux,
Et vous fait l'ennemi de l'empire et des dieux;
Tant les illustres noms d'infame et de rebelle
Vous semblent précieux à les porter pour elle [1]!
Vous trouvez, je m'assure, en un si digne lieu
Cet objet de vos vœux encor digne d'un dieu?
J'ai conservé son sang de peur de vous déplaire,
Et pour ne forcer pas votre juste colère
A ce serment conçu par tous les immortels
De venger son trépas jusque sur les autels.
Vous vous étiez par-là fait une loi si dure,
Que sans moi vous seriez sacrilége, ou parjure :
Je vous en ai fait grace en lui laissant le jour;
Et j'épargne du moins un crime à votre amour.

PLACIDE.

Triomphez-en dans l'ame, et tâchez de paroître
Moins insensible aux maux que vous avez fait naître.
En l'état où je suis, c'est une lâcheté
D'insulter aux malheurs où vous m'avez jeté;

---

insulter à cette prostituée : du moins, elle devrait épargner les solécismes et les barbarismes; *on a forcé Paulin de puissance absolue, et il l'a bien voulue.* (V.)

[1] VAR. Vous semblent précieux à les porter comme elle.

Et l'amertume enfin de cette raillerie
Tourneroit aisément ma douleur en furie [1].
Si quelque espoir arrête et suspend mon courroux,
Il ne peut être grand, puisqu'il n'est plus qu'en vous;
En vous, que j'ai traitée avec tant d'insolence,
En vous, de qui la haine a tant de violence.
Contre ces malheurs même où vous m'avez jeté
J'espère encore en vous trouver quelque bonté;
Je fais plus, je l'implore, et cette ame si fière
Du haut de son orgueil descend à la prière,
Après tant de mépris s'abaisse pleinement,
Et de votre triomphe achève l'ornement.

Voyez ce qu'aucun dieu n'eût osé vous promettre [2],
Ce que jamais mon cœur n'auroit cru se permettre;
Placide suppliant, Placide à vos genoux,
Vous doit être, madame, un spectacle assez doux;
Et c'est par la douceur de ce même spectacle
Que mon cœur vous demande un aussi grand miracle.
Arrachez Théodore aux hontes d'un arrêt
Qui mêle avec le sien mon plus cher intérêt.
Tout ingrate, inhumaine, inflexible, chrétienne,
Madame, elle est mon choix, et sa gloire est la mienne;
S'il faut qu'elle subisse une si dure loi,
Toute l'ignominie en rejaillit sur moi;
Et je n'ai pas moins qu'elle à rougir d'un supplice
Qui profane l'autel où j'ai fait sacrifice,
Et de l'illustre objet de mes plus saints desirs
Fait l'infame rebut des plus sales plaisirs.

[1] Var. Auroit tourné bientôt ma douleur en furie.

[2] Ce beau mouvement de Placide paraît avoir été imité avec génie par Voltaire dans la tragédie d'*Oreste*, lorsque Électre, pour implorer la grace de son frère, se courbe un moment devant Égyste. (P.)

S'il vous demeure encor quelque espoir pour Flavie,
Conservez-moi l'honneur pour conserver sa vie [1] ;
Et songez que l'affront où vous m'abandonnez
Déshonore l'époux que vous lui destinez.
Je vous le dis encor, sauvez-moi cette honte;
Ne désespérez pas une ame qui se dompte,
Et, par le noble effort d'un généreux emploi,
Triomphez de vous-même aussi bien que de moi.
Théodore est pour vous une utile ennemie;
Et si, proche qu'elle est de choir dans l'infamie,
Ma plus sincère ardeur n'en peut rien obtenir,
Vous n'avez pas beaucoup à craindre l'avenir.
Le temps ne la rendra que plus inexorable;
Le temps détrompera peut-être un misérable.
Daignez lui donner lieu de me pouvoir guérir,
Et ne me perdez pas en voulant m'acquérir.

MARCELLE.

Quoi! vous voulez enfin me devoir votre gloire!
Certes, un tel miracle est difficile à croire,
Que vous, qui n'aspiriez qu'à ne me devoir rien,
Vous me vouliez devoir un si précieux bien [2].
Mais comme en ses desirs aisément on se flatte,
Dussé-je contre moi servir une ame ingrate,
Perdre encor mes faveurs, et m'en voir abuser,
Je vous aime encor trop pour vous rien refuser.
  Oui, puisque Théodore enfin me rend capable
De vous rendre une fois un office agréable,
Puisque son intérêt vous force à me traiter
Mieux que tous mes bienfaits n'avoient su mériter,
Et par soin de vous plaire, et par reconnoissance,

---

[1] VAR. Conservez-moi l'honneur pour conserver ma vie.

[2] VAR. Vous vouliez me devoir un si précieux bien.

Je vais pour l'un et l'autre employer ma puissance,
Et, pour un peu d'espoir qui m'est en vain rendu,
Rendre à mes ennemis l'honneur presque perdu ;
Je vais d'un juste juge adoucir la colère,
Rompre le triste effet d'un arrêt trop sévère,
Répondre à votre attente, et vous faire éprouver
Cette bonté qu'en moi vous espérez trouver.
Jugez par cette épreuve, à mes vœux si cruelle,
Quel pouvoir vous avez sur l'esprit de Marcelle,
Et ce que vous pourriez un peu plus complaisant,
Quand vous y pouvez tout même en la méprisant.
Mais pourrai-je à mon tour vous faire une prière?

PLACIDE.

Madame, au nom des dieux, faites-moi grace entière :
En l'état où je suis, quoi qu'il puisse avenir,
Je vous dois tout promettre, et ne puis rien tenir ;
Je ne vous puis donner qu'une attente frivole ;
Ne me réduisez point à manquer de parole :
Je crains, mais j'aime encore, et mon cœur amoureux...

MARCELLE.

Le mien est raisonnable autant que généreux.
Je ne demande pas que vous cessiez encore
Ou de haïr Flavie, ou d'aimer Théodore :
Ce grand coup doit tomber plus insensiblement,
Et je me défierois d'un si prompt changement.
Il faut languir encor dedans l'incertitude,
Laisser faire le temps et cette ingratitude[1] :
Je ne veux à présent qu'une fausse pitié,
Qu'une feinte douceur, qu'une ombre d'amitié[2].
Un moment de visite à la triste Flavie

---

[1] Var. Laisser faire le temps et son ingratitude.
[2] Var. Une feinte douceur, une ombre d'amitié.
Un moment de visite à la pauvre Flavie.

Des portes du trépas rappelleroit sa vie :
Cependant que pour vous je vais tout obtenir,
Pour soulager ses maux allez l'entretenir ;
Ne lui promettez rien, mais souffrez qu'elle espère,
Et trompez-la du moins pour la rendre à sa mère :
Un coup d'œil y suffit, un mot ou deux plus doux.
Faites un peu pour moi quand je fais tout pour vous ;
Daignez pour Théodore un moment vous contraindre.

PLACIDE.

Un moment est bien long à qui ne sait pas feindre ;
Mais vous m'en conjurez par un nom trop puissant
Pour ne rencontrer pas un cœur obéissant.
J'y vais ; mais, par pitié, souvenez-vous vous-même
Des troubles d'un amant qui craint pour ce qu'il aime,
Et qui n'a pas pour feindre assez de liberté
Tant que pour son objet il est inquiété.

MARCELLE.

Allez sans plus rien craindre, ayant pour vous Marcelle [1].

---

[1] Cette scène est une des plus étranges qui soient au théâtre français. *Rendez une visite de civilité à ma fille, sinon je vais prostituer votre maîtresse aux portefaix d'Antioche :* c'est la substance de cette scène et l'intrigue de la pièce. Disons hardiment qu'il n'y a jamais rien eu de si mauvais en aucun genre : il ne faut pas ménager les fautes portées à cet excès. (V.) — On ne doit point ménager les fautes, mais on doit ménager les termes quand on relève les fautes d'un grand homme. (P.)

SCÈNE VI.

MARCELLE, STÉPHANIE.

STÉPHANIE.
Enfin vous triomphez de cet esprit rebelle.
MARCELLE.
Quel triomphe !
STÉPHANIE.
Est-ce peu que de voir à vos pieds
Sa haine et son orgueil enfin humiliés ?
MARCELLE.
Quel triomphe, te dis-je, et qu'il a d'amertumes !
Et que nous sommes loin de ce que tu présumes !
Tu le vois à mes pieds pleurer, gémir, prier :
Mais ne crois pas pourtant le voir s'humilier,
Ne crois pas qu'il se rende aux bontés qu'il implore ;
Mais vois de quelle ardeur il aime Théodore,
Et juge quel pouvoir cet amour a sur lui,
Puisqu'il peut le réduire à chercher mon appui.
Que n'oseront ses feux entreprendre pour elle,
S'ils ont pu l'abaisser jusqu'aux pieds de Marcelle ?
Et que dois-je espérer d'un cœur si fort épris,
Qui, même en m'adorant, me fait voir ses mépris ?
Dans ses soumissions vois ce qui l'y convie ;
Mesure à son amour sa haine pour Flavie ;
Et, voyant l'un et l'autre en son abaissement,
Juge de mon triomphe un peu plus sainement ;
Vois dans son triste effet sa ridicule pompe.
J'ai peine en triomphant d'obtenir qu'il me trompe,
Qu'il feigne par pitié, qu'il donne un faux espoir.

STÉPHANIE.

Et vous l'allez servir de tout votre pouvoir?

MARCELLE.

Oui, je vais le servir, mais comme il le mérite [1].
Toi, va par quelque adresse amuser sa visite,
Et sous un faux appât prolonger l'entretien.

STÉPHANIE.

Donc....

MARCELLE.

Le temps presse; va, sans t'informer de rien.

---

[1] Var. Oui, je le vais servir, mais comme il le mérite.
    Toi, va me l'amuser dedans cette visite,
    Et de tout son pouvoir donne loisir au mien.

FIN DU TROISIÈME ACTE.

ACTE QUATRIÈME.

SCÈNE I.

PLACIDE, STÉPHANIE, sortant de chez Marcelle.

STÉPHANIE.

Seigneur....

PLACIDE.

Va, Stéphanie, en vain tu me rappelles;
Ces feintes ont pour moi des gênes trop cruelles :
Marcelle en ma faveur agit trop lentement,
Et laisse trop durer cet ennuyeux moment.
Pour souffrir plus long-temps un supplice si rude,
J'ai trop d'impatience et trop d'inquiétude :
Il faut voir Théodore, il faut savoir mon sort,
Il faut....

STÉPHANIE.

Ah! faites-vous, seigneur, un peu d'effort.
Marcelle, qui vous sert de toute sa puissance,
Mérite bien du moins cette reconnoissance.
Retournez chez Flavie attendre un bien si doux [1],
Et ne craignez plus rien, puisqu'elle agit pour vous.

PLACIDE.

L'effet tarde beaucoup pour n'avoir rien à craindre;
Elle feignoit peut-être en me priant de feindre.

---

[1] Var. Attendez-en l'effet dedans cet entretien :
Puisqu'elle agit pour vous, devez-vous craindre rien?

ACTE IV, SCÈNE I.

On retire souvent le bras pour mieux frapper.
Qui veut que je la trompe a droit de me tromper.

STÉPHANIE.

Considérez l'humeur implacable d'un père,
Quelle est pour les chrétiens sa haine et sa colère,
Combien il faut de temps afin de l'émouvoir.

PLACIDE.

Hélas! il n'en faut guère à trahir mon espoir.
Peut-être en ce moment qu'ici tu me cajoles,
Que tu remplis mon cœur d'espérances frivoles,
Ce rare et cher objet, qui fait seul mon destin,
Du soldat insolent est l'indigne butin.
Va flatter, si tu veux, la douleur de Flavie,
Et me laisse éclaircir de l'état de ma vie :
C'est trop l'abandonner à l'injuste pouvoir.
  Ouvrez, Paulin, ouvrez, et me la faites voir.
On ne me répond point, et la porte est ouverte!
Paulin! madame!

STÉPHANIE.

    O dieux! la fourbe est découverte.
Où fuirai-je?

PLACIDE.

    Demeure, infame, et ne crains rien :
Je ne veux pas d'un sang abject comme le tien;
Il faut à mon courroux de plus nobles victimes :
Instruis-moi seulement de l'ordre de tes crimes.
Qu'a-t-on fait de mon ame? où la dois-je chercher?

STÉPHANIE.

Vous n'avez pas sujet encor de vous fâcher :
Elle est....

PLACIDE.

    Dépêche, dis ce qu'en a fait Marcelle.

STÉPHANIE.

Tout ce que votre amour pouvoit attendre d'elle.
Peut-on croire autre chose avec quelque raison,
Quand vous voyez déja qu'elle est hors de prison?

PLACIDE.

Ah! j'en aurois déja reçu les assurances;
Et tu veux m'amuser de vaines apparences,
Cependant que Marcelle agit comme il lui plaît,
Et fait sans résistance exécuter l'arrêt.
De ma crédulité Théodore est punie;
Elle est hors de prison, mais dans l'ignominie;
Et je devois juger, dans mon sort rigoureux,
Que l'ennemi qui flatte est le plus dangereux.
Mais souvent on s'aveugle, et, dans des maux extrêmes,
Les esprits généreux jugent tout par eux-mêmes;
Et lorsqu'on les trahit [1]....

SCÈNE II.

PLACIDE, LYCANTE, STÉPHANIE.

LYCANTE.

Jugez-en mieux, seigneur;
Marcelle vous renvoie et la joie et l'honneur;
Elle a de l'infamie arraché Théodore.

PLACIDE.

Elle a fait ce miracle!

---

[1] Var. Et de leurs ennemis....

SCÈNE II.

. . . .

LYCANTE.

Ne craignez plus, seigneur.

ACTE IV, SCÈNE II.

LYCANTE.

Elle a plus fait encore.

PLACIDE.

Ne me fais plus languir, dis promptement.

LYCANTE.

D'abord
Valens changeoit l'arrêt en un arrêt de mort....

PLACIDE.

Ah! si de cet arrêt jusqu'à l'effet on passe....

LYCANTE.

Marcelle a refusé cette sanglante grace ;
Elle la veut entière, et tâche à l'obtenir :
Mais Valens irrité s'obstine à la bannir ;
Et voulant que cet ordre à l'instant s'exécute,
Quoiqu'en votre faveur Marcelle lui dispute,
Il mande Théodore, et la veut promptement
Faire conduire au lieu de son bannissement.

STÉPHANIE.

Et vous vous alarmiez de voir sa prison vide !

PLACIDE.

Tout fait peur à l'Amour, c'est un enfant timide [1] ;
Et si tu le connois, tu me dois pardonner.

---

[1] Il ne manquait aux étonnantes turpitudes de cette pièce que la mauvaise plaisanterie du madrigal, *l'Amour est un enfant timide.* (V.) — Ce que Voltaire appelle des turpitudes, et ce qui serait en effet révoltant aujourd'hui que les bienséances sont mieux connues, sans que les mœurs soient devenues plus décentes, n'était pas jugé alors avec autant de sévérité. Voltaire convient ailleurs que, vingt ans auparavant, la pièce eût peut-être été très applaudie; et c'est au degré de perfection où Corneille lui-même avait élevé la scène par ses chefs-d'œuvre, qu'il dut imputer la chute de *Théodore*. Cette réflexion seule devait interdire à Voltaire l'indécence de son style moqueur. (P.)

####### LYCANTE.

Elle fait ses efforts pour vous la ramener,
Et vous conjure encore un moment de l'attendre.

####### PLACIDE.

Quelles graces, bons dieux, ne lui dois-je point rendre!
Va, dis-lui que j'attends ici ce grand succès,
Où sa bonté pour moi paroît avec excès [1].

(Lycante rentre.)

####### STÉPHANIE.

Et moi, je vais pour vous consoler sa Flavie.

####### PLACIDE.

Fais-lui donc quelque excuse à flatter son envie [2],
Et dis-lui de ma part tout ce que tu voudras.
Mon ame n'eut jamais les sentiments ingrats,
Et j'ai honte en secret d'être dans l'impuissance
De montrer plus d'effets de ma reconnoissance.

(Il est seul.)

Certes, une ennemie à qui je dois l'honneur
Méritoit dans son choix un peu plus de bonheur,
Devoit trouver une ame un peu moins défendue,
Et j'ai pitié de voir tant de bonté perdue :
Mais le cœur d'un amant ne peut se partager;
Elle a beau se contraindre, elle a beau m'obliger,
Je n'ai qu'aversion pour ce qui la regarde.

---

[1] Var. Où sa bonté paroît avecque trop d'excès.

Qui aurait pu s'attendre, en voyant *Cinna* et les belles scènes des *Horaces*, que, peu d'années après, quand le génie de Corneille était dans toute sa force, il mettrait sur le théâtre une princesse qu'on envoie dans un mauvais lieu, et un amant qui dit que *l'Amour est un enfant timide?* (V.)

[2] Var. Fais-lui donc quelque excuse au gré de son envie.

SCÈNE III.
PLACIDE, PAULIN.

PLACIDE.
Vous ne me direz plus qu'on vous l'a mise en garde,
Paulin ?

PAULIN.
Elle n'est plus, seigneur, en mon pouvoir.

PLACIDE.
Quoi! vous en soupirez ?

PAULIN.
Je pense le devoir.

PLACIDE.
Soupirer du bonheur que le ciel me renvoie !

PAULIN.
Je ne vois pas pour vous de grands sujets de joie.

PLACIDE.
Qu'on la bannisse ou non, je la verrai toujours.

PAULIN.
Quel fruit de cette vue espèrent vos amours ?

PLACIDE.
Le temps adoucira cette ame rigoureuse.

PAULIN.
Le temps ne rendra pas la vôtre plus heureuse.

PLACIDE.
Sans doute elle aura peine à me laisser périr.

PAULIN.
Qui le peut espérer devoit la secourir.

PLACIDE.
Marcelle a fait pour moi tout ce que j'ai dû faire.

PAULIN.
Je n'ai donc rien à dire, et dois ici me taire.

PLACIDE.

Non, non, il faut parler avec sincérité,
Et louer hautement sa générosité.

PAULIN.

Si vous me l'ordonnez, je louerai donc sa rage.
Mais depuis quand, seigneur, changez-vous de courage?
Depuis quand pour vertu prenez-vous la fureur?
Depuis quand louez-vous ce qui doit faire horreur?

PLACIDE.

Ah! je tremble à ces mots que j'ai peine à comprendre.

PAULIN.

Je ne sais pas, seigneur, ce qu'on vous fait entendre,
Ou quel puissant motif retient votre courroux;
Mais Théodore enfin n'est plus digne de vous.

PLACIDE.

Quoi! Marcelle en effet ne l'a pas garantie?

PAULIN.

A peine d'avec vous, seigneur, elle est sortie,
Que l'ame tout en feu, les yeux étincelants,
Rapportant elle-même un ordre de Valens,
Avec trente soldats elle a saisi la porte,
Et tirant de ce lieu Théodore à main-forte....

PLACIDE.

O dieux! jusqu'à ses pieds j'ai donc pu m'abaisser
Pour voir trahir des vœux qu'elle a feint d'exaucer,
Et pour en recevoir avec tant d'insolence
De tant de lâcheté la digne récompense!
Mon cœur avoit déja pressenti ce malheur.
Mais achève, Paulin, d'irriter ma douleur;
Et, sans m'entretenir des crimes de Marcelle,
Dis-moi qui je me dois immoler après elle,
Et sur quels insolents, après son châtiment,
Doit choir le reste affreux de mon ressentiment.

ACTE IV, SCÈNE III.

PAULIN.

Armez-vous donc, seigneur, d'un peu de patience,
Et forcez vos transports à me prêter silence,
Tandis que le récit d'une juste rigueur
Peut-être à chaque mot vous percera le cœur.

Je ne vous dirai point avec quelle tristesse
A ce honteux supplice a marché la princesse :
Forcé de la conduire en ces infames lieux,
De honte et de dépit j'en détournois les yeux ;
Et, pour la consoler ne sachant que lui dire,
Je maudissois tout bas les lois de notre empire ;
Et vous étiez le dieu que, dans mes déplaisirs[1],
En secret pour les rompre invoquoient mes soupirs.

PLACIDE.

Ah ! pour gagner ce temps on charmoit mon courage
D'une fausse promesse, et puis d'un faux message ;
Et j'ai cru dans ces cœurs de la sincérité !
Ne fais plus de reproche à ma crédulité,
Et poursuis.

PAULIN.

Dans ces lieux à peine on l'a traînée,
Qu'on a vu des soldats la troupe mutinée[2] ;
Tous courent à la proie avec avidité ;
Tous montrent à l'envi même brutalité.
Je croyois déja voir de cette ardeur égale
Naître quelque discorde à ces tigres fatale,
Quand Didyme....

PLACIDE.

Ah ! le lâche ! Ah ! le traître !

---

[1] Var. Et vous étiez le dieu, dedans mes déplaisirs,
  Qu'en secret pour les rompre invoquoient mes soupirs.

[2] Var. Que je vois des soldats la troupe mutinée.

PAULIN.

            Écoutez :
Ce traître a réuni toutes leurs volontés ;
Le front plein d'impudence, et l'œil armé d'audace :
« Compagnons, a-t-il dit, on me doit une grace ;
« Depuis plus de dix ans je souffre les mépris
« Du plus ingrat objet dont on puisse être épris :
« Ce n'est pas de mes feux que je veux récompense,
« Mais de tant de rigueurs la première vengeance ;
« Après, vous punirez à loisir ses dédains. »
Il leur jette de l'or ensuite à pleines mains [1] ;
Et lors, soit par respect qu'on eût pour sa naissance,
Soit qu'ils eussent marché sous son obéissance,
Soit que son or pour lui fît un si prompt effort,
Ces cœurs en sa faveur tombent soudain d'accord ;
Il entre sans obstacle.

PLACIDE.

     Il y mourra, l'infame !
Viens me voir dans ses bras lui faire vomir l'ame ;
Viens voir de ma colère un juste et prompt effet
Joindre en ces mêmes lieux la peine à son forfait [2],
Confondre son triomphe avecque son supplice.

PAULIN.

Ce n'est pas en ces lieux qu'il vous fera justice :
Didyme en est sorti.

---

[1] Comment a-t-on pu hasarder un tel récit sur le théâtre tragique ? Ce Didyme, à la vérité, n'entre dans ce mauvais lieu qu'avec une louable intention ; mais le récit fait le même effet que si Didyme n'était qu'un débauché. Ce n'est pas la peine de pousser plus loin nos remarques : plaignons tout esprit abandonné à lui-même, et n'en estimons pas moins l'ame du grand Pompée et celle de Cinna. (V.)

[2] Var. Joindre en ces mêmes lieux sa peine à son forfait.

PLACIDE.
Quoi! Paulin, ce voleur
A déja par sa fuite évité ma douleur!
PAULIN.
Oui ; mais il n'étoit plus, en sortant, ce Didyme
Dont l'orgueil insolent demandoit sa victime ;
Ses cheveux sur son front s'efforçoient de cacher
La rougeur que son crime y sembloit attacher,
Et le remords de sorte abattoit son courage,
Que même il n'osoit plus nous montrer son visage ;
L'œil bas, le pied timide, et le corps chancelant,
Tel qu'un coupable enfin qui s'échappe en tremblant.
A peine il est sorti, que la fière insolence [1]
Du soldat mutiné reprend sa violence ;
Chacun, en sa valeur mettant tout son appui,
S'efforce de montrer qu'il n'a cédé qu'à lui ;
On se pousse, on se presse, on se bat, on se tue :
J'en vois une partie à mes pieds abattue.
Au spectacle sanglant que je m'étois promis,
Cléobule survient avec quelques amis,
Met l'épée à la main, tourne en fuite le reste,
Entre....
PLACIDE.
Lui seul ?
PAULIN.
Lui seul.
PLACIDE.
Ah! dieux! quel coup funeste!
PAULIN.
Sans doute il n'est entré que pour l'en retirer [2].

---

[1] Var. A peine est-il sorti, qu'avecque violence
    Je vois de ces mutins renaître l'insolence.

[2] Var. Sans doute il n'est entré qu'afin de l'en tirer.

PLACIDE.

Dis, dis qu'il est entré pour la déshonorer,
Et que le sort cruel, pour hâter ma ruine,
Veut qu'après un rival un ami m'assassine.
Le traître! Mais, dis-moi, l'en as-tu vu sortir?
Montroit-il de l'audace, ou quelque repentir[1]?
Qui des siens l'a suivi?

PAULIN.

Cette troupe fidèle
M'a chassé comme chef des soldats de Marcelle :
Je n'ai rien vu de plus; mais, loin de le blâmer,
Je présume....

PLACIDE.

Ah! je sais ce qu'il faut présumer.
Il est entré lui seul.

PAULIN.

Ayant si peu d'escorte,
C'est ainsi qu'il a dû s'assurer de la porte;
Et si là tous ensemble il ne les eût laissés,
Assez facilement on les auroit forcés.
Mais le voici qui vient pour vous en rendre compte :
A son zèle, de grace, épargnez cette honte[2].

---

[1] Var. Montroit-il de l'audace, ou bien du repentir?

[2] Voilà donc la gouvernante d'Antioche qui livre la princesse à la canaille, et la canaille se dispute à qui l'aura; voilà un homme qui leur jette de l'argent pour avoir la préférence, il est vrai que c'est à bonne intention : mais on ne peut le deviner, et cette bonne intention est un ridicule de plus. On a osé nommer tragédie cet étrange ouvrage, parcequ'il y a du sang répandu à la fin. Comment osons-nous, après cela, condamner les pièces de Lope de Vega et de Shakespeare? Ne vaut-il pas mieux manquer à toutes les unités, que de manquer à toutes les bienséances, et d'être à-la-fois froid et dégoûtant? (V.)

SCÈNE IV.

PLACIDE, PAULIN, CLÉOBULE.

PLACIDE.

Eh bien! votre parente? est-elle hors de ces lieux
Où l'on sacrifioit sa pudeur à nos dieux?

CLÉOBULE.

Oui, seigneur [1].

PLACIDE.

J'ai regret qu'un cœur si magnanime
Se soit ainsi laissé prévenir par Didyme.

CLÉOBULE.

J'en dois être honteux : mais je m'étonne fort
Qui vous a pu sitôt en faire le rapport;
J'en croyois apporter les premières nouvelles.

PLACIDE.

Graces aux dieux, sans vous j'ai des amis fidèles [2].
Mais ne différez plus à me la faire voir.

CLÉOBULE.

Qui, seigneur?

PLACIDE.

Théodore.

CLÉOBULE.

Est-elle en mon pouvoir?

PLACIDE.

Ne me dites-vous pas que vous l'avez sauvée?

---

[1] On ne voit ici que l'apparence de la prostitution : l'apparence est trompeuse; mais cela ressemble à ces énigmes dont les vers annoncent une ordure, et dont le mot est honnête : jeu de l'esprit honteux, et fait pour la populace. (V.)

[2] Var. J'ai sans vous, grace aux dieux, assez d'amis fidèles.

CLÉOBULE.

Je vous le dirois, moi, qui ne l'ai plus trouvée!

PLACIDE.

Quoi! soudain par un charme elle avoit disparu?

CLÉOBULE.

Puisque déja ce bruit jusqu'à vous a couru,
Vous savez que sans charme elle a fui sa disgrace,
Que je n'ai pu trouver que Didyme en sa place [1].
Quel plaisir prenez-vous à me le déguiser?

PLACIDE.

Quel plaisir prenez-vous vous-même à m'abuser,
Quand Paulin de ses yeux a vu sortir Didyme?

CLÉOBULE.

Si ses yeux l'ont trompé, l'erreur est légitime;
Et si vous n'en savez que ce qu'il vous a dit,
Écoutez-en, seigneur, un fidèle récit.
Vous ignorez encor la meilleure partie :
Sous l'habit de Didyme elle-même est sortie [2].

PLACIDE.

Qui?

---

[1] Var. Que je n'ai plus trouvé que Didyme en sa place.

[2] Je dois remarquer ici, en général, que toutes ces petites tromperies, des changements d'habits, des billets qu'on entend en un sens, et qui en signifient un autre, des oracles même à double entente, des méprises de subalternes qui ont mal vu, ou qui n'ont vu que la moitié d'un événement, sont des inventions de la tragédie moderne : inventions petites, mesquines, imitées de nos romans; puérilités inconnues à l'antiquité, et dont il faut couvrir la faiblesse par quelque chose de grand et de tragique, comme vous avez vu dans *les Horaces* la méprise d'une suivante produire les plus grands mouvements. Le vieil Horace n'est admirable que parcequ'une domestique de la maison a été trop impatiente : c'est là créer beaucoup de rien; mais ici c'est entasser petitesses sur petitesses. (V.)

ACTE IV, SCÈNE IV.

CLÉOBULE.

Votre Théodore ; et cet audacieux
Sous le sien au lieu d'elle est resté dans ces lieux.

PLACIDE.

Que dis-tu, Cléobule? ils ont fait cet échange?

CLÉOBULE.

C'est une nouveauté qui doit sembler étrange [1]....

PLACIDE.

Et qui me porte encor de plus étranges coups.
Vois si c'est sans raison que j'en étois jaloux ;
Et, malgré les avis de ta fausse prudence,
Juge de leur amour par leur intelligence.

CLÉOBULE.

J'ose en douter encore, et je ne vois pas bien
Si c'est zèle d'amant ou fureur de chrétien.

PLACIDE.

Non, non, ce téméraire, au péril de sa tête [2],
A mis en sûreté son illustre conquête :
Par tant de feints mépris elle qui t'abusoit
Lui conservoit ce cœur qu'elle me refusoit,
Et ses dédains cachoient une faveur secrète,
Dont tu n'étois pour moi qu'un aveugle interprète.
L'œil d'un amant jaloux a bien d'autres clartés ;
Les cœurs pour ses soupçons n'ont point d'obscurités ;
Son amour lui fait jour jusques au fond d'une ame [3],
Pour y lire sa perte écrite en traits de flamme.
Elle me disoit bien, l'ingrate, que son Dieu
Sauroit, sans mon secours, la tirer de ce lieu [4] ;

---

[1] VAR. C'est une nouveauté qui semble assez étrange.

[2] VAR. Non, non, le téméraire, au hasard de sa vie,
    A mis en sûreté la fleur qu'il a cueillie.

[3] VAR. Son malheur lui fait jour jusques au fond d'une ame.

[4] VAR. Sauroit bien, sans mon bras, la tirer de ce lieu.

Et, sûre qu'elle étoit de celui de Didyme,
A se servir du mien elle eût cru faire un crime.
Mais auroit-on bien pris pour générosité
L'impétueuse ardeur de sa témérité?
Après un tel affront et de telles offenses,
M'auroit-on envié la douceur des vengeances?

CLÉOBULE.

Vous le verriez déja, si j'avois pu souffrir
Qu'en cet habit de fille on vous le vînt offrir.
J'ai cru que sa valeur et l'éclat de sa race
Pouvoient bien mériter cette petite grace;
Et vous pardonnerez à ma vieille amitié
Si jusque-là, seigneur, elle étend sa pitié.
Le voici qu'Amintas [1] vous amène à main-forte.

PLACIDE.

Pourrai-je retenir la fureur qui m'emporte?

CLÉOBULE.

Seigneur, réglez si bien ce violent courroux,
Qu'il n'en échappe rien trop indigne de vous.

SCÈNE V.

PLACIDE, DIDYME, CLÉOBULE, PAULIN, AMINTAS, TROUPE.

PLACIDE.

Approche, heureux rival, heureux choix d'une ingrate,
Dont je vois qu'à ma honte enfin l'amour éclate.
C'est donc pour t'enrichir d'un si noble butin
Qu'elle s'est obstinée à suivre son destin;

---

[1] Ce personnage ne figure pas sur la liste placée en tête de la pièce.

Et, pour mettre ton ame au comble de sa joie,
Cet esprit déguisé n'a point eu d'autre voie?
Dans ces lieux dignes d'elle elle a reçu ta foi,
Et pris l'occasion de se donner à toi?

DIDYME.

Ah, seigneur! traitez mieux une vertu parfaite.

PLACIDE.

Ah! je sais mieux que toi comme il faut qu'on la traite!
J'en connois l'artifice, et de tous ses mépris.
Sur quelle confiance as-tu tant entrepris?
Ma perfide marâtre et mon tyran de père
Auroient-ils contre moi choisi ton ministère?
Et, pour mieux t'enhardir à me voler mon bien,
T'auroient-ils promis grace, appui, faveur, soutien?
Aurois-tu bien uni leurs fureurs à ton zèle,
Son amant tout ensemble et l'agent de Marcelle?
Qu'en as-tu fait, enfin? où me la caches-tu?

DIDYME.

Derechef jugez mieux de la même vertu.
Je n'ai rien entrepris, ni comme amant fidèle,
Ni comme impie agent des fureurs de Marcelle,
Ni sous l'espoir flatteur de quelque impunité,
Mais par un pur effet de générosité :
Je le nommerois mieux, si vous pouviez comprendre
Par quel zèle un chrétien ose tout entreprendre.
La mort, qu'avec ce nom je ne puis éviter[1],
Ne vous laisse aucun lieu de vous inquiéter :
Qui s'apprête à mourir, qui court à ses supplices,
N'abaisse pas son ame à ces molles délices;
Et, près de rendre compte à son juge éternel,
Il craint d'y porter même un desir criminel.

---

[1] Var. La mort, que comme tel je ne puis éviter.

J'ai soustrait Théodore à la rage insensée [1],
Sans blesser sa pudeur de la moindre pensée :
Elle fuit, et sans tache, où l'inspire son Dieu ;
Ne m'en demandez point ni l'ordre ni le lieu :
Comme je n'en prétends ni faveur, ni salaire,
J'ai voulu l'ignorer, afin de le mieux taire.

PLACIDE.

Ah! tu me fais ici des contes superflus :
J'ai trop été crédule, et je ne le suis plus.
Quoi! sans rien obtenir, sans même rien prétendre [2],
Un zèle de chrétien t'a fait tout entreprendre?
Quel prodige pareil s'est jamais rencontré?

DIDYME.

Paulin vous aura dit comme je suis entré;
Prêtez l'oreille au reste, et punissez ensuite
Tout ce que vous verrez de coupable en sa fuite [3].

PLACIDE.

Dis, mais en peu de mots, et sûr que les tourments
M'auront bientôt vengé de tes déguisements.

DIDYME.

La princesse à ma vue également atteinte
D'étonnement, d'horreur, de colère et de crainte,
A tant de passions exposée à-la-fois,
A perdu quelque temps l'usage de la voix;
Aussi j'avois l'audace encor sur le visage,
Qui parmi ces mutins m'avoit donné passage,
Et je portois encor sur le front imprimé
Cet insolent orgueil dont je l'avois armé.

---

[1] Var. J'ai sauvé son honneur d'une rage insensée,
　　　　Mais sans l'avoir souillé de la moindre pensée.

[2] Var. Quoi! sans en rien tirer! quoi! sans en rien prétendre.

[3] Var. Tout ce que vous croirez de coupable en sa fuite.

ACTE IV, SCÈNE V.

Enfin, reprenant cœur, «Arrête, me dit-elle,
«Arrête,» et m'alloit faire une longue querelle;
Mais, pour laisser agir l'erreur qui la surprend,
Le temps étoit trop cher, et le péril trop grand;
Donc, pour la détromper : «Non, lui dis-je, madame,
«Quelque outrageux mépris dont vous traitiez ma flamme,
«Je ne viens point ici comme amant indigné
«Me venger de l'objet dont je fus dédaigné;
«Une plus sainte ardeur règne au cœur de Didyme;
«Il vient de votre honneur se faire la victime,
«Le payer de son sang, et s'exposer pour vous
«A tout ce qu'oseront la haine et le courroux.
«Fuyez sous mon habit, et me laissez, de grace,
«Sous le vôtre en ces lieux occuper votre place;
«C'est par ce moyen seul qu'on peut vous garantir :
«Conservez une vierge en faisant un martyr. »
Elle, à cette prière encor demi-tremblante,
Et mêlant à sa joie un reste d'épouvante,
Me demande pardon, d'un visage étonné,
De tout ce que son ame a craint, ou soupçonné.
Je m'apprête à l'échange, elle à la mort s'apprête;
Je lui tends mes habits, elle m'offre sa tête,
Et demande à sauver un si précieux bien
Aux dépens de son sang, plutôt qu'au prix du mien :
Mais Dieu la persuade, et notre combat cesse.
Je vois suivant mes vœux échapper la princesse.

PAULIN.

C'étoit donc à dessein qu'elle cachoit ses yeux,
Comme rouges de honte, en sortant de ces lieux?

DIDYME.

En lui disant adieu je l'en avois instruite;
Et le ciel a daigné favoriser sa fuite.
 Seigneur, ce peu de mots suffit pour vous guérir :

Vivez sans jalousie, et m'envoyez mourir.
PLACIDE.
Hélas! et le moyen d'être sans jalousie,
Lorsque ce cher objet te doit plus que la vie?
Ta courageuse adresse à ses divins appas
Vient de rendre un secours que leur devoit mon bras;
Et lorsque je me laisse amuser de paroles,
Tu t'exposes pour elle, ou plutôt tu t'immoles :
Tu donnes tout ton sang pour lui sauver l'honneur;
Et je ne serois pas jaloux de ton bonheur?
Mais ferois-je périr celui qui l'a sauvée,
Celui par qui Marcelle est pleinement bravée,
Qui m'a rendu ma gloire, et préservé mon front
Des infames couleurs d'un si mortel affront?
Tu vivras. Toutefois défendrai-je ta tête[1],
Alors que Théodore est ta juste conquête,
Et que cette beauté qui me tient sous sa loi[2]
Ne sauroit plus sans crime être à d'autres qu'à toi?
N'importe, si ta flamme en est mieux écoutée,
Je dirai seulement que tu l'as méritée;
Et, sans plus regarder ce que j'aurai perdu,
J'aurai devant les yeux ce que tu m'as rendu.
De mille déplaisirs qui m'arrachoient la vie
Je n'ai plus que celui de te porter envie;
Je saurai bien le vaincre, et garder pour tes feux
Dans une ame jalouse un esprit généreux.
Va donc, heureux rival, rejoindre ta princesse;
Dérobe-toi comme elle aux yeux d'une tigresse :
Tu m'as sauvé l'honneur, j'assurerai tes jours,
Et mourrai, s'il le faut, moi-même à ton secours.

---

[1] Var. Tu vivras. Mais, ô dieux! défendrai-je ta tête.
[2] Var. Et que cette beauté qui me tient sous la loi.

ACTE IV, SCÈNE V.

DIDYME.

Seigneur....

PLACIDE.

Ne me dis rien. Après de tels services,
Je n'ai rien à prétendre à moins que tu périsses.
Je le sais, je l'ai dit; mais, dans ce triste état,
Je te suis redevable, et ne puis être ingrat.

FIN DU QUATRIÈME ACTE.

ACTE CINQUIÈME.

SCÈNE I.

PAULIN, CLÉOBULE.

PAULIN.
Oui, Valens pour Placide a beaucoup d'indulgence;
Il est même en secret de son intelligence :
C'étoit par cet arrêt lui qu'il considéroit;
Et je vous ai conté ce qu'il en espéroit.
Mais il hait des chrétiens l'opiniâtre zèle;
Et s'il aime Placide, il redoute Marcelle;
Il en sait le pouvoir, il en voit la fureur;
Et ne veut pas se perdre auprès de l'empereur :
Il ne veut pas périr pour conserver Didyme;
Puisqu'il s'est laissé prendre, il paiera pour son crime.
Valens saura punir son illustre attentat [1]
Par inclination et par raison d'état;
Et si quelque malheur ramène Théodore [2],
A moins qu'elle renonce à ce Dieu qu'elle adore,
Dût Placide lui-même après elle en mourir,
Par les mêmes motifs il la fera périr.
Dans l'ame il est ravi d'ignorer sa retraite;

---

[1] VAR. Et Valens punira son illustre attentat.
[2] VAR. Et si quelque malheur nous rendoit Théodore,
A moins que renoncer à ce Dieu qu'elle adore,
. . . .
Par les mêmes motifs il la feroit périr.

ACTE V, SCÈNE I.

Il fait des vœux au ciel pour la tenir secrète ;
Il craint qu'un indiscret la vienne révéler,
Et n'osera rien plus que de dissimuler.

CLÉOBULE.

Cependant vous savez, pour grand que soit ce crime [1],
Ce qu'a juré Placide en faveur de Didyme.
Piqué contre Marcelle, il cherche à la braver,
Et hasardera tout afin de le sauver.
Il a des amis prêts, il en assemble encore ;
Et si quelque malheur vous rendoit Théodore,
Je prévois des transports en lui si violents,
Que je crains pour Marcelle et même pour Valens.
Mais a-t-il condamné ce généreux coupable ?

PAULIN.

Il l'interroge encor, mais en juge implacable [2].

CLÉOBULE.

Il m'a permis pourtant de l'attendre en ce lieu,
Pour tâcher à le vaincre, ou pour lui dire adieu.
Ah! qu'il dissiperoit un dangereux orage,
S'il vouloit à nos dieux rendre le moindre hommage!

PAULIN.

Quand de sa folle erreur vous l'auriez diverti,
En vain de ce péril vous le croiriez sorti.
Flavie est aux abois, Théodore échappée
D'un mortel désespoir jusqu'au cœur l'a frappée ;
Marcelle n'attend plus que son dernier soupir :
Jugez à quelle rage ira son déplaisir ;
Et si, comme on ne peut s'en prendre qu'à Didyme,
Son époux lui voudra refuser sa victime.

---

[1] VAR. Cependant vous savez ce qu'a juré Placide;
　　　C'est un courage fier, et que rien n'intimide.
[2] VAR. Il l'examine encor, mais en juge implacable.

CLÉOBULE.

Ah! Paulin! un chrétien à nos autels réduit
Fait auprès des Césars un trop précieux bruit;
Il leur devient trop cher pour souffrir qu'il périsse.
Mais je le vois déja qu'on amène au supplice.

SCÈNE II.

PAULIN, CLÉOBULE, LYCANTE, DIDYME.

CLÉOBULE.

Lycante, souffre ici l'adieu de deux amis,
Et me donne un moment que Valens m'a promis.

LYCANTE.

J'en ai l'ordre, et je vais disposer ma cohorte
A garder cependant les dehors de la porte.
Je ne mets point d'obstacle à vos derniers secrets,
Mais tranchez promptement d'inutiles regrets.

SCÈNE III.

CLÉOBULE, DIDYME, PAULIN.

CLÉOBULE.

Ce n'est point, cher ami, le cœur troublé d'alarmes,
Que je t'attends ici pour te donner des larmes;
Un astre plus bénin vient d'éclairer tes jours :
Il faut vivre, Didyme, il faut vivre.

DIDYME.

                              Et j'y cours.
Pour la cause de Dieu s'offrir en sacrifice,
C'est courir à la vie, et non pas au supplice.

ACTE V, SCÈNE III.

CLÉOBULE.

Peut-être dans ta secte est-ce une vision ;
Mais l'heur que je t'apporte est sans illusion.
Théodore est à toi : ce dernier témoignage
Et de ta passion et de ton grand courage
A si bien en amour changé tous ses mépris,
Qu'elle t'attend chez moi pour t'en donner le prix.

DIDYME.

Que me sert son amour et sa reconnoissance,
Alors que leur effet n'est plus en sa puissance ?
Et qui t'amène ici par ce frivole attrait
Aux douceurs de ma mort mêler un vain regret,
Empêcher que ma joie à mon heur ne réponde,
Et m'arracher encore un regard vers le monde ?
Ainsi donc Théodore est cruelle à mon sort
Jusqu'à persécuter et ma vie et ma mort ;
Dans sa haine et sa flamme également à craindre,
Et moi dans l'une et l'autre également à plaindre !

CLÉOBULE.

Ne te figure point d'impossibilité
Où tu fais, si tu veux, trop de facilité,
Où tu n'as qu'à te faire un moment de contrainte :
Donne à ton Dieu ton cœur, aux nôtres quelque feinte ;
Un peu d'encens offert au pied de leurs autels
Peut égaler ton sort au sort des immortels.

DIDYME.

Et pour cela vers moi Théodore t'envoie ?
Son esprit adouci me veut par cette voie ?

CLÉOBULE.

Non, elle ignore encor que tu sois arrêté ;
Mais ose en sa faveur te mettre en liberté ;
Ose te dérober aux fureurs de Marcelle,
Et Placide t'enlève en Égypte avec elle,

Où son cœur généreux te laisse entre ses bras
Être avec sûreté tout ce que tu voudras.

DIDYME.

Va, dangereux ami que l'enfer me suscite,
Ton damnable artifice en vain me sollicite :
Mon cœur, inébranlable aux plus cruels tourments,
A presque été surpris de tes chatouillements ;
Leur mollesse a plus fait que le fer ni la flamme ;
Elle a frappé mes sens, elle a brouillé mon ame ;
Ma raison s'est troublée, et mon foible a paru :
Mais j'ai dépouillé l'homme, et Dieu m'a secouru.
 Va revoir ta parente, et dis-lui qu'elle quitte
Ce soin de me payer par-delà mon mérite.
Je n'ai rien fait pour elle, elle ne me doit rien ;
Ce qu'elle juge amour n'est qu'ardeur de chrétien :
C'est la connoître mal que de la reconnoître ;
Je n'en veux point de prix que du souverain maître ;
Et comme c'est lui seul que j'ai considéré,
C'est lui seul dont j'attends ce qu'il m'a préparé.
 Si pourtant elle croit me devoir quelque chose,
Et peut avant ma mort souffrir que j'en dispose[1],
Qu'elle paie à Placide, et tâche à conserver
Des jours que par les miens je lui viens de sauver ;
Qu'elle fuie avec lui, c'est tout ce que veut d'elle
Le souvenir mourant d'une flamme si belle.
Mais elle-même vient, hélas ! à quel dessein ?

---

[1] Var. Et peut à mon trépas souffrir que j'en dispose,
   Qu'elle en paie à Placide, et tâche à conserver.

SCÈNE IV.

DIDYME, THÉODORE, CLÉOBULE, PAULIN, LYCANTE.

(Lycante suit Théodore, et entre incontinent chez Marcelle sans rien dire.)

DIDYME.
Pensez-vous m'arracher la palme de la main,
Madame, et mieux que lui m'expliquant votre envie,
Par un charme plus fort m'attacher à la vie?

THÉODORE.
Oui, Didyme, il faut vivre et me laisser mourir;
C'est à moi qu'on en veut, c'est à moi de périr.

CLÉOBULE, à Théodore.
O dieux! quelle fureur aujourd'hui vous possède?

(à Paulin.)

Mais prévenons le mal par le dernier remède :
Je cours trouver Placide; et toi, tire en longueur
De Valens, si tu peux, la dernière rigueur.

SCÈNE V.

DIDYME, THÉODORE, PAULIN.

DIDYME.
Quoi! ne craignez-vous point qu'une rage ennemie
Vous fasse de nouveau traîner à l'infamie?

THÉODORE.
Non, non, Flavie est morte, et Marcelle en fureur
Dédaigne un châtiment qui m'a fait tant d'horreur;
Je n'en ai rien à craindre, et Dieu me le révèle :

Ce n'est plus que du sang que veut cette cruelle;
Et, quelque cruauté qu'elle veuille essayer,
S'il ne faut que du sang, j'ai trop de quoi payer.
Rends-moi, rends-moi ma place assez et trop gardée.
Pour me sauver l'honneur je te l'avois cédée;
Jusque-là seulement j'ai souffert ton secours;
Mais je la viens reprendre alors qu'on veut mes jours.
Rends, Didyme, rends-moi le seul bien où j'aspire,
C'est le droit de mourir, c'est l'honneur du martyre.
A quel titre peux-tu me retenir mon bien?

DIDYME.

A quel droit voulez-vous vous emparer du mien?
C'est à moi qu'appartient, quoi que vous puissiez dire,
Et le droit de mourir, et l'honneur du martyre;
De sort comme d'habits nous avons su changer,
Et l'arrêt de Valens me le vient d'adjuger[1].

---

[1] Vers supprimés :

THÉODORE.
Il ne t'a condamné qu'au lieu de Théodore;
Mais, si l'arrêt t'en plaît, l'effet m'en déshonore.
Te voir, au lieu du mien, payer Dieu de ton sang,
C'est te laisser au ciel aller prendre mon rang.
Je ne souffrirai point, quoi que Valens ordonne,
Qu'en me rendant ma gloire on m'ôte ma couronne;
J'en appelle à Marcelle, et, sans plus t'abuser,
Vois comme ce grand Dieu lui-même en vient d'user :
De cette même honte il sauve Agnès dans Rome,
Il daigne s'y servir d'un ange au lieu d'un homme;
Mais si dans l'infamie il vient la secourir,
Sitôt qu'on veut son sang, il la laisse mourir.

DIDYME.
Sur cet exemple donc ne trouvez pas étrange,
Puisqu'il se sert ici d'un homme au lieu d'un ange,
S'il daigne mettre au rang de ces esprits heureux
Celui dont, pour sa gloire, il se sert au lieu d'eux.
Je n'ai regardé qu'elle en conservant la vôtre,
Et ne lui donne pas mon sang au lieu d'un autre,

THÉODORE.

Tu t'obstines en vain, la haine de Marcelle....

SCÈNE VI.

MARCELLE, THÉODORE, DIDYME, PAULIN, LYCANTE, STÉPHANIE.

MARCELLE, à Lycante.

Avec quelque douceur j'en reçois la nouvelle ;
Non que mes déplaisirs s'en puissent soulager,
Mais c'est toujours beaucoup que se pouvoir venger.

THÉODORE.

Madame, je vous viens rendre votre victime ;
Ne le retenez plus, ma fuite est tout son crime :
Ce n'est qu'au lieu de moi qu'on le mène à l'autel ;
Et, puisque je me montre, il n'est plus criminel.
C'est pour moi que Placide a dédaigné Flavie [1],
C'est moi par conséquent qui lui coûte la vie.

DIDYME.

Non ; c'est moi seul, madame, et vous l'avez pu voir,
Qui, sauvant sa rivale, ai fait son désespoir [2].

Quand ce qu'il m'a fait faire a pu m'en acquérir
Et l'honneur du martyre, et le droit de mourir.

THÉODORE.

Tu t'obstines en vain, etc.

[1] Var. C'est moi pour qui Placide a dédaigné Flavie ;
C'est moi par conséquent qui lui coûte la vie,
Et c'est...

DIDYME.

Non, c'est moi seul, et vous l'avez pu voir.

[2] Vers supprimés :

C'est moi de qui l'audace a terminé sa vie ;
C'est moi par conséquent qui vous ôte Flavie,

MARCELLE.

O couple de ma perte également coupable!
Sacriléges auteurs du malheur qui m'accable,
Qui dans ce vain débat vous vantez à l'envi,
Lorsque j'ai tout perdu, de me l'avoir ravi!
Donc jusques à ce point vous bravez ma colère,
Qu'en vous faisant périr je ne vous puis déplaire,
Et que, loin de trembler sous la punition,
Vous y courez tous deux avec ambition!
Elle semble à tous deux porter un diadème;
Vous en êtes jaloux comme d'un bien suprême;
L'un et l'autre de moi s'efforce à l'obtenir :
Je puis vous immoler, et ne puis vous punir;
Et, quelque sang qu'épande une mère affligée,
Ne vous punissant pas elle n'est pas vengée.
  Toutefois Placide aime, et votre châtiment
Portera sur son cœur ses coups plus puissamment;
Dans ce gouffre de maux c'est lui qui m'a plongée,
Et si je l'en punis je suis assez vengée.

THÉODORE, à Didyme.

J'ai donc enfin gagné, Didyme, et tu le vois;
L'arrêt est prononcé, c'est moi dont on fait choix,
C'est moi qu'aime Placide, et ma mort te délivre.

DIDYME.

Non, non, si vous mourez, Didyme vous doit suivre.

MARCELLE.

Tu la suivras, Didyme, et je suivrai tes vœux;
Un déplaisir si grand n'a pas trop de tous deux.
Que ne puis-je aussi bien immoler à Flavie
Tous les chrétiens ensemble, et toute la Syrie!

Et sur qui doit verser ce courage irrité
Tout ce que la vengeance a de sévérité.

Ou que ne peut ma haine avec un plein loisir
Animer les bourreaux qu'elle sauroit choisir,
Repaître mes douleurs d'une mort dure et lente,
Vous la rendre à-la-fois et cruelle et traînante,
Et parmi les tourments soutenir votre sort,
Pour vous faire sentir chaque jour une mort !
 Mais je sais le secours que Placide prépare ;
Je sais l'effort pour vous que fera ce barbare ;
Et ma triste vengeance a beau se consulter,
Il me faut ou la perdre ou la précipiter.
Hâtons-la donc, Lycante, et courons-y sur l'heure :
La plus prompte des morts est ici la meilleure ;
N'avoir pour y descendre à pousser qu'un soupir,
C'est mourir doucement, mais c'est enfin mourir ;
Et, lorsqu'un grand obstacle à nos fureurs s'oppose,
Se venger à demi c'est du moins quelque chose.
Amenez-les tous deux.

PAULIN.
Sans l'ordre de Valens ?
Madame, écoutez moins des transports si bouillants ;
Sur son autorité c'est beaucoup entreprendre.

MARCELLE.
S'il en demande compte, est-ce à vous de le rendre ?
Paulin, portez ailleurs vos conseils indiscrets,
Et ne prenez souci que de vos intérêts.

THÉODORE, à Didyme.
Ainsi de ce combat que la vertu nous donne,
Nous sortirons tous deux avec une couronne[1].

DIDYME.
Oui, madame, on exauce et vos vœux et les miens.
Dieu....

---

[1] VAR. Nous sortirons tous deux avecque la couronne.

MARCELLE.

Vous suivrez ailleurs de si doux entretiens.
Amenez-les tous deux.

PAULIN, seul.

Quel orage s'apprête!
Que je vois se former une horrible tempête!
Si Placide survient, que de sang répandu!
Et qu'il en répandra s'il trouve tout perdu!
Allons chercher Valens; qu'à tant de violence
Il oppose, non plus une molle prudence,
Mais un courage mâle, et qui d'autorité,
Sans rien craindre....

SCÈNE VII.

VALENS, PAULIN.

VALENS.

Ah! Paulin, est-ce une vérité?
Est-ce une illusion? est ce une rêverie?
Viens-je d'ouïr la voix de Marcelle en furie?
Ose-t-elle traîner Théodore à la mort?

PAULIN.
Oui, si Valens n'y fait un généreux effort.

VALENS.
Quel effort généreux veux-tu que Valens fasse,
Lorsque de tous côtés il ne voit que disgrace?

PAULIN.
Faites voir qu'en ces lieux c'est vous qui gouvernez,
Qu'aucun n'y doit périr si vous ne l'ordonnez....
La Syrie à vos lois est-elle assujettie,
Pour souffrir qu'une femme y soit juge et partie?
Jugez de Théodore.

####### VALENS.
Et qu'en puis-je ordonner,
Qui dans mon triste sort ne serve à me gêner?
Ne la condamner pas, c'est me perdre avec elle,
C'est m'exposer en butte aux fureurs de Marcelle,
Au pouvoir de son frère, au courroux des Césars,
Et pour un vain effort courir mille hasards.
La condamner d'ailleurs, c'est faire un parricide,
C'est de ma propre main assassiner Placide,
C'est lui porter au cœur d'inévitables coups.

####### PAULIN.
Placide donc, seigneur, osera plus que vous.
Marcelle a fait armer Lycante et sa cohorte ;
Mais sur elle et sur eux il va fondre à main-forte,
Résolu de forcer pour cet objet charmant
Jusqu'à votre palais et votre appartement.
Prévenez ce désordre, et jugez quel carnage
Produit le désespoir qui s'oppose à la rage,
Et combien des deux parts l'amour et la fureur
Étaleront ici de spectacles d'horreur.

####### VALENS.
N'importe, laissons faire et Marcelle et Placide
Que l'amour en furie ou la haine en décide ;
Que Théodore en meure ou ne périsse pas [1],
J'aurai lieu d'excuser sa vie ou son trépas.
S'il la sauve, peut-être on trouvera dans Rome
Plus de cœur que de crime à l'ardeur d'un jeune homme.
Je l'en désavouerai, j'irai l'en accuser,
Les pousser par ma plainte à le favoriser,
A plaindre son malheur en blâmant son audace :
César même pour lui me demandera grace ;

[1] Var. Et, soit qu'elle périsse ou ne périsse pas.

Et cette illusion de ma sévérité
Augmentera ma gloire et mon autorité.

PAULIN.

Et s'il ne peut sauver cet objet qu'il adore?
Si Marcelle à ses yeux fait périr Théodore?

VALENS.

Marcelle aura sans moi commis cet attentat :
J'en saurai près de lui faire un crime d'état,
A ses ressentiments égaler ma colère,
Lui promettre vengeance, et trancher du sévère,
Et, n'ayant point de part en cet événement,
L'en consoler en père un peu plus aisément.
Mes soins avec le temps pourront tarir ses larmes.

PAULIN.

Seigneur, d'un mal si grand c'est prendre peu d'alarmes.
Placide est violent, et pour la secourir
Il périra lui-même, ou fera tout périr.
Si Marcelle y succombe, appréhendez son frère,
Et si Placide y meurt, les déplaisirs d'un père.
De grace, prévenez ce funeste hasard.
Mais que vois-je? peut-être il est déja trop tard.
Stéphanie entre ici, de pleurs toute trempée.

VALENS.

Théodore à Marcelle est sans doute échappée,
Et l'amour de Placide a bravé son effort.

SCÈNE VIII.

VALENS, PAULIN, STÉPHANIE.

VALENS, à Stéphanie.

Marcelle a donc osé les traîner à la mort
Sans mon su, sans mon ordre? et son audace extrême...

ACTE V, SCÈNE VIII.

STÉPHANIE.

Seigneur, pleurez sa perte, elle est morte elle-même...

VALENS.

Elle est morte!

STÉPHANIE.

Elle l'est.

VALENS.

Et Placide a commis...?

STÉPHANIE.

Non, ce n'est en effet ni lui ni ses amis;
Mais s'il n'en est l'auteur, du moins il en est cause.

VALENS.

Ah! pour moi l'un et l'autre est une même chose;
Et puisque c'est l'effet de leur inimitié,
Je dois venger sur lui cette chère moitié.
Mais apprends-moi sa mort, du moins si tu l'as vue.

STÉPHANIE.

De l'escalier à peine elle étoit descendue,
Qu'elle aperçoit Placide aux portes du palais,
Suivi d'un gros armé d'amis et de valets;
Sur les bords du perron soudain elle s'avance,
Et, pressant sa fureur qu'accroît cette présence,
« Viens, dit-elle, viens voir l'effet de ton secours; »
Et sans perdre de temps en de plus longs discours,
Ayant fait avancer l'une et l'autre victime,
D'un côté Théodore, et de l'autre Didyme,
Elle lève le bras, et de la même main
Leur enfonce à tous deux un poignard dans le sein.

VALENS.

Quoi! Théodore est morte?

STÉPHANIE.

Et Didyme avec elle.

VALENS.

Et l'un et l'autre enfin de la main de Marcelle?
Ah! tout est pardonnable aux douleurs d'un amant;
Et quoi qu'ait fait Placide en son ressentiment....

STÉPHANIE.

Il n'a rien fait, seigneur; mais écoutez le reste :
Il demeure immobile à cet objet funeste;
Quelque ardeur qui le pousse à venger ce malheur,
Pour en avoir la force il a trop de douleur;
Il pâlit, il frémit, il tremble, il tombe, il pâme;
Sur son cher Cléobule il semble rendre l'ame.

Cependant, triomphante entre ces deux mourants,
Marcelle les contemple à ses pieds expirants,
Jouit de sa vengeance, et d'un regard avide
En cherche les douceurs jusqu'au cœur de Placide;
Et tantôt se repaît de leurs derniers soupirs,
Tantôt goûte à pleins yeux ses mortels déplaisirs,
Y mesure sa joie, et trouve plus charmante
La douleur de l'amant que la mort de l'amante,
Nous témoigne un dépit qu'après ce coup fatal,
Pour être trop sensible il sent trop peu son mal;
En hait sa pâmoison qui la laisse impunie,
Au péril de ses jours la souhaite finie.
Mais à peine il revit, qu'elle, haussant la voix :
« Je n'ai pas résolu de mourir à ton choix,
« Dit-elle, ni d'attendre à rejoindre Flavie
« Que ta rage insolente ordonne de ma vie. »
A ces mots, furieuse et se perçant le flanc
De ce même poignard fumant d'un autre sang,
Elle ajoute : « Va, traître, à qui j'épargne un crime;
« Si tu veux te venger, cherche une autre victime;
« Je meurs, mais j'ai de quoi rendre graces aux dieux,
« Puisque je meurs vengée, et vengée à tes yeux. »

ACTE V, SCÈNE VIII.

Lors même, dans la mort conservant son audace,
Elle tombe, et tombant elle choisit sa place,
D'où son œil semble encore à longs traits se soûler
Du sang des malheureux qu'elle vient d'immoler.

VALENS.

Et Placide?

STÉPHANIE.

J'ai fui, voyant Marcelle morte,
De peur qu'une douleur et si juste et si forte
Ne vengeât... Mais, seigneur, je l'aperçois qui vient.

VALENS.

Arrête! de foiblesse à peine il se soutient;
Et d'ailleurs à ma vue il saura se contraindre.
Ne crains rien. Mais, ô dieux! que j'ai moi-même à craindre[1]!

---

[1] Cette fin est funeste, mais elle n'est nullement touchante : pourquoi? parcequ'on ne s'intéresse à personne. A quoi bon intituler *tragédie chrétienne* ce malheureux ouvrage? Supposons que Théodore fût de la religion de ses pères, Marcelle n'en est pas moins furieuse de la perte de sa fille, que Placide a dédaignée, et qui est morte de la fièvre; elle n'en tue pas moins Théodore, elle ne s'en tue pas moins elle-même; Placide aussi ne s'arrache pas moins la vie, et le tout aux yeux du maître de la maison, le plus imbécile qu'on ait jamais mis sur le théâtre tragique : voilà quatre morts violentes, et tout est froid. Il ne suffit pas de répandre du sang, il faut que l'ame du spectateur soit continuellement remuée en faveur de ceux dont le sang est répandu. Ce n'est pas le meurtre qui touche, c'est l'intérêt qu'on prend aux malheureux. Jamais Corneille n'a cherché cette grande et principale partie de la tragédie; il a donné tout à l'intrigue, et souvent à l'intrigue plus embrouillée qu'intéressante; il a élevé l'ame quelquefois, il a excité l'admiration; il a presque toujours négligé les deux grands pivots du tragique, la terreur et la pitié; il a fait très rarement répandre des larmes. (V.)

SCÈNE IX.

VALENS, PLACIDE, CLÉOBULE, PAULIN, STÉPHANIE, TROUPE.

VALENS.

Cléobule, quel sang coule sur ses habits?

CLÉOBULE.

Le sien propre, seigneur.

VALENS.

Ah! Placide! ah! mon fils!

PLACIDE.

Retire-toi, cruel!

VALENS.

Cet ami si fidèle
N'a pu rompre le coup qui t'immole à Marcelle!
Qui sont les assassins?

CLÉOBULE.

Son propre désespoir.

VALENS.

Et vous ne deviez pas le craindre et le prévoir?

CLÉOBULE.

Je l'ai craint et prévu jusqu'à saisir ses armes;
Mais comme après ce soin j'en avois moins d'alarmes,
Embrassant Théodore, un funeste hasard
A fait dessous sa main rencontrer ce poignard,
Par où ses déplaisirs trompant ma prévoyance....

VALENS.

Ah! falloit-il avoir si peu de défiance?

PLACIDE.

Rends-en graces au ciel, heureux père et mari;
Par-là t'est conservé ce pouvoir si chéri,

ACTE V, SCÈNE IX.

Ta dignité dans l'ame à ton fils préférée ;
Ta propre vie enfin par-là t'est assurée,
Et ce sang qu'un amour pleinement indigné
Peut-être en ses transports n'auroit pas épargné.
Pour ne point violer les droits de la naissance,
Il falloit que mon bras s'en mît dans l'impuissance ;
C'est par-là seulement qu'il s'est pu retenir,
Et je me suis puni de peur de te punir.
Je te punis pourtant, c'est ton sang que je verse ;
Si tu m'aimes encor, c'est ton sein que je perce ;
Et c'est pour te punir que je viens en ces lieux,
Pour le moins en mourant te blesser par les yeux.
Daigne ce juste ciel....

VALENS.
Cléobule, il expire.

CLÉOBULE.
Non, seigneur, je l'entends encore qui soupire ;
Ce n'est que la douleur qui lui coupe la voix.

VALENS.
Non, non, j'ai tout perdu, Placide est aux abois :
Mais ne rejetons pas une espérance vaine,
Portons-le reposer dans la chambre prochaine ;
Et vous autres, allez prendre souci des morts,
Tandis que j'aurai soin de calmer ses transports [1].

[1] Si quelque chose peut étonner et confondre l'esprit humain, c'est que l'auteur de *Polyeucte* ait pu être celui de *Théodore;* c'est que le même homme qui avait fait la scène sublime dans laquelle Pauline demande à Sévère la grace de son mari, ait pu présenter une héroïne dans un mauvais lieu, et accompagner une turpitude si odieuse et si ridicule de tous les mauvais raisonnements qu'une telle impertinence peut suggérer, de tous les incidents qu'une telle infamie peut fournir, et de tous les mauvais vers que le plus inepte des versificateurs n'aurait jamais pu faire. Comment ne se trouva-t-il personne qui empêchât l'auteur

de *Cinna* de déshonorer ses talents par le choix honteux d'un tel sujet, et par une exécution aussi mauvaise que le sujet même? comment les comédiens osèrent-ils enfin représenter *Théodore?* (V.)

Voltaire demande comment Corneille a pu se faire illusion sur le vice d'un pareil sujet. Le voici : Corneille avait été élevé dans un collége de jésuites, où il avait vu réussir des pièces de théâtre dont les sujets religieux étaient tirés de la légende. De plus, il avait déja fait admirer *Polyeucte*, quoique cette tragédie eût été condamnée, avant d'être représentée, par tout l'hôtel de Rambouillet. Il put donc croire que les détails qui, dans *Polyeucte*, avaient excité les railleries des gens du monde, étaient précisément la cause de son succès. Sans doute il se trompait; mais la conclusion qu'il déduisait de cette erreur lui fit penser que le public adopterait de même ce que consacrait à ses yeux l'autorité de saint Ambroise. Sa méprise fut complète, et l'on voit qu'il a peine à revenir de son étonnement lorsqu'il examine les causes de la chute de *Théodore*. (François de Neufchateau.)

FIN.

EXAMEN DE THÉODORE.

La représentation de cette tragédie n'a pas eu grand éclat[1], et, sans chercher des couleurs à la justifier, je veux bien ne m'en prendre qu'à ses défauts, et la croire mal faite, puisqu'elle a été mal suivie. J'aurois tort de m'opposer au jugement du public; il m'a été trop avantageux en d'autres ouvrages pour le contredire en celui-ci; et si je l'accusois d'erreur ou d'injustice pour *Théodore*, mon exemple donneroit lieu à tout le monde de soupçonner des mêmes choses les arrêts qu'il a prononcés en ma faveur. Ce n'est pas toutefois sans quelque satisfaction que je vois la meilleure et la plus saine partie de mes juges imputer ce mauvais succès à l'idée de la prostitution, qu'on n'a pu souffrir, bien qu'on sût assez qu'elle n'auroit point d'effet, et que, pour en exténuer l'horreur, j'aie employé tout ce que l'art et l'expérience m'ont pu fournir de lumière; pouvant dire du quatrième acte de cette pièce, que je ne crois pas en avoir fait aucun où les diverses passions soient ménagées avec plus d'adresse, et qui donne plus de lieu à faire voir tout le talent d'un excellent acteur. Dans cette disgrace, j'ai de quoi congratuler à la pureté de notre scène, de voir qu'une histoire qui fait le plus bel ornement du second livre *des Vierges* de saint Ambroise, se trouve trop licencieuse pour y être supportée. Qu'eût-on dit, si, comme ce grand docteur de l'Église, j'eusse fait voir cette vierge dans le lieu infame; si j'eusse décrit les diverses agitations de son ame pendant qu'elle y fut; si j'eusse peint les trou-

[1] Elle devrait avoir fait beaucoup de bruit; la prostitution avait dû révolter tout le monde. Les comédiens aujourd'hui n'oseraient représenter une pareille pièce, fût-elle parfaitement écrite. (V.)

bles qu'elle ressentit au premier moment qu'elle y vit entrer Didyme? C'est là-dessus que ce grand saint fait triompher cette éloquence qui convertit saint Augustin, et c'est pour ce spectacle qu'il invite particulièrement les vierges à ouvrir les yeux. Je l'ai dérobé à la vue, et, autant que j'ai pu, à l'imagination de mes auditeurs; et, après y avoir consumé toute mon industrie, la modestie de notre théâtre a désavoué ce peu que la nécessité de mon sujet m'a forcé d'en faire connoître[1].

Je ne veux pas toutefois me flatter jusqu'à dire que cette fâcheuse idée ait été le seul défaut de ce poëme. A le bien examiner, s'il y a quelques caractères vigoureux et animés, comme ceux de Placide et de Marcelle, il y en a de traînants, qui ne peuvent avoir grand charme ni grand feu sur le théâtre. Celui de Théodore est entièrement froid : elle n'a aucune passion qui l'agite; et, là même où son zèle pour Dieu, qui occupe toute son ame, devroit éclater le plus, c'est-à-dire dans sa contestation avec Didyme pour le martyre, je lui ai donné si peu de chaleur, que cette scène, bien que très courte, ne laisse pas d'ennuyer. Aussi, pour en parler sainement, une vierge et martyre sur un théâtre n'est autre chose qu'un terme qui n'a ni jambes ni bras, et par conséquent point d'action.

Le caractère de Valens ressemble trop à celui de Félix dans *Polyeucte*, et a même quelque chose de plus bas, en ce qu'il se ravale à craindre sa femme, et n'ose s'opposer à ses fureurs, bien que dans l'ame il tienne le parti de son fils. Tout gouverneur qu'il est, il demeure les bras croisés, au cinquième acte, quand il les voit prêts à s'entre-immoler l'un à l'autre, et attend le succès de leur haine mutuelle pour se ranger du côté du plus fort. La connoissance que Placide son fils a de cette bassesse d'ame, fait qu'il le regarde si bien comme un esclave de Marcelle, qu'il ne daigne pas s'adresser à lui pour obtenir ce qu'il souhaite en

---

[1] Tout ce qui précède se trouve déjà dans l'épître dédicatoire.

faveur de sa maîtresse, sachant bien qu'il le feroit inutilement : il aime mieux se jeter aux pieds de cette marâtre impérieuse, qu'il hait et qu'il a bravée, que de perdre des prières et des soupirs auprès d'un père qui l'aime dans le fond de l'ame, et n'oseroit lui rien accorder.

Le reste est assez ingénieusement conduit; et la maladie de Flavie, sa mort, et les violences des désespoirs de sa mère qui la venge, ont assez de justesse. J'avois peint des haines trop envenimées pour finir autrement; et j'eusse été ridicule, si j'eusse fait faire au sang de ces martyrs le même effet sur le cœur de Marcelle et de Placide, que fait celui de Polyeucte sur ceux de Félix et de Pauline. La mort de Théodore peut servir de preuve à ce que dit Aristote, *que quand un ennemi tue son ennemi, il ne s'excite par-là aucune pitié dans l'ame des spectateurs.* Placide en peut faire naître, et purger[1] ensuite ces forts attachements d'amour qui sont cause de son malheur; mais les funestes désespoirs de Marcelle et de Flavie, bien que l'une ni l'autre ne fasse de pitié, sont encore plus capables de purger l'opiniâtreté à faire des mariages par force, et à ne se point départir du projet qu'on en fait par un accommodement de famille entre des enfants dont les volontés ne s'y conforment point quand ils sont venus en âge de l'exécuter.

L'unité de jour et de lieu se rencontre en cette pièce; mais je ne sais s'il n'y a point une duplicité d'action, en ce que Théodore, échappée d'un péril, se rejette dans un autre de son propre mouvement. L'histoire le porte; mais la tragédie n'est pas obligée de représenter toute la vie de son héros ou de son héroïne, et doit ne s'attacher qu'à une action propre au théâtre. Dans l'histoire même, j'ai trouvé toujours quelque chose à dire en cette offre volontaire,

---

[1] Placide ne peut rien purger; et il serait à souhaiter que Corneille eût purgé le recueil de ses OEuvres de cette infame pièce, si indigne de se trouver avec *le Cid* et *Cinna*. (V.) — Ne seroit-il pas nécessaire aussi que Voltaire eût purgé son commentaire de ces expressions si dures et si peu convenables ? (P.)

qu'elle fait de sa vie aux bourreaux de Didyme. Elle venoit d'échapper de la prostitution, et n'avoit aucune assurance qu'on ne l'y condamneroit point de nouveau, et qu'on accepteroit sa vie en échange de sa pudicité qu'on avoit voulu sacrifier. Je l'ai sauvée de ce péril, non seulement par une révélation de Dieu qu'on se contenteroit de sa mort, mais encore par une raison assez vraisemblable, que Marcelle, qui vient de voir expirer sa fille unique entre ses bras, voudroit obstinément du sang pour sa vengeance; mais, avec toutes ces précautions, je ne vois pas comment je pourrois justifier ici cette duplicité de péril, après l'avoir condamnée dans l'*Horace*. La seule couleur qui pourroit y servir de prétexte, c'est que la pièce ne seroit pas achevée, si on ne savoit ce que devient Théodore après être échappée de l'infamie, et qu'il n'y a point de fin glorieuse ni même raisonnable pour elle que le martyre, qui est historique; du moins, l'imagination ne m'en offre point. Si les maîtres de l'art veulent consentir que cette nécessité de faire connoître ce qu'elle devient suffise pour réunir ce nouveau péril à l'autre, et empêcher qu'il n'y ait duplicité d'action, je ne m'opposerai pas à leur jugement; mais aussi je n'en appellerai pas quand ils la voudront condamner.

RODOGUNE,

PRINCESSE DES PARTHES,

TRAGÉDIE.

1646.

A MONSEIGNEUR
LE PRINCE.

Monseigneur,

Rodogune se présente à Votre Altesse avec quelque sorte de confiance, et ne peut croire qu'après avoir fait sa bonne fortune, vous dédaigniez de la prendre en votre protection. Elle a trop de connoissance de votre bonté pour craindre que vous veuilliez laisser votre ouvrage imparfait, et lui dénier la continuation des graces dont vous lui avez été si prodigue. C'est à votre illustre suffrage qu'elle est obligée de tout ce qu'elle a reçu d'applaudissement; et les favorables regards dont il vous plut fortifier la foiblesse de sa naissance lui donnèrent tant d'éclat et de vigueur, qu'il sembloit que vous eussiez pris plaisir à répandre sur elle un rayon de cette gloire qui vous environne, et à lui faire part de cette facilité de vaincre qui vous suit partout. Après cela, MONSEIGNEUR, quels hommages peut-elle rendre à Votre Altesse qui ne soient au-dessous de ce qu'elle lui doit? Si elle tâche à lui témoigner quelque reconnoissance par l'admiration de ses vertus, où trouvera-t-elle des éloges dignes de cette main qui fait trembler tous nos ennemis, et dont les coups d'essai furent signalés par la défaite des premiers capitaines de l'Europe? Votre Altesse sut vaincre avant qu'ils se pussent imaginer qu'elle sût combattre; et ce grand courage, qui n'avoit encore vu la guerre que dans les livres, effaça tout ce qu'il y avoit lu des Alexandre et des César, sitôt qu'il parut à la tête d'une armée. La générale consternation où la perte de notre grand monarque nous avoit plongés, enfloit l'orgueil de nos adversaires en un tel point qu'ils osoient se persuader que du siége de Rocroi dépendoit la prise de Paris; et l'avidité de leur ambition dévoroit déjà le cœur d'un royaume dont ils pensoient avoir surpris les frontières. Cependant les premiers miracles de votre valeur renversèrent si pleinement toutes leurs espérances, que ceux-là même qui s'étoient promis tant de conquêtes sur nous virent terminer la campagne de cette même année par celles que vous fîtes sur eux. Ce fut par là, MONSEIGNEUR, que vous commençâtes ces grandes victoires que vous avez toujours si bien choisies qu'elles ont honoré deux règnes tout à-la-fois, comme si c'eût été trop peu pour Votre Altesse d'étendre les bornes de l'état sous celui-ci, si elle n'eût en même temps effacé quelques uns des malheurs qui s'étoient mêlés aux longues prospérités de l'autre. Thionville, Philisbourg, et Norlinghen, étoient des lieux funestes pour la France : elle n'en pouvoit entendre les noms sans gémir ; elle ne pouvoit y porter sa pensée sans soupirer; et ces mêmes lieux, dont le souvenir lui arrachoit des soupirs et des gémissements, sont devenus les éclatantes marques de sa nouvelle félicité, les dignes occasions de ses feux de joie, et les glorieux sujets des actions de grace qu'elle a rendues au ciel pour les triomphes que votre courage invincible en a obtenus. Dispensez-moi, Monseigneur, de vous parler de Dunkerque : j'épuise toutes les forces de mon imagination, et je ne conçois rien qui réponde à la dignité de ce grand ouvrage, qui nous vient d'assurer l'Océan par la prise de cette fameuse retraite de corsaires. Tous nos havres en étoient comme assiégés ; il n'en pouvoit échapper un vaisseau qu'à la merci de leurs brigandages; et nous en avons vu souvent de pillés à la vue des mêmes ports dont ils venoient de faire voile : et maintenant, par la conquête d'une seule ville, je vois, d'un côté, nos mers libres, nos côtes affranchies, notre commerce rétabli, la racine de nos maux publics coupée ; d'autre côté, la Flandre ouverte, l'embouchure de ses rivières captive, la porte de son secours fermée, la source de son abondance en notre pouvoir, et ce que je vois n'est rien encore au prix de ce que je prévois sitôt que Votre Altesse y reportera la terreur de ses armes. Dispensez-moi donc, Monseigneur, de profaner des effets si merveilleux et des attentes si hautes, par la bassesse de mes idées et par l'impuissance de mes expressions; et trouvez bon que, demeurant dans un respectueux silence, je n'ajoute rien ici qu'une protestation très inviolable d'être toute ma vie,

Monseigneur,

de votre altesse,

Le très humble, très obéissant,
et très passionné serviteur,
CORNEILLE.

APPIAN ALEXANDRIN,

AU LIVRE

DES GUERRES DE SYRIE, SUR LA FIN.

« Démétrius, surnommé Nicanor, roi de Syrie, entreprit
« la guerre contre les Parthes, et, étant devenu leur pri-
« sonnier, vécut dans la cour de leur roi Phraates, dont il
« épousa la sœur, nommée Rodogune. Cependant Diodotus,
« domestique des rois précédents, s'empara du trône de
« Syrie, et y fit asseoir un Alexandre encore enfant, fils
« d'Alexandre le bâtard, et d'une fille de Ptolomée. Ayant
« gouverné quelque temps comme son tuteur, il se défit de
« ce malheureux pupille, et eut l'insolence de prendre lui-
« même la couronne sous un nouveau nom de Tryphon qu'il
« se donna. Mais Antiochus, frère du roi prisonnier, ayant
« appris à Rhodes sa captivité, et les troubles qui l'avoient
« suivie, revint dans le pays, où, ayant défait Tryphon avec
« beaucoup de peine, il le fit mourir : de là il porta ses ar-
« mes contre Phraates, lui redemandant son frère; et, vaincu
« dans une bataille, il se tua lui-même. Démétrius, retourné
« en son royaume, fut tué par sa femme Cléopâtre, qui lui
« dressa des embûches en haine de cette seconde femme
« Rodogune qu'il avoit épousée, dont elle avoit conçu une
« telle indignation, que, pour s'en venger, elle avoit épousé
« ce même Antiochus, frère de son mari. Elle avoit eu deux
« fils de Démétrius, l'un nommé Séleucus, et l'autre Antio-
« chus, dont elle tua le premier d'un coup de flèche, sitôt
« qu'il eut pris le diadème après la mort de son père, soit
« qu'elle craignît qu'il ne la voulût venger, soit que l'impé-
« tuosité de la même fureur la portât à ce nouveau parri-
« cide. Antiochus lui succéda, qui contraignit cette mau-

« vaise mère de boire le poison qu'elle lui avoit préparé.
« C'est ainsi qu'elle fut enfin punie. »

Voilà ce que m'a prêté l'histoire, où j'ai changé les circonstances de quelques incidents, pour leur donner plus de bienséance. Je me suis servi du nom de Nicanor plutôt que de celui de Démétrius, à cause que le vers souffroit plus aisément l'un que l'autre. J'ai supposé qu'il n'avoit pas encore épousé Rodogune, afin que ses deux fils pussent avoir de l'amour pour elle, sans choquer les spectateurs, qui eussent trouvé étrange cette passion pour la veuve de leur père, si j'eusse suivi l'histoire. L'ordre de leur naissance incertain, Rodogune prisonnière, quoiqu'elle ne vînt jamais en Syrie; la haine de Cléopâtre pour elle, la proposition sanglante qu'elle fait à ses fils, celle que cette princesse est obligée de leur faire pour se garantir, l'inclination qu'elle a pour Antiochus, et la jalouse fureur de cette mère qui se résout plutôt à perdre ses fils qu'à se voir sujette de sa rivale, ne sont que des embellissements de l'invention, et des acheminements vraisemblables à l'effet dénaturé que me présentoit l'histoire, et que les lois du poëme ne me permettoient pas de changer. Je l'ai même adouci tant que j'ai pu en Antiochus, que j'avois fait trop honnête homme dans le reste de l'ouvrage, pour forcer à la fin sa mère à s'empoisonner elle-même.

On s'étonnera peut-être de ce que j'ai donné à cette tragédie le nom de *Rodogune* plutôt que celui de *Cléopâtre*, sur qui tombe toute l'action tragique, et même on pourra douter si la liberté de la poésie peut s'étendre jusqu'à feindre un sujet entier sous des noms véritables, comme j'ai fait ici, où, depuis la narration du premier acte, qui sert de fondement au reste, jusques aux effets qui paroissent dans le cinquième, il n'y a rien que l'histoire avoue.

Pour le premier, je confesse ingénument que ce poëme devoit plutôt porter le nom de *Cléopâtre* que de *Rodogune;* mais ce qui m'a fait en user ainsi a été la peur que j'ai eue

qu'à ce nom le peuple ne se laissât préoccuper des idées de
cette fameuse et dernière reine d'Égypte, et ne confondît
cette reine de Syrie avec elle, s'il l'entendoit prononcer.
C'est pour cette même raison que j'ai évité de le mêler
dans mes vers, n'ayant jamais fait parler de cette seconde
Médée que sous celui de la reine ; et je me suis enhardi à
cette licence d'autant plus librement, que j'ai remarqué
parmi nos anciens maîtres qu'ils se sont fort peu mis en peine
de donner à leurs poëmes le nom des héros qu'ils y faisoient
paroître, et leur ont souvent fait porter celui des chœurs,
qui ont encore bien moins de part dans l'action que les personnages épisodiques, comme Rodogune ; témoin *les Tra-
chiniennes* de Sophocle, que nous n'aurions jamais voulu
nommer autrement que *la Mort d'Hercule*.

Pour le second point, je le tiens un peu plus difficile à
résoudre, et n'en voudrois pas donner mon opinion pour
bonne : j'ai cru que, pourvu que nous conservassions les
effets de l'histoire, toutes les circonstances, ou, comme je
viens de les nommer, les acheminements, étoient en notre
pouvoir; au moins je ne pense point avoir vu de règle qui
restreigne cette liberté que j'ai prise. Je m'en suis assez bien
trouvé en cette tragédie ; mais comme je l'ai poussée encore plus loin dans *Héraclius*, que je viens de mettre sur le
théâtre, ce sera en le donnant au public que je tâcherai de
la justifier, si je vois que les savants s'en offensent, ou que
le peuple en murmure. Cependant ceux qui en auront quelque scrupule m'obligeront de considérer les deux *Électre*
de Sophocle et d'Euripide, qui, conservant le même effet,
y parviennent par des voies si différentes, qu'il faut nécessairement conclure que l'une des deux est tout-à-fait de
l'invention de son auteur. Ils pourront encore jeter l'œil
sur l'*Iphigénie in Tauris*[1], que notre Aristote nous donne
pour exemple d'une parfaite tragédie, et qui a bien la mine
d'être toute de même nature, vu qu'elle n'est fondée que

---

[1] L'*Iphigénie en Tauride*.

sur cette feinte que Diane enleva Iphigénie du sacrifice dans une nuée, et supposa une biche en sa place. Enfin, ils pourront prendre garde à l'*Hélène* d'Euripide, où la principale action et les épisodes, le nœud et le dénouement sont entièrement inventés sous des noms véritables.

Au reste, si quelqu'un a la curiosité de voir cette histoire plus au long, qu'il prenne la peine de lire Justin, qui la commence au trente-sixième livre, et, l'ayant quittée, la reprend sur la fin du trente et huitième, et l'achève au trente-neuvième. Il la rapporte un peu autrement, et ne dit pas que Cléopâtre tua son mari, mais qu'elle l'abandonna, et qu'il fut tué par le commandement d'un des capitaines d'un Alexandre qu'il lui oppose. Il varie aussi beaucoup sur ce qui regarde Tryphon et son pupille, qu'il nomme Antiochus, et ne s'accorde avec Appian que sur ce qui se passa entre la mère et les deux fils.

Le premier livre *des Machabées*, aux chapitres 11, 13, 14 et 15, parle de ces guerres de Tryphon et de la prison de Démétrius chez les Parthes; mais il nomme ce pupille Antiochus ainsi que Justin, et attribue la défaite de Tryphon à Antiochus, fils de Démétrius, et non pas à son frère, comme fait Appian, que j'ai suivi, et ne dit rien du reste.

Josèphe, au treizième livre *des Antiquités judaïques*, nomme encore ce pupille de Tryphon Antiochus, fait marier Cléopâtre à Antiochus, frère de Démétrius, durant la captivité de ce premier mari chez les Parthes, lui attribue la défaite et la mort de Tryphon, s'accorde avec Justin touchant la mort de Démétrius, abandonné et non pas tué par sa femme, et ne parle point de ce qu'Appian et lui rapportent d'elle et de ses deux fils, dont j'ai fait cette tragédie.

ACTEURS.

CLÉOPATRE, reine de Syrie, veuve de Démétrius Nicanor.
SÉLEUCUS, \
ANTIOCHUS, / fils de Démétrius et de Cléopâtre.
RODOGUNE, sœur de Phraates, roi des Parthes.
TIMAGÈNE, gouverneur des deux princes [1].
ORONTE, ambassadeur de Phraates.
LAONICE, sœur de Timagène, confidente de Cléopâtre.

La scène est à Séleucie, dans le palais royal.

---

[1] Var. TIMAGÈNE, gentilhomme syrien, confident des deux princes. (1647.)

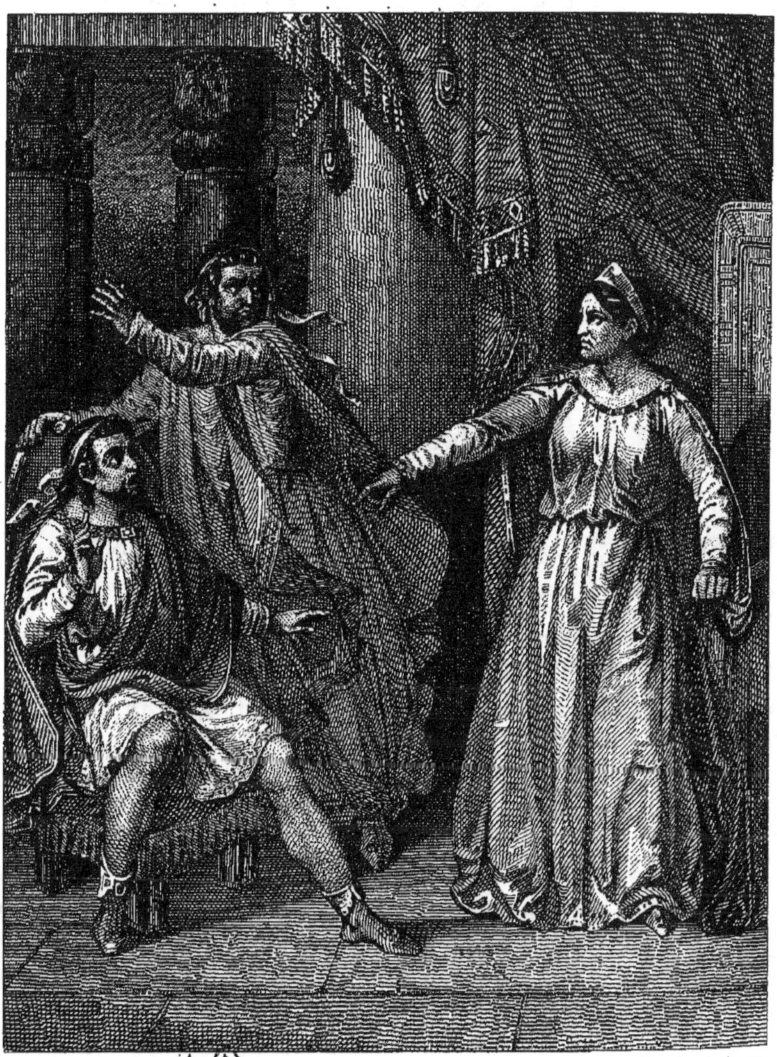

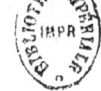

Bayalos pinxit. Blanchard père sc.

RODOCUNE.

CLÉOPATRE.

Je vous le dis encor, le trône est à ce prix;
Je puis en disposer comme de ma conquête:
Point d'aîné, point de roi qui m'apportant sa tête.

Acte 2 Sc. 2.

Publié par Furne, à Paris.

RODOGUNE[1].

ACTE PREMIER.

SCÈNE I.

LAONICE, TIMAGÈNE.

LAONICE.
Enfin ce jour pompeux, cet heureux jour nous luit,
Qui d'un trouble si long doit dissiper la nuit[2] ;
Ce grand jour où l'hymen, étouffant la vengeance,
Entre le Parthe et nous remet l'intelligence[3],
Affranchit sa princesse, et nous fait pour jamais

---

[1] Les variantes se trouvent dans l'édition de 1647. (Lef....)

[2] A ce magnifique début, qui annonce la réunion entre la Perse et la Syrie, et la nomination d'un roi, etc., on croirait que ce sont des princes qui parlent de ces grands intérêts (quoiqu'un prince ne dise guère qu'un jour est pompeux) : ce sont malheureusement deux subalternes qui ouvrent la pièce. Corneille, dans son examen, dit qu'on lui reprocha cette faute : il était presque le seul qui eût appris aux Français à juger ; avant lui, on n'était pas difficile. Il n'y a guère de connaisseurs quand il n'y a point de modèles. Les défauts de cette exposition sont : 1° qu'on ne sait point qui parle ; 2° qu'on ne sait point de qui l'on parle ; 3° qu'on ne sait point où l'on parle. Les premiers vers doivent mettre le spectateur au fait, autant qu'il est possible. (V.)

[3] Var. Des Parthes avec nous remet l'intelligence,
    Affranchit leur princesse, et nous fait pour jamais.

Du motif de la guerre un lien de la paix;
Ce grand jour est venu, mon frère, où notre reine,
Cessant de plus tenir la couronne incertaine,
Doit rompre aux yeux de tous son silence obstiné ¹,
De deux princes gémeaux ² nous déclarer l'aîné :
Et l'avantage seul d'un moment de naissance,
Dont elle a jusqu'ici caché la connoissance,
Mettant au plus heureux le sceptre dans la main,
Va faire l'un sujet, et l'autre souverain.
Mais n'admirez-vous point que cette même reine
Le donne pour époux à l'objet de sa haine ³,
Et n'en doit faire un roi qu'afin de couronner
Celle que dans les fers elle aimoit à gêner ⁴?
Rodogune, par elle en esclave traitée,
Par elle se va voir sur le trône montée ⁵,

¹ Quelle reine? elle n'est pas nommée dans cette scène. On ne dit point que l'on soit en Syrie, et il faudrait le dire d'abord. (V.) — Corneille en donne une raison dans l'argument qui précède la pièce. Il craignit que l'on ne confondît la Cléopâtre de Syrie avec celle d'Égypte, beaucoup plus célèbre. Cette excuse ne couvre pas le défaut; une exposition plus claire et plus soignée n'eût permis aucune méprise. (P.)

² Le mot *jumeaux* n'était pas encore généralement reçu. (PAR.)

³ *Sa haine* se rapporte à l'*époux*, qui est le substantif le plus voisin; cependant l'auteur entend la *haine* de Cléopâtre. Ce sont de ces fautes de grammaire dans lesquelles Corneille, qui ne châtiait pas son style, tombe souvent, et dans lesquelles Racine ne tombe jamais depuis *Andromaque*. (V.)

⁴ On disait autrefois appliquer à la *gêne*, pour appliquer à la question. Ce mot *gêne*, pris au figuré, était plein de vigueur; il voulait dire *torture*; aujourd'hui il ne veut plus dire qu'*embarrasser, inquiéter*; il a perdu toute son énergie. (A.-M.)

⁵ Cela n'est pas français : une machine est *montée* par quelqu'un; une reine n'est pas *montée* au trône par une autre, et *se va voir montée* est ridicule. (V.)

Puisque celui des deux qu'elle nommera roi
Lui doit donner la main et recevoir sa foi.

TIMAGÈNE.

Pour le mieux admirer trouvez bon, je vous prie,
Que j'apprenne de vous les troubles de Syrie [1].
J'en ai vu les premiers, et me souviens encor
Des malheureux succès du grand roi Nicanor [2],
Quand, des Parthes vaincus pressant l'adroite fuite [3],
Il tomba dans leurs fers au bout de sa poursuite.
Je n'ai pas oublié que cet événement
Du perfide Tryphon fit le soulèvement [4].
Voyant le roi captif, la reine désolée,
Il crut pouvoir saisir la couronne ébranlée [5];
Et le sort, favorable à son lâche attentat,
Mit d'abord sous ses lois la moitié de l'état.

---

[1] Pour *le*, etc. : ce *le* ne se rapporte à rien; et *pour le mieux admirer* est un peu du style comique : *trouvez bon, je vous prie*, etc. ; tout cela ressemble trop à une conversation familière de deux domestiques qui s'entretiennent des aventures de leurs maîtres. (V.)

[2] *Succès* veut dire au propre *événement heureux;* mais il est permis de dire *malheureux, mauvais, funeste succès.* (V.)

[3] Il semble qu'il ait pressé les Parthes de fuir : l'auteur veut dire que Nicanor poursuivait les Parthes fuyant. (V.) — Il *a pressé, il a hâté leur fuite :* la phrase est bonne, et dit bien ce qu'elle doit dire. Peut-être Voltaire aurait-il dû remarquer cette heureuse expression, *fuite adroite :* c'est une allusion à la coutume des Parthes, qui lançaient des flèches en fuyant. (A.-M.)

VAR. Quand, poursuivant le Parthe, et ravageant sa terre,
    Il fut de son vainqueur son prisonnier de guerre.

[4] Le spectateur ne sait pas quel est ce Tryphon; il fallait le dire. (V.) — Mais Corneille le dit, et il n'est pas trop tard pour le dire : c'est un sujet rebelle, c'est le *perfide Tryphon.* (A.-M.)

[5] Un empire, un trône peut être ébranlé, mais non pas une couronne. Il faut toujours que la métaphore soit juste. (V.)

La reine, craignant tout de ces nouveaux orages [1],
En sut mettre à l'abri ses plus précieux gages [2] ;
Et, pour n'exposer pas l'enfance de ses fils,
Me les fit chez son frère enlever à Memphis [3].
Là, nous n'avons rien su que de la renommée,
Qui, par un bruit confus diversement semée [4],
N'a porté jusqu'à nous ces grands renversements [5]

[1] Var. La reine, succombant sous de si prompts orages,
   En voulut à l'abri mettre ses plus chers gages,
   Ses fils encore enfants, qui, par un sage avis,
   Passèrent en Égypte, où je les ai suivis.

[2] *En sut mettre à l'abri* est louche et incorrect ; le mot de *gages* seul n'a aucun sens, que quand il signifie appointements : il a reçu ses gages ; mais il faut dire *les gages de mon hymen*, pour signifier *mes enfants*. (V.)

[3] *Me les fit enlever*, phrase louche. Elle peut signifier, *les fit enlever de mes bras*, ou *m'ordonna de les enlever* : en ce dernier sens, elle est mauvaise. *Enlever à Memphis* est impropre ; elle les porta, les conduisit à Memphis, les cacha dans Memphis. *Enlever à Memphis* signifie tout le contraire ; *enlever à* signifie *ôter à, dérober à* ; enlever le Palladium à Troie, enlever Hélène à Pâris. *Élever,* au lieu d'*enlever,* ôterait toute équivoque. Peut-être y a-t-il eu dans la première édition une faute d'impression, qui a été répétée dans toutes les autres. (V.)

[4] Il ne faudrait pas imiter cette phrase, quoique l'idée soit intelligible : on ne dit pas *semer la renommée,* comme on dit, dans le discours familier, *semer un bruit. La renommée diversement semée par un bruit*, cela n'est pas français : la raison en est qu'un bruit ne sème pas, et que toute métaphore doit être d'une extrême justesse. (V.)

[5] Var. Changeant de bouche en bouche, au lieu de vérités,
   N'a porté jusqu'à nous que des obscurités.
               LAONICE.
   Sachez donc qu'en trois ans gagnant quatre batailles,
   Tryphon nous réduisit à ces seules murailles,
   Les assiége, les bat ; et, pour dernier effroi,
   Il s'y coule un faux bruit touchant la mort du roi.

Que sous l'obscurité de cent déguisements.
LAONICE.
Sachez donc que Tryphon, après quatre batailles,
Ayant su nous réduire à ces seules murailles[1],
En forma tôt le siége; et, pour comble d'effroi,
Un faux bruit s'y coula touchant la mort du roi.
Le peuple épouvanté, qui déja dans son ame
Ne suivoit qu'à regret les ordres d'une femme,
Voulut forcer la reine à choisir un époux[2].
Que pouvoit-elle faire et seule et contre tous?
Croyant son mari mort, elle épousa son frère[3].
L'effet montra soudain ce conseil salutaire[4].

[1] Quelles sont ces murailles? ne fallait-il pas d'abord nommer Séleucie? Ce sont là des fautes contre l'art, non pas un manque de génie. Cet oubli des convenances ne diminue point le mérite de l'invention. (V.)

[2] Var. Presse et force la reine à choisir un époux.

[3] Il semble qu'elle épousa son propre frère : ne devait-on pas exprimer qu'elle épousa le frère de son mari? l'auteur ne devait-il pas lever cette petite équivoque avec d'autant plus de soin, qu'on pouvait épouser son frère en Perse, en Syrie, en Égypte, à Athènes, en Palestine? Ce n'est là qu'une très légère négligence; mais il faut toujours faire voir combien il importe de parler purement sa langue, et d'être toujours clair. (V.)

[4] Montrer une chose bonne ou mauvaise, utile ou dangereuse, ne signifie pas montrer que cette chose est telle, prouver qu'elle est telle; il montrait ses blessures mortelles ne dit pas, il montrait que ses blessures étaient mortelles. (V.) — *L'effet montra soudain ce conseil salutaire* est une tournure elliptique qui sied très bien à la poésie, et que Racine a imitée dans ces vers de *Bajazet :*

J'entretins la sultane, et, cachant mon dessein,
Lui montrai d'Amurat le retour incertain.

Corneille sous-entend les deux mots dont la prose ne pourrait se passer : l'effet montra soudain *que* ce conseil *était* salutaire. Racine est plein d'ellipses plus hardies. (P.)

Le prince Antiochus, devenu nouveau roi [1],
Sembla de tous côtés traîner l'heur avec soi [2] :
La victoire attachée au progrès de ses armes [3]
Sur nos fiers ennemis rejeta nos alarmes [4] ;
Et la mort de Tryphon dans un dernier combat,
Changeant tout notre sort, lui rendit tout l'état.
Quelque promesse alors qu'il eût faite à la mère
De remettre ses fils au trône de leur père [5],

[1] Ce mot *nouveau* est de trop; il gâte le sens et le vers. (V.)

[2] On a déjà remarqué que l'*heur* ne se dit plus; mais on ne traîne avec soi ni l'*heur* ni le *bonheur* : *traîner* donne toujours l'idée de quelque chose de douloureux ou d'humiliant : on traîne sa misère, sa honte; on traîne une vie obscure; les rois vaincus étaient traînés au Capitole. *Et traîné sans honneur autour de nos murailles.* Le mot *traîner* est encore heureusement employé pour signifier une douce violence, et alors il est mis pour *entraîner* : *Charmant, jeune, traînant tous les cœurs après soi.* (V.)

[3] Var. La victoire le suit avec tant de furie,
Qu'il se voit en deux ans maître de la Syrie;
. . . .
Termine enfin la guerre, et lui rend tout l'état.

[4] Le mot est impropre : on ne rejette point des *alarmes* sur un autre comme on rejette une faute, un soupçon, etc., sur un autre; les *alarmes* sont dans les hommes, parmi les hommes, et non sur les hommes. On ne peut trop répéter que la propriété des termes est toujours fondée en raison. (V.) — On fait retomber ou l'on rejette sur l'ennemi l'épouvante qu'il avait d'abord causée. Les alarmes sont ici le synonyme d'épouvante; et, en prose même, nous ne verrions rien à reprendre dans cette expression de Corneille. (P.)

[5] Il n'est pas dit que cette veuve de Nicanor était Cléopâtre, mère des deux princes, et que le roi Antiochus avait promis de rendre la couronne aux enfants du premier lit. Le spectateur a besoin qu'on lui débrouille cette histoire. Cléopâtre n'est pas nommée une seule fois dans la pièce. Corneille en donne pour raison qu'on aurait pu la confondre avec la Cléopâtre de César; mais il n'y a guère d'apparence que les spectateurs instruits,

Il témoigna si peu de la vouloir tenir,
Qu'elle n'osa jamais les faire revenir.
Ayant régné sept ans, son ardeur militaire [1]
Ralluma cette guerre où succomba son frère [2] :
Il attaqua le Parthe, et se crut assez fort
Pour en venger sur lui la prison et la mort [3].

qui instruisent bientôt les autres, eussent pris cette reine de Syrie pour la maîtresse de César. Et puis comment cet Antiochus avait-il promis de rendre le royaume aux deux princes? devaient-ils régner tous deux ensemble? Tout cela est un peu confus dans le fond, et est exprimé confusément. (V.) — Corneille était plus que personne à même d'apprécier l'intelligence de son parterre; et peu importe après tout le nom de Cléopâtre, puisque le nom de *reine* n'est, dans toute la pièce, donné qu'à elle. (A.-M.)

[1] Ce mot *militaire* est technique, c'est-à-dire un terme d'art; le *pas militaire*, la *discipline militaire*, l'*ordre militaire de Saint-Louis*. Il faut en poésie employer les mots *guerrière*, *belliqueuse*. (V.)

> VAR. Ayant régné sept ans sans trouble et sans alarmes,
> La soif de s'agrandir lui fait prendre les armes :
> Il attaque le Parthe, et se croit assez fort
> Pour venger de son frère et la prise et la mort.
> Jusque dans ses états il lui porte la guerre ;
> Il s'y fait. . . . .

[2] Rien ne fait mieux voir la nécessité absolue d'écrire purement, que l'erreur où jette ce mot *succomba*; il fait croire qu'un frère d'Antiochus succomba dans cette nouvelle guerre : point du tout ; il est question du roi Nicanor, qui avait succombé dans la guerre précédente : il fallait *avait succombé*; cela seul jette des obscurités sur cette exposition. N'oublions jamais que la pureté du style est d'une nécessité indispensable.

Quand on voit que celui qui conte cette histoire s'interrompt aux *mille beaux exploits* de cet Antiochus, *craint à l'égal du tonnerre*, et *qui donna bataille*, cette interruption, qui laisse le spectateur si peu instruit, lui ôte l'envie de s'instruire ; et il a fallu tout l'art et toutes les ressources du génie de Corneille pour renouer le fil de l'intérêt. (V.)

[3] La construction est encore obscure et vicieuse; *en* se rapporte

Jusque dans ses états il lui porta la guerre;
Il s'y fit par-tout craindre à l'égal du tonnerre;
Il lui donna bataille, où mille beaux exploits....
Je vous achèverai le reste une autre fois,
Un des princes survient [1].

(Elle se veut retirer.)

SCÈNE II.

ANTIOCHUS, TIMAGÈNE, LAONICE.

ANTIOCHUS.

Demeurez, Laonice [2];
Vous pouvez, comme lui, me rendre un bon office [3].
Dans l'état où je suis, triste, et plein de souci [4],

au frère, et *lui* se rapporte au Parthe. La difficulté d'employer les pronoms et les conjonctions, sans nuire à la clarté et à l'élégance, est très grande en français. (V.)

[1] On ne sait point quel prince; et Antiochus, ne se nommant point, laisse le spectateur incertain. (V.)

[2] On ne sait encore si c'est Antiochus ou Séleucus qui parle; on ignore même que l'un est Antiochus, l'autre Séleucus. Il est à remarquer qu'Antiochus n'est nommé qu'au quatrième acte, à la scène troisième, et Séleucus à la scène cinquième, et que Cléopâtre n'est jamais nommée. Il fallait d'abord instruire les spectateurs. Le lecteur doit sentir la difficulté extrême d'expliquer tant de choses dans une seule scène, et de les énoncer d'une manière intéressante. Mais voyez l'exposition de *Bajazet :* il y avait autant de préliminaires dont il fallait parler; cependant quelle netteté! comme tous les caractères sont annoncés! avec quelle heureuse facilité tout est développé! quel art admirable dans cette exposition de *Bajazet!* (V.)

[3] *Bon office.* Jamais ce mot familier ne doit entrer dans le style tragique. (V.)

[4] *Plein de souci* n'est pas assez noble. (V.)

ACTE I, SCÈNE II.

Si j'espère beaucoup, je crains beaucoup aussi.
Un seul mot aujourd'hui, maître de ma fortune,
M'ôte ou donne à jamais le sceptre et Rodogune ¹,
Et de tous les mortels ce secret révélé
Me rend le plus content ou le plus désolé ².
Je vois dans le hasard tous les biens que j'espère ³,
Et ne puis être heureux sans le malheur d'un frère,
Mais d'un frère si cher, qu'une sainte amitié ⁴
Fait sur moi de ses maux rejaillir la moitié.
Donc pour moins hasarder j'aime mieux moins prétendre ⁵ ;
Et, pour rompre le coup que mon cœur n'ose attendre ⁶,

¹ Il vaudrait mieux qu'on sût déja qui est Rodogune. Il est encore plus important de faire connaître tout d'un coup les personnages auxquels on doit s'intéresser, que les événements passés avant l'action. (V.)

² Il semble par la phrase que ce secret ait été révélé par tous les mortels. On n'insiste ici sur ces petites fautes que pour faire voir aux jeunes auteurs quelle attention demande l'art des vers. (V.)

³ Est impropre et louche. *Voir dans le hasard* ne signifie pas : *Mon bien est au hasard, mon bien est hasardé;* cette expression n'est pas française. (V.)

⁴ VAR. Mais d'un frère si cher, que les nœuds d'amitié
    Font sur moi de ses maux rejaillir la moitié.

⁵ *Donc* ne doit presque jamais entrer dans un vers, encore moins le commencer. *Quoi donc* se dit très bien, parceque la syllabe *quoi* adoucit la dureté de la syllabe *donc*.
Racine a dit :

Je suis donc un témoin de leur peu de puissance.

Mais remarquez que ce mot est glissé dans le vers, et que sa rudesse est adoucie par la voyelle qui le suit. Peu de nos auteurs ont su employer cet enchaînement harmonieux de voyelles et de consonnes. Les vers les mieux pensés et les plus exacts rebutent quelquefois : on en ignore la raison ; elle vient du défaut d'harmonie. (V.)

⁶ J'ai déja remarqué qu'on ne rompt point un coup; on le

Lui cédant de deux biens le plus brillant aux yeux,
M'assurer de celui qui m'est plus précieux [1] :
Heureux si, sans attendre un fâcheux droit d'aînesse,
Pour un trône incertain j'en obtiens la princesse [2],
Et puis par ce partage épargner les soupirs [3]

pare, on le détourne, on l'affaiblit, on le repousse; de plus, on prononce ces mots comme *rompre le cou;* il faut éviter cette équivoque. Si l'expression *rompre un coup* est prise des jeux, comme, par exemple, du jeu de dés, où l'on dit *rompre le coup* quand on arrête les dés de son adversaire, cette figure alors est indigne du style noble. (V.) — Voltaire se trompe : *rompre un coup* se dit au propre et au figuré. On dit très bien : *il se serait tué en tombant, si une botte de paille n'eût rompu le coup. Je réussissais, si quelqu'un n'avait rompu le coup.* (*Dictionnaire de l'Académie*, 1835.) Le terme du jeu de dés n'est donc qu'une application particulière de cette locution générale; et quant à l'équivoque de *rompre le cou,* elle ne mérite pas qu'on s'y arrête. (A.-M.)

[1] On est étonné d'abord qu'un prince cède un trône pour avoir une femme. Cette seule idée fit tomber *Pertharite,* qui redemandait sa propre épouse, et dont la vertu pouvait excuser cette faiblesse. Mais, dans *Pertharite,* cette cession est la catastrophe : ici elle commence la pièce. Antiochus est déterminé par son amitié pour son frère Séleucus, ainsi que par son amour pour Rodogune. Ce qui déplaît dans *Pertharite* ne déplaît pas ici. Tout dépend des circonstances où l'auteur sait mettre ses personnages. Peut-être eût-il fallu qu'Antiochus eût paru éperdument amoureux, et qu'on s'intéressât déjà à sa passion, pour qu'on excusât davantage ce début par lequel il renonce au trône. (V.)

[2] Le mot propre, au dernier hémistiche du premier vers, est *incertain;* car ce droit d'aînesse n'est point *fâcheux* pour celui qui aura le trône et Rodogune : *fâcheux,* d'ailleurs, n'est pas noble. (V.) — *Fâcheux* est bien le mot propre. L'amitié fraternelle trouve *fâcheux* un droit qui priverait un frère du trône. (A.-M.)

[3] Il faut absolument, *Et si je puis épargner des soupirs :* on dit bien *je vous épargne des soupirs;* mais on ne peut dire *j'épargne des soupirs,* comme on dit *j'épargne de l'argent.* (V.) — Cette distinction est illusoire. Voyez le *Dictionnaire de l'Académie,* 1835. (A.-M.)

ACTE I, SCÈNE II. 385

Qui naîtroient de ma peine ou de ses déplaisirs [1] !
Va le voir de ma part, Timagène, et lui dire
Que pour cette beauté je lui cède l'empire [2] ;
Mais porte-lui si haut la douceur de régner [3],
Qu'à cet éclat du trône il se laisse gagner [4] ;
Qu'il s'en laisse éblouir jusqu'à ne pas connoître
A quel prix je consens de l'accepter pour maître.

(Timagène s'en va, et le prince continue à parler à Laonice.)

Et vous, en ma faveur voyez ce cher objet [5],
Et tâchez d'abaisser ses yeux sur un sujet
Qui peut-être aujourd'hui porteroit la couronne,
S'il n'attachoit les siens à sa seule personne [6],
Et ne la préféroit à cet illustre rang
Pour qui les plus grands cœurs prodiguent tout leur sang.

(Timagène rentre sur le théâtre.)

TIMAGÈNE.
Seigneur, le prince vient ; et votre amour lui-même

---

[1] Cela veut dire *de ma peine* ou *de sa peine*. Les déplaisirs et la peine ne sont pas des expressions assez fortes pour la perte d'un trône. (V.)

[2] *Pour cette beauté*, termes de comédie, et qui jettent une espèce de ridicule sur cette ambassade : *Va lui dire que je lui cède l'empire pour une beauté.* (V.)

[3] On ne porte point haut une douceur ; cela est impropre, négligé, et peu français. Racine dit : *OEnone, fais briller la couronne à ses yeux :* c'est ainsi qu'il faut s'exprimer. (V.)

[4] *Qu'il se laisse éblouir* est le mot propre ; mais *se laisser gagner à un éclat* affaiblit cette belle idée. (V.)

[5] *Ce cher objet* n'est-il pas un peu du style de l'idylle? le ton de la pièce n'est pas jusqu'à présent au-dessus de la haute comédie, et est trop vicieux. (V.)

[6] VAR. S'il ne la préféroit à tout ce qu'elle donne,
    Qui, renonçant pour elle à cet illustre rang,
    La voudroit acheter encor de tout son sang.

Lui peut sans interprète offrir le diadème [1].

ANTIOCHUS.

Ah! je tremble; et la peur d'un trop juste refus
Rend ma langue muette et mon esprit confus [2].

SCÈNE III.

SÉLEUCUS, ANTIOCHUS, TIMAGÈNE,
LAONICE.

SÉLEUCUS.

Vous puis-je en confiance expliquer ma pensée [3]?

ANTIOCHUS.

Parlez; notre amitié par ce doute est blessée.

SÉLEUCUS.

Hélas! c'est le malheur que je crains aujourd'hui.
L'égalité, mon frère, en est le ferme appui;
C'en est le fondement, la liaison, le gage;
Et, voyant d'un côté tomber tout l'avantage,

---

[1] Quel prince? le spectateur peut-il savoir si c'est Séleucus ou Antiochus? La réponse de Timagène ne semble-t-elle pas un reproche? et si ce Timagène était un homme de cœur, son discours sec ne paraîtrait-il pas signifier, *Chargez-vous vous-même d'une proposition si humiliante; dites vous-même à votre frère que vous renoncez au droit de régner?* (V.)

[2] Antiochus, qui tremble que son frère n'accepte pas l'empire, a-t-il des sentiments bien élevés? ne devrait-il pas préparer les spectateurs à cette aversion qu'il a montrée pour régner? J'ai vu de bons critiques penser ainsi: je soumets au public leur jugement et mes doutes. (V.)

[3] On ne sait point encore que c'est Séleucus qui parle. Il était aisé de remédier à ce petit défaut. (V.)

VAR. Vous oserois-je ici découvrir ma pensée?
ANTIOCHUS.
Notre étroite amitié par ce doute est blessée.

ACTE I, SCÈNE III.

Avec juste raison je crains qu'entre nous deux
L'égalité rompue en rompe les doux nœuds,
Et que ce jour fatal à l'heur de notre vie
Jette sur l'un de nous trop de honte ou d'envie[1].

ANTIOCHUS.

Comme nous n'avons eu jamais qu'un sentiment,
Cette peur me touchoit, mon frère, également ;
Mais, si vous le voulez, j'en sais bien le remède[2].

SÉLEUCUS.

Si je le veux ! bien plus, je l'apporte, et vous cède
Tout ce que la couronne a de charmant en soi[3].
Oui, seigneur, car je parle à présent à mon roi,
Pour le trône cédé, cédez-moi Rodogune[4],
Et je n'envierai point votre haute fortune.
Ainsi notre destin n'aura rien de honteux,
Ainsi notre bonheur n'aura rien de douteux ;
Et nous mépriserons ce foible droit d'aînesse,

---

[1] Pourquoi *trop de honte ?* y a-t-il de la honte à n'être pas l'aîné ? et, s'il est honteux de ne pas régner, pourquoi céder le trône si vite ? (V.)

[2] Ce vers est de la haute comédie. On a déjà dit que cet usage dura trop long-temps. (V.) — Il est difficile de faire juste la part de chaque genre. Plusieurs vers du *Misanthrope* seraient-ils donc si déplacés dans une tragédie, et s'étonnerait-on de trouver dans une comédie ce beau vers d'*Andromaque :*

  Je ne l'ai point encore embrassé d'aujourd'hui ? (A.-M.)

[3] Il paraît singulier que Séleucus ait précisément la même idée que son frère. Il y a beaucoup d'art à les représenter unis de l'amitié la plus tendre ; n'y en a-t-il point un peu trop à leur faire naître en même temps une idée si contraire au caractère de tous les princes ? cela est-il bien naturel ? peut-être que non. Cependant les deux frères intéressent : pourquoi ? parcequ'ils s'aiment ; et le spectateur voit déjà dans quel embarras ils vont se précipiter l'un et l'autre. (V.)

[4] Var. Pour le trône cédé, donnez-moi Rodogune.

Vous, satisfait du trône, et moi, de la princesse.
ANTIOCHUS.
Hélas!
SÉLEUCUS.
Recevez-vous l'offre avec déplaisir?
ANTIOCHUS.
Pouvez-vous nommer offre une ardeur de choisir [1],
Qui, de la même main qui me cède un empire,
M'arrache un bien plus grand, et le seul où j'aspire?
SÉLEUCUS.
Rodogune?
ANTIOCHUS.
Elle-même; ils en sont les témoins.
SÉLEUCUS.
Quoi! l'estimez-vous tant?
ANTIOCHUS.
Quoi! l'estimez-vous moins?
SÉLEUCUS.
Elle vaut bien un trône, il faut que je le die [2].

[1] Var. Vous l'appelez une offre : en effet, c'est choisir;
Et cette même main qui me cède un empire.

[2] Ces discours sont d'un style familier; et *il faut que je le die* est plus qu'inutile; car, lorsqu'on se sert de ces tours, *il faut que je le dise, que je l'avoue, que j'en convienne,* c'est pour exprimer sa répugnance. *Mon ennemi a des vertus, il faut que j'en convienne; je vais vous apprendre une chose désagréable, mais il faut que je la dise.* Séleucus n'a aucune répugnance à dire que Rodogune est préférable aux trônes de l'Asie. (V.) — C'est tout le contraire. Séleucus, il est vrai, donne le trône à son frère et garde Rodogune; mais c'est malgré lui qu'il avoue qu'elle vaut bien un trône, car il craint de rencontrer les mêmes désirs chez Antiochus, et il ne veut rien dire qui puisse les exciter. C'est alors qu'Antiochus renchérit sur cette louange arrachée à son frère :

Elle vaut bien un trône, *il faut que je le die*,

en disant à son tour que Rodogune est préférable, non à un trône,

ANTIOCHUS.

Elle vaut à mes yeux tout ce qu'en a l'Asie [1].

SÉLEUCUS.

Vous l'aimez donc, mon frère ?

ANTIOCHUS.

Et vous l'aimez aussi [2] ;
C'est à tout mon malheur, c'est là tout mon souci.
J'espérois que l'éclat dont le trône se pare [3]
Toucheroit vos desirs plus qu'un objet si rare ;
Mais aussi bien qu'à moi son prix vous est connu,
Et dans ce juste choix vous m'avez prévenu.
Ah! déplorable prince !

SÉLEUCUS.

Ah! destin trop contraire !

mais à tous les trônes de l'Asie. Cette nuance est très délicate, et elle justifie l'hémistiche critiqué par Voltaire. (A.-M.)

[1] Var. Elle vaut à mes yeux tous les trônes d'Asie.

[2] Plusieurs critiques demandent comment deux frères si unis, et qui n'ont tous deux qu'un même sentiment, ont pu se cacher une passion dont l'aveu involontaire échappe à tous ceux qui l'éprouvent ? comment ne se sont-ils pas au moins soupçonnés l'un l'autre d'être rivaux ? Quoi ! tous deux débutent par se céder le trône pour une maîtresse ! A peine serait-il permis d'abandonner son droit à une couronne pour une femme dont on serait adoré; et deux princes commencent par préférer à l'empire une femme à laquelle ils n'ont pas seulement déclaré leur amour. C'est au lecteur à s'interroger lui-même, à se demander quel effet cette idée fait sur lui, si ce double sacrifice est vraisemblable, s'il n'est pas un peu romanesque; mais aussi il faut considérer que ces princes ne cèdent pas absolument le trône, mais un droit incertain au trône : voilà ce qui les justifie. (V.) — Ils ne se sont pas confié leur amour, précisément parceque chacun d'eux a craint d'éveiller l'attention de l'autre, et par-là de se susciter un rival. (A.-M.)

[3] Var. J'espérois que l'éclat qui sort d'une couronne
    Vous laisseroit peu voir celui de sa personne.

ANTIOCHUS.

Que ne ferois-je point contre un autre qu'un frère !
SÉLEUCUS.
O mon cher frère! ô nom pour un rival trop doux [1] !
Que ne ferois-je point contre un autre que vous !
ANTIOCHUS.
Où nous vas-tu réduire, amitié fraternelle?
SÉLEUCUS.
Amour, qui doit ici vaincre de vous ou d'elle [2] ?
ANTIOCHUS.
L'amour, l'amour doit vaincre [3], et la triste amitié
Ne doit être à tous deux qu'un objet de pitié.
Un grand cœur cède un trône, et le cède avec gloire :
Cet effort de vertu couronne sa mémoire;
Mais lorsqu'un digne objet a pu nous enflammer,
Qui le cède est un lâche, et ne sait pas aimer [4].

[1] Ceci répare tout d'un coup ce que leur proposition semble avoir de trop avilissant et de trop concerté; mais ces répétitions par écho, *que ne ferois-je point contre un autre!* sont-elles assez nobles, assez tragiques, et d'un assez bon goût? (V.)

[2] Cette apostrophe à l'amour est-elle digne de la tragédie? (V.)

[3] Cette réponse ne sent-elle pas un peu plus l'idylle que la tragédie? Remarquez que Racine, qui a tant traité l'amour, n'a jamais dit : *l'amour doit vaincre.* Il n'y a pas une maxime pareille, même dans *Bérénice.* En général, ces maximes ne touchent jamais. Tous ceux qui ont dit que Racine sacrifiait tout à l'amour, et que les héros de Corneille étaient toujours supérieurs à cette passion, n'avaient pas examiné ces deux auteurs. Il est très commun de lire, et très rare de lire avec fruit. (V.)

[4] Cette maxime n'est-elle pas encore plus convenable à un berger qu'à un prince? *Qui cède sa maîtresse est un lâche, et ne sait pas aimer; et qui cède un trône est un grand cœur.* Avouons que ni dans *Cyrus* ni dans *Clélie* on ne trouve point de sentences amoureuses d'une semblable afféterie. Louis Racine, fils de l'immortel Jean Racine, s'élève avec force contre ces idées, dans son *Traité de la*

De tous deux Rodogune a charmé le courage[1] ;
Cessons par trop d'amour de lui faire un outrage :
Elle doit épouser, non pas vous, non pas moi,
Mais de moi, mais de vous, quiconque sera roi.
La couronne entre nous flotte encore incertaine ;
Mais sans incertitude elle doit être reine :
Cependant, aveuglés dans notre vain projet[2],
Nous la faisions tous deux la femme d'un sujet !
Régnons ; l'ambition ne peut être que belle,
Et pour elle quittée, et reprise pour elle ;
Et ce trône, où tous deux nous osions renoncer,
Souhaitons-le tous deux, afin de l'y placer :
C'est dans notre destin le seul conseil à prendre ;
Nous pouvons nous en plaindre, et nous devons l'attendre.

SÉLEUCUS.

Il faut encor plus faire, il faut qu'en ce grand jour
Notre amitié triomphe aussi bien que l'amour.
Ces deux siéges fameux de Thèbes et de Troie[3],

Poésie, page 355, et ajoute : « La femme qui mérite ce grand sa-
« crifice est cependant une femme très peu estimable; et l'on
« peut remarquer que, dans les tragédies de Corneille, toutes
« ces femmes adorées par leurs amants sont, par les qualités
« de leur ame, des femmes très communes; ce n'est que par la
« beauté que Cléopâtre captive César, et qu'Émilie a tout empire
« sur Cinna. » Cet auteur judicieux en excepte sans doute Pauline, qui immole si noblement son amour à son devoir. (V.) —
Ce n'est pas par la beauté seule qu'Émilie a su charmer Cinna, et
avec Pauline il faudrait au moins excepter Chimène. (A.-M.)

[1] *Courage* est pris ici pour *cœur.* Du temps de Corneille il se
disait aussi pour *ressentiment,* pour *colère.* Racine l'a employé
dans le sens du latin *animus, fierté.*

De mes lâches bontés mon courage est confus.
(*Androm.,* act. IV, scène III.) (A.-M.)

[2] Var. Cependant, aveuglés dedans notre projet.

[3] Les citations des siéges de Troie et de Thèbes sont peut-être

Qui mirent l'une en sang, l'autre aux flammes en proie[1],
N'eurent pour fondements à leurs maux infinis
Que ceux que contre nous le sort a réunis.
Il sème entre nous deux toute la jalousie
Qui dépeupla la Grèce et saccagea l'Asie;
Un même espoir du sceptre est permis à tous deux[2];
Pour la même beauté nous faisons mêmes vœux.
Thèbes périt pour l'un, Troie a brûlé pour l'autre.
Tout va choir en ma main ou tomber en la vôtre[3].
En vain votre amitié tâchoit à partager;
Et, si j'ose tout dire, un titre assez léger,
Un droit d'aînesse obscur, sur la foi d'une mère,
Va combler l'un de gloire, et l'autre de misère.
Que de sujets de plainte en ce double intérêt
Aura le malheureux contre un si foible arrêt!
Que de sources de haine! Hélas! jugez le reste[4],
Craignez-en avec moi l'événement funeste,
Ou plutôt avec moi faites un digne effort
Pour armer votre cœur contre un si triste sort.

étrangères à ce qui se passe. Ne pourrait-on pas dire : *Non erat his exemplis, his sermonibus locus?* (V.)

[1] On ne met point en sang une ville, on ne la met point en proie; on la livre, on l'abandonne en proie. (V.)

[2] VAR. Nous avons même droit sur un trône douteux;
Pour la même beauté nous soupirons tous deux.
. . . .
Et tout tombe en ma main, ou tout tombe en la vôtre.
En vain notre amitié les vouloit partager.

[3] Le mot de *choir*, même du temps de Corneille, ne pouvait être employé pour tomber en partage. (V.) — On voit, dans le dictionnaire de Nicot, que *cheoir* se prenait aussi pour *escheoir*. (A.-M.)

[4] *Jugez du reste* était l'expression propre; mais elle n'en est pas plus digne de la tragédie : juger quelque chose, c'est porter un arrêt; juger de quelque chose, c'est dire son sentiment. (V.)

Malgré l'éclat du trône et l'amour d'une femme,
Faisons si bien régner l'amitié sur notre ame,
Qu'étouffant dans leur perte un regret suborneur,
Dans le bonheur d'un frère on trouve son bonheur.
Ainsi ce qui jadis perdit Thèbes et Troie
Dans nos cœurs mieux unis ne versera que joie [1] :
Ainsi notre amitié, triomphante à son tour,
Vaincra la jalousie en cédant à l'amour;
Et, de notre destin bravant l'ordre barbare,
Trouvera des douceurs aux maux qu'il nous prépare.

ANTIOCHUS.

Le pourrez-vous, mon frère?

SÉLEUCUS.

Ah! que vous me pressez!
Je le voudrai du moins, mon frère, et c'est assez;
Et ma raison sur moi gardera tant d'empire,
Que je désavouerai mon cœur s'il en soupire.

ANTIOCHUS.

J'embrasse comme vous ces nobles sentiments [2].
Mais allons leur donner le secours des serments,
Afin qu'étant témoins de l'amitié jurée,

---

[1] *Ne versera que joie* ne se dirait pas aujourd'hui, et c'était même alors une faute; on ne verse point joie. La scène est belle pour le fond, et les sentiments l'embellissent encore. Malgré tous ses défauts, elle doit toujours réussir au théâtre. L'amitié tendre des deux frères touche d'abord : on excuse leur dessein de céder le trône, parcequ'ils sont jeunes, et qu'on pardonne tout à la jeunesse passionnée et sans expérience, mais sur-tout parceque leur droit au trône est incertain. La bonne foi avec laquelle ces princes se parlent doit plaire au public. Leurs réflexions, que Rodogune doit appartenir à celui qui sera nommé roi, forment tout d'un coup le nœud de la pièce; et le triomphe de l'amitié sur l'amour et sur l'ambition finit cette scène parfaitement. (V.)

[2] Var. J'embrasse avecque vous ces nobles sentiments.

Les dieux contre un tel coup assurent sa durée.
SÉLEUCUS.
Allons, allons l'étreindre au pied de leurs autels
Par des liens sacrés et des nœuds immortels.

SCÈNE IV.

LAONICE, TIMAGÈNE.

LAONICE.
Peut-on plus dignement mériter la couronne [1] ?
TIMAGÈNE.
Je ne suis point surpris de ce qui vous étonne ;
Confident de tous deux, prévoyant leur douleur,
J'ai prévu leur constance, et j'ai plaint leur malheur.
Mais, de grace, achevez l'histoire commencée [2].
LAONICE.
Pour la reprendre donc où nous l'avons laissée [3],
Les Parthes, au combat par les nôtres forcés,
Tantôt presque vainqueurs, tantôt presque enfoncés,
Sur l'une et l'autre armée également heureuse,
Virent long-temps voler la victoire douteuse :
Mais la fortune enfin se tourna contre nous ;
Si bien qu'Antiochus [4], percé de mille coups,

---

[1] *Mériter plus dignement* signifie à la lettre, *être digne plus dignement* : c'est un pléonasme ; mais la faute est légère. (V.)

[2] VAR. Mais, de grace, achevons l'histoire commencée.

[3] Ces discours de confidents, cette histoire interrompue et recommencée, sont condamnés universellement.

  Tous deux, débrouillant mal une pénible intrigue,
  D'un divertissement me font une fatigue. (V.)

[4] *Si bien que, tôt après, piqué jusqu'au vif,* expressions trop familières qu'il faut éviter. (V.)

ACTE I, SCÈNE IV.

Près de tomber aux mains d'une troupe ennemie,
Lui voulut dérober les restes de sa vie,
Et, préférant aux fers la gloire de périr,
Lui-même par sa main acheva de mourir.
La reine, ayant appris cette triste nouvelle,
En reçut tôt après une autre plus cruelle;
Que Nicanor vivoit; que, sur un faux rapport,
De ce premier époux elle avoit cru la mort;
Que, piqué jusqu'au vif contre son hyménée,
Son ame à l'imiter s'étoit déterminée;
Et que, pour s'affranchir des fers de son vainqueur,
Il alloit épouser la princesse sa sœur [1].
C'est cette Rodogune, où l'un et l'autre frère
Trouve encor les appas qu'avoit trouvés leur père [2].

La reine envoie en vain pour se justifier [3];
On a beau la défendre, on a beau le prier,
On ne rencontre en lui qu'un juge inexorable;
Et son amour nouveau la veut croire coupable [4] :
Son erreur est un crime; et, pour l'en punir mieux,
Il veut même épouser Rodogune à ses yeux,

---

[1] Sœur de qui? ce n'est pas de Cléopâtre, c'est Rodogune. Elle est nommée, dans la liste des personnages, sœur de Phraates, roi des Parthes; on n'est pas plus instruit pour cela, et le nom de Phraates n'est pas prononcé dans la pièce. (V.) — *Sœur de qui?* de *son vainqueur*, qui finit le vers précédent. Il ne peut y avoir ni doute ni hésitation. (A.-M.)

[2] Cet *encor* semble dire que Rodogune a conservé sa beauté; que les deux fils la trouvent aussi belle que le père l'avoit trouvée. Le théâtre, qui permet l'amour, ne permet point qu'on aime une femme uniquement parcequ'elle est belle : un tel amour n'est jamais tragique. (V.)

Var. Trouve encor les appas qu'avoit trouvés le père.

[3] Ce tour n'est pas assez élégant; il est un peu de gazette. (V.)

[4] Var. Et son nouvel amour la veut croire coupable.

Arracher de son front le sacré diadème,
Pour ceindre une autre tête en sa présence même;
Soit qu'ainsi sa vengeance eût plus d'indignité,
Soit qu'ainsi cet hymen eût plus d'autorité[1],
Et qu'il assurât mieux par cette barbarie
Aux enfants qui naîtroient le trône de Syrie.
  Mais tandis qu'animé de colère et d'amour,
Il vient déshériter ses fils par son retour,
Et qu'un gros escadron de Parthes pleins de joie
Conduit ces deux amants, et court comme à la proie[2],
La reine, au désespoir de n'en rien obtenir,
Se résout de se perdre ou de le prévenir[3].
Elle oublie un mari qui veut cesser de l'être,
Qui ne veut plus la voir qu'en implacable maître[4];
Et, changeant à regret son amour en horreur[5],
Elle abandonne tout à sa juste fureur.
Elle-même leur dresse une embûche au passage,

---

[1] On ne voit pas ce que c'est que l'*autorité* d'un hymen, ni pourquoi ce second mariage eût été plus respectable en présence de l'épouse répudiée, ni pourquoi cette insulte à Cléopâtre eût mieux assuré le trône aux enfants d'un second lit. (V.) — Autorité veut dire *authenticité*. Une histoire authentique est celle dont l'autorité ne peut être contestée. Si Nicanor se fût marié dans sa prison chez les Parthes, on conçoit que son mariage n'eût pas eu en Syrie toute l'autorité d'un acte authentique. C'est une métonymie très intelligible. (A.-M.)

[2] Plaignons ici la gêne où la rime met la poésie. Ce *plein de joie* est pour rimer à *proie* : et *comme à la proie* est encore une faute; car pourquoi ce *comme*? (V.)

[3] *Se résout de se perdre* est un solécisme. Je me résous *à*, je résous *de*; il s'est résolu à mourir; il a résolu de mourir. (V.)

[4] Var. Qui ne la veut plus voir qu'en implacable maître.

[5] On peut faire la guerre, se venger, commettre un crime, à regret; mais on n'a point de l'horreur à regret. (V.)

ACTE I, SCÈNE IV.

Se mêle dans les coups, porte par-tout sa rage [1],
En pousse jusqu'au bout les furieux effets.
Que vous dirai-je enfin? les Parthes sont défaits;
Le roi meurt, et, dit-on, par la main de la reine;
Rodogune captive est livrée à sa haine.
Tous les maux qu'un esclave endure dans les fers
Alors sans moi, mon frère, elle les eût soufferts.
La reine, à la gêner prenant mille délices [2],
Ne commettoit qu'à moi l'ordre de ses supplices [3];
Mais, quoi que m'ordonnât cette ame toute en feu [4],
Je promettois beaucoup, et j'exécutois peu.
Le Parthe cependant en jure la vengeance [5];
Sur nous à main armée il fond en diligence [6],
Nous surprend, nous assiége, et fait un tel effort,
Que, la ville aux abois, on lui parle d'accord.
Il veut fermer l'oreille, enflé de l'avantage [7];
Mais voyant parmi nous Rodogune en otage,
Enfin il craint pour elle, et nous daigne écouter;
Et c'est ce qu'aujourd'hui l'on doit exécuter [8].

[1] Il valait mieux dire, *se mêle aux combattants*. (V.)

[2] On prend plaisir, et non des délices, à quelque chose; et on n'en prend point mille. (V.) — Le mot *gêner* est encore pris ici dans le sens de *torturer*, ainsi que l'indique assez le mot *supplice* qui termine le vers suivant. (A.-M.)

[3] Il fallait *le soin de ses supplices;* on ne commet point un ordre. (V.)

[4] *Ame toute en feu*, expression triviale pour rimer à *peu*. Dans quelle contrainte la rime jette! (V.)

[5] Cet *en* est mal placé; il semble que le Parthe jure la vengeance du peu. (V.)

[6] Expression trop commune. (V.)

[7] Ce mot indéfini *de l'avantage* ne peut être admis ici; il faut *de cet avantage*, ou *de son avantage*. (V.)

[8] Cela est louche et obscur; il semble qu'on aille exécuter ce qu'on a écouté. (V.)

La reine de l'Égypte a rappelé nos princes
Pour remettre à l'aîné son trône et ses provinces.
Rodogune a paru, sortant de sa prison,
Comme un soleil levant dessus notre horizon.
Le Parthe a décampé ¹, pressé par d'autres guerres
Contre l'Arménien qui ravage ses terres ² ;
D'un ennemi cruel il s'est fait notre appui ³ :
La paix finit la haine ⁴, et, pour comble aujourd'hui,
Dois-je dire de bonne ou mauvaise fortune?
Nos deux princes tous deux adorent Rodogune.

TIMAGÈNE.
Sitôt qu'ils ont paru tous deux en cette cour ⁵,
Ils ont vu Rodogune, et j'ai vu leur amour;
Mais comme étant rivaux nous les trouvons à plaindre,
Connoissant leur vertu je n'en vois rien à craindre.
Pour vous, qui gouvernez cet objet de leurs vœux...

LAONICE.
Je n'ai point encor vu qu'elle aime aucun des deux.

TIMAGÈNE.
Vous me trouvez mal propre à cette confidence ⁶;

¹ Expressions trop négligées; mais il y a un grand germe d'intérêt dans la situation que Timagène expose. Il eût été à desirer que les détails eussent été exprimés avec plus d'élégance : on a remarqué déja que Racine est le premier qui ait eu ce talent. (V.)

² Var. Contre l'Arménien qui court dessus ses terres.

³ Il fallait, *d'ennemi qu'il était. Je me fais votre ami d'un ennemi* n'est pas français : on pourrait dire, *d'un ennemi je suis devenu un ami.* (V.)

⁴ La haine finit; on ne la finit pas. (V.)

⁵ Var. D'abord qu'ils ont paru tous deux en cette cour.

Mal propre ne doit pas entrer dans le style noble; et que Timagène soit propre ou non à une confidence, c'est un trop petit objet. (V.)

Et peut-être à dessein je la vois qui s'avance¹.
Adieu : je dois au rang qu'elle est prête à tenir
Du moins la liberté de vous entretenir².

SCÈNE V.

RODOGUNE, LAONICE.

RODOGUNE.

Je ne sais quel malheur aujourd'hui me menace,
Et coule dans ma joie une secrète glace³ :
Je tremble, Laonice, et te voulois parler,
Ou pour chasser ma crainte ou pour m'en consoler⁴.

LAONICE.

Quoi! madame, en ce jour pour vous si plein de gloire?

RODOGUNE.

Ce jour m'en promet tant que j'ai peine à tout croire.
La fortune me traite avec trop de respect⁵ ;
Et le trône et l'hymen, tout me devient suspect.
L'hymen semble à mes yeux cacher quelque supplice,
Le trône sous mes pas creuser un précipice⁶ ;

---

¹ A quel dessein? (V.)

² Timagène doit du respect à Rodogune, indépendamment de ce mariage; et il doit se retirer quand elle veut parler à sa confidente. (V.)

³ *Coule une glace* n'est pas du style noble, et la glace ne coule point. (V.)

⁴ Cet *en* se rapporte à la *crainte* par la phrase; il semble qu'elle veuille se consoler de sa crainte. Il faut éviter soigneusement ces amphibologies. (V.)

⁵ *La fortune ne traite point avec respect :* toutes ces expressions impropres, hasardées, lâches, négligées, employées seulement pour la rime, doivent être soigneusement bannies. (V.)

⁶ La poésie française marche trop souvent avec le secours des

Je vois de nouveaux fers après les miens brisés,
Et je prends tous ces biens pour des maux déguisés :
En un mot, je crains tout de l'esprit de la reine.

LAONICE.

La paix qu'elle a jurée en a calmé la haine [1].

RODOGUNE.

La haine entre les grands se calme rarement;
La paix souvent n'y sert que d'un amusement [2] ;
Et, dans l'état où j'entre, à te parler sans feinte [3],
Elle a lieu de me craindre, et je crains cette crainte [4].
Non qu'enfin je ne donne au bien des deux états [5]
Ce que j'ai dû de haine à de tels attentats [6] :

antithèses, et ces antithèses ne sont pas toujours justes : comment *un hymen cache-t-il un supplice?* comment *un trône creuse-t-il un précipice?* Le précipice peut être creusé sous le trône, et non par lui. L'antithèse des *premiers fers et des nouveaux, des biens et des maux,* vient ensuite. Cette figure tant répétée est une puérilité dans un rhéteur, à plus forte raison dans une princesse. (V.)

[1] On ne doit jamais se servir de la particule *en* dans ce cas-ci; il fallait : *la paix qu'elle a jurée a dû calmer sa haine.* Cet *en* n'est pas français; on ne dit point : *j'en crains le courroux, j'en vois l'amour,* pour *je crains son courroux, je vois son amour.* (V.)

[2] Ces réflexions générales et politiques sont-elles d'une jeune femme? Qu'est-ce que la paix qui sert d'amusement à la haine? (V.)

[3] On n'entre point dans un état; cela est prosaïque et impropre. (V.)

[4] Cela ressemble trop à un vers de parodie. (V.)

[5] Var. Non pas que mon esprit, justement irrité,
    Conserve à son sujet quelque animosité :
    Au bien des deux états je donne mon injure.

[6] Elle n'a point parlé de ces attentats : l'auteur les a en vue; il répond à son idée : mais Rodogune, par ce mot *tels,* suppose qu'elle a dit ce qu'elle n'a point dit. Cependant le spectateur est si instruit des attentats de Cléopâtre, qu'il entend aisément ce que Rodogune veut dire. Je ne remarque cette négligence, très

ACTE I, SCÈNE V.

J'oublie et pleinement toute mon aventure ;
Mais une grande offense est de cette nature,
Que toujours son auteur impute à l'offensé [1]
Un vif ressentiment dont il le croit blessé [2] ;
Et, quoiqu'en apparence on les réconcilie,
Il le craint, il le hait, et jamais ne s'y fie ;
Et, toujours alarmé de cette illusion,
Sitôt qu'il peut le perdre il prend l'occasion.
Telle est pour moi la reine.

LAONICE.

Ah! madame, je jure
Que par ce faux soupçon vous lui faites injure.
Vous devez oublier un désespoir jaloux
Où força son courage un infidèle époux [3].
Si, teinte de son sang et toute furieuse,

légère, que pour faire voir combien l'exactitude du style est nécessaire. (V.)

[1] Maxime toujours trop générale, dissertation politique qui est un peu longue, et qui n'est pas exprimée avec assez d'élégance et de force. *De cette nature que... jamais ne s'y fie*, etc. ; il vaut toujours mieux faire parler le sentiment ; c'est là le défaut ordinaire de Corneille : Rodogune se plaignant de Cléopâtre, et exprimant ce qu'elle craint d'un tel caractère, ferait bien plus d'effet qu'une dissertation. Peut-être que Corneille a voulu préparer un peu par ce ton politique la proposition atroce que fera Rodogune à ses amants ; mais aussi toutes ces sentences, dans le goût de Machiavel, ne préparent point aux tendresses de l'amour, et à ce caractère d'innocence timide que Rodogune prendra bientôt : cela fait voir combien cette pièce était difficile à faire, et de quel embarras l'auteur a eu à se tirer. (V.)

[2] *Blessé d'un ressentiment!* Une injure blesse ; et le ressentiment est la blessure même. (V.)

[3] *Oublier un désespoir, et un désespoir jaloux, où un infidèle époux a forcé son courage!* Presque toutes les scènes de ce premier acte sont remplies de barbarismes ou de solécismes intolérables. Est-ce là l'auteur des belles scènes de *Cinna*? (V.)

Elle vous traita lors en rivale odieuse,
L'impétuosité d'un premier mouvement
Engageoit sa vengeance à ce dur traitement;
Il falloit un prétexte à vaincre sa colère [1],
Il y falloit du temps; et, pour ne rien vous taire,
Quand je me dispensois à lui mal obéir [2],
Quand en votre faveur je semblois la trahir,
Peut-être qu'en son cœur plus douce et repentie [3]
Elle en dissimuloit la meilleure partie;
Que, se voyant tromper, elle fermoit les yeux,
Et qu'un peu de pitié la satisfaisoit mieux [4].
A présent que l'amour succède à la colère,
Elle ne vous voit plus qu'avec des yeux de mère;
Et si de cet amour je la voyois sortir [5],
Je jure de nouveau de vous en avertir :

[1] Var. Il falloit un prétexte à s'en pouvoir dédire,
La paix le vient de faire; et, s'il vous faut tout dire.

[2] Ce vers n'est pas français; on se dispense d'une chose, et non à une chose. (V.) — Du temps de Corneille, *dispenser à se* disait pour *autoriser à*. Si donc Corneille avait dit (comme le veut Voltaire) *je me dispensais de lui mal obéir*, il eût fait un contre-sens. De ce mot pris pour *autorisé à*, il nous reste le substantif *dispense*. On dit obtenir *une dispense*, c'est-à-dire, une autorisation. *Se dispenser* signifie donc s'autoriser à, ou *prendre sur soi de*. Corneille l'a employé plusieurs fois dans ce sens. (A.-M.)

[3] *Repentie* n'est pas français, du moins aujourd'hui : on ne peut pas dire cette princesse *repentie*. Mais pourquoi n'emploierions-nous pas une expression nécessaire dont l'équivalent est reçu dans toutes les langues de l'Europe? (V.) — Ce mot est encore reçu dans le sens que Voltaire regrette : on dit *les filles repenties*. (A.-M.)

[4] Var. Et qu'ainsi ma pitié la satisfaisoit mieux.

[5] *Sortir d'un amour!* De telles impropriétés, de telles négligences révoltent trop l'esprit du lecteur. (V.)

Vous savez comme quoi je vous suis toute acquise [1].
Le roi souffriroit-il d'ailleurs quelque surprise?

RODOGUNE.

Qui que ce soit des deux qu'on couronne aujourd'hui,
Elle sera sa mère, et pourra tout sur lui.

LAONICE.

Qui que ce soit des deux, je sais qu'il vous adore :
Connoissant leur amour, pouvez-vous craindre encore?

RODOGUNE.

Oui, je crains leur hymen, et d'être à l'un des deux.

LAONICE.

Quoi! sont-ils des sujets indignes de vos feux?

RODOGUNE.

Comme ils ont même sang avec pareil mérite [2],
Un avantage égal pour eux me sollicite [3];
Mais il est malaisé dans cette égalité
Qu'un esprit combattu ne penche d'un côté.
Il est des nœuds secrets, il est des sympathies,
Dont par le doux rapport les ames assorties
S'attachent l'une à l'autre, et se laissent piquer
Par ces je ne sais quoi qu'on ne peut expliquer [4].

---

[1] *Comme quoi* ne se dit pas davantage; et *toute acquise* est du style comique. (V.)

[2] *Avoir même sang* est encore un barbarisme; ils sont du même sang, ils sont nés, formés du même sang : il y avait plus d'une manière de se bien exprimer. (V.)

VAR. Quoique égaux en naissance et pareils en mérite,
. . . .
Il est bien malaisé dans cette égalité.

[3] Un avantage ne sollicite point; et il n'y a point d'avantage dans l'égalité. (V.)

[4] C'est toujours le poëte qui parle, ce sont toujours des maximes : la passion ne s'exprime pas ainsi. Ces vers sont agréables, quoique *dont par le doux rapport* ne soit point français; mais ces

26.

C'est par-là que l'un d'eux obtient la préférence :
Je crois voir l'autre encore avec indifférence ;
Mais cette indifférence est une aversion,
Lorsque je la compare avec ma passion.
Étrange effet d'amour! incroyable chimère [1] !
Je voudrois être à lui si je n'aimois son frère ;
Et le plus grand des maux toutefois que je crains,
C'est que mon triste sort me livre entre ses mains.

LAONICE.

Ne pourrai-je servir une si belle flamme ?

RODOGUNE.

Ne crois pas en tirer le secret de mon ame [2].
Quelque époux que le ciel veuille me destiner [3],
C'est à lui pleinement que je veux me donner.
De celui que je crains si je suis le partage,
Je saurai l'accepter avec même visage ;
L'hymen me le rendra précieux à son tour [4],

ames qui se laissent piquer, et *ces je ne sais quoi*, appartiennent plus à la haute comédie qu'à la tragédie. Ces vers ressemblent à ceux de *la Suite du Menteur* : *Quand les ordres du ciel nous ont faits l'un pour l'autre*, comme on l'a déja remarqué. Cependant ces quatre vers, tout éloignés qu'ils sont du style de la véritable tragédie, furent toujours regardés comme un chef-d'œuvre du développement du cœur humain, avant qu'on vît les chefs-d'œuvre véritables de Racine en ce genre. (V.)

[1] Elle voudrait bien être à Séleucus, si elle n'aimait pas Antiochus ; ce n'est pas là une chimère incroyable : mais cet examen, cette dissertation, cette comparaison de ses sentiments pour les deux frères, ne sont-ils pas l'opposé de la tragédie ? (V.)

[2] *Tirer* n'est pas noble ; cet *en* rend la phrase incorrecte et louche. (V.)

[3] VAR. Quelque époux que le ciel me veuille destiner,
    C'est à lui pleinement que je me veux donner ;
    Et, si du malheureux je deviens le partage.

[4] *A son tour* est de trop ; mais il faut rimer au mot *amour* : cette gêne extrême se fait sentir à tout moment. (V.)

Et le devoir fera ce qu'auroit fait l'amour,
Sans crainte qu'on reproche à mon humeur forcée
Qu'un autre qu'un mari règne sur ma pensée ¹.
LAONICE.
Vous craignez que ma foi vous l'ose reprocher?
RODOGUNE.
Que ne puis-je à moi-même aussi bien le cacher² !
LAONICE.
Quoi que vous me cachiez, aisément je devine;
Et, pour vous dire enfin ce que je m'imagine,
Le prince...
RODOGUNE.
Garde-toi de nommer mon vainqueur :
Ma rougeur trahirait les secrets de mon cœur³;

---

¹ Ces vers sont dans le style comique. Racine seul a su ennoblir ces sentiments, qui demandent les tours les plus délicats. (V.)

Var. Qu'un autre qu'un mari règne dans ma pensée.

² *Que ne puis-je à moi-même aussi bien le cacher!* est d'une jeune fille timide et vertueuse qui craint d'aimer; c'est au lecteur à voir si cette timide innocence s'accorde avec ces maximes de politique que Rodogune a étalées, et sur-tout avec la conduite qu'elle aura. (V.)

³ Remarquez que tous les discours de Rodogune sont dans le caractère d'une jeune personne qui craint de s'avouer à elle-même les sentiments tendres et honnêtes dont son cœur est touché. Cependant Rodogune n'est point jeune; elle épousa Nicanor lorsque les deux frères étaient en bas âge; ils ont au moins vingt ans. Cette rougeur, cette timidité, cette innocence, semblent donc un peu outrées pour son âge; elles s'accordent peu avec tant de maximes de politique; elles conviennent encore moins à une femme qui bientôt demandera la tête de sa belle-mère aux enfants même de cette belle-mère. (V.) — Il ne s'agit pas ici de savoir au juste le nombre d'années que pouvaient avoir les personnages historiques à l'époque de l'action. Rodogune a vingt ans, ses amants en ont vingt-cinq; c'est un fait sur lequel on ne

Et je te voudrois mal de cette violence
Que ta dextérité feroit à mon silence;
Même, de peur qu'un mot par hasard échappé
Te fasse voir ce cœur et quels traits l'ont frappé,
Je romps un entretien dont la suite me blesse :
Adieu : mais souviens-toi que c'est sur ta promesse
Que mon esprit reprend quelque tranquillité.

LAONICE.

Madame, assurez-vous sur ma fidélité.

peut émettre aucun doute, puisque c'est l'âge que Corneille a voulu leur donner. (A.-M.)

FIN DU PREMIER ACTE.

ACTE SECOND.

SCÈNE I.

CLÉOPATRE.

Serments fallacieux, salutaire contrainte [1],
Que m'imposa la force et qu'accepta ma crainte ;
Heureux déguisements d'un immortel courroux,
Vains fantômes d'état, évanouissez-vous !
Si d'un péril pressant la terreur vous fit naître,
Avec ce péril même il vous faut disparoître [2],
Semblables à ces vœux dans l'orage formés,
Qu'efface un prompt oubli quand les flots sont calmés [3].
Et vous, qu'avec tant d'art cette feinte a voilée,

---

[1] Corneille reparaît ici dans toute sa pompe : l'éloquent Bossuet est le seul qui se soit servi après lui de cette belle épithète, *fallacieux*. Pourquoi appauvrir la langue ? Un mot consacré par Corneille et Bossuet peut-il être abandonné ? *Salutaire contrainte* ; il est difficile d'expliquer comment une salutaire contrainte est un vain fantôme d'état : il manque là un peu de netteté et de naturel. (V.) — Ce que la politique de Cléopâtre nomme d'abord une salutaire contrainte, sa passion l'appelle aussitôt *vains fantômes*. C'est bien là, il nous semble, le langage d'une colère qui éclate après avoir longtemps dissimulé. (A.-M.)

[2] Var. Avecque ce péril vous devez disparoître.

[3] Une comparaison directe n'est point convenable à la tragédie. Les personnages ne doivent point être poëtes ; la métaphore est toujours plus vraie, plus passionnée : il serait mieux de dire, *mes vœux formés dans l'orage sont oubliés quand les flots sont calmés ;* mais il faudrait le dire dans d'aussi beaux vers. (V.)

Recours des impuissants, haine dissimulée [1],
Digne vertu des rois, noble secret de cour,
Éclatez, il est temps, et voici notre jour.
Montrons-nous toutes deux, non plus comme sujettes [2],
Mais telle que je suis, et telle que vous êtes.
Le Parthe est éloigné, nous pouvons tout oser :
Nous n'avons rien à craindre, et rien à déguiser ;
Je hais, je règne encor. Laissons d'illustres marques [3]
En quittant, s'il le faut, ce haut rang des monarques :
Faisons-en avec gloire un départ éclatant [4],

[1] Cela paraît un peu d'un poëte qui cherche à montrer qu'il connaît la cour; mais une reine ne s'exprime point ainsi. *Recours des impuissants* paraît un défaut dans ce monologue noble et mâle; car un recours d'impuissant n'est pas une digne vertu des rois : la reine n'est point ici impuissante, puisqu'elle dit que le Parthe est éloigné, et qu'elle n'a rien à craindre. *Recours des impuissants, éclatez,* est une contradiction; car ce recours est *la haine dissimulée*, la dissimulation; et c'est précisément ce qui n'éclate pas : le sens de tout cela est *cessons de dissimuler, éclatons*; mais ce sens est noyé dans des paroles qui semblent plus pompeuses que justes. *Secret de cour* ne peut se dire, comme on dit *homme de cour, habit de cour.* (V.) — C'est parceque le Parthe est éloigné, c'est parceque Cléopâtre n'est plus impuissante, qu'elle cesse d'avoir recours *au recours des impuissants*, à la dissimulation, et qu'elle va éclater. Tout cela est clair, quoique d'un style un peu négligé. (A.-M.)

[2] Qui sont ces deux? est-ce la haine dissimulée et Cléopâtre? voilà un assemblage bien extraordinaire! Comment Cléopâtre et sa haine sont-elles deux? comment sa haine est-elle sujette? C'est bien dommage que de si beaux morceaux soient si souvent défigurés par des tours si alambiqués. (V.)

[3] *Je hais, je règne encor*, est un coup de pinceau bien fier; mais *laissons d'illustres marques* est faible; on laisse des marques de quelque chose : *marques* n'est là qu'un mot impropre pour rimer à *monarques.* Plût à Dieu que du temps de Corneille un Despréaux eût pu l'accoutumer à faire des vers difficilement! (V.)

[4] *Faisons-en avec gloire un départ éclatant*, est barbare; *faire un*

ACTE II, SCÈNE I.

Et rendons-le funeste à celle qui l'attend.
C'est encor, c'est encor cette même ennemie
Qui cherchoit ses honneurs dedans mon infamie,
Dont la haine à son tour croit me faire la loi,
Et régner par mon ordre et sur vous et sur moi[1].
Tu m'estimes bien lâche, imprudente rivale,
Si tu crois que mon cœur jusque-là se ravale[2]
Qu'il souffre qu'un hymen qu'on t'a promis en vain
Te mette ta vengeance et mon sceptre à la main.
Vois jusqu'où m'emporta l'amour du diadème,

départ n'est pas français; *en avec* révolte l'oreille : mais si elle n'a rien à craindre, comme elle le dit, pourquoi quitterait-elle le trône? elle commence par dire qu'elle ne veut plus dissimuler, qu'elle veut tout oser. (V.) — D'une part, elle quitterait le trône si ses sujets y portaient violemment un de ses fils; d'autre part, n'ayant plus rien à craindre du Parthe, elle va tout oser, c'est-à-dire, tout risquer contre ses fils et contre son peuple. Il n'y a point de contradiction. (A.-M.)

[1] A quoi se rapporte ce *vous?* il ne peut se rapporter qu'au recours des impuissants, à cette haine dissimulée dont elle a parlé treize vers auparavant; elle s'entretient donc avec sa haine dans ce monologue : convenons que cela n'est point dans la nature. Il régnait dans ce temps-là un faux goût dans toute l'Europe, dont on a eu beaucoup de peine à se défaire : ces apostrophes à ses passions, ces jeux d'esprit, ces efforts qu'on faisait pour ne pas parler naturellement, étaient à la mode en Italie, en Espagne, en Angleterre. Corneille, dans les moments de passion, se livra rarement à ce défaut; mais il s'y laissa souvent entraîner dans les morceaux de déclamation : le reste du monologue est plein de force. (V.)

[2] *Ravale.* Corneille a déjà employé ce mot dans *Polyeucte*; c'est Racine qui a montré l'heureux usage que la poésie pouvait en faire, en l'employant dans *Phèdre* et dans *Britannicus*. Il signifie *descendre* au moral, comme *dévale* signifie descendre au propre. Ils ont tous deux la même origine. Voyez ci-après, page 415, la note 6. (A.-M.)

Vois quel sang il me coûte, et tremble pour toi-même :
Tremble, te dis-je ; et songe, en dépit du traité[1],
Que, pour t'en faire un don, je l'ai trop acheté.

SCÈNE II.

CLÉOPATRE, LAONICE.

CLÉOPATRE.

Laonice, vois-tu que le peuple s'apprête
Au pompeux appareil de cette grande fête[2] ?

LAONICE.

La joie en est publique, et les princes tous deux[3]
Des Syriens ravis emportent tous les vœux :
L'un et l'autre fait voir un mérite si rare,
Que le souhait confus entre les deux s'égare[4] ;
Et ce qu'en quelques uns on voit d'attachement[5]
N'est qu'un foible ascendant d'un premier mouvement[6].
Ils penchent d'un côté, prêts à tomber de l'autre[7] :
Leur choix pour s'affermir attend encor le vôtre ;
Et de celui qu'ils font ils sont si peu jaloux,

---

[1] Var. Je l'ai trop acheté pour t'en faire un présent ;
    Crains tout ce qu'on peut craindre en te désabusant.

[2] *S'apprête à l'appareil* est encore un barbarisme. (V.)

[3] Var. Oui, madame, avec joie, et les princes tous deux.

[4] *Le souhait confus* n'est pas français. (V.)

[5] Cela forme un concours de syllabes trop dures. (V.)

[6] *N'est qu'un foible ascendant d'un premier mouvement*, est impropre ; *l'ascendant* veut dire la supériorité ; un mouvement n'a pas d'ascendant. (V.)

[7] *Ils penchent d'un côté, prêts à tomber de l'autre*, ne signifie pas ce que l'auteur veut dire, *se déclarer pour un des deux princes :* le mot de *tomber* est impropre ; il ne signifie jamais qu'une chute, excepté dans cette phrase, *je tombe d'accord*. (V.)

ACTE II, SCÈNE II.

Que votre secret su les réunira tous.
CLÉOPATRE.
Sais-tu que mon secret n'est pas ce que l'on pense?
LAONICE.
J'attends avec eux tous celui de leur naissance.
CLÉOPATRE.
Pour un esprit de cour, et nourri chez les grands [1],
Tes yeux dans leurs secrets sont bien peu pénétrants.
Apprends, ma confidente, apprends à me connoître.
 Si je cache en quel rang le ciel les a fait naître [2],
Vois, vois que, tant que l'ordre en demeure douteux,
Aucun des deux ne règne, et je règne pour eux :
Quoique ce soit un bien que l'un et l'autre attende,
De crainte de le perdre aucun ne le demande ;
Cependant je possède, et leur droit incertain
Me laisse avec leur sort leur sceptre dans la main [3] :
Voilà mon grand secret. Sais-tu par quel mystère
Je les laissois tous deux en dépôt chez mon frère [4] ?
LAONICE.
J'ai cru qu'Antiochus les tenoit éloignés

---

[1] Ce n'est pas le langage d'une reine. *Esprit de cour* est une expression bourgeoise : d'ailleurs pourquoi Cléopâtre dit-elle tout cela à sa confidente? elle ne l'emploie à rien ; et, pour une si grande politique, Cléopâtre paraît bien imprudente de dire ainsi son secret inutilement. (V.)

[2] C'est ainsi qu'on s'exprimerait si on voulait dire qu'ils ignorent leurs parents ; mais *je cache leur rang* n'exprime pas *je cache qui des deux a le droit d'aînesse*, et c'est ce dont il s'agit. (V.)

[3] *Je possède* demande un régime : *jouir* est neutre quelquefois ; *posséder* ne l'est pas : cependant je crois que cette hardiesse est très permise, et fait un bel effet. (V.)

[4] Il semble que Cléopâtre se fasse un petit plaisir de faire valoir ses méchancetés à une fille qu'elle regarde comme un esprit peu éclairé. On ne doit jamais faire de confidences qu'à ceux qui

Pour jouir des états qu'il avoit regagnés.

CLÉOPATRE.

Il occupoit leur trône, et craignoit leur présence,
Et cette juste crainte assuroit ma puissance.
Mes ordres en étoient de point en point suivis
Quand je le menaçois du retour de mes fils :
Voyant ce foudre prêt à suivre ma colère[1],
Quoi qu'il me plût oser, il n'osoit me déplaire[2] ;
Et, content malgré lui du vain titre de roi,
S'il régnoit au lieu d'eux, ce n'étoit que sous moi.

Je te dirai bien plus. Sans violence aucune[3]
J'aurois vu Nicanor épouser Rodogune,
Si, content de lui plaire et de me dédaigner[4],
Il eût vécu chez elle en me laissant régner.
Son retour me fâchoit plus que son hyménée[5],
Et j'aurois pu l'aimer s'il ne l'eût couronnée[6].

---

peuvent nous servir dans ce qu'on leur confie, ou à des amis qui arrachent un secret. (V.)

[1] *Ce foudre* peut-il convenir à des enfants en bas âge? (V.) — Corneille ne dit pas que les princes fussent alors en bas âge. D'ailleurs *ce foudre* se rapporte non précisément aux princes, mais à leur retour au milieu d'un peuple qui les aime, et qui soutiendrait leurs droits. (A.-M.)

[2] Toute répétition qui n'enchérit pas doit être évitée. (V.)

[3] Cet *aucune* à la fin d'un vers n'est toléré que dans la comédie. On peut voir une chose sans colère, sans dépit, sans ressentiment : le mot de *violence* n'est pas le mot propre. (V.) — C'est une ellipse facile à saisir : sans *faire de* violence. (A.-M.)

[4] VAR. Si, content d'en jouir et de me dédaigner,
    Il eût vécu chez elle, et m'eût laissé régner.

[5] Ce mot *fâcher* ne doit jamais entrer dans la tragédie. (V.)

[6] Il ne l'a point couronnée, il a voulu la couronner; ou, s'il l'a épousée en effet, Rodogune veut donc épouser le fils de son mari : cette obscurité n'est point éclaircie dans la pièce. (V.) — Il n'y a point d'obscurité. Relisez (acte I, scène VI) le récit de

Tu vis comme il y fit des efforts superflus :
Je fis beaucoup alors, et ferois encor plus ¹
S'il étoit quelque voie, infame ou légitime,
Que m'enseignât la gloire, ou que m'ouvrît le crime ²,
Qui me pût conserver un bien que j'ai chéri
Jusqu'à verser pour lui tout le sang d'un mari ³.
Dans l'état pitoyable où m'en réduit la suite ⁴,
Délices de mon cœur, il faut que je te quitte ⁵ ;
On m'y force, il le faut : mais on verra quel fruit ⁶

Laonice à Timagène : il est évident que Nicanor vouloit épouser Rodogune, sous les yeux mêmes de Cléopâtre, et déshériter en même temps les fils qu'il avait eus d'elle ; mais il périt alors, ou de la main de Cléopâtre, ou dans une embûche qu'elle lui avoit dressée. (P.)

¹ *Il y fit des efforts ; je fis beaucoup alors, et ferois encor plus.* Que de négligences ! (V.)

² *Infame* est trop fort. Un défaut trop commun au théâtre, avant Racine, était de faire parler les méchants princes comme on parle d'eux, de leur faire dire qu'ils sont méchants et exécrables : cela est trop éloigné de la nature. De plus, comment une voie infame est-elle enseignée par la gloire ? elle peut l'être par l'ambition. Enfin, quel intérêt a Cléopâtre de dire tant de mal d'elle-même ? (V.)

³ Ce *pour lui* gâte la phrase, aussi bien que le *que, qui*. Verser du sang pour un bien ! (V.)

⁴ C'est la suite du sang qu'elle a versé : cela n'est pas net ; et cet *en* n'est pas heureusement placé. (V.)

⁵ Ce sont des expressions faites pour la tendresse, et non pour le trône. Un amour du trône qui se tourne en haine pour Rodogune, et l'un qui est grand, l'autre cruelle ; tout cela n'est nullement dans la nature, et l'expression n'en vaut pas mieux que le sentiment. (V.)

⁶ Ne faudrait-il pas expliquer comment elle est forcée à résigner la couronne, puisqu'elle vient de dire qu'elle n'a rien à craindre, que le péril est passé ? ne devrait-elle pas dire seulement, *on l'exige, je l'ai promis?* (V.)

En recevra bientôt celle qui m'y réduit [1].
L'amour que j'ai pour toi tourne en haine pour elle [2] :
Autant que l'un fut grand, l'autre sera cruelle [3] :
Et, puisqu'en te perdant j'ai sur qui m'en venger,
Ma perte est supportable, et mon mal est léger [4].

LAONICE.

Quoi! vous parlez encor de vengeance et de haine
Pour celle dont vous-même allez faire une reine?

CLÉOPATRE.

Quoi! je ferois un roi pour être son époux,
Et m'exposer aux traits de son juste courroux!
N'apprendras-tu jamais, ame basse et grossière [5],
A voir par d'autres yeux que les yeux du vulgaire?
Toi qui connois ce peuple, et sais qu'aux champs de Mars
Lâchement d'une femme il suit les étendards;

---

[1] Var. En recevra tantôt celle qui m'y réduit.

[2] L'amour du trône fait sa haine pour Rodogune, mais ne tourne point en haine. (V.)

[3] La poésie n'admet guère ces *l'un* et *l'autre*. (V.)

[4] Comment peut-elle dire que la perte d'un rang qui la rend forcenée lui sera supportable? (V.) — Parcequ'elle est assez forcenée pour croire que la vengeance est une consolation. (A.-M.)

[5] Ce n'est point cette confidente qui est grossière; n'est-ce pas Cléopâtre qui semble le devenir en parlant à une dame de sa cour comme on parlerait à une servante dont l'imbécillité mettrait en colère? et ici c'est une reine qui confie des crimes à une dame épouvantée de cette confidence inutile, et elle appelle cette dame *grossière*. (V.) — A l'époque de Corneille, le mot *grossier* n'était point une *injure*, il exprimait seulement la pesanteur de l'esprit. Nicot le définit ainsi : *lourd d'esprit, ingenii rudis atque agrestis*. On trouve dans le même dictionnaire *un marchand grossier*, pour désigner un *marchand vendant en gros*. Le sens des mots change avec les mœurs, et l'on peut accuser Voltaire de n'avoir pas fait une étude assez approfondie de la langue que parlait Corneille. (A.-M.)

ACTE II, SCÈNE II.

Que, sans Antiochus, Tryphon m'eût dépouillée;
Que sous lui son ardeur fut soudain réveillée¹;
Ne saurois-tu juger que si je nomme un roi,
C'est pour le commander, et combattre pour moi²?
J'en ai le choix en main avec le droit d'aînesse³;
Et, puisqu'il en faut faire une aide à ma foiblesse⁴,
Que la guerre sans lui ne peut se rallumer⁵,
J'userai bien du droit que j'ai de le nommer.
On ne montera point au rang dont je dévale⁶,
Qu'en épousant ma haine au lieu de ma rivale⁷ :
Ce n'est qu'en me vengeant qu'on me le peut ravir⁸;

---

¹ Il semble que ce soit l'ardeur d'Antiochus; il s'agit de celle du peuple. Et qu'est-ce qu'une ardeur réveillée sous quelqu'un? (V.) — On dit fort bien : *sous un tel chef, l'ardeur des soldats se réveille.* Corneille veut dire que le peuple n'est pas vaillant sous la conduite d'une femme, et il semble dire que le peuple est assez lâche pour suivre les étendards d'une femme. (A.-M.)

² On commande une armée, on commande à une nation; on ne commande point un homme, excepté lorsqu'à la guerre un homme est commandé par un autre pour être de tranchée, pour aller reconnaître, pour attaquer. *Pour le commander et combattre* n'est pas français : elle veut dire, *pour que je lui commande, et qu'il combatte pour moi*; ces deux *pour* font un mauvais effet. (V.)

³ *Avoir un choix en main* n'est ni régulier ni noble. (V.) — *Avoir en main* était une phrase faite signifiant *avoir à sa disposition;* Corneille l'a employée plusieurs fois, et aujourd'hui même elle est encore d'usage dans certains cas. (A.-M.)

⁴ *Une aide à ma faiblesse* est du style familier. (V.)

⁵ *Sans lui;* elle entend, *sans que je fasse un roi.* (V.)

⁶ *Dévaler :* ce mot était très noble du temps de Corneille. Il signifie descendre, et dérive de *val*, vallée, vallon, de même que *monter* vient de *mont*, montagne. C'est un mot excellent, mais qui a vieilli. (A.-M.)

⁷ *Épouser une haine au lieu d'une femme* est un jeu de mots, une équivoque qu'il ne faut jamais imiter. (V.)

⁸ Ce *le* se rapporte au rang, qui est trop loin. (V.) — Il n'en

Et je ferai régner qui me voudra servir.

LAONICE.

Je vous connoissois mal[1].

CLÉOPATRE.

Connois-moi tout entière[2].
Quand je mis Rodogune en tes mains prisonnière,
Ce ne fut ni pitié, ni respect de son rang,
Qui m'arrêta le bras, et conserva son sang.
La mort d'Antiochus me laissoit sans armée,
Et d'une troupe en hâte à me suivre animée,
Beaucoup dans ma vengeance ayant fini leurs jours [3]
M'exposoient à son frère, et foible et sans secours [4].

---

est séparé que par deux vers, et il n'y a pas un autre mot auquel il puisse se rapporter. Au reste, il n'y a point de règle sur la distance où un pronom peut se trouver du nom auquel il se rapporte. La clarté du sens en décide. Racine en offre un singulier exemple dans *Athalie*. Le régime du pronom LES par lequel Athalie indique les enfants qu'elle ordonne d'amener devant elle, est placé *quarante vers* plus haut, et cependant ce simple pronom ramène immédiatement la pensée sur les deux enfants qui sont près de l'autel. (Voyez *Athalie*, act. II, sc. v.) (A.-M.)

[1] Ce mot devrait, ce semble, faire rentrer Cléopâtre en elle-même, et lui faire sentir quelle imprudence elle commet d'ouvrir sans raison une ame si noire à une personne qui en est effrayée. (V.)

[2] *Connois-moi tout entière* parait d'une femme qui veut toujours parler, et non pas d'une reine habile; car quel intérêt a-t-elle à vouloir se donner pour un monstre à une femme étonnée de ces étranges aveux? (V.)

[3] Phrase obscure, et qui n'est pas française; on ne sait si sa vengeance les a fait périr, ou s'ils sont morts en voulant la venger; et *beaucoup d'une troupe* n'est pas français. (V.)

[4] Quel était ce frère? on ne l'a point dit. Voilà, je crois, bien des fautes; et cependant le caractère de Cléopâtre est imposant, et excite un très grand intérêt de curiosité : le spectateur est comme la confidente; il apprend de moment en moment des

Je me voyois perdue à moins d'un tel otage :
Il vint, et sa fureur craignit pour ce cher gage ;
Il m'imposa des lois, exigea des serments,
Et moi, j'accordai tout pour obtenir du temps.
Le temps est un trésor plus grand qu'on ne peut croire :
J'en obtins, et je crus obtenir la victoire.
J'ai pu reprendre haleine, et, sous de faux apprêts...
Mais voici mes deux fils que j'ai mandés exprès.
Écoute, et tu verras quel est cet hyménée
Où se doit terminer cette illustre journée.

SCÈNE III.

CLÉOPATRE, ANTIOCHUS, SÉLEUCUS, LAONICE.

CLÉOPATRE.

Mes enfants, prenez place. Enfin voici le jour
Si doux à mes souhaits, si cher à mon amour [1],
Où je puis voir briller sur une de vos têtes
Ce que j'ai conservé parmi tant de tempêtes,
Et vous remettre un bien, après tant de malheurs,
Qui m'a coûté pour vous tant de soins et de pleurs [2].
Il peut vous souvenir quelles furent mes larmes [3]

choses dont il attend la suite. (V.) — *Quel était ce frère ? on ne l'a point dit.* On sait que Rodogune est sœur du roi des Parthes : qu'importe le nom de ce roi ? (A.-M.)

[1] VAR. Si cher à mes souhaits, si doux à mon amour.

[2] Il faut éviter ces répétitions, à moins qu'on ne les emploie comme une figure, comme un trope qui doit augmenter l'intérêt ; mais ici ce n'est qu'une négligence. (V.)

[3] VAR. Il vous souvient peut-être encore de mes larmes,
. . . .
   Que, pour ne vous voir pas exposés à ses coups.

Quand Tryphon me donna de si rudes alarmes,
Que, pour ne vous pas voir exposés à ses coups,
Il fallut me résoudre à me priver de vous.
Quelles peines depuis, grands dieux, n'ai-je souffertes!
Chaque jour redoubla mes douleurs et mes pertes.
Je vis votre royaume entre ces murs réduit;
Je crus mort votre père; et sur un si faux bruit
Le peuple mutiné voulut avoir un maître.
J'eus beau le nommer lâche, ingrat, parjure, traître,
Il fallut satisfaire à son brutal desir [1],
Et, de peur qu'il en prît, il m'en fallut choisir [2].
Pour vous sauver l'état que n'eussé-je pu faire [3]?
Je choisis un époux avec des yeux de mère,
Votre oncle Antiochus, et j'espérai qu'en lui
Votre trône tombant trouveroit un appui :
Mais à peine son bras en relève la chute [4],
Que par lui de nouveau le sort me persécute [5];

[1] *Brutal desir* est bas, et convient à tout autre chose qu'au desir d'avoir un roi. (V.)

[2] Il faut, dans la rigueur, *de peur qu'il n'en prît un*, parcequ'il s'agit ici d'un roi, et non pas d'un nom générique. (V.)

Var. Et, de peur qu'il n'en prît, il m'en fallut choisir.

[3] Ce n'est pas français : on ne peut dire, *je vous sauvai l'état*, le peuple, la nation, au lieu de *je conservai vos droits*; on dit, *je vous ai sauvé votre fortune*, parceque votre fortune vous appartenait, vous la perdiez sans moi; *j'ai sauvé l'état*, mais non *je vous ai sauvé l'état*. (V.) — C'est-à-dire je sauvai l'état qui est à vous. Cléopâtre entend ici que l'état est son bien et celui de sa famille. (A.-M.)

[4] Var. Je n'en fus point trompée, il releva sa chute;
    Mais par lui de nouveau mon sort me persécute :
    Ce trône relevé lui plaît à retenir;
    Il imite Tryphon, qu'il venoit de punir;
    Qui lui parle de vous irrite sa colère;
    C'est un crime envers lui que les pleurs d'une mère.

[5] On ne relève point une chute; on relève un trône tombé.

ACTE II, SCÈNE III.

Maître de votre état par sa valeur sauvé,
Il s'obstine à remplir ce trône relevé :
Qui lui parle de vous attire sa menace.
Il n'a défait Tryphon que pour prendre sa place ;
Et, de dépositaire et de libérateur,
Il s'érige en tyran et lâche usurpateur.
Sa main l'en a puni : pardonnons à son ombre ;
Aussi bien en un seul voici des maux sans nombre.
  Nicanor votre père, et mon premier époux...
Mais pourquoi lui donner encor des noms si doux,
Puisque, l'ayant cru mort, il sembla ne revivre
Que pour s'en dépouiller afin de nous poursuivre[1]?
Passons ; je ne me puis souvenir sans trembler
Du coup dont j'empêchai qu'il nous pût accabler[2] :
Je ne sais s'il est digne ou d'horreur ou d'estime,
S'il plut aux dieux ou non, s'il fut justice ou crime ;
Mais, soit crime ou justice, il est certain, mes fils,
Que mon amour pour vous fit tout ce que je fis :
Ni celui des grandeurs, ni celui de la vie
Ne jeta dans mon cœur cette aveugle furie.
J'étois lasse d'un trône où d'éternels malheurs
Me combloient chaque jour de nouvelles douleurs.
Ma vie est presque usée, et ce reste inutile

Le reste du discours de Cléopâtre est très artificieux, et plein de grandeur. Il semble que Racine l'ait pris en quelque chose pour modèle du grand discours d'Agrippine à Néron : mais la situation de Cléopâtre est bien plus frappante que celle d'Agrippine ; l'intérêt est beaucoup plus grand, et la scène bien autrement intéressante. (V.)

[1] Var. Que pour les dépouiller afin de nous poursuivre.

[2] Il semble, par cette phrase, que Cléopâtre trembla du coup que voulait porter Nicanor, et qu'elle l'empêcha de porter ce coup : elle veut dire le contraire. (V.)

Chez mon frère avec vous trouvoit un sûr asile :
Mais voir, après douze ans et de soins et de maux,
Un père vous ôter le fruit de mes travaux !
Mais voir votre couronne après lui destinée
Aux enfants qui naîtroient d'un second hyménée !
A cette indignité je ne connus plus rien ;
Je me crus tout permis pour garder votre bien [1].
Recevez donc, mes fils, de la main d'une mère,
Un trône racheté par le malheur d'un père.
Je crus qu'il fit lui-même un crime en vous l'ôtant ;
Et si j'en ai fait un en vous le rachetant,
Daigne du juste ciel la bonté souveraine,
Vous en laissant le fruit, m'en réserver la peine,
Ne lancer que sur moi les foudres mérités,
Et n'épandre sur vous que des prospérités !

ANTIOCHUS.

Jusques ici, madame, aucun ne met en doute [2]
Les longs et grands travaux que notre amour vous coûte ;
Et nous croyons tenir des soins de cet amour
Ce doux espoir du trône aussi bien que le jour [3] ;
Le récit nous en charme, et nous fait mieux comprendre
Quelles graces tous deux nous vous en devons rendre :
Mais, afin qu'à jamais nous les puissions bénir,
Épargnez le dernier à notre souvenir ;

---

[1] Il fallait, *pour vous garder votre bien.* (V.) — Ici *garder* veut dire *défendre. Garder l'état,* c'est défendre votre bien. (A.-M.)

Var. Je me crus tout permis pour ravoir votre bien.

[2] Ce discours d'Antiochus est d'une bienséance qui lui gagne tous les cœurs. S'il y a *notre amour* (toutes les éditions le portent), c'est un barbarisme ; *notre amour* ne peut jamais signifier l'amour que vous avez pour nous : s'il y a *votre amour,* il peut signifier l'amour de Cléopâtre pour ses enfants. (V.)

[3] Un doux espoir du trône qu'on tient du soin d'un amour ! (V.)

Ce sont fatalités dont l'ame embarrassée [1]
A plus qu'elle ne veut se voit souvent forcée [2].
Sur les noires couleurs d'un si triste tableau
Il faut passer l'éponge, ou tirer le rideau [3] :
Un fils est criminel quand il les examine ;
Et, quelque suite enfin que le ciel y destine [4],
J'en rejette l'idée, et crois qu'en ces malheurs
Le silence ou l'oubli nous sied mieux que les pleurs.
Nous attendons le sceptre avec même espérance :
Mais si nous l'attendons, c'est sans impatience ;
Nous pouvons sans régner vivre tous deux contents ;
C'est le fruit de vos soins, jouissez-en long-temps :
Il tombera sur nous quand vous en serez lasse ;
Nous le recevrons lors de bien meilleure grace [5] ;
Et l'accepter sitôt semble nous reprocher
De n'être revenus que pour vous l'arracher.

SÉLEUCUS.

J'ajouterai, madame, à ce qu'a dit mon frère [6]

---

[1] Il faudrait au moins *des fatalités* ; mais *des fatalités* dont l'ame est embarrassée ! une femme qui débute sans raison par avouer à ses enfants qu'elle a tué leur père doit leur causer plus que de l'embarras. (V.)

[2] *Souvent* est de trop. (V.)

[3] On sent assez que cette alternative d'*éponge* et de *rideau* fait un mauvais effet : il ne faut employer l'alternative que quand on propose le choix de deux partis ; mais on ne propose point, en parlant à sa reine et à sa mère, le choix de deux expressions. De plus, ces expressions un peu triviales ne sont pas dignes du style tragique. Il en faut dire autant de la *suite que le ciel destine à ces noires couleurs*. (V.)

[4] Le ciel qui destine une suite ! (V.)

[5] Var. Nous le recevrons lors avec meilleure grace.

[6] Séleucus ne parle pas si bien que son frère ; il dit, *j'ajouterai*, et il n'ajoute rien. (V.) — Séleucus ajoute que l'ambition n'est

Que, bien qu'avec plaisir et l'un et l'autre espère [1],
L'ambition n'est pas notre plus grand desir [2].
Régnez, nous le verrons tous deux avec plaisir [3];
Et c'est bien la raison que pour tant de puissance
Nous vous rendions du moins un peu d'obéissance [4],
Et que celui de nous dont le ciel a fait choix
Sous votre illustre exemple apprenne l'art des rois.

CLÉOPATRE.

Dites tout, mes enfants : vous fuyez la couronne,
Non que son trop d'éclat ou son poids vous étonne;
L'unique fondement de cette aversion,
C'est la honte attachée à sa possession.
Elle passe à vos yeux pour la même infamie,
S'il faut la partager avec notre ennemie [5],

---

pas leur plus grand desir : il fait allusion à leur amour pour Rodogune. (A.-M.)

[1] *Que bien qu'avec* est trop rude à l'oreille; on ne dit point, *et l'un et l'autre,* à moins que le premier *et* ne lie la phrase. (V.)

[2] L'ambition est une passion, et non un desir. (V.) — Toute passion est un desir immodéré et habituel. L'ambition est le desir immodéré des grandeurs. (A.-M.)

[3] VAR. Régnez, nous le verrons tous deux sans déplaisir.

[4] *C'est bien la raison* est du style de la comédie. *Pour tant de puissance* ne forme pas un sens net : est-ce pour la puissance de la reine? est-ce pour la puissance de ses enfants, qui n'en ont aucune? est-ce pour celle qu'aura l'un d'eux? (V.)

[5] Ces vers ne forment aucun sens; la honte passe à vos yeux pour la même infamie, si un indigne hymen la fait retomber sur celle qui venait, etc. Le défaut vient principalement de *la même infamie,* qui n'est pas français, et de ce que ce pronom *elle,* qui se rapporte par le sens à *couronne,* est joint à *honte* par la construction. (V.) — *La même infamie* signifiait alors *l'infamie même.* C'était une locution reçue. Le sens de la phrase est d'ailleurs très clair. *La même infamie* ne peut se rapporter qu'à *la possession de cette couronne,* qui précède immédiatement. Avec un peu plus

Et qu'un indigne hymen la fasse retomber
Sur celle qui venoit pour vous la dérober [1].
 O nobles sentiments d'une ame généreuse!
O fils vraiment mes fils! ô mère trop heureuse!
Le sort de votre père enfin est éclairci :
Il étoit innocent, et je puis l'être aussi ;
Il vous aima toujours, et ne fut mauvais père
Que charmé par la sœur, ou forcé par le frère ;
Et dans cette embuscade où son effort fut vain,
Rodogune, mes fils, le tua par ma main [2].
Ainsi de cet amour la fatale puissance
Vous coûte votre père, à moi, mon innocence [3] ;

d'attention, Voltaire se serait épargné bien des notes de ce genre qu'on regrette de rencontrer dans un si excellent commentaire. (A.-M.)

[1] Est-il vraisemblable que Cléopâtre n'ait pas soupçonné que ses enfants pouvaient aimer Rodogune? peut-elle imaginer qu'ils ne veulent point régner avec Rodogune, parceque leur père a voulu autrefois l'épouser ? Rodogune sera-t-elle autre chose que femme du roi? Celui qui régnera tiendra-t-il d'elle la couronne? doit-elle s'écrier : *O mère trop heureuse!* cet artifice n'est-il pas un peu grossier? ne sent-on pas que Cléopâtre cherche un vain prétexte que la raison désavoue ? si ses deux fils étaient des imbéciles, parlerait-elle autrement? Que ce second discours de Cléopâtre est au-dessous du premier! *Sur celle qui venait,* expression incorrecte et familière. (V.) — Non seulement Cléopâtre peut ignorer la passion de ses fils, mais elle peut même douter qu'ils aient assez remarqué Rodogune pour qu'elle ait pu faire sur eux une impression bien profonde. Elle n'est sortie de prison que depuis très peu de temps, et l'arrivée des deux princes à Séleucie n'est pas moins récente : Cléopâtre n'a donc aucune raison de soupçonner un amour que d'ailleurs ils ont pris tant de soin de cacher. (P.)

[2] Cette fausseté est trop sensible et trop révoltante ; et c'est bien là le cas de dire, *Qui prouve trop ne prouve rien.* (V.)

[3] *De cet amour* ne se rapporte à rien; elle entend l'amour que Nicanor avait eu pour Rodogune. (V.)

Et si ma main pour vous n'avoit tout attenté,
L'effet de cet amour vous auroit tout coûté.
Ainsi vous me rendrez l'innocence et l'estime [1],
Lorsque vous punirez la cause de mon crime.
De cette même main qui vous a tout sauvé
Dans son sang odieux je l'aurois bien lavé;
Mais comme vous aviez votre part aux offenses,
Je vous ai réservé votre part aux vengeances;
Et, pour ne tenir plus en suspens vos esprits,
Si vous voulez régner, le trône est à ce prix [2].

[1] *Vous me rendrez l'estime* ne peut se dire comme *vous me rendrez l'innocence* : car l'innocence appartient à la personne, et l'estime est le sentiment d'autrui. Vous me rendez mon innocence, ma raison, mon repos, ma gloire, mais non pas mon estime. (V.) — *Estime* se disait et se dit encore dans le sens de *gloire*. Madame de Sévigné écrivait : « Je ne vous parlerai point *de l'estime extraor-« dinaire* qu'il s'est acquise par cette action. » Ici le mot *estime* est pris dans le sens de *gloire*. On lit dans la préface d'une épître adressée aux poëtes de ce temps sur les querelles du *Cid* : « *Aristote* « *n'est point de la partie; car demander son secours en des choses si pro-« fanes, c'est faire tort à son estime.* » Encore ici le mot *estime* signifie *gloire, bonne renommée.* (A.-M.)

[2] La proposition de donner le trône à qui assassinera Rodogune est-elle raisonnable ? Tout doit être vraisemblable dans une tragédie. Est-il possible que Cléopâtre, qui doit connaître les hommes, ne sache pas qu'on ne fait point de telles propositions sans avoir de très fortes raisons de croire qu'elles seront acceptées ? Je dis plus : il faut que ces choses horribles soient absolument nécessaires. Mais Cléopâtre n'est point réduite à faire assassiner Rodogune, et encore moins à la faire assassiner par ses fils : elle vient de dire que le Parthe est éloigné, qu'elle est sans aucun danger : Rodogune est en sa puissance. Il paraît donc absolument contre la raison que Cléopâtre invite à ce crime ses deux enfants, dont elle doit vouloir être respectée. Si elle a tant d'envie de tuer Rodogune, elle le peut, sans recourir à ses enfants. Cependant cette proposition si peu préparée, si extraor-

ACTE II, SCÈNE III.

Entre deux fils que j'aime avec même tendresse
Embrasser ma querelle est le seul droit d'aînesse;
La mort de Rodogune en nommera l'aîné.
    Quoi! vous montrez tous deux un visage étonné [1]!

dinaire, prépare des événements d'un si grand tragique, que le spectateur a toujours pardonné cette atrocité, quoiqu'elle ne soit ni dans la vérité historique, ni dans la vraisemblance. La situation est théâtrale; elle attache malgré la réflexion. Une invention purement raisonnable peut être très mauvaise; une invention théâtrale, que la raison condamne dans l'examen, peut faire un très grand effet : c'est que l'imagination, émue de la grandeur du spectacle, se demande rarement compte de son plaisir. Mais je doute qu'une telle scène pût être soufferte par des hommes d'un goût et d'un jugement formé, qui la verraient pour la première fois. (V.) — La proposition de Cléopâtre peut n'être pas raisonnable, car une passion violente ne raisonne pas; mais elle est vraisemblable de la part d'une femme qui a tué son mari de sa propre main, et qui est capable de tout sacrifier à son ambition. Elle se souvient que, dans le temps où Tryphon ravageait la Syrie, le peuple, qui n'obéissait qu'à regret à une femme, voulut la forcer, et la força en effet à se donner un maître. Elle a lieu de craindre que ce peuple, à qui elle a promis de nommer un roi, et qui l'attend ce jour-là même, ne se révolte contre elle, si elle osait éluder sa promesse. Cependant, si elle nomme un roi, Rodogune règne. C'est la condition du traité qu'elle a fait avec les Parthes; et ce traité, qu'elle a rendu public, elle n'ose le violer ouvertement : elle veut en laisser le crime et le danger à celui de ses fils qu'elle nommera roi, et qui pourra la mettre à l'abri du ressentiment du peuple. Vindicative, et plus ambitieuse encore, elle a lieu de croire que l'offre d'une couronne séduira du moins un de ses fils. Il nous semble que Voltaire n'a pas assez fortement conçu le caractère de Cléopâtre, qui ne se dément pas un seul moment, et que nous regardons comme un des chefs-d'œuvre de Corneille : il n'en existe aucun de cette force au théâtre. (P.)

[1] Comment peut-elle être surprise que sa proposition révolte? elle veut que le crime tienne lieu du droit d'aînesse; celui des deux qui ne voudra pas tuer sa maîtresse sera le cadet, et perdra

Redoutez-vous son frère ? Après la paix infame
Que même en la jurant je détestois dans l'ame,
J'ai fait lever des gens par des ordres secrets
Qu'à vous suivre en tous lieux vous trouverez tout prêts;
Et tandis qu'il fait tête aux princes d'Arménie,
Nous pouvons sans péril briser sa tyrannie.
Qui vous fait donc pâlir à cette juste loi ?
Est-ce pitié pour elle? est-ce haine pour moi ?
Voulez-vous l'épouser afin qu'elle me brave,
Et mettre mon destin aux mains de mon esclave ?
Vous ne répondez point! Allez, enfants ingrats,
Pour qui je crus en vain conserver ces états :
J'ai fait votre oncle roi, j'en ferai bien un autre [1];

le trône : mais si tous deux veulent la tuer, qui sera roi? Il est clair que la proposition de Cléopâtre est absurde autant qu'abominable; et cependant elle forme un grand intérêt, parcequ'on veut voir ce qu'elle produira, parceque Cléopâtre tient en sa main la destinée de ses enfants. *En nommera l'aîné;* cet *en* se rapporte à ses deux fils; mais comme il y a un vers entre deux, le sens ne se présente pas clairement. Il faut encore éviter de finir un vers par *aîné,* quand l'autre finit par *aînesse.* (V.) — Aucune règle ne prescrit de ne pas mettre une douzaine de mots entre un pronom et le substantif qu'il remplace, surtout quand il n'intervient aucun nom auquel le sens général permette de le rapporter, et il nous semble que c'est bien ici le cas. (A.-M.)

[1] Cléopâtre n'est pas adroite, quoiqu'elle se soit donnée pour une femme très habile : dès qu'elle s'aperçoit que ses enfants ont horreur de sa proposition, elle ne doit pas insister; on ne persuade point un crime horrible par de la colère et des emportements. Quand Phèdre a laissé voir son amour à Hippolyte, et qu'Hippolyte répond : *Oubliez-vous que Thésée est mon père et votre époux?* elle rentre alors en elle-même, et dit : *Et sur quoi jugez-vous que j'en perds la mémoire?* Cela est dans la nature; mais peut-on supposer qu'une reine qui a de l'expérience persiste à révolter ses enfants contre elle en se rendant horrible à leurs yeux? De quel droit leur dit-elle qu'elle peut disposer du trône comme de

Et mon nom peut encore ici plus que le vôtre.
SÉLEUCUS.
Mais, madame, voyez que pour premier exploit [1]...
CLÉOPATRE.
Mais que chacun de vous pense à ce qu'il me doit.
Je sais bien que le sang qu'à vos mains je demande
N'est pas le digne essai d'une valeur bien grande;
Mais si vous me devez et le sceptre et le jour,
Ce doit être envers moi le sceau de votre amour :
Sans ce gage ma haine à jamais s'en défie;
Ce n'est qu'en m'imitant que l'on me justifie.

sa conquête, après avoir dit, dans la scène précédente, qu'elle est forcée de descendre du trône? Et comment peut-elle y être forcée en disant qu'elle est maîtresse de tout? Cette contradiction n'est-elle pas palpable? Faut-il que toute cette pièce, pleine de traits si fiers et si hardis, soit fondée sur de si grandes inconséquences? (V.) — La comparaison de Phèdre est ici très déplacée, et confirme encore ce que nous avons dit : Voltaire ne s'était point assez fortement pénétré du caractère de Cléopâtre; caractère unique, et qui ne peut avoir aucun rapport avec celui de Phèdre. En proie à une passion incestueuse qu'elle déteste, Phèdre ne paraît sur la scène que poursuivie par des remords, qu'elle garde pendant toute la pièce, et qui ne finissent qu'avec sa vie. Cléopâtre, au contraire, non seulement n'a point de remords, mais n'en a pas même l'idée. Furieuse d'avoir laissé pénétrer ses sentiments à ses fils, elle ose les menacer dès qu'elle ne peut plus se flatter de les séduire. Le respect de ces princes, et la soumission qu'ils paraissent toujours conserver pour elle, lui laissent quelque espérance de pouvoir du moins les intimider par ses menaces. Nous ne disons pas que la conduite de cette femme atroce soit raisonnable; mais nous répétons que les passions effrénées ne raisonnent pas, et que tout ce qui paraît choquant ou même incroyable à Voltaire, est rendu vraisemblable par le caractère de Cléopâtre, tel que Corneille l'a conçu : c'est ce que démontre assez le succès constant de la pièce. (P.)

[1] VAR. Mais, madame, pensez que pour premier exploit...

Rien ne vous sert ici de faire les surpris [1] :
Je vous le dis encor, le trône est à ce prix ;
Je puis en disposer comme de ma conquête ;
Point d'aîné, point de roi, qu'en m'apportant sa tête ;
Et puisque mon seul choix vous y peut élever [2],
Pour jouir de mon crime il le faut achever [3].

SCÈNE IV.

SÉLEUCUS, ANTIOCHUS.

SÉLEUCUS.

Est-il une constance à l'épreuve du foudre
Dont ce cruel arrêt met notre espoir en poudre [4] ?

---

[1] Expression trop triviale, sur-tout dans une circonstance si tragique. (V.)

[2] Cet *y* se rapporte à *trône*, qui est quatre vers auparavant : les pronoms, les adverbes, doivent toujours être près des noms qu'ils désignent ; c'est une règle à laquelle il n'y a point d'exception. (V.) — La phrase échappe à la règle, car elle est claire ; et la règle ne condamne que les phrases qui manquent de clarté. D'ailleurs l'idée de *trône* est représentée deux vers plus haut par le pronom *en*. (A.-M.)

[3] Ce vers est très beau. Mais comment une reine habile peut-elle avouer son crime à ses enfants, et les presser d'en commettre un autre ? (V.)

[4] Voilà donc encore un foudre dont un arrêt met un espoir en poudre ; et Antiochus répond par écho à cette figure incohérente ; nouvelle preuve du peu de soin qu'on prenait alors de châtier son style. Despréaux est le premier qui ait appris comment on doit toujours parler en vers. La douleur respectueuse d'Antiochus est aussi contraire à l'histoire qu'à la politique ordinaire des princes. Plusieurs ont fait enfermer leurs mères pour de bien moindres crimes. Cléopâtre vient d'avouer à ses enfants qu'elle a assassiné leur père ; elle veut les forcer à assassiner leur maîtresse ; elle doit être à leurs yeux infiniment plus

ACTE II, SCÈNE IV.

ANTIOCHUS.

Est-il un coup de foudre à comparer aux coups
Que ce cruel arrêt vient de lancer sur nous?

SÉLEUCUS.

O haines, ô fureurs dignes d'une Mégère!
O femme, que je n'ose appeler encor mère!
Après que tes forfaits ont régné pleinement,
Ne saurois-tu souffrir qu'on règne innocemment?
Quels attraits penses-tu qu'ait pour nous la couronne,
S'il faut qu'un crime égal par ta main nous la donne?
Et de quelles horreurs nous doit-elle combler,
Si pour monter au trône il faut te ressembler?

ANTIOCHUS.

Gardons plus de respect aux droits de la nature,
Et n'imputons qu'au sort notre triste aventure :
Nous le nommions cruel; mais il nous étoit doux
Quand il ne nous donnoit à combattre que nous.
Confidents tout ensemble et rivaux l'un de l'autre,
Nous ne concevions point de mal pareil au nôtre;

coupable que Clytemnestre ne le fut pour Oreste. Est-ce là le cas de dire, *j'aime ma mère?* Mais ce sentiment d'amour respectueux pour une mère est si profondément gravé dans tous les cœurs bien faits, que tous les spectateurs pensent comme Antiochus. Telle est la magie de la poésie; le poëte tient les cœurs dans sa main : il peut, s'il veut, peindre Antiochus comme un Oreste, et alors le public s'intéressera à sa vengeance : il peut le peindre comme un prince sévère et juste, qui, pour le bien de son état, veut ôter le gouvernement à une femme homicide, le fléau de ses sujets; alors les spectateurs applaudiront à sa justice : il peut le peindre soumis, respectueux, attaché à sa mère autant qu'indigné; et alors le public partage les mêmes sentiments. Cette dernière situation est la seule convenable à la construction de cette tragédie, d'autant plus qu'Antiochus est représenté comme un jeune homme soumis; mais aussi son caractère est sans force. (V.)

Cependant, à nous voir l'un de l'autre rivaux,
Nous ne concevions pas la moitié de nos maux.
SÉLEUCUS.
Une douleur si sage et si respectueuse,
Ou n'est guère sensible ou guère impétueuse;
Et c'est en de tels maux avoir l'esprit bien fort
D'en connoître la cause, et l'imputer au sort.
Pour moi, je sens les miens avec plus de foiblesse;
Plus leur cause m'est chère, et plus l'effet m'en blesse:
Non que pour m'en venger j'ose entreprendre rien;
Je donnerois encor tout mon sang pour le sien :
Je sais ce que je dois : mais dans cette contrainte,
Si je retiens mon bras, je laisse aller ma plainte;
Et j'estime qu'au point qu'elle nous a blessés,
Qui ne fait que s'en plaindre a du respect assez.
Voyez-vous bien quel est le ministère infame
Qu'ose exiger de nous la haine d'une femme?
Voyez-vous qu'aspirant à des crimes nouveaux,
De deux princes ses fils elle fait ses bourreaux?
Si vous pouvez le voir, pouvez-vous vous en taire?
ANTIOCHUS.
Je vois bien plus encor, je vois qu'elle est ma mère;
Et plus je vois son crime indigne de ce rang[1],
Plus je lui vois souiller la source de mon sang.
J'en sens de ma douleur croître la violence;
Mais ma confusion m'impose le silence,
Lorsque dans ses forfaits sur nos fronts imprimés
Je vois les traits honteux dont nous sommes formés[2].
Je tâche à cet objet d'être aveugle ou stupide;

---

[1] Ce mot de *rang* ne convient point à *mère* : on n'a point le rang de mère comme on a le rang de reine. (V.)

[2] On n'est point formé de traits, et les forfaits ne s'impriment point sur le front. (V.)

J'ose me déguiser jusqu'à son parricide;
Je me cache à moi-même un excès de malheur
Où notre ignominie égale ma douleur;
Et, détournant les yeux d'une mère cruelle,
J'impute tout au sort qui m'a fait naître d'elle.

Je conserve pourtant encore un peu d'espoir :
Elle est mère, et le sang a beaucoup de pouvoir;
Et le sort l'eût-il faite encor plus inhumaine,
Une larme d'un fils peut amollir sa haine [1].

SÉLEUCUS.

Ah! mon frère, l'amour n'est guère véhément [2]
Pour des fils élevés dans un bannissement,
Et qu'ayant fait nourrir presque dans l'esclavage
Elle n'a rappelés que pour servir sa rage.
De ses pleurs tant vantés je découvre le fard [3];
Nous avons en son cœur vous et moi peu de part :
Elle fait bien sonner ce grand amour de mère [4];
Mais elle seule enfin s'aime et se considère;

---

[1] Il n'est peut-être pas bien naturel qu'Antiochus dise qu'une larme peut changer le cœur de Cléopâtre, après qu'elle lui a proposé de sang-froid le plus grand des crimes; mais ce contraste du caractère d'Antiochus avec celui de Séleucus est si beau, qu'on aime cette petite illusion que se fait le cœur vertueux d'Antiochus. (V.)

[2] Var. Croyez-moi, que l'amour n'est guère véhément.

[3] *Le fard des pleurs* est des plus impropres. On peut demander pourquoi on a dit avec succès *le faste des pleurs*, pour exprimer l'ostentation d'une douleur étudiée, et que le mot de *fard* n'est pas recevable : c'est qu'en effet il y a de l'ostentation, du faste, dans l'appareil d'une douleur qu'on étale; mais on ne peut mettre réellement du fard sur des larmes : cette figure n'est pas juste, parcequ'elle n'est pas vraie. (V.)

[4] Cette expression est trop triviale; de plus, il ne faut pas une grande pénétration pour deviner qu'une femme si criminelle ne travaille que pour elle seule. (V.)

Et, quoi que nous étale un langage si doux,
Elle a tout fait pour elle, et n'a rien fait pour nous.
Ce n'est qu'un faux amour que la haine domine;
Nous ayant embrassés, elle nous assassine,
En veut au cher objet dont nous sommes épris,
Nous demande son sang, met le trône à ce prix!
Ce n'est plus de sa main qu'il nous le faut attendre;
Il est, il est à nous, si nous osons le prendre :
Notre révolte ici n'a rien que d'innocent[1];
Il est à l'un de nous, si l'autre le consent[2] :
Régnons, et son courroux ne sera que foiblesse;
C'est l'unique moyen de sauver la princesse :
Allons la voir, mon frère, et demeurons unis;
C'est l'unique moyen de voir nos maux finis.
Je forme un beau dessein que son amour m'inspire;
Mais il faut qu'avec lui notre union conspire :
Notre amour, aujourd'hui si digne de pitié,
Ne sauroit triompher que par notre amitié.

ANTIOCHUS.

Cet avertissement marque une défiance
Que la mienne pour vous souffre avec patience.
Allons, et soyez sûr que même le trépas
Ne peut rompre des nœuds que l'amour ne rompt pas.

---

[1] VAR. Et, pour user encor d'un terme plus pressant,
. . . .
Régnons : tout son effort ne sera que foiblesse.

[2] *Le consent* n'est pas français; mais ce seul vers suffit pour démontrer combien Cléopâtre a été imprudente avec ses deux enfants. (V.)

FIN DU SECOND ACTE.

ACTE TROISIÈME.

SCÈNE I.

RODOGUNE, ORONTE, LAONICE.

RODOGUNE.

Voilà comme l'amour succède à la colère,
Comme elle ne me voit qu'avec des yeux de mère,
Comme elle aime la paix, comme elle fait un roi,
Et comme elle use enfin de ses fils et de moi[1].

---

[1] Ce vers est du ton de la comédie. *User de quelqu'un* est du style familier, et Cléopâtre n'a point usé de Rodogune. Il est triste que Rodogune n'apprenne son danger et le dessein barbare de Cléopâtre que par une confidente qui trahit sa maîtresse : n'eût-il pas été plus théâtral et plus touchant de l'apprendre par les deux frères? tous deux brûlants pour elle, tous deux consternés en sa présence; Antiochus n'avouant rien, par respect pour sa mère; et Séleucus, qui la ménage moins, dévoilant ce secret terrible avec horreur! cette situation ne ferait-elle pas une impression plus forte qu'une suivante qui recommande le secret à Rodogune, de peur d'être perdue? à quoi Rodogune répond *qu'elle reconnaîtra ce service en son lieu*.

Cet avertissement que donne la suivante à Rodogune démontre combien Cléopâtre a été imprudente de vouloir charger ses enfants d'un crime qui n'entrera jamais dans le cœur d'aucun homme; et il y a même beaucoup plus que de l'imprudence à proposer à deux jeunes princes qu'on sait être vertueux de tuer leur maîtresse. Mais comment Cléopâtre, après avoir vu avec quelle juste horreur ses enfants la regardent, a-t-elle pu confier à Laonice qu'elle a fait cette proposition à ses fils? quelle fureur

Et tantôt mes soupçons lui faisoient une offense?
Elle n'avoit rien fait qu'en sa juste défense?
Lorsque tu la trompois elle fermoit les yeux?
Ah! que ma défiance en jugeoit beaucoup mieux!
Tu le vois, Laonice.

LAONICE.

Et vous voyez, madame,
Quelle fidélité vous conserve mon ame,
Et qu'ayant reconnu sa haine et mon erreur,
Le cœur gros de soupirs, et frémissant d'horreur,
Je romps une foi due aux secrets de ma reine,
Et vous viens découvrir mon erreur et sa haine.

RODOGUNE.

Cet avis salutaire est l'unique secours
A qui je crois devoir le reste de mes jours.
Mais ce n'est pas assez de m'avoir avertie;
Il faut de ces périls m'aplanir la sortie;
Il faut que tes conseils m'aident à repousser....

LAONICE.

Madame, au nom des dieux, veuillez m'en dispenser;
C'est assez que pour vous je lui sois infidèle,
Sans m'engager encore à des conseils contre elle.
Oronte est avec vous, qui, comme ambassadeur,

a-t-elle de découvrir toujours à une confidente qu'elle méprise tout ce qui peut la rendre exécrable et avilie aux yeux de cette confidente? (V.) — Elle n'a pas eu besoin de confier cette proposition à Laonice. Voltaire oublie que non seulement Laonice était présente à la scène de Cléopâtre et de ses deux fils, mais que Cléopâtre elle-même l'a engagée à demeurer, et à écouter ce qu'elle allait leur dire :

> Mais voici mes deux fils, que j'ai mandés exprès.
> Écoute, et tu verras quel est cet hyménée
> Où se doit terminer cette illustre journée. (P.)

Devoit de cet hymen honorer la splendeur [1];
Comme c'est en ses mains que le roi votre frère
A déposé le soin d'une tête si chère,
Je vous laisse avec lui pour en délibérer.
Quoi que vous résolviez, laissez-moi l'ignorer.
Au reste, assurez-vous de l'amour des deux princes;
Plutôt que de vous perdre ils perdront leurs provinces :
Mais je ne réponds pas que ce cœur inhumain
Ne veuille à leur refus s'armer d'une autre main.
Je vous parle en tremblant; si j'étois ici vue,
Votre péril croîtroit, et je serois perdue.
Fuyez, grande princesse, et souffrez cet adieu.

RODOGUNE.

Va, je reconnoîtrai ce service en son lieu.

SCÈNE II[2].

RODOGUNE, ORONTE.

RODOGUNE.

Que ferons-nous, Oronte, en ce péril extrême,

---

[1] Cet Oronte qui, comme ambassadeur, devait honorer *la splendeur d'un hymen*, et qui ne dit pas un mot, joue dans cette scène un bien mauvais personnage; mais une confidente qui dit le secret de sa maîtresse en joue un plus mauvais encore. C'est un moyen trop petit, trop commun dans les comédies. (V.)

[2] Au lieu d'une situation tragique et terrible, que la fureur de Cléopâtre faisait attendre, on ne voit ici qu'une scène de politique entre Rodogune et l'ambassadeur Oronte. Rodogune a deux grands objets, son amour et la haine de Cléopâtre : ces deux objets ne produisent ici aucun mouvement; ils sont écartés par des discours de politique. On a déjà observé que le grand art de la tragédie est que le cœur soit toujours frappé des mêmes coups, et que des idées étrangères n'affaiblissent pas le sentiment do-

Où l'on fait de mon sang le prix d'un diadème?
Fuirons-nous chez mon frère? attendrons-nous la mort?
Ou ferons-nous contre elle un généreux effort?

ORONTE.

Notre fuite, madame, est assez difficile;
J'ai vu des gens de guerre épandus par la ville.
Si l'on veut votre perte, on vous fait observer;
Ou, s'il vous est permis encor de vous sauver,
L'avis de Laonice est sans doute une adresse[1];
Feignant de vous servir, elle sert sa maîtresse,
La reine, qui sur-tout craint de vous voir régner,
Vous donne ces terreurs pour vous faire éloigner;
Et, pour rompre un hymen qu'avec peine elle endure,
Elle en veut à vous-même imputer la rupture.
Elle obtiendra par vous le but de ses souhaits,
Et vous accusera de violer la paix;

minant. Cet Oronte, qui ne paraît qu'au troisième acte, lui dit *qu'il aurait perdu l'esprit s'il lui conseillait la résistance*; et il lui conseille de *faire l'amour politiquement*. Mais d'où sait-il que les deux fils de Cléopâtre aiment Rodogune? Les deux frères avaient été jusque-là si discrets, qu'ils s'étaient caché l'un à l'autre leur passion : comment cet ambassadeur peut-il donc en parler comme d'une chose publique? et si l'ambassadeur s'en est aperçu, comment leur mère l'a-t-elle ignorée? (V.) — Il vient de l'apprendre de Laonice à l'instant même. C'est en sa présence que Laonice vient de dire à Rodogune :

> Au reste, assurez-vous de l'amour des deux princes;
> Plutôt que de vous perdre, ils perdront leurs provinces. (P.)

[1] Pourquoi cet inutile Oronte, qui croit parler ici en ambassadeur fort adroit, soupçonne-t-il que l'avis est faux, et que c'est un piége que Cléopâtre tend ici à Rodogune? ne connaît-il pas les crimes de Cléopâtre? ne la doit-il pas croire capable de tout? ne doit-il pas balancer les raisons? Il joue ici le rôle de ce qu'on appelle un *gros fin*, et rien n'est ni moins tragique ni plus mal imaginé. (V.)

Et le roi, plus piqué contre vous que contre elle,
Vous voyant lui porter une guerre nouvelle,
Blâmera vos frayeurs et nos légèretés,
D'avoir osé douter de la foi des traités;
Et peut-être, pressé des guerres d'Arménie,
Vous laissera moquée, et la reine impunie.
 A ces honteux moyens gardez de recourir.
C'est ici qu'il vous faut ou régner ou périr.
Le ciel pour vous ailleurs n'a point fait de couronne;
Et l'on s'en rend indigne alors qu'on l'abandonne.

RODOGUNE.

Ah! que de vos conseils j'aimerois la vigueur,
Si nous avions la force égale à ce grand cœur[1]!
Mais pourrons-nous braver une reine en colère
Avec ce peu de gens que m'a laissés mon frère?

ORONTE.

J'aurois perdu l'esprit si j'osois me vanter
Qu'avec ce peu de gens nous pussions résister.
Nous mourrons à vos pieds, c'est toute l'assistance
Que vous peut en ces lieux offrir notre impuissance :
Mais pouvez-vous trembler quand dans ces mêmes lieux
Vous portez le grand maître et des rois et des dieux[2]?

---

[1] Var. Si nous avions autant de forces que de cœur!
   Mais que peut de vos gens une foible poignée
   Contre tout le pouvoir d'une reine indignée?
    ORONTE.
   Vous promettre que seuls ils puissent résister,
   J'aurois perdu le sens si j'osois m'en vanter.
   Ils mourront à vos pieds; c'est toute l'assistance
   Que peut à leur princesse offrir leur impuissance.
   Mais doit-on redouter les hommes en des lieux
   Où vous portez le maître et des rois et des dieux?

[2] Comment une femme porte-t-elle ce grand maître? *L'amour maître des dieux* est une expression de madrigal indigne d'un ambassadeur. Remarquons encore qu'on n'aime point à voir un ambassadeur jouer un rôle si peu considérable. (V.)

L'amour fera lui seul tout ce qu'il vous faut faire.
Faites-vous un rempart des fils contre la mère;
Ménagez bien leur flamme, ils voudront tout pour vous;
Et ces astres naissants sont adorés de tous.
Quoi que puisse en ces lieux une reine cruelle,
Pouvant tout sur ses fils, vous y pouvez plus qu'elle.
Cependant trouvez bon qu'en ces extrémités
Je tâche à rassembler nos Parthes écartés;
Ils sont peu, mais vaillants, et peuvent de sa rage
Empêcher la surprise et le premier outrage.
Craignez moins; et sur-tout, madame, en ce grand jour,
Si vous voulez régner, faites régner l'amour.

SCÈNE III.

RODOGUNE.

Quoi! je pourrois descendre à ce lâche artifice
D'aller de mes amants mendier le service [1],
Et, sous l'indigne appât d'un coup d'œil affété,

---

[1] Voici Rodogune qui oublie, dans le commencement de ce monologue, et son danger et son amour : elle prend la hauteur de ces princesses de roman qui ne veulent rien devoir à leurs amants; *celles de sa naissance ont*, dit-elle, *horreur des bassesses;* et cette scrupuleuse et modeste princesse qui a dit qu'*il est des nœuds secrets, qu'il est des sympathies, dont par le doux rapport les ames assorties*, etc., et qui craint de s'avouer à elle-même la sympathie qu'elle a pour Antiochus; cette fille si timide va (la scène d'après) proposer à ses deux amants d'assassiner leur mère, et elle dit ici qu'elle ne veut pas mendier leur service! Quoi! elle craint de leur avoir la moindre obligation, et elle va leur demander le sang de Cléopâtre! C'est au lecteur à se rendre compte de l'impression que ces contrastes font sur lui. (V.)

ACTE III, SCÈNE III.

J'irois jusqu'en leurs cœurs chercher ma sûreté [1]?
Celles de ma naissance ont horreur des bassesses;
Leur sang tout généreux hait ces molles adresses [2].
Quel que soit le secours qu'ils me puissent offrir,
Je croirai faire assez de le daigner souffrir [3] :
Je verrai leur amour, j'éprouverai sa force,
Sans flatter leurs desirs, sans leur jeter d'amorce;
Et, s'il est assez fort pour me servir d'appui,
Je le ferai régner, mais en régnant sur lui.

Sentiments étouffés de colère et de haine [4],
Rallumez vos flambeaux à celles de la reine [5],
Et d'un oubli contraint rompez la dure loi,
Pour rendre enfin justice aux mânes d'un grand roi;

[1] Je ne sais si cette figure est bien juste : *chercher sa sûreté sous l'appât d'un coup d'œil afféte.* (V.)

[2] Mais si celles de sa naissance ont le sang tout généreux, comment cette générosité s'accorde-t-elle avec le parricide? (V.)

[3] On ne doit jamais montrer de la fierté, que quand on nous propose quelque chose d'indigne de nous ; dans tout autre cas, la fierté est méprisable. Cette fierté de Rodogune ne parait point placée : elle éprouvera la force de leur amour sans flatter leurs desirs, sans leur jeter d'amorce; et si cet amour est assez fort pour lui servir d'appui, elle fera régner cet amour en régnant sur lui. Et c'est pour débiter ce galimatias que Rodogune fait un monologue de soixante vers. (V.)

[4] VAR. Sentiments étouffés de vengeance et de haine,
. . . .
Et d'un honteux oubli rompant l'injuste loi,
Rendez ce que je dois aux mânes d'un grand roi ;
. . . .
D'amour et de fureur encore étincelante.

[5] Des sentiments qui rallument des flambeaux à la haine de la reine, et qui rompent la *loi dure* d'un oubli *contraint* pour *rendre justice*, ce sont des paroles qui ne forment point un sens net; c'est un style aussi obscur qu'emphatique; et on doit d'autant plus le remarquer, que plus d'un auteur a imité ces fautes. (V.)

Rapportez à mes yeux son image sanglante,
D'amour et de fureur encore étincelante [1],
Telle que je le vis, quand tout percé de coups
Il me cria : « Vengeance! Adieu; je meurs pour vous! »
Chère ombre, hélas! bien loin de l'avoir poursuivie,
J'allois baiser la main qui t'arracha la vie,
Rendre un respect de fille à qui versa ton sang;
Mais pardonne au devoir que m'impose mon rang :
Plus la haute naissance approche des couronnes,
Plus cette grandeur même asservit nos personnes [2];
Nous n'avons point de cœur pour aimer ni haïr [3];
Toutes nos passions ne savent qu'obéir.
Après avoir armé pour venger cet outrage,
D'une paix mal conçue on m'a faite le gage;
Et moi, fermant les yeux sur ce noir attentat,
Je suivois mon destin en victime d'état :
Mais aujourd'hui qu'on voit cette main parricide [4],
Des restes de ta vie insolemment avide,
Vouloir encor percer ce sein infortuné,
Pour y chercher le cœur que tu m'avois donné,
De la paix qu'elle rompt je ne suis plus le gage;
Je brise avec honneur mon illustre esclavage;
J'ose reprendre un cœur pour aimer et haïr,
Et ce n'est plus qu'à toi que je veux obéir.

[1] On dirait bien, *Je crois le voir encore étincelant de courroux;* mais ce n'est pas l'image qui est encore animée; de plus, on n'étincelle point d'amour. (V.)

[2] Ces réflexions sur *la haute naissance qui approche des couronnes et qui asservit les personnes*, sont de ces lieux communs qui étaient pardonnables autrefois. (V.)

[3] Ici, elle n'a point de cœur pour aimer ni haïr; et, dans le même monologue, elle reprend un cœur pour aimer et haïr : ces antithèses, ces jeux de vers ne sont plus permis. (V.)

[4] Var. Aujourd'hui que je vois cette main parricide.

ACTE III, SCÈNE III. 441

Le consentiras-tu cet effort sur ma flamme [1],
Toi, son vivant portrait, que j'adore dans l'ame,
Cher prince, dont je n'ose en mes plus doux souhaits
Fier encor le nom aux murs de ce palais [2] ?
Je sais quelles seront tes douleurs et tes craintes ;
Je vois déja tes maux, j'entends déja tes plaintes :
Mais pardonne aux devoirs qu'exige enfin un roi
A qui tu dois le jour qu'il a perdu pour moi.
J'aurai mêmes douleurs, j'aurai mêmes alarmes ;
S'il t'en coûte un soupir, j'en verserai des larmes [3].
　　Mais, dieux ! que je me trouble en les voyant tous deux !
Amour, qui me confonds, cache du moins tes feux [4] ;

---

[1] Consentir à, et non consentir le : ce verbe gouverne toujours le datif, exprimé chez nous par la préposition à. Il est vrai qu'au barreau on viole cette règle ; mais le style du barreau est celui des barbarismes. (V.)

[2] Var. Fier même le nom aux murs de ce palais ?

[3] Que veut dire cela ? veut-elle parler de l'ordre qu'elle va donner à ses deux amants de tuer leur mère ? est-ce là le cas d'un soupir ? ne faut-il pas avouer que presque tous les sentiments de ce monologue ne sont ni assez vrais ni assez touchants ? (V.)

[4] Enfin cette même Rodogune, qui songe à faire assassiner une mère par ses propres fils, fait une invocation à l'Amour, et le prie de ne pas paraître dans ses yeux : voilà une singulière timidité pour une fille qui n'est plus jeune, qui a voulu épouser le père, qui est amoureuse du fils, et qui veut faire assassiner la mère ! La force de la situation a fait apparemment passer tous ces défauts, qui aujourd'hui seraient relevés sévèrement dans une pièce nouvelle. (V.) — Tout est altéré dans la manière dont Voltaire présente ici les objets. Il n'est pas vrai que Rodogune ne soit plus jeune. Ce n'est pas elle qui a voulu épouser Nicanor ; elle lui avait été promise peut-être sans la consulter, et, comme on dispose de la main des jeunes princesses sans leur aveu, par des convenances purement politiques. La proposition qu'elle va faire aux deux princes d'assassiner leur mère n'est pas sérieuse ;

Et content de mon cœur, dont je te fais le maître,
Dans mes regards surpris garde-toi de paroître.

SCÈNE IV.

ANTIOCHUS, SÉLEUCUS, RODOGUNE.

ANTIOCHUS.

Ne vous offensez pas, princesse, de nous voir
De vos yeux à vous-même expliquer le pouvoir [1].
Ce n'est pas d'aujourd'hui que nos cœurs en soupirent [2] ;
A vos premiers regards tous deux ils se rendirent :
Mais un profond respect nous fit taire et brûler [3] ;
Et ce même respect nous force de parler.

   L'heureux moment approche où votre destinée
Semble être aucunement à la nôtre enchaînée [4],
Puisque d'un droit d'aînesse incertain parmi nous [5]
La nôtre attend un sceptre, et la vôtre un époux.

elle sait trop que ni l'un ni l'autre n'en serait capable, et elle-même l'avouera dans une autre scène. (P.)

[1] Et de quoi veut-il qu'elle s'offense? de ce que deux frères, dont l'un doit l'épouser et la faire reine, joignent à l'offre du trône un sentiment dont elle doit être charmée et honorée? Ce faux goût était introduit par nos romans de chevalerie, dans lesquels un héros était sûr de l'indignation de sa dame, quand il lui avait fait sa déclaration; et ce n'était qu'après beaucoup de temps et de façons qu'on lui pardonnait. (V.)

[2] Cet *en* ne paraît pas se rapporter à rien, car les cœurs ne soupirent pas d'expliquer un pouvoir. (V.)

[3] Un profond respect ne fait pas brûler, au contraire. (V.)

[4] *Aucunement* est un terme de loi qui ne doit jamais entrer dans un vers. (V.) — *Aucunement* était alors un adverbe très en usage. On l'employait pour *quelque peu, jusqu'à un certain point, en quelque façon.* (A.-M.)

[5] *Incertain parmi nous*, il veut dire *incertain entre nous deux*; mais *parmi* ne peut jamais être employé pour *entre*. (V.)

C'est trop d'indignité que notre souveraine
De l'un de ses captifs tienne le nom de reine [1];
Notre amour s'en offense, et, changeant cette loi,
Remet à notre reine à nous choisir un roi [2].
Ne vous abaissez plus à suivre la couronne [3];
Donnez-la, sans souffrir qu'avec elle on vous donne;
Réglez notre destin qu'ont mal réglé les dieux;
Notre seul droit d'aînesse est de plaire à vos yeux :
L'ardeur qu'allume en nous une flamme si pure
Préfère votre choix au choix de la nature,
Et vient sacrifier à votre élection [4]
Toute notre espérance et notre ambition.

Prononcez donc, madame, et faites un monarque :
Nous céderons sans honte à cette illustre marque [5];
Et celui qui perdra votre divin objet [6]
Demeurera du moins votre premier sujet;
Son amour immortel saura toujours lui dire

---

[1] Quelle indignité y a-t-il que Rodogune partage le trône avec celui qui sera roi de Syrie? Quoi! parceque ces deux princes s'appellent ses *captifs*, il y aura de l'indignité qu'elle soit reine? C'est jouer sur les mots de *reine* et de *captif*; et c'est un ton de galanterie qui est bien loin du tragique. (V.)

[2] Il faudrait, *lui remet le choix* : on ne dit point, *je vous remets à décider*, mais *il vous appartient de décider, je m'en remets à votre décision*. (V.)

[3] On ne suit point une couronne, on suit l'ordre, la loi qui dispose de la couronne. (V.)

[4] *Élection* ne peut être employé pour *choix* : *élection d'un empereur, d'un pape*, suppose plusieurs suffrages. (V.)

[5] On ne cède point à une *illustre marque*, même pour rimer avec *monarque*; il faudrait spécifier cette *marque*. (V.)

[6] *Votre divin objet* ne peut signifier *votre divine personne*; une femme est bien l'objet de l'amour de quelqu'un, et, en style de ruelle, cela s'appelait autrefois l'*objet aimé*; mais une femme n'est point son propre objet. (V.)

Que ce rang près de vous vaut ailleurs un empire;
Il y mettra sa gloire, et, dans un tel malheur,
L'heur de vous obéir flattera sa douleur.

RODOGUNE.

Princes, je dois beaucoup à cette déférence
De votre ambition et de votre espérance;
Et j'en recevrois l'offre avec quelque plaisir,
Si celles de mon rang avoient droit de choisir [1].
Comme sans leur avis les rois disposent d'elles
Pour affermir leur trône ou finir leurs querelles,
Le destin des états est arbitre du leur,
Et l'ordre des traités règle tout dans leur cœur [2].
C'est lui que suit le mien, et non pas la couronne [3] :
J'aimerai l'un de vous, parcequ'il me l'ordonne;
Du secret révélé j'en prendrai le pouvoir [4],
Et mon amour pour naître attendra mon devoir [5].

---

[1] Cette expression, *celles de mon rang*, est souvent employée : non seulement elle n'est pas heureuse, mais ce n'est pas de *rang* qu'il s'agit; elle parle du traité qui l'oblige d'épouser l'aîné des deux frères. Ces mots, *celles de mon rang*, semblent être un terme de fierté qui n'est pas ici convenable. (V.) — Il n'y a pas de fierté, puisqu'elle parle à ses égaux, et qu'elle pourrait dire *celles de notre rang*. (A.-M.)

[2] Il n'y a d'ordre des traités que par les dates; il fallait, *la loi des traités*, à moins qu'on n'entende par *ordre* cette loi même; mais le mot d'*ordre* est impropre dans ce sens. (V.)

[3] *Un cœur qui suit une couronne*, tour impropre et forcé : cette faute est répétée deux fois. (V.)

[4] *Je prendrai du secret révélé le pouvoir de vous aimer*; cela n'est pas français : *j'en prendrai* est obscur. (V.)

[5] Un amour peut bien attendre le devoir pour se manifester, mais non pas pour naître; car, s'il n'est pas né, comment peut-il attendre? Il eût fallu peut-être, *et pour oser aimer j'attendrai mon devoir*, ou bien, *et j'attendrai pour aimer l'ordre de mon devoir*. Voilà donc Rodogune qui déclare qu'elle se donnera à l'aîné, et

ACTE III, SCÈNE IV.   445
N'attendez rien de plus, ou votre attente est vaine.
Le choix que vous m'offrez appartient à la reine;
J'entreprendrois sur elle à l'accepter de vous¹.
Peut-être on vous a tû jusqu'où va son courroux;
Mais je dois par épreuve assez bien le connoître
Pour fuir l'occasion de le faire renaître.
Que n'en ai-je souffert, et que n'a-t-elle osé?
Je veux croire avec vous que tout est apaisé;
Mais craignez avec moi que ce choix ne ranime
Cette haine mourante à quelque nouveau crime² :
Pardonnez-moi ce mot qui viole un oubli
Que la paix entre nous doit avoir établi³.
Le feu qui semble éteint souvent dort sous la cendre :
Qui l'ose réveiller peut s'en laisser surprendre⁴;
Et je mériterois qu'il me pût consumer,
Si je lui fournissois de quoi se rallumer.

SÉLEUCUS.

Pouvez-vous redouter sa haine renaissante,
S'il est en votre main de la rendre impuissante?

qu'elle l'aimera : comment pourra-t-elle après déclarer qu'elle ne se donnera qu'à l'assassin de Cléopâtre, quand elle a promis d'obéir à Cléopâtre? (V.)

¹ On entreprend sur les droits, et non sur une personne. *Entreprendre sur quelqu'un à accepter un choix*, cela n'est pas français. (V.) — Les deux critiques portent également à faux. L'Académie (1836) donne pour exemple : *Il entreprend sur son voisin.* Ainsi on entreprend sur une personne. De plus, *à l'accepter* est pour *en l'acceptant*, et vaut beaucoup mieux. Rien n'est plus français. (A.-M.)

² *Ranime* ne peut gouverner le datif; c'est un solécisme. (V.)

³ On ne viole point un oubli, on ne l'établit pas davantage; l'oubli ne peut être personnifié. (V.)

⁴ *Se laisser surprendre d'un feu qu'on réveille* ne paraît pas juste; on n'est point surpris d'un feu qu'on attise, mais on peut en être atteint. (V.)

Faites un roi, madame, et régnez avec lui ;
Son courroux désarmé demeure sans appui,
Et toutes ses fureurs sans effet rallumées
Ne pousseront en l'air que de vaines fumées [1].
Mais a-t-elle intérêt au choix que vous ferez,
Pour en craindre les maux que vous vous figurez [2] ?
La couronne est à nous ; et, sans lui faire injure,
Sans manquer de respect aux droits de la nature,
Chacun de nous à l'autre en peut céder sa part,
Et rendre à votre choix ce qu'il doit au hasard [3].
Qu'un si foible scrupule en notre faveur cesse :
Votre inclination vaut bien un droit d'aînesse,
Dont vous seriez traitée avec trop de rigueur [4],
S'il se trouvoit contraire aux vœux de votre cœur.
On vous applaudiroit quand vous seriez à plaindre [5] ;
Pour vous faire régner ce seroit vous contraindre,
Vous donner la couronne en vous tyrannisant,
Et verser du poison sur ce noble présent.
Au nom de ce beau feu qui tous deux nous consume,

[1] *De vaines fumées poussées en l'air par des fureurs*, ne font pas, comme je l'ai remarqué ailleurs, une belle image ; et Corneille emploie trop souvent ces fumées poussées en l'air. (V.) — Il les a employées deux fois ici, et dans *Pompée*, acte Ier, sc. II. (A.-M.)

[2] Il paraît naturel que Cléopâtre ait intérêt à ce choix, puisque Rodogune peut choisir le cadet, et que Cléopâtre doit choisir l'aîné : de plus, la phrase est trop louche : *a-t-elle intérêt pour en craindre?* (V.)

[3] *Chacun de nous peut céder sa part de son espérance, et rendre au choix de Rodogune ce qu'il doit au hasard :* Quel langage ! quel tour ! il faudrait au moins, *ce qu'il devrait au hasard ;* car les deux frères n'ont encore rien. (V.)

[4] *Un droit d'aînesse dont on est traité avec rigueur ;* cela n'est pas français, et le vers n'est pas bien tourné. (V.)

[5] *Applaudirait* n'est pas le mot propre ; c'est *on vous féliciterait.* (V.)

Princesse, à notre espoir ôtez cette amertume¹ ;
Et permettez que l'heur qui suivra votre époux,²
Se puisse redoubler à le tenir de vous³.

RODOGUNE.

Ce beau feu vous aveugle autant comme il vous brûle ;
Et, tâchant d'avancer, son effort vous recule⁴.
Vous croyez que ce choix que l'un et l'autre attend
Pourra faire un heureux sans faire un mécontent ;
Et moi, quelque vertu que votre cœur prépare⁵,
Je crains d'en faire deux si le mien se déclare⁶ :
Non que de l'un et l'autre il dédaigne les vœux ;
Je tiendrois à bonheur d'être à l'un de vous deux :
Mais souffrez que je suive enfin ce qu'on m'ordonne :
Je me mettrai trop haut s'il faut que je me donne ;
Quoique aisément je cède aux ordres de mon roi,

---

¹ Qu'est-ce qu'ôter l'amertume à un espoir? (V.) — C'est ôter à l'espoir de posséder Rodogune l'amertume ou le chagrin de penser que cette princesse est contrariée dans ses affections. (A.-M.)

² *Un heur qui suit un époux, et qui redouble à le tenir !* tout cela est impropre, et n'est ni bien construit, ni français. (V.)

³ *Un heur qui redouble à le tenir !* il semble que ce soit cet *heur* qui tienne. (V.)

⁴ Cela n'est ni français, ni noble, ni exact. *Aveugler* et *reculer* sont des figures qui ne peuvent aller ensemble : toute métaphore doit finir comme elle a commencé. Qu'est-ce que l'effort d'un feu qui recule deux princes tâchant d'avancer? (V.)

⁵ *Et moi, quelque vertu que votre cœur prépare,* ne paraît pas bien dit; on ne prépare pas une vertu comme on prépare une réponse, un dessein, une action, un discours, etc. (V.)

⁶ Elle craint d'en faire deux. On ne sait, par la construction, si c'est deux heureux ou deux mécontents ; *le mien* veut dire *mon cœur* : toute cette tirade est un peu embrouillée. (V.) — *D'en faire deux : en* se rapporte régulièrement au dernier substantif auquel il puisse, par le sens, se rapporter; et c'est *mécontent*. (A.-M.)

Il n'est pas bien aisé de m'obtenir de moi.
Savez-vous quels devoirs, quels travaux, quels services,
Voudront de mon orgueil exiger les caprices [1] ?
Par quels degrés de gloire on me peut mériter [2] ?
En quels affreux périls il faudra vous jeter ?
Ce cœur vous est acquis après le diadème,
Princes ; mais gardez-vous de le rendre à lui-même [3].
Vous y renoncerez peut-être pour jamais,
Quand je vous aurai dit à quel prix je le mets.

SÉLEUCUS.

Quels seront les devoirs, quels travaux, quels services
Dont nous ne vous fassions d'amoureux sacrifices [4] ?
Et quels affreux périls pourrons-nous redouter,
Si c'est par ces degrés qu'on peut vous mériter [5] ?

ANTIOCHUS.

Princesse, ouvrez ce cœur, et jugez mieux du nôtre ;
Jugez mieux du beau feu qui brûle l'un et l'autre [6] ;

[1] Il est bien étrange qu'elle se serve de ce mot, et qu'elle appelle *caprice* l'abominable proposition qu'elle va faire. (V.)

[2] Elle appelle un parricide *degré de gloire* ; si elle parle sérieusement, elle dit une chose aussi affreuse que fausse ; si c'est une ironie, c'est joindre le comique à l'horreur. (V.)

[3] Ces idées et ces expressions ne sont pas nettes. *Cœur acquis après le diadème !* elle veut dire, *je dois mon cœur à celui qui étant roi sera mon époux. Rendre à lui-même*, veut dire, *gardez-vous de faire dépendre la couronne du service que je vais exiger de vous*. (V.)

[4] On peut faire un sacrifice de son devoir, de ses sentiments, de sa vie, et non de ses travaux et de ses services ; mais c'est par des services et des travaux qu'on fait des sacrifices : et quelle expression que des *sacrifices amoureux !* (V.)

[5] Des périls ne sont point des degrés ; on ne mérite point par des degrés : tout cela est écrit barbarement. (V.)

[6] VAR. Parlez, et ce beau feu qui brûle l'un et l'autre
  D'une si prompte ardeur suivra votre desir,
  Que vous-même en perdrez le pouvoir de choisir.

ACTE III, SCÈNE IV.

Et dites hautement à quel prix votre choix
Veut faire l'un de nous le plus heureux des rois.

RODOGUNE.

Princes, le voulez-vous?

ANTIOCHUS.

C'est notre unique envie.

RODOGUNE.

Je verrai cette ardeur d'un repentir suivie.

SÉLEUCUS.

Avant ce repentir tous deux nous périrons.

RODOGUNE.

Enfin vous le voulez?

SÉLEUCUS.

Nous vous en conjurons.

RODOGUNE.

Eh bien donc! il est temps de me faire connoître.
J'obéis à mon roi, puisqu'un de vous doit l'être[1];
Mais quand j'aurai parlé, si vous vous en plaignez[2],
J'atteste tous les dieux que vous m'y contraignez,
Et que c'est malgré moi qu'à moi-même rendue
J'écoute une chaleur qui m'étoit défendue[3],
Qu'un devoir rappelé me rend un souvenir
Que la foi des traités ne doit plus retenir.

---

[1] N'est-il pas étrange que Rodogune prenne le prétexte d'obéir à son roi pour demander la tête de la mère de ce roi? comment peut-elle attester tous les dieux qu'elle est contrainte par les deux enfants à leur faire cette proposition? Ces subtilités sont-elles naturelles? ne voit-on pas qu'elles ne sont employées que pour pallier une horreur qu'elles ne pallient point? (V.)

[2] VAR. Mais ayant su mon choix, si vous vous en plaignez.

[3] *Une chaleur défendue, un devoir qui rend un souvenir, un souvenir que les traités ne peuvent retenir,* font un amas de termes impropres, et une construction trop vicieuse. (V.)

Tremblez, princes, tremblez au nom de votre père;
Il est mort, et pour moi, par les mains d'une mère :
Je l'avois oublié, sujette à d'autres lois [1];
Mais libre, je lui rends enfin ce que je dois.
C'est à vous de choisir mon amour ou ma haine.
J'aime les fils du roi, je hais ceux de la reine [2] :
Réglez-vous là-dessus; et, sans plus me presser [3],
Voyez auquel des deux vous voulez renoncer.
Il faut prendre parti; mon choix suivra le vôtre :
Je respecte autant l'un que je déteste l'autre.
Mais ce que j'aime en vous du sang de ce grand roi,
S'il n'est digne de lui, n'est pas digne de moi.
Ce sang que vous portez, ce trône qu'il vous laisse [4],
Valent bien que pour lui votre cœur s'intéresse.
Votre gloire le veut, l'amour vous le prescrit.
Qui peut contre elle et lui soulever votre esprit [5]?

[1] On sent bien qu'elle veut dire, *je ne l'avais pas vengé;* mais le mot d'*oublier*, quand il est seul, signifie *perdre la mémoire*, excepté dans les cas suivants : *je veux bien l'oublier, vous devez l'oublier, il faut oublier les injures,* etc. : on n'est point sujette à des lois; cela n'est pas français : et de quelles lois veut-elle parler? (V.) — Elle est soumise aux lois, *legibus*, c'est-à-dire aux conditions du traité qui lui font un devoir d'oublier les injures. (A.-M.)

[2] Cette antithèse est-elle bien naturelle? une situation terrible permet-elle ces jeux d'esprit? comment peut-on en effet haïr et aimer les mêmes personnes? *Et ce n'est point ainsi que parle la nature.* (V.)

[3] VAR. Vous êtes l'un et l'autre; et, sans plus me presser.

[4] On ne porte point un sang : il était aisé de dire, *ce sang qui coule en vous,* ou *le sang dont vous sortez.* (V.)

[5] Le sens est louche; *contre elle* signifie *contre votre gloire;* et *lui* signifie *votre amour* : c'est là le sens; mais il faut le chercher : la clarté est la première loi de l'art d'écrire; et puis, comment l'esprit de ces princes peut-il être soulevé contre leur gloire? est-ce parcequ'ils s'effraient d'un parricide? (V.)

Si vous leur préférez une mère cruelle,
Soyez cruels, ingrats, parricides comme elle :
Vous devez la punir, si vous la condamnez;
Vous devez l'imiter, si vous la soutenez [1].
Quoi! cette ardeur s'éteint! l'un et l'autre soupire!
J'avois su le prévoir, j'avois su le prédire [2]...

ANTIOCHUS.

Princesse...

RODOGUNE.

Il n'est plus temps, le mot en est lâché [3] :
Quand j'ai voulu me taire, en vain je l'ai tâché [4].

---

[1] Rien de tout cela ne paraît vrai; un fils n'est point du tout obligé de punir sa mère, quoiqu'il condamne ses crimes; il doit encore moins l'imiter, quoiqu'il lui pardonne. Faut-il un raisonnement faux pour persuader une action détestable? Que veut dire en effet, *vous devez l'imiter, si vous la soutenez?* Cléopâtre a tué son mari, ses enfants doivent-ils tuer leurs femmes? (V.) — Comment Voltaire peut-il douter qu'on ne persuade une action détestable que par de mauvais raisonnements? les bons raisonnements ne sauraient persuader que les bonnes actions. Corneille entre dans l'esprit de ses personnages, et il leur prête le langage vrai de leur passion; mais il est bien entendu qu'il ne croit pas toujours ce qu'il leur fait dire. (A.-M.)

[2] Si elle a su le prévoir, comment s'expose-t-elle à toute l'horreur qu'elle mérite qu'on ait pour elle? (V.) — Rien de plus ordinaire. On hésite, puis on prend un parti : si ce parti n'est pas heureux, on se rappelle qu'on avait douté du succès. C'est bien là la marche du cœur humain. D'ailleurs tout ceci n'est qu'une feinte, et c'est très sérieusement que Rodogune peut se dire : *j'avais su le prévoir*. L'actrice chargée de ce rôle doit se pénétrer de l'intention de Corneille, si bien développée d'ailleurs dans son examen. (A.-M.)

[3] Il semble que cette idée affreuse et méditée lui soit échappée dans le feu de la conversation; cependant elle a préparé avec beaucoup d'artifice la proposition révoltante qu'elle fait. (V.)

[4] *En vain je l'ai tâché* n'est pas français; on dit, je l'ai voulu, je

Appelez ce devoir haine, rigueur, colère;
Pour gagner Rodogune il faut venger un père;
Je me donne à ce prix : osez me mériter [1];

l'ai essayé; parcequ'on veut une chose, on l'essaie, mais on ne
la *tâche* pas. (V.)

[1] Il est vrai que tous les lecteurs sont révoltés qu'une princesse si douce, si retenue, qui tremble de prononcer le nom de son amant, qui craignait de devoir quelque chose à ceux qui prétendaient à elle, ordonne de sang-froid un parricide à des princes qu'elle connaît vertueux, et dont elle ne savait pas un moment auparavant qu'elle fût aimée; elle se fait détester, elle sur qui l'intérêt de la pièce devait se rassembler. Cette situation pourtant inspire un intérêt de curiosité; on ne peut en éprouver d'autre. Cléopâtre est trop odieuse; Rodogune le devient en ce moment autant qu'elle, et beaucoup plus méprisable, parceque, contre toutes les lois que la raison a prescrites au théâtre, elle a changé de caractère. L'amour dans cette pièce ne peut toucher le cœur, parcequ'il n'agit qu'à reprises interrompues, qu'il n'est point combattu, qu'il ne produit point de danger, et qu'il est presque toujours exprimé en vers languissants, obscurs, ou du style de la comédie. L'amitié des deux frères ne fait pas le grand effet qu'on en attend, parceque l'amitié seule ne peut produire de grands mouvements au théâtre que quand un ami risque sa vie pour son ami en danger. L'amitié qui ne va qu'à ne se point brouiller pour une maîtresse est froide, et rend l'amour froid. La plus grande faute peut-être dans cette pièce, est que tout y est ajusté au théâtre d'une manière peu vraisemblable, et quelquefois contradictoire; car il est contradictoire que cet ambassadeur Oronte soit instruit de l'amour des deux frères, et que Rodogune ne le sache pas. Il n'est guère possible qu'Antiochus aime une mère parricide; et c'est une chose trop forcée que Cléopâtre demande la tête de Rodogune, et Rodogune la tête de Cléopâtre, dans la même heure et aux mêmes personnes, d'autant plus que ce meurtre horrible n'est nécessaire ni à l'une ni à l'autre; toutes deux même, en faisant cette proposition, risquent beaucoup plus qu'elles ne peuvent espérer. Les hommes les moins instruits sentent trop que toutes ces propositions si forcées, si peu naturelles, sont l'échafaud préparé

ACTE III, SCÈNE IV. 453

Et voyez qui de vous daignera m'accepter.
Adieu, princes¹.

pour établir le cinquième acte. Cependant l'auteur a voulu qu'Antiochus pût balancer entre sa mère et sa maîtresse, quand elles s'accuseront l'une et l'autre d'un parricide et d'un empoisonnement; mais il était impossible qu'Antiochus fût raisonnablement indécis entre ces deux princesses, si elles n'avaient paru également coupables dans le cours de la pièce. Il fallait donc nécessairement que Rodogune pût être soupçonnée avec quelque vraisemblance; mais aussi Rodogune, en se rendant si coupable, changeait de caractère et devenait odieuse : il fallait donc trouver quelque autre nœud, quelque autre intrigue qui sauvât le caractère de Rodogune; il fallait qu'elle parût coupable et qu'elle ne le fût pas : ce moyen eût encore eu de grands inconvénients. Il reste à savoir s'il est permis d'amener une grande beauté par de grands défauts, et c'est sur quoi je n'ose prononcer; mais je doute qu'une pièce remplie de ces défauts essentiels, et en général si mal écrite, pût aujourd'hui être soufferte jusqu'au quatrième acte par une assemblée de gens de goût qui ne prévoiraient pas les beautés du cinquième. (V.)

[1] *Adieu*, après une pareille proposition! et observez qu'elle n'a pas dit un seul mot de la seule chose qui pourrait en quelque façon lui faire pardonner cette horreur insensée; elle devait leur dire au moins, *Cléopâtre vous a demandé ma tête; ma sûreté me force à vous demander la sienne*. (V.) — Ainsi Voltaire reconnaît les motifs de Rodogune, qu'il paraissait avoir oubliés dans la note précédente; mais Rodogune ne dit pas, *Cléopâtre vous a demandé ma tête*, d'abord parceque cela est inutile, les princes le sachant aussi bien qu'elle; ensuite parcequ'elle ne doit pas trahir Laonice qui l'a instruite, et qui était le seul témoin des ordres de Cléopâtre. (A.-M.)

SCÈNE V.

ANTIOCHUS, SÉLEUCUS.

ANTIOCHUS.

Hélas ! c'est donc ainsi qu'on traite
Les plus profonds respects d'une amour si parfaite[1] !

SÉLEUCUS.

Elle nous fuit, mon frère, après cette rigueur.

ANTIOCHUS.

Elle fuit, mais en Parthe, en nous perçant le cœur[2].

SÉLEUCUS.

Que le ciel est injuste ! Une ame si cruelle
Méritoit notre mère, et devoit naître d'elle.

ANTIOCHUS.

Plaignons-nous sans blasphème[3].

SÉLEUCUS.

Ah ! que vous me gênez
Par cette retenue où vous vous obstinez !
Faut-il encor régner ? faut-il l'aimer encore ?

ANTIOCHUS.

Il faut plus de respect pour celle qu'on adore[4].

---

[1] Est-ce ici le temps de se plaindre qu'on a mal reçu les profonds respects de l'amour, quand il s'agit d'un parricide ? (V.)

[2] Ce vers a toujours été regardé comme un jeu d'esprit qui diminue l'horreur de la situation. On dit que les Parthes lançaient des flèches en fuyant ; mais ce n'est pas parceque Rodogune sort qu'elle afflige ces princes, c'est parcequ'elle leur a fait auparavant une proposition affreuse, qui n'a rien de commun avec la manière dont les Parthes combattaient. (V.)

[3] Ne croirait-on pas entendre un héros de roman qui traite sa maîtresse de divinité ? (V.)

[4] Peut-on employer ces idées et ces expressions de roman dans un moment si terrible ? (V.)

ACTE III, SCÈNE V.

SÉLEUCUS.

C'est ou d'elle ou du trône être ardemment épris,
Que vouloir ou l'aimer, ou régner à ce prix [1].

ANTIOCHUS.

C'est et d'elle et de lui tenir bien peu de compte [2],
Que faire une révolte et si pleine et si prompte [3].

SÉLEUCUS.

Lorsque l'obéissance a tant d'impiété,
La révolte devient une nécessité.

ANTIOCHUS.

La révolte, mon frère, est bien précipitée [4]
Quand la loi qu'elle rompt peut être rétractée [5] ;
Et c'est à nos desirs trop de témérité [6]

[1] On ne sait, par la construction, si c'est au prix du sang de sa mère. (V.)

VAR. De vouloir ou l'aimer, ou régner à ce prix.

[2] *Lui* se rapporte au *trône* ; mais on ne se sert pas de ce pronom pour les choses inanimées. Ces vers jettent de l'obscurité dans le dialogue : *tenir bien peu de compte d'un trône*, termes d'une prose rampante. (V.)

[3] VAR. De faire une révolte et si pleine et si prompte.

[4] *La révolte*, trois fois répétée, rebute trois fois dans une telle circonstance ; on voit que cette idée de traiter de souveraine et de divinité une maîtresse qui exige un parricide, est indigne non seulement d'un héros, mais de tout honnête homme. Non seulement cet amour romanesque est froid et ridicule, mais cette dissertation sur le respect et l'obéissance qu'on doit à l'objet aimé, quand cet objet aimé ordonne de sang-froid un parricide, est peut-être ce qu'il y a de plus mauvais au théâtre, aux yeux des connaisseurs. (V.)

[5] On ne rompt point une loi, on ne la rétracte pas ; *révoquer* est le mot propre : on rétracte une opinion. (V.)

[6] Que veut dire ce *trop de témérité à ses desirs, de vouloir de tels biens*? de quels biens a-t-on parlé ? de quelle gloire s'agit-il ? que prétend-il par ces sentences ? Si Rodogune a fait ce qu'elle ne devait pas faire, Antiochus dit ce qu'il ne devrait pas dire. (V.)

De vouloir de tels biens avec facilité :
Le ciel par les travaux veut qu'on monte à la gloire;
Pour gagner un triomphe, il faut une victoire.
Mais que je tâche en vain de flatter nos tourments!
Nos malheurs sont plus forts que ces déguisements [1].
Leur excès à mes yeux paroît un noir abyme [2]
Où la haine s'apprête à couronner le crime,
Où la gloire est sans nom, la vertu sans honneur,
Où sans un parricide il n'est point de bonheur;
Et, voyant de ces maux l'épouvantable image,
Je me sens affoiblir quand je vous encourage;
Je frémis, je chancelle, et mon cœur abattu
Suit tantôt sa douleur, et tantôt sa vertu.
Mon frère, pardonnez à des discours sans suite,
Qui font trop voir le trouble où mon ame est réduite [3].

SÉLEUCUS.

J'en ferois comme vous, si mon esprit troublé [4]
Ne secouoit le joug dont il est accablé.
Dans mon ambition, dans l'ardeur de ma flamme,
Je vois ce qu'est un trône, et ce qu'est une femme [5];

---

[1] Un déguisement n'est point fort : il faut toujours, ou le mot propre, ou une métaphore juste. Antiochus veut dire qu'il ne peut se dissimuler ses malheurs. (V.)

[2] *Un abyme noir où la haine s'apprête!* et *une gloire sans nom!* On dit bien *un nom sans gloire;* mais *gloire sans nom* n'a pas de sens. (V.)

[3] Var. Et jugez par ce trouble où mon ame est réduite.

[4] *J'en ferois comme vous*, n'est pas français, et *je ferois comme vous* est du style de la comédie. (V.)

[5] Il voit bien ce qu'est Rodogune; mais il n'y a jamais eu que cette femme au monde qui ait dit, *Tuez votre mère, si vous voulez que je vous épouse.* Le trône n'a rien de commun avec la monstrueuse idée de la douce Rodogune. Ce qu'il y a de pis, c'est que tous les raisonnements d'Antiochus et de Séleucus ne pro-

Et, jugeant par leur prix de leur possession,
J'éteins enfin ma flamme et mon ambition;
Et je vous céderois l'un et l'autre avec joie,
Si, dans la liberté que le ciel me renvoie,
La crainte de vous faire un funeste présent
Ne me jetoit dans l'ame un remords trop cuisant.
Dérobons-nous, mon frère, à ces ames cruelles,
Et laissons-les sans nous achever leurs querelles.

ANTIOCHUS.

Comme j'aime beaucoup, j'espère encore un peu [1].
L'espoir ne peut s'éteindre où brûle tant de feu;
Et son reste confus me rend quelques lumières [2]
Pour juger mieux que vous de ces ames si fières [3].
Croyez-moi, l'une et l'autre a redouté nos pleurs,
Leur fuite à nos soupirs a dérobé leurs cœurs;
Et si tantôt leur haine eût attendu nos larmes,
Leur haine à nos douleurs auroit rendu les armes.

SÉLEUCUS.

Pleurez donc à leurs yeux, gémissez, soupirez,
Et je craindrai pour vous ce que vous espérez.
Quoi qu'en votre faveur vos pleurs obtiennent d'elles,

duisent rien : ils dissertent; les deux frères ne prennent aucune résolution; et le malheur de leur personnage jusqu'ici est de ne rien faire, et d'attendre ce qu'on fera d'eux. (V.)

[1] *Beaucoup* et *un peu*; cette antithèse n'est pas digne du tragique. (V.)

[2] Ce reste confus du feu de l'amour peut-il donner des lumières, parcequ'on se sert du mot *feu* pour exprimer l'amour? n'est-ce pas abuser des termes? Est-ce ainsi que la nature parle? (V.)

[3] Il semble que l'auteur ait été si embarrassé de cette situation forcée, qu'il ait voulu exprès se rendre inintelligible : une fuite qui dérobe des cœurs à des soupirs! une haine qui attend des larmes et qui rend les armes! (V.)

458 RODOGUNE.

Il vous faudra parer leurs haines mutuelles [1],
Sauver l'une de l'autre ; et peut-être leurs coups,
Vous trouvant au milieu, ne perceront que vous :
C'est ce qu'il faut pleurer. Ni maîtresse ni mère
N'ont plus de choix ici ni de lois à nous faire [2] ;
Quoi que leur rage exige ou de vous ou de moi,
Rodogune est à vous, puisque je vous fais roi [3].
Épargnez vos soupirs près de l'une et de l'autre.
J'ai trouvé mon bonheur, saisissez-vous du vôtre :
Je n'en suis point jaloux ; et ma triste amitié
Ne le verra jamais que d'un œil de pitié.

SCÈNE VI.

ANTIOCHUS.

Que je serois heureux si je n'aimois un frère !
Lorsqu'il ne veut pas voir le mal qu'il se veut faire,
Mon amitié s'oppose à son aveuglement :
Elle agira pour vous, mon frère, également,

[1] On ne pare point une haine comme on pare un coup d'épée. (V.)

[2] Il veut dire, *nous n'avons plus à choisir entre Cléopâtre et Rodogune.* *N'ont plus de choix,* dans le sens qu'on lui donne ici, n'est pas français. (V.) — Ce n'est point là du tout la pensée de Séleucus ; il veut dire : « Ni Cléopâtre ni Rodogune n'ont plus désor-
« mais à choisir entre nous, puisque je vous fais roi, et que je
« vous cède Rodogune. » Ce ne peut être que par distraction que Voltaire lui prête ici un sens si opposé à celui de Corneille. (P.)

Var. Si je ne prétends plus, n'ont plus de choix à faire :
Je leur ôte le droit de vous faire la loi.
. . . .
Épargnez vos soupirs auprès de l'une et l'autre.

[3] Lorsqu'on prend la résolution de renoncer à un royaume, un si grand effort doit-il être si soudain ? fait-il une grande impression sur les spectateurs, sur-tout quand cette cession ne produit rien dans la pièce ? (V.)

ACTE III, SCÈNE VI.

Et n'abusera point de cette violence
Que l'indignation fait à votre espérance¹.
La pesanteur du coup souvent nous étourdit² :
On le croit repoussé quand il s'approfondit ;
Et, quoiqu'un juste orgueil sur l'heure persuade,
Qui ne sent point son mal est d'autant plus malade ;
Ces ombres de santé cachent mille poisons,
Et la mort suit de près ces fausses guérisons.
Daignent les justes dieux rendre vain ce présage !
Cependant allons voir si nous vaincrons l'orage³,
Et si, contre l'effort d'un si puissant courroux,
La nature et l'amour voudront parler pour nous⁴.

¹ Cela est très obscur, et à peine intelligible ; on ne fait point violence à une espérance. (V.)

² Antiochus perd là dix vers entiers à débiter des sentences : est-ce l'occasion de disserter, de parler de malades qui ne sentent point leur mal, et d'ombres de santé qui cachent mille poisons ? On ne peut trop répéter que la véritable tragédie rejette toutes les dissertations, toutes les comparaisons, tout ce qui sent le rhéteur, et que tout doit être sentiment, jusque dans le raisonnement même. (V.)

³ *Vaincre un orage* est impropre ; on détourne, on calme un orage, on s'y dérobe, on le brave, etc., on ne le *vainc* pas : cette métaphore d'orage vaincu ne peut convenir à des ombres de santé qui cachent des poisons. (V.)

⁴ La nature et l'amour qui parlent contre l'effort d'un courroux ! Voilà encore des expressions impropres : je ne me lasserai point de dire qu'il les faut remarquer, non pas pour observer des fautes, mais pour être utile à ceux qui ne lisent pas avec assez d'attention, à ceux qui veulent se former le goût et posséder leur langue, à ceux qui veulent écrire, aux étrangers qui nous lisent. On a passé beaucoup de fautes contre la langue, et contre l'élégance et la netteté de la construction : le lecteur attentif peut les sentir. On a craint de faire trop de remarques, et de marquer une affectation de critiquer. (V.)

FIN DU TROISIÈME ACTE.

ACTE QUATRIÈME.

SCÈNE I.

ANTIOCHUS, RODOGUNE.

RODOGUNE.
Prince, qu'ai-je entendu ? parceque je soupire,
Vous présumez que j'aime, et vous m'osez le dire[1] !

[1] L'ame du spectateur était remplie de deux assassinats proposés par deux femmes; on attendait la suite de ces horreurs : le spectateur est étonné de voir Rodogune qui se fâche de ce qu'on présume qu'elle pourrait aimer un des princes, destiné pour être son époux; elle ne parle que de la témérité d'Antiochus, qui, en la voyant soupirer, ose supposer qu'elle n'est pas insensible. C'était un des ridicules à la mode dans les romans de chevalerie, comme on l'a déja dit; il fallait qu'un chevalier n'imaginât pas que la dame de ses pensées pût être sensible avant de très longs services : ces idées infectèrent notre théâtre. Antiochus, qui ne devrait parler à cette princesse que pour lui dire qu'elle est indigne de lui, et qu'on n'épouse point la vieille maîtresse de son père[*] quand elle demande la tête de sa belle-mère pour présent de noce, oublie tout d'un coup la conduite révoltante et contradictoire d'une fille modeste et parricide, et lui dit que personne *n'est assez téméraire jusqu'à s'imaginer qu'il ait l'heur de lui plaire, que c'est présomption de croire ce miracle; qu'elle est un oracle, qu'il ne faut pas éteindre un bel espoir.* Peut-on souffrir, après ces vers, que Rodogune, qui mériterait d'être enfermée toute sa vie pour avoir proposé un pareil assassinat, *trouve trop de vanité dans l'espoir trop prompt des termes obligeants de sa civilité?* ces propos de comédie sont-ils soutenables? il faut

[*] Voltaire ne se contente plus de dire que Rodogune n'est pas jeune, il veut actuellement qu'elle soit vieille. (P.) — Voyez la dernière note du premier acte.

ACTE IV, SCÈNE I.

Est-ce un frère, est-ce vous dont la témérité [1]
S'imagine....?

ANTIOCHUS.

Apaisez ce courage irrité,
Princesse; aucun de nous ne seroit téméraire
Jusqu'à s'imaginer qu'il eût l'heur de vous plaire :
Je vois votre mérite et le peu que je vaux,
Et ce rival si cher connoît mieux ses défauts [2].
Mais si tantôt ce cœur parloit par votre bouche,
Il veut que nous croyions qu'un peu d'amour le touche,
Et qu'il daigne écouter quelques uns de nos vœux,
Puisqu'il tient à bonheur d'être à l'un de nous deux.
Si c'est présomption de croire ce miracle,
C'est une impiété de douter de l'oracle,
Et mériter les maux où vous nous condamnez,
Qu'éteindre un bel espoir que vous nous ordonnez.
Princesse, au nom des dieux, au nom de cette flamme....

RODOGUNE.

Un mot ne fait pas voir jusques au fond d'une ame;
Et votre espoir trop prompt prend trop de vanité
Des termes obligeants de ma civilité.

---

dire la vérité courageusement; il faut admirer, encore une fois, les grandes beautés répandues dans *Cinna*, dans *les Horaces*, dans *le Cid*, dans *Pompée*, dans *Polyeucte*; mais, si on veut être utile au public, il faut faire sentir des défauts dont l'imitation rendrait la scène française trop vicieuse. Remarquez encore que cette conjonction *parceque* ne doit jamais entrer dans un vers noble; elle est dure et sourde à l'oreille. (V.)

[1] Var. Qui de vous deux encore a la témérité
  De se croire....?

[2] Est-ce à Antiochus à parler des défauts de son frère? comment peut-on dire à une telle femme que les deux frères connaissent trop bien leurs défauts pour oser croire qu'elle puisse aimer l'un des deux? (V.)

Je l'ai dit, il est vrai ; mais, quoi qu'il en puisse être,
Méritez cet amour que vous voulez connoître.
Lorsque j'ai soupiré, ce n'étoit pas pour vous [1] ;
J'ai donné ces soupirs aux mânes d'un époux [2] ;
Et ce sont les effets du souvenir fidèle
Que sa mort à toute heure en mon ame rappelle.
Princes, soyez ses fils, et prenez son parti.

ANTIOCHUS.

Recevez donc son cœur en nous deux réparti :
Ce cœur qu'un saint amour rangea sous votre empire,
Ce cœur, pour qui le vôtre à tous moments soupire,
Ce cœur, en vous aimant indignement percé,
Reprend pour vous aimer le sang qu'il a versé [5] ;
Il le reprend en nous, il revit, il vous aime,

---

[1] Ce vers paraît trop comique, et achève de révolter le lecteur judicieux qui doit attendre ce que deviendra la proposition d'un assassinat horrible. (V.)

[2] Voici qui est bien pis. Quoi ! elle prétend avoir été l'épouse du père d'Antiochus ! elle ne se contente pas d'être parricide, elle se dit incestueuse ! En effet, dans les premiers actes, on ne sait si elle a consommé ou non le mariage avec le père de ses amants. Il faudrait au moins que de telles horreurs fussent un peu cachées sous la beauté de la diction. (V.) — Rodogune ne se dit pas incestueuse, elle dit ce qui déja a été dit dans les premiers actes, que Nicanor était son *époux,* c'est-à-dire son *promis,* son *fiancé,* puisque le mot époux, du temps de Corneille, n'avait pas d'autre signification. *Espoux,* dit Nicot, *est celuy qui n'est que fiancé, et ne se peut encor porter pour mari.* Déja plusieurs fois nous avons eu l'occasion de regretter que Voltaire n'eût pas fait une étude plus approfondie de la langue de son auteur ; il se serait épargné bien des critiques inutiles. (A.-M.)

[5] C'est donc le cœur de Nicanor réparti entre ses deux fils, qui, ayant été percé, reprend le sang qu'il a versé, c'est-à-dire son propre sang, pour aimer encore sa femme dans la personne de ses deux enfants. Que dire de telles idées et de telles expressions ? comment ne pas remarquer de pareils défauts ? et com-

Et montre, en vous aimant, qu'il est encor le même.
Ah! princesse, en l'état où le sort nous a mis,
Pouvons-nous mieux montrer que nous sommes ses fils?
RODOGUNE.
Si c'est son cœur en vous qui revit et qui m'aime,
Faites ce qu'il feroit s'il vivoit en lui-même [1];
A ce cœur qu'il vous laisse osez prêter un bras :
Pouvez-vous le porter et ne l'écouter pas [2]?
S'il vous explique mal ce qu'il en doit attendre,
Il emprunte ma voix pour se mieux faire entendre [3].
Une seconde fois il vous le dit par moi [4];
Prince, il faut le venger.
ANTIOCHUS.
J'accepte cette loi.

---

ment les excuser? que gagnerait-on à vouloir les pallier? ce serait trahir l'art qu'on doit enseigner aux jeunes gens. (V.)

[1] Rodogune continue la figure employée par Antiochus, mais on ne peut dire *vivre en soi-même*; ce style fait beaucoup de peine : mais ce qui en fait bien davantage, c'est que Rodogune passe ainsi tout d'un coup de la modeste fierté d'une fille qui ne veut pas qu'on lui parle d'amour, à l'exécrable empressement d'exiger d'un fils la tête de sa mère. (V.)

[2] *Prêter un bras à un cœur, le porter, et ne pas l'écouter,* sont des expressions si forcées, si fausses, qu'on voit bien que la situation n'est point naturelle; car d'ordinaire, comme dit Boileau,

Ce que l'on conçoit bien s'exprime clairement. (V.)

[3] VAR. Il emprunte ma voix pour mieux se faire entendre.

[4] Rodogune demande donc deux fois un parricide, ce que Cléopâtre elle-même n'a pas fait. Est-il possible qu'Antiochus puisse lui dire, *Nommez les assassins?* Quel faux artifice! ne les connaît-il pas? ne sait-il pas que c'est sa mère? ne s'en est-elle pas vantée à lui-même? Je n'ai point de terme pour exprimer la peine que me font les fautes de ce grand homme; elles consolent au moins en faisant voir l'extrême difficulté de faire une bonne pièce de théâtre. (V.)

Nommez les assassins, et j'y cours.
RODOGUNE.
Quel mystère
Vous fait, en l'acceptant, méconnoître une mère?
ANTIOCHUS.
Ah! si vous ne voulez voir finir nos destins,
Nommez d'autres vengeurs ou d'autres assassins.
RODOGUNE.
Ah! je vois trop régner son parti dans votre ame;
Prince, vous le prenez.
ANTIOCHUS.
Oui, je le prends, madame[1];
Et j'apporte à vos pieds le plus pur de son sang
Que la nature enferme en ce malheureux flanc.
Satisfaites vous-même à cette voix secrète
Dont la vôtre envers nous daigne être l'interprète :
Exécutez son ordre; et hâtez-vous sur moi[2]
De punir une reine et de venger un roi :
Mais, quitte par ma mort d'un devoir si sévère,
Écoutez-en un autre en faveur de mon frère.
De deux princes unis à soupirer pour vous[3]
Prenez l'un pour victime, et l'autre pour époux;
Punissez un des fils des crimes de la mère,
Mais payez l'autre aussi des services du père;
Et laissez un exemple à la postérité

---

[1] Quelle froideur dans de tels éclaircissements, et quelles étranges expressions! *Vous le prenez. Oui, je le prends.* (V.)

[2] VAR. Elle s'explique assez à ce cœur qui l'entend,
Et vous lui rendez plus que son ombre n'attend.
Mais aussi, par ma mort, vers elle dégagée,
Rendez heureux mon frère après l'avoir vengée.

[3] Il fallait au moins, *unis en soupirant,* car on ne peut dire *unis à soupirer.* (V.)

ACTE IV, SCÈNE I.

Et de rigueur entière, et d'entière équité¹.
Quoi! n'écouterez-vous ni l'amour ni la haine?
Ne pourrai-je obtenir ni salaire ni peine?
Ce cœur qui vous adore, et que vous dédaignez....

RODOGUNE.

Hélas, prince²!

ANTIOCHUS.

Est-ce encor le roi que vous plaignez³?
Ce soupir ne va-t-il que vers l'ombre d'un père?

RODOGUNE.

Allez, ou pour le moins rappelez votre frère :
Le combat pour mon ame étoit moins dangereux
Lorsque je vous avois à combattre tous deux :
Vous êtes plus fort seul que vous n'étiez ensemble;
Je vous bravois tantôt, et maintenant je tremble.
J'aime ; n'abusez pas, prince, de mon secret :
Au milieu de ma haine il m'échappe à regret;
Mais enfin il m'échappe, et cette retenue

---

¹ VAR. Et de reconnoissance, et de sévérité.

² Enfin Rodogune passe tout d'un coup de l'assassinat à la tendresse. La petite finesse du soupir qui va vers l'ombre d'un père, et Rodogune qui tremble d'aimer, forment ici une pastorale. Quel contraste! est-ce là du tragique? La proposition d'assassiner une mère est d'une furie; et cet *hélas* et ce *soupir* sont d'une bergère. Tout cela n'est que trop vrai; et, encore une fois, il faut le dire et le redire. (V.)

VAR. Hélas!

ANTIOCHUS.

Sont-ce les morts ou nous que vous plaignez?
Soupirez-vous pour eux, ou pour notre misère?

RODOGUNE.

Allez, prince, ou du moins rappelez votre frère.

³ Cela serait bon dans la bouche d'un berger galant. Ce mélange de tendresse naïve et d'atrocités affreuses n'est pas supportable. (V.)

Ne peut plus soutenir l'effort de votre vue[1].
Oui, j'aime un de vous deux malgré ce grand courroux,
Et ce dernier soupir dit assez que c'est vous.

Un rigoureux devoir à cet amour s'oppose :
Ne m'en accusez point, vous en êtes la cause ;
Vous l'avez fait renaître en me pressant d'un choix[2]
Qui rompt de vos traités les favorables lois.
D'un père mort pour moi voyez le sort étrange[3] :
Si vous me laissez libre, il faut que je le venge[4] ;
Et mes feux dans mon ame ont beau s'en mutiner[5],

---

[1] Ce soupir échappe donc ; et la retenue de cette parricide ne peut plus se soutenir à la vue de celui qui doit être son mari ; et cependant elle lui tient encore de longs discours, malgré *l'effort de sa vue*. Remarquez qu'une femme qui dit deux fois *mon soupir m'échappe*, est une femme à qui rien n'échappe, et qui met un art grossier dans sa conduite. Racine n'a jamais de ces mauvaises finesses. *Ne peut plus soutenir l'effort de votre vue ;* quelle expression ! jamais le mot propre. Ce n'est pas là le *vultus nimium lubricus aspici* d'Horace. (V.) — *Effort* est souvent pris par Corneille dans le sens d'*effet*, d'*ascendant*, de *puissance*. Et ce sens peut facilement se justifier, puisqu'un effort produit un *effet*, et peut être une *puissance*. D'ailleurs l'usage avait consacré ce mot. (A.-M.)

[2] Cela n'est pas français : on ne presse point d'une chose. (V.) — Cela était français du temps de Corneille. On trouve dans Nicot : *presser de quelque chose*. On dit encore maintenant : *presser de faire quelque chose*. (A.-M.)

[3] Le *sort étrange* est faible ; *étrange* n'est là qu'une mauvaise épithète pour rimer à *venge*. (V.)

[4] Pourquoi ? elle a donc été sa femme ? mais si elle ne l'a point été, elle n'est point du tout obligée de venger Nicanor ; elle n'est obligée qu'à remplir les conditions de la paix, qui interdisent toute vengeance ; ainsi elle raisonne fort mal. (V.) — Elle n'a point été sa femme ; mais elle pourrait se croire obligée de venger un prince dont elle était aimée, et à qui elle avait été promise. (P.)

[5] *Des feux qui se mutinent !* Cela est impropre ; et *s'en mutinent*

Ce n'est qu'à ce prix seul que je puis me donner [1] :
Mais ce n'est pas de vous qu'il faut que je l'attende [2],
Votre refus est juste autant que ma demande.
A force de respect votre amour s'est trahi.
Je voudrois vous haïr s'il m'avoit obéi ;
Et je n'estime pas l'honneur d'une vengeance
Jusqu'à vouloir d'un crime être la récompense [3].

est encore plus mauvais : on ne se mutine point *de ; mutiner* est un verbe qui n'a point de régime. Cette scène est un entassement de barbarismes et de solécismes, autant que de pensées fausses. Ce sont ces défauts, applaudis par quelques ignorants entêtés, que Boileau avait en vue, quand il disait, dans son *Art poétique :*

Mon esprit n'admet point un pompeux barbarisme,
Ni d'un vers ampoulé l'orgueilleux solécisme. (V.)

[1] VAR. Ce n'est qu'à ce prix seul que je me puis donner.

[2] Pourquoi l'a-t-elle donc demandé ? Toutes ces contradictions sont la suite de cette proposition révoltante qu'elle a faite d'assassiner sa belle-mère : une faute en attire cent autres. (V.) — Elle l'a demandé pour se venger et se défendre. Maintenant qu'elle cède aux larmes d'Antiochus, elle reconnaît qu'elle a eu tort. D'ailleurs tout cela n'est qu'une feinte pour n'être pas obligée de faire un choix entre les deux frères. Telle est l'indication que donne Corneille lui-même dans l'examen de la pièce. C'est à l'actrice qui joue Rodogune à étudier le rôle dans cet esprit, et à le faire comprendre au public. (Voyez l'*Examen.*) (A.-M.)

[3] Y a-t-il de l'honneur dans cette vengeance ? Elle change à présent d'avis ; elle ne voudrait plus d'Antiochus, s'il avait tué sa mère : ce n'est pas là assurément le caractère qu'exigent Horace et Boileau :

Qu'en tout avec soi-même il se montre d'accord,
Et qu'il soit jusqu'au bout tel qu'on l'a vu d'abord. (V.)

— Elle ne change ni d'avis ni de caractère ; elle prouve seulement que jamais elle n'avait eu l'intention de faire sérieusement aux deux princes une proposition dont elle savait bien que l'un et l'autre seraient infailliblement révoltés. Voilà du moins ce que, dans l'examen de sa pièce, Corneille oppose aux objections qu'on lui fit de son temps, et que Voltaire n'a fait que renouveler.

Rentrons donc sous les lois que m'impose la paix,
Puisque m'en affranchir c'est vous perdre à jamais.
Prince, en votre faveur je ne puis davantage :
L'orgueil de ma naissance enfle encor mon courage,
Et, quelque grand pouvoir que l'amour ait sur moi,
Je n'oublierai jamais que je me dois un roi.
Oui, malgré mon amour, j'attendrai d'une mère
Que le trône me donne ou vous ou votre frère.
Attendant son secret, vous aurez mes desirs;
Et s'il le fait régner, vous aurez mes soupirs[1] :
C'est tout ce qu'à mes feux ma gloire peut permettre,
Et tout ce qu'à vos feux les miens osent promettre.

ANTIOCHUS.

Que voudrois-je de plus? son bonheur est le mien ;
Rendez heureux ce frère, et je ne perdrai rien.
L'amitié le consent, si l'amour l'appréhende :
Je bénirai le ciel d'une perte si grande ;
Et, quittant les douceurs de cet espoir flottant,
Je mourrai de douleur, mais je mourrai content.

RODOGUNE.

Et moi, si mon destin entre ses mains me livre,
Pour un autre que vous s'il m'ordonne de vivre[2],

Quant à nous, il nous semble que le grand succès de cette tragédie, principalement dans sa nouveauté, est une preuve très forte que le public ne se méprit jamais sur la véritable intention de Corneille. Il n'imagina point, puisqu'il n'en fut point révolté, que la proposition de Rodogune pût être sérieuse. Mais quand il vit, au dénouement, toutes les beautés que Corneille avait su tirer d'une invention qui peut n'être pas exempte de reproche, mais qui lui fournit le plus beau cinquième acte qu'il y ait peut-être sur aucun théâtre, alors il ne sut plus qu'admirer. (P.)

[1] Elle voulait tout-à-l'heure tuer Cléopâtre, et à présent elle lui est soumise. Et qu'est-ce qu'un secret qui *fait régner?* (V.)

[2] VAR. Si pour d'autres que vous il m'ordonne de vivre.

Mon amour.... Mais adieu; mon esprit se confond¹.
Prince, si votre flamme à la mienne répond,
Si vous n'êtes ingrat à ce cœur qui vous aime²,
Ne me revoyez point qu'avec le diadème³.

SCÈNE II.

ANTIOCHUS.

Les plus doux de mes vœux enfin sont exaucés.
Tu viens de vaincre, Amour; mais ce n'est pas assez :
Si tu veux triompher en cette conjoncture⁴,
Après avoir vaincu, fais vaincre la nature;
Et prête-lui pour nous ces tendres sentiments
Que ton ardeur inspire aux cœurs des vrais amants,
Cette pitié qui force, et ces dignes foiblesses
Dont la vigueur détruit les fureurs vengeresses.
Voici la reine. Amour, nature, justes dieux,
Faites-la-moi fléchir, ou mourir à ses yeux⁵.

¹ Voilà encore Rodogune qui se recueille pour dire qu'elle est troublée, qui fait une pause pour dire qu'elle se confond. Toujours cette grossière finesse, toujours cet art qui manque d'art. (V.)

² *Si vous n'êtes ingrat à ce cœur qui vous aime*, n'est pas français; on dit : *ingrat envers quelqu'un*, et non *ingrat à quelqu'un*. J'ai déjà remarqué ailleurs qu'*ingrat vis-à-vis de quelqu'un* est une de ces mauvaises expressions qu'on a mises à la mode depuis quelque temps. Presque personne ne s'étudie à bien parler sa langue. (V.)

³ *Ne me revoyez point qu'avec le diadème*, n'est pas français; il faut, *ne me revoyez qu'avec*. (V.)

⁴ VAR. Si tu veux triompher dedans notre aventure.

⁵ Tout cela ressemble à des stances de Boisrobert, où les vrais amants reviennent à tout propos. Pourquoi Rodrigue et Chimène

SCÈNE III[1].

CLÉOPATRE, ANTIOCHUS, LAONICE.

CLÉOPATRE.
Eh bien! Antiochus, vous dois-je la couronne[2]?
ANTIOCHUS.
Madame, vous savez si le ciel me la donne.
CLÉOPATRE.
Vous savez mieux que moi si vous la méritez.
ANTIOCHUS.
Je sais que je péris si vous ne m'écoutez.
CLÉOPATRE.
Un peu trop lent peut-être à servir ma colère?
Vous vous êtes laissé prévenir par un frère?
Il a su me venger quand vous délibériez[5]?
Et je dois à son bras ce que vous espériez[4]?

parlent-ils si bien, et Antiochus et Rodogune si mal? c'est que l'amour de Chimène est véritablement tragique, et que celui de Rodogune et d'Antiochus ne l'est point du tout; c'est un amour froid dans un sujet terrible. (V.)

[1] Je ne sais si je me trompe, mais cette scène ne me paraît pas plus naturelle, ni mieux faite que les précédentes. Il me semble que Cléopâtre, après avoir dit à ses deux fils qu'elle couronnera celui qui aura assassiné sa maîtresse, ne doit point parler familièrement à Antiochus. (V.)

[2] C'est-à-dire voulez-vous tuer Rodogune? cela ne peut s'entendre autrement; cela même signifie avez-vous tué Rodogune? car elle n'a promis la couronne qu'à l'assassin. (V.)

[3] On peut imaginer que Cléopâtre veuille dire ici autre chose, sinon, *Séleucus vient de tuer sa maîtresse et la vôtre.* A ce mot seul, Antiochus ne doit-il pas entrer en fureur? (V.)

[4] Ce vers confirme encore la mort de Rodogune; il n'en est rien, à la vérité, mais Cléopâtre le dit positivement. Comment

ACTE IV, SCÈNE III.   471

Je vous en plains, mon fils, ce malheur est extrême ;
C'est périr en effet que perdre un diadème.
Je n'y sais qu'un remède, encore est-il fâcheux,
Étonnant, incertain, et triste pour tous deux ;
Je périrai moi-même, avant que de le dire[1] :
Mais enfin on perd tout quand on perd un empire.

ANTIOCHUS.

Le remède à nos maux est tout en votre main[2],

Antiochus n'est-il pas saisi du plus affreux désespoir à cette nouvelle épouvantable? comment peut-il raisonner de sang-froid avec sa mère, comme si elle ne lui avait rien dit? Rien de tout cela n'est vraisemblable; il ne l'est pas que Cléopâtre veuille faire accroire que Rodogune est morte ; il ne l'est pas qu'Antiochus soutienne cette conversation : s'il croit Cléopâtre, il doit être furieux; s'il ne la croit pas, il doit lui dire, *Osez vous bien imputer ce crime à mon frère?* (V.) — En écrivant cette note, Voltaire n'a pas fait attention que ces quatre vers étaient terminés par des points d'interrogation. Cléopâtre n'affirme rien, elle conjecture en interrogeant. C'est le sens du premier vers qu'elle a prononcé en entrant en scène. L'actrice chargée de ce rôle doit s'attacher à bien faire sentir cette intention de Corneille. (A.-M.)

[1] On n'entend pas mieux ce que c'est que ce secret. Ces deux couplets paraissent remplis d'obscurités. (V.) — Qui ne sent que Cléopâtre va dire à Antiochus qu'il n'a plus d'autre ressource que de tuer son frère? Antiochus ne veut pas la comprendre, et cherche à détourner cette horrible pensée. Tout cela est si vrai, si intelligible, qu'on ne sait comment interpréter la préoccupation de Voltaire. (A.-M.)

[2] Comment ce remède aux maux est-il dans la main de Cléopâtre? entend-il qu'en nommant l'aîné, elle finira tout? mais il dit, *Nous perdons tout en perdant Rodogune.* Il n'y aura donc point de remède aux maux de celui qui la perdra. Peut-il répondre que le cœur de Cléopâtre est aveuglé d'un peu d'inimitié? que si ce cœur ignore les maux des deux frères, elle ne peut en prendre pitié, et qu'au point où il les voit, c'en est le seul remède? Quel discours! quel langage! et, dans une telle occasion, il parle avec la plus grande soumission ; et Cléopâtre lui répond : *Quelle fureur*

Et n'a rien de fâcheux, d'étonnant, d'incertain ;
Votre seule colère a fait notre infortune.
Nous perdons tout, madame, en perdant Rodogune :
Nous l'adorons tous deux ; jugez en quels tourments
Nous jette la rigueur de vos commandements.
 L'aveu de cet amour sans doute vous offense :
Mais enfin nos malheurs croissent par le silence ;
Et votre cœur, qu'aveugle un peu d'inimitié,
S'il ignore nos maux, n'en peut prendre pitié.
Au point où je les vois, c'en est le seul remède.

CLÉOPATRE.

Quelle aveugle fureur vous-même vous possède ?
Avez-vous oublié que vous parlez à moi,
Ou si vous présumez être déja mon roi ?

ANTIOCHUS.

Je tâche avec respect à vous faire connoître
Les forces d'un amour que vous avez fait naître [1].

CLÉOPATRE.

Moi, j'aurois allumé cet insolent amour ?

ANTIOCHUS.

Et quel autre prétexte a fait notre retour [2] ?
Nous avez-vous mandés qu'afin qu'un droit d'aînesse
Donnât à l'un de nous le trône et la princesse ?
Vous avez bien fait plus, vous nous l'avez fait voir ;
Et c'étoit par vos mains nous mettre en son pouvoir.
Qui de nous deux, madame, eût osé s'en défendre,
Quand vous nous ordonniez à tous deux d'y prétendre [3] ?

---

vous possède ? En vérité, ces discours sont-ils dans la nature ? (V.)

[1] On a déja remarqué qu'on ne dit point *les forces* au pluriel, excepté quand on parle des *forces d'un état*. (V.)

[2] *Un prétexte qui fait un retour* n'est pas français. (V.)

[3] Il me semble qu'il n'est point du tout intéressant de savoir si Cléopâtre a fait naître elle-même l'amour des deux frères pour

Si sa beauté dès-lors n'eût allumé nos feux,
Le devoir auprès d'elle eût attaché nos vœux [1];
Le desir de régner eût fait la même chose [2];
Et, dans l'ordre des lois que la paix nous impose,
Nous devions aspirer à sa possession
Par amour, par devoir, ou par ambition.
Nous avons donc aimé, nous avons cru vous plaire;
Chacun de nous n'a craint que le bonheur d'un frère;
Et cette crainte enfin cédant à l'amitié,
J'implore pour tous deux un moment de pitié.
Avons-nous dû prévoir cette haine cachée,
Que la foi des traités n'avoit point arrachée [3]?

CLÉOPATRE.

Non, mais vous avez dû garder le souvenir
Des hontes que pour vous j'avois su prévenir [4],
Et de l'indigne état où votre Rodogune,
Sans moi, sans mon courage, eût mis votre fortune.

Rodogune; ce n'est pas là ce qui doit l'inquiéter. Il doit trembler que Cléopâtre n'ait déja fait assassiner Rodogune par Séleucus, comme elle l'a déja dit, ou du moins qu'elle n'emploie le bras de quelque autre : cette idée si naturelle ne se présente pas seulement à lui; c'était la seule qui pût inspirer de la terreur et de la pitié, et c'est la seule qui ne vienne pas dans la tête d'Antiochus; il s'amuse à dire inutilement que les deux frères devaient aimer Rodogune : il veut le prouver en forme; il parle de *l'ordre des lois.* (V.)

[1] Il dit que *le devoir attacha leurs vœux auprès d'elle.* Comment un devoir attache-t-il des vœux? Cela n'est pas français. (V.)

[2] *Le desir de régner qui eût fait la même chose,* et les deux princes qui devaient aspirer à la possession de Rodogune dans l'ordre des lois, et qui ont donc aimé! Quel langage! (V.)

[3] Ce verbe *arracher* exige une préposition et un substantif : on arrache la haine du cœur. (V.)

[4] La *honte* n'a point de pluriel, du moins dans le style noble. (V.)

Je croyois que vos cœurs, sensibles à ces coups,
En sauroient conserver un généreux courroux [1];
Et je le retenois avec ma douceur feinte,
Afin que, grossissant sous un peu de contrainte,
Ce torrent de colère et de ressentiment
Fût plus impétueux en son débordement.
Je fais plus maintenant : je presse, sollicite,
Je commande, menace, et rien ne vous irrite.
Le sceptre, dont ma main vous doit récompenser,
N'a point de quoi vous faire un moment balancer [2];
Vous ne considérez ni lui ni mon injure;
L'amour étouffe en vous la voix de la nature :
Et je pourrois aimer des fils dénaturés!

ANTIOCHUS.
La nature et l'amour ont leurs droits séparés;
L'un n'ôte point à l'autre une ame qu'il possède.

CLÉOPATRE.
Non, non; où l'amour règne il faut que l'autre cède.

ANTIOCHUS.
Leurs charmes à nos cœurs sont également doux.
Nous périrons tous deux s'il faut périr pour vous;
Mais aussi...

[1] *Je croyais que vos cœurs, sensibles à ces coups*, se rapporte, par la construction de la phrase, au courage de Cléopâtre, dont il est parlé au vers précédent, et, par le sens de la phrase, aux coups de Rodogune. Et comment retenait-elle ce courroux, quand elle dit qu'elle croyait que leurs cœurs conserveraient un généreux courroux? Pouvait-elle retenir un courroux dont ses deux fils ne lui donnaient aucune marque? Au reste, je suis toujours étonné que Cléopâtre veuille tromper toujours grossièrement des princes qui la connaissent, et qui doivent tant se défier d'elle. Observez sur-tout que rien n'est si froid que ces discussions dans des scènes où il s'agit d'un grand intérêt. (V.)

[2] VAR. Ne vaut pas à vos yeux la peine d'y penser.

CLÉOPATRE.
Poursuivez, fils ingrat et rebelle.
ANTIOCHUS.
Nous périrons tous deux s'il faut périr pour elle.
CLÉOPATRE.
Périssez, périssez! votre rebellion
Mérite plus d'horreur que de compassion.
Mes yeux sauront le voir sans verser une larme,
Sans regarder en vous que l'objet qui vous charme;
Et je triompherai, voyant périr mes fils,
De ses adorateurs et de mes ennemis.
ANTIOCHUS.
Eh bien! triomphez-en, que rien ne vous retienne :
Votre main tremble-t-elle? y voulez-vous la mienne [1]?
Madame, commandez, je suis prêt d'obéir;
Je percerai ce cœur qui vous ose trahir :
Heureux si par ma mort je puis vous satisfaire,
Et noyer dans mon sang toute votre colère!
Mais si la dureté de votre aversion
Nomme encor notre amour une rebellion,
Du moins souvenez-vous qu'elle n'a pris pour armes
Que de foibles soupirs et d'impuissantes larmes [2].
CLÉOPATRE.
Ah! que n'a-t-elle pris et la flamme et le fer!
Que bien plus aisément j'en saurois triompher!
Vos larmes dans mon cœur ont trop d'intelligence;
Elles ont presque éteint cette ardeur de vengeance :
Je ne puis refuser des soupirs à vos pleurs;

[1] Cet *y* ne se rapporte à rien. (V.)

[2] S'il n'a eu que d'impuissantes larmes, comment Cléopâtre a-t-elle pu lui dire, *quelle aveugle fureur vous possède?* comme on l'a déja remarqué. (V.) — Parceque *fureur*, en latin *furor*, est ici pris simplement dans le sens de *folie*. (A.-M.)

Je sens que je suis mère auprès de vos douleurs [1].
C'en est fait, je me rends, et ma colère expire.
Rodogune est à vous, aussi bien que l'empire ;
Rendez graces aux dieux qui vous ont fait l'aîné [2] :
Possédez-la, régnez.

ANTIOCHUS.

O moment fortuné !
O trop heureuse fin de l'excès de ma peine [3] !
Je rends graces aux dieux qui calment votre haine.
Madame, est-il possible ?

CLÉOPATRE.

En vain j'ai résisté,
La nature est trop forte, et mon cœur s'est dompté [4].

[1] Cela n'est pas français : il fallait dire : *vos douleurs me font sentir que je suis mère*. La correction du style est devenue d'une nécessité absolue : on est obligé de tourner quelquefois un vers en plusieurs manières avant de rencontrer la bonne. (V.)

[2] Je suis encore surpris du peu d'effet que produit ici cette déclaration de la primogéniture d'Antiochus ; c'est pourtant le sujet de la pièce, c'est ce qui est annoncé dès les premiers vers comme la chose la plus importante. Je pense que la raison de l'indifférence avec laquelle on entend cette déclaration, est qu'on ne la croit pas vraie. Cléopâtre vient de s'adoucir sans aucune raison ; on pense que tout ce qu'elle dit est feint. Une autre raison encore du peu d'effet de cette déclaration si importante, c'est qu'elle est noyée dans un amas de petits artifices, de mauvaises raisons, et sur-tout de mauvais vers. Cela peut rendre attentif, mais cela ne saurait toucher. J'observe que, parmi ces défauts, l'intérêt de curiosité se fait toujours sentir ; c'est ce qui soutient la pièce jusqu'au cinquième acte, dont les grandes beautés, la situation unique, et le terrible tableau, demandent grace pour tant de fautes, et l'obtiennent. (V.)

[3] VAR. Oh ! trop heureuse fin d'un excès de misère !
    Je rends graces aux dieux qui m'ont rendu ma mère.

[4] VAR. La nature est trop forte, et le cœur s'est dompté.
    Je ne vous dis plus rien, vous aimez une mère.

Je ne vous dis plus rien, vous aimez votre mère,
Et votre amour pour moi taira ce qu'il faut taire.
ANTIOCHUS.
Quoi, je triomphe donc sur le point de périr?
La main qui me blessoit a daigné me guérir!
CLÉOPATRE.
Oui, je veux couronner une flamme si belle[1].
Allez à la princesse en porter la nouvelle;
Son cœur comme le vôtre en deviendra charmé :
Vous n'aimeriez pas tant si vous n'étiez aimé.
ANTIOCHUS.
Heureux Antiochus! heureuse Rodogune[2]!
Oui, madame, entre nous la joie en est commune.
CLÉOPATRE.
Allez donc; ce qu'ici vous perdez de moments
Sont autant de larcins à vos contentements[3];
Et ce soir, destiné pour la cérémonie,

---

[1] *Une flamme si belle* n'est pas une raison quand il s'agit d'un trône, il faut d'autres preuves. Le petit compliment qu'elle fait à Antiochus est plutôt de la comédie que de la tragédie. (V.)

[2] Il faut que ce prince ait le sens bien borné pour n'avoir aucune défiance en voyant sa mère passer tout d'un coup de l'excès de la méchanceté la plus atroce à l'excès de la bonté. Quoi ! après qu'elle ne lui a parlé que d'assassiner Rodogune, après avoir voulu lui faire accroire que Séleucus l'a tuée, après lui avoir dit, *périssez, périssez!* elle lui dit que ses larmes ont de l'intelligence dans son cœur; et Antiochus la croit! Non, une telle crédulité n'est pas dans la nature. Antiochus n'a jamais dû avoir plus de défiance, et il n'en témoigne aucune : il devrait au moins demander si le changement inopiné de sa mère est bien vrai; il devrait dire : *Est-il possible que vous soyez toute autre en un moment! serai-je assez heureux?* etc.; mais point : il s'écrie tout d'un coup, *O moment fortuné! ô trop heureuse fin!* Plus j'y réfléchis, et moins je trouve cette scène naturelle. (V.)

[3] VAR. Sont autant de larcins à ses contentements.

Fera voir pleinement si ma haine est finie.
ANTIOCHUS.
Et nous vous ferons voir tous nos desirs bornés
A vous donner en nous des sujets couronnés.

SCÈNE IV.

CLÉOPATRE, LAONICE.

LAONICE.
Enfin ce grand courage a vaincu sa colère.
CLÉOPATRE.
Que ne peut point un fils sur le cœur d'une mère!
LAONICE.
Vos pleurs coulent encore, et ce cœur adouci....
CLÉOPATRE.
Envoyez-moi son frère, et nous laissez ici.
Sa douleur sera grande, à ce que je présume;
Mais j'en saurai sur l'heure adoucir l'amertume.
Ne lui témoignez rien : il lui sera plus doux
D'apprendre tout de moi, qu'il ne seroit de vous.

SCÈNE V[1].

CLÉOPATRE.

Que tu pénètres mal le fond de mon courage!

---

[1] On dit qu'au théâtre on n'aime pas les scélérats. Il n'y a point de criminelle plus odieuse que Cléopâtre, et cependant on se plaît à la voir; du moins le parterre, qui n'est pas toujours composé de connaisseurs sévères et délicats, s'est laissé subjuguer quand une actrice imposante a joué ce rôle : elle ennoblit l'horreur de son caractère par la fierté des traits dont Corneille

ACTE IV, SCÈNE V.

Si je verse des pleurs, ce sont des pleurs de rage;
Et ma haine, qu'en vain tu crois s'évanouir,
Ne les a fait couler qu'afin de t'éblouir.
Je ne veux plus que moi dedans ma confidence [1].
Et toi, crédule amant, que charme l'apparence,
Et dont l'esprit léger s'attache avidement
Aux attraits captieux [2] de mon déguisement,
Va, triomphe en idée avec ta Rodogune,
Au sort des immortels préfère ta fortune,
Tandis que, mieux instruite en l'art de me venger,
En de nouveaux malheurs je saurai te plonger.
Ce n'est pas tout d'un coup que tant d'orgueil trébuche [3]:
De qui se rend trop tôt on doit craindre une embûche;
Et c'est mal démêler le cœur d'avec le front [4],

la peint; on ne lui pardonne pas, mais on attend avec impatience ce qu'elle fera après avoir promis Rodogune et le trône à son fils Antiochus. Si Corneille a manqué à son art dans les détails, il a rempli le grand projet de tenir les esprits en suspens, et d'arranger tellement les événements, que personne ne peut deviner le dénouement de cette tragédie. (V.)

[1] On a déjà averti qu'il faut *dans*, et non pas *dedans*. Mais pourquoi ne veut-elle plus de confidente? et pourquoi s'est-elle confiée? Elle ne le dit pas. (V.)

[2] *Captieux*, mot *excellent*, mot nouveau, et probablement créé par Corneille, car on ne le trouve ni dans Nicot, ni dans aucun dictionnaire de cette époque. (A.-M.)

[3] *Trébucher* n'a jamais été du style noble. (V.) — Pourquoi limiter toujours le nombre des mots qui peuvent entrer dans le style noble? Nous croyons qu'il en est bien peu qui, habilement employés, ne puissent entrer dans un beau vers. (P.)

[4] Je crois qu'il eût fallu *distinguer*, au lieu de *démêler*; car le cœur et le front ne sont point mêlés ensemble. Je ne vois pas pourquoi elle s'applaudit de tromper toujours sa confidente; doit-elle penser à elle dans ce moment d'horreur? (V.) — Elle n'y pense plus. Toute cette tirade depuis, *Et toi, crédule amant,* s'adresse à Antiochus. (A.-M.)

Que prendre pour sincère un changement si prompt[1].
L'effet te fera voir comme je suis changée.

SCÈNE VI.

CLÉOPATRE, SÉLEUCUS.

CLÉOPATRE.

Savez-vous, Séleucus, que je me suis vengée ?

SÉLEUCUS.

Pauvre princesse, hélas[2] !

CLÉOPATRE.

Vous déplorez son sort !
Quoi ! l'aimiez-vous ?

SÉLEUCUS.

Assez pour regretter sa mort[3].

CLÉOPATRE.

Vous lui pouvez servir encor d'amant fidèle ;
Si j'ai su me venger, ce n'a pas été d'elle.

SÉLEUCUS.

O ciel ! et de qui donc, madame ?

CLÉOPATRE.

C'est de vous,
Ingrat, qui n'aspirez qu'à vous voir son époux ;
De vous, qui l'adorez en dépit d'une mère ;
De vous, qui dédaignez de servir ma colère ;

---

[1] VAR. De prendre pour sincère un changement si prompt.

[2] Cette réponse est insoutenable ; la bassesse de l'expression s'y joint à une indifférence qu'on n'attendait pas d'un homme amoureux ; on ne parlerait pas ainsi de la mort d'une personne qu'on connaîtrait à peine : il croit que sa maîtresse est assassinée, et il dit : *Pauvre princesse !* (V.)

[3] Enchérit encore sur cette faute. (V.)

ACTE IV, SCÈNE VI.

De vous, de qui l'amour, rebelle à mes desirs,
S'oppose à ma vengeance, et détruit mes plaisirs.

SÉLEUCUS.

De moi?

CLÉOPATRE.

De toi, perfide! Ignore, dissimule
Le mal que tu dois craindre et le feu qui te brûle;
Et si pour l'ignorer tu crois t'en garantir,
Du moins en l'apprenant commence à le sentir.
Le trône étoit à toi par le droit de naissance;
Rodogune avec lui tomboit en ta puissance;
Tu devois l'épouser, tu devois être roi!
Mais comme ce secret n'est connu que de moi,
Je puis, comme je veux, tourner le droit d'aînesse,
Et donne à ton rival ton sceptre et ta maîtresse.

SÉLEUCUS.

A mon frère?

CLÉOPATRE.

C'est lui que j'ai nommé l'aîné.

SÉLEUCUS.

Vous ne m'affligez point de l'avoir couronné;
Et, par une raison qui vous est inconnue,
Mes propres sentiments vous avoient prévenue :
Les biens que vous m'ôtez n'ont point d'attraits si doux [1]
Que mon cœur n'ait donnés à ce frère avant vous [2];
Et, si vous bornez là toute votre vengeance,
Vos desirs et les miens seront d'intelligence.

CLÉOPATRE.

C'est ainsi qu'on déguise un violent dépit;

---

[1] *N'ait donnés* se rapporte aux *attraits si doux* : mais ce ne sont pas les attraits si doux qu'il a donnés à son frère, ce sont *les biens*. (V.)

[2] VAR. Que mon cœur n'ait cédés à ce frère avant vous.

C'est ainsi qu'une feinte au dehors l'assoupit [1],
Et qu'on croit amuser de fausses patiences
Ceux dont en l'ame on craint les justes défiances [2].

SÉLEUCUS.

Quoi! je conserverois quelque courroux secret!

CLÉOPATRE.

Quoi! lâche, tu pourrois la perdre sans regret,
Elle de qui les dieux te donnoient l'hyménée,

---

[1] Var. C'est ainsi qu'au dehors il trame et s'assoupit,
   Et qu'il croit amuser de fausses patiences
   Ceux dont il veut guérir les justes défiances.

[2] Cléopâtre est-elle habile? Elle veut trop persuader à Séleucus qu'il doit s'affliger; c'est lui faire voir qu'en effet elle veut l'affliger, et l'animer contre son frère; mais ses paroles n'ont pas un sens net. Qu'est-ce *qu'une feinte* qui *assoupit au dehors*, et de *fausses patiences* qui *amusent ceux dont on craint en l'ame des défiances*? Comment l'auteur de *Cinna* a-t-il pu écrire dans un style si incorrect et si peu noble? (V.) — Sans vouloir absolument justifier les vers de Corneille, nous dirons que les plus beaux vers ne résisteraient pas à une traduction en prose faite dans le système employé ici par le commentateur. Qu'est-ce, par exemple, qu'*oublier dans un sein en liberté sa fierté?* Qu'est-ce qu'une *confidence qui prend un visage sévère tel que d'un empereur, et qui met des secrets entre des mains?* Toutes ces phrases se trouvent cependant dans des vers que La Harpe place au rang *des plus parfaits* de notre langue :

>   Il s'épanchoit en fils qui vient en liberté
>   Dans le sein de sa mère oublier sa fierté.
>   Mais bientôt reprenant un visage sévère,
>   Tel que d'un empereur qui consulte sa mère,
>   Sa confidence auguste a mis entre mes mains
>   Des secrets d'où dépend le destin des humains.
>   (*Britann.*, act. V, sc. III.)

Règle générale : lorsqu'on met des vers en prose, ce n'est pas pour en parodier les images, mais pour s'assurer si une période un peu longue est correcte, et si chaque proposition a son sujet et son attribut. (A.-M.)

Elle dont tu plaignois la perte imaginée?
SÉLEUCUS.
Considérer sa perte avec compassion,
Ce n'est pas aspirer à sa possession.
CLÉOPATRE.
Que la mort la ravisse, ou qu'un rival l'emporte,
La douleur d'un amant est également forte;
Et tel qui se console après l'instant fatal [1],
Ne sauroit voir son bien aux mains de son rival :
Piqué jusques au vif, il tâche à le reprendre;
Il fait de l'insensible, afin de mieux surprendre;
D'autant plus animé, que ce qu'il a perdu
Par rang ou par mérite à sa flamme étoit dû [2].
SÉLEUCUS.
Peut-être; mais enfin par quel amour de mère
Pressez-vous tellement ma douleur contre un frère ?
Prenez-vous intérêt à la faire éclater?
CLÉOPATRE.
J'en prends à la connoître, et la faire avorter;
J'en prends à conserver malgré toi mon ouvrage
Des jaloux attentats de ta secrète rage.
SÉLEUCUS.
Je le veux croire ainsi; mais quel autre intérêt
Nous fait tous deux aînés quand et comme il vous plaît?

[1] Var. Et tel qui se console après un coup fatal.

[2] Tout cela est très mal exprimé, et est d'un style familier et bas. *Une chose due par rang* n'est pas français. Le reste de la scène est plus naturel et mieux écrit; mais Séleucus ne dit rien qui doive faire prendre à sa mère la résolution de l'assassiner : un si grand crime doit au moins être nécessaire. Pourquoi Séleucus ne prend-il pas des mesures contre sa mère, comme il l'avait proposé à Antiochus? En ce cas, Cléopâtre aurait quelque raison qui semblerait colorer ses crimes. (V.)

Qui des deux vous doit croire, et par quelle justice
Faut-il que sur moi seul tombe tout le supplice,
Et que du même amour dont nous sommes blessés
Il soit récompensé, quand vous m'en punissez?

CLÉOPATRE.

Comme reine, à mon choix je fais justice ou grace;
Et je m'étonne fort d'où vous vient cette audace,
D'où vient qu'un fils, vers moi noirci de trahison,
Ose de mes faveurs me demander raison.

SÉLEUCUS.

Vous pardonnerez donc ces chaleurs indiscrètes :
Je ne suis point jaloux du bien que vous lui faites;
Et je vois quel amour vous avez pour tous deux,
Plus que vous ne pensez, et plus que je ne veux :
Le respect me défend d'en dire davantage.
Je n'ai ni faute d'yeux, ni faute de courage,
Madame; mais enfin n'espérez voir en moi [1]
Qu'amitié pour mon frère, et zèle pour mon roi.
Adieu.

SCÈNE VII.

CLÉOPATRE.

De quel malheur suis-je encore capable [2] !
Leur amour m'offensoit, leur amitié m'accable;
Et contre mes fureurs je trouve en mes deux fils
Deux enfants révoltés et deux rivaux unis.

---

[1] Var. Non, madame; et jamais vous ne verrez en moi.

[2] On est capable d'une résolution, d'une action vertueuse ou criminelle; on n'est point capable d'un malheur. (V.)

Quoi! sans émotion perdre trône et maîtresse!
Quel est ici ton charme, odieuse princesse?
Et par quel privilége, allumant de tels feux,
Peux-tu n'en prendre qu'un, et m'ôter tous les deux [1]?
N'espère pas pourtant triompher de ma haine :
Pour régner sur deux cœurs, tu n'es pas encor reine.
Je sais bien qu'en l'état où tous deux je les voi,
Il me les faut percer pour aller jusqu'à toi :
Mais n'importe; mes mains sur le père enhardies
Pour un bras refusé sauront prendre deux vies;
Leurs jours également sont pour moi dangereux :
J'ai commencé par lui, j'achèverai par eux [2].

Sors de mon cœur, nature, ou fais qu'ils m'obéissent :
Fais-les servir ma haine, ou consens qu'ils périssent.

---

[1] Elle veut dire, *en n'en prenant qu'un;* car Rodogune ne pouvait pas prendre deux maris. Cette antithèse, *en prendre un, et en ôter deux,* est recherchée. J'ai déja remarqué que l'antithèse est trop familière à la poésie française : ce pourrait bien être la faute de la langue, qui n'a point le nombre et l'harmonie de la latine et de la grecque; c'est encore plus notre faute : nous ne travaillons pas assez nos vers, nous n'avons pas assez d'attention au choix des paroles, nous ne luttons pas assez contre les difficultés. (V.)

[2] Je ne sais si on sera de mon sentiment, mais je ne vois aucune nécessité pressante qui puisse forcer Cléopâtre à se défaire de ses deux enfants. Antiochus est doux et soumis : Séleucus ne la point menacée. J'avoue que son atrocité me révolte; et, quelque méchant que soit le genre humain, je ne crois pas qu'une telle résolution soit dans la nature. Si ces deux enfants avaient comploté de la faire enfermer, comme ils le devaient, peut-être la fureur pouvait rendre Cléopâtre un peu excusable; mais une femme qui de sang-froid se résout à assassiner un de ses fils et à empoisonner l'autre, n'est pour moi qu'un monstre qui me dégoûte : cela est plus atroce que tragique; il faut toujours, à mon avis, qu'un grand crime ait quelque chose d'excusable. (V.)

Mais déja l'un a vu que je les veux punir.
Souvent qui tarde trop se laisse prévenir.
Allons chercher le temps d'immoler mes victimes,
Et de me rendre heureuse à force de grands crimes[1].

[1] Var. Et de nous rendre heureuse à force de grands crimes.

FIN DU QUATRIÈME ACTE.

ACTE CINQUIÈME.

SCÈNE I.

CLÉOPATRE.

Enfin, graces aux dieux, j'ai moins d'un ennemi [1].
La mort de Séleucus m'a vengée à demi ;
Son ombre, en attendant Rodogune et son frère,
Peut déja de ma part les promettre à son père [2] :
Ils le suivront de près, et j'ai tout préparé
Pour réunir bientôt ce que j'ai séparé.

[1] Il n'est point de serpent, ni de monstre odieux,
Qui, par l'art imité, ne puisse plaire aux yeux.

Il faut bien que cela soit ainsi, puisque le public écoute encore, non sans plaisir, ce monologue. Je ne puis trahir ma pensée jusqu'à déguiser la peine qu'il me fait : je trouve sur-tout cette exclamation, *graces aux dieux,* aussi déplacée qu'horrible. *Graces aux dieux, je viens d'égorger mon fils, de qui je n'avois nul sujet de me plaindre :* mais enfin je conçois que cette détestable fermeté de Cléopâtre peut attacher, et sur-tout qu'on est très curieux de savoir comment Cléopâtre réussira ou succombera ; c'est là ce qui fait, à mon avis, le grand mérite de cette pièce. (V.) — *J'ai moins d'un ennemi.* Il faudrait *j'ai un ennemi de moins.* La phrase de Corneille signifierait, à la rigueur, que Cléopâtre n'a pas d'ennemi du tout. (A.-M.)

[2] *De ma part* est une expression familière ; mais, ainsi placée, elle devient fière et tragique : c'est là le grand art de la diction. Il serait à souhaiter que Corneille l'eût employé souvent ; mais il serait à souhaiter aussi que la rage de Cléopâtre pût avoir quelque excuse au moins apparente. (V.)

O toi, qui n'attends plus que la cérémonie
Pour jeter à mes pieds ma rivale punie,
Et par qui deux amants vont d'un seul coup du sort
Recevoir l'hyménée, et le trône, et la mort ;
Poison, me sauras-tu rendre mon diadème [1] ?
Le fer m'a bien servie, en feras-tu de même ?
Me seras-tu fidèle ? Et toi, que me veux-tu [2],
Ridicule retour d'une sotte vertu,
Tendresse dangereuse autant comme importune [3] ?
Je ne veux point pour fils l'époux de Rodogune,
Et ne vois plus en lui les restes de mon sang,
S'il m'arrache du trône et la met en mon rang [4].
   Reste du sang ingrat d'un époux infidèle,
Héritier d'une flamme envers moi criminelle,
Aime mon ennemie, et péris comme lui.
Pour la faire tomber j'abattrai son appui.
Aussi bien sous mes pas c'est creuser un abyme,
Que retenir ma main sur la moitié du crime ;

---

[1] J'avoue encore que je n'aime point cette apostrophe au *poison* : on ne parle point à un *poison* ; c'est une déclamation de rhéteur ; une reine ne s'avise guère de prodiguer ces figures recherchées. Vous ne trouverez point de ces apostrophes dans Racine. (V.) — Monime, dans *Mithridate,* apostrophe le bandeau royal, dont elle voulait faire un instrument de mort, et qui a mal servi son désespoir :

   Et toi, fatal tissu, malheureux diadème, etc. (P.)

[2] . . . . . . Et toi, que me veux-tu,
   Ridicule retour d'une sotte vertu ?

n'est pas de même ; rien n'est plus bas, ni même plus mal placé : Cléopâtre n'a point de vertu ; son ame exécrable n'a pas hésité un instant. Ce mot *sotte* doit être évité. (V.)

[3] *Autant comme* n'est pas français ; on l'a déjà observé ailleurs. (V.) — *Autant comme* était français du temps de Corneille. (A.-M.)

[4] Var. S'il m'arrache du trône, et la met à mon rang.

ACTE V, SCÈNE I.

Et, te faisant mon roi, c'est trop me négliger,
Que te laisser sur moi père et frère à venger.
Qui se venge à demi court lui-même à sa peine :
Il faut ou condamner ou couronner sa haine[1].
Dût le peuple en fureur pour ses maîtres nouveaux
De mon sang odieux arroser leurs tombeaux,
Dût le Parthe vengeur me trouver sans défense,
Dût le ciel égaler le supplice à l'offense,
Trône, à t'abandonner je ne puis consentir;
Par un coup de tonnerre il vaut mieux en sortir;
Il vaut mieux mériter le sort le plus étrange[2].
Tombe sur moi le ciel, pourvu que je me venge[3]?
J'en recevrai le coup d'un visage remis :
Il est doux de périr après ses ennemis;

---

[1] Ces sentences au moins doivent être claires et fortes; mais ici le mot de *haine* est faible, et *couronner sa haine* ne donne pas une idée nette. (V.) — *Couronner sa haine*, c'est l'achever, c'est la pousser à ses dernières conséquences : le mot nous paraît aussi heureux que poétique. (A.-M.)

Après ce vers, se trouvaient les quatre suivants, que Corneille a supprimés :

> Cette sorte de plaie est trop longue à saigner
> Pour en vivre impunie, à moins que de régner.
> Régnons donc, aux dépens de l'une et l'autre vie;
> Et dût être leur mort de ma perte suivie.

[2] *Il vaut mieux mériter*, etc. Il est bien plus étrange qu'un vers si oiseux et si faible se trouve entre deux vers si beaux et si forts. Plaignons la stérilité de nos rimes dans le genre noble; nous n'en avons qu'un très petit nombre, et l'embarras de trouver une rime convenable fait souvent beaucoup de tort au génie; mais aussi, quand cette difficulté est toujours surmontée, le génie alors brille dans toute sa perfection. (V.)

[3] On sait bien que le ciel ne peut tomber sur une personne; mais cette idée, quoique très fausse, était reçue du vulgaire; elle exprime toute la fureur de Cléopâtre, elle fait frémir. (V.)
— C'est un souvenir du *si fractus illabatur orbis* d'Horace. (A.-M.)

Et, de quelque rigueur que le destin me traite,
Je perds moins à mourir qu'à vivre leur sujette [1].
  Mais voici Laonice; il faut dissimuler [2]
Ce que le seul effet doit bientôt révéler.

SCÈNE II.

CLÉOPATRE, LAONICE.

CLÉOPATRE.
Viennent-ils, nos amants?
LAONICE.
                  Ils approchent, madame [3].
On lit dessus leur front l'allégresse de l'ame;
L'amour s'y fait paroître avec la majesté;
Et, suivant le vieil ordre en Syrie usité,
D'une grace en tous deux tout auguste et royale,
Ils viennent prendre ici la coupe nuptiale,
Pour s'en aller au temple, au sortir du palais,
Par les mains du grand-prêtre être unis à jamais [4] :
C'est là qu'il les attend pour bénir l'alliance.
Le peuple tout ravi par ses vœux le devance [5],

---

[1] VAR. Mourir est toujours moins que vivre leur sujette.

[2] Ces avertissements au parterre ne sont plus permis; on s'est aperçu qu'il y a très peu d'art à dire, *je vais agir avec art :* on doit assez s'apercevoir que Cléopâtre dissimule, sans qu'elle dise, *je vais dissimuler.* (V.)

[3] Cette description que fait Laonice, toute simple qu'elle est, me paraît un grand coup de l'art; elle intéresse pour les deux époux; c'est un beau contraste avec la rage de Cléopâtre. Ce moment excite la crainte et la pitié; et voilà la vraie tragédie. (V.)

[4] On sent assez la dureté de ces sons, *grand-prêtre, être;* il est aisé de substituer le mot de *pontife.* (V.)

[5] Ce vers est un peu trop du style de la comédie. Il ne faut

ACTE V, SCÈNE III.

Et pour eux à grands cris demande aux immortels
Tout ce qu'on leur souhaite au pied de leurs autels,
Impatient pour eux que la cérémonie
Ne commence bientôt, ne soit bientôt finie.
Les Parthes à la foule aux Syriens mêlés [1],
Tous nos vieux différends de leur ame exilés,
Font leur suite assez grosse, et d'une voix commune
Bénissent à l'envi le prince et Rodogune.
Mais je les vois déja : madame, c'est à vous
A commencer ici des spectacles si doux.

SCÈNE III.

CLÉOPATRE, ANTIOCHUS, RODOGUNE, ORONTE, LAONICE, TROUPE DE PARTHES ET DE SYRIENS.

CLÉOPATRE.

Approchez, mes enfants ; car l'amour maternelle,
Madame, dans mon cœur, vous tient déja pour telle [2] ;
Et je crois que ce nom ne vous déplaira pas.

RODOGUNE.

Je le chérirai même au-delà du trépas.

---

pas croire que ces petites négligences puissent diminuer en rien
le grand intérêt de cette situation, la majesté du spectacle, et la
beauté de presque tout ce cinquième acte, considéré en lui-même
indépendamment des quatre premiers. (V.)

[1] Il faut *en foule*. (V.)

[2] Quoi! après avoir demandé, il y a deux heures, la tête de
Rodogune, elle leur parle d'*amour maternelle!* cela n'est-il pas
trop outré? Rodogune ne peut-elle pas regarder ce mot comme
une ironie? Il n'y a point de réconciliation formelle, les deux
princesses ne se sont point vues. (V.) — Elles ont pu se voir

Il m'est trop doux, madame; et tout l'heur que j'espère,
C'est de vous obéir et respecter en mère.

CLÉOPATRE.

Aimez-moi seulement; vous allez être rois,
Et s'il faut du respect, c'est moi qui vous le dois.

ANTIOCHUS.

Ah! si nous recevons la suprême puissance,
Ce n'est pas pour sortir de votre obéissance :
Vous régnerez ici quand nous y régnerons,
Et ce seront vos lois que nous y donnerons.

CLÉOPATRE.

J'ose le croire ainsi : mais prenez votre place;
Il est temps d'avancer ce qu'il faut que je fasse.

(Ici Antiochus s'assied dans un fauteuil, Rodogune à sa gauche, en même rang, et Cléopâtre à sa droite, mais en rang inférieur, et qui marque quelque inégalité. Oronte s'assied aussi à la gauche de Rodogune, avec la même différence; et Cléopâtre, cependant qu'ils prennent leurs places, parle à l'oreille de Laonice, qui s'en va querir une coupe pleine de vin empoisonné. Après qu'elle est partie, Cléopâtre continue :)

Peuple qui m'écoutez, Parthes et Syriens,
Sujets du roi son frère, ou qui fûtes les miens [1],
Voici de mes deux fils celui qu'un droit d'aînesse
Élève dans le trône, et donne à la princesse.
Je lui rends cet état que j'ai sauvé pour lui,
Je cesse de régner; il commence aujourd'hui.
Qu'on ne me traite plus ici de souveraine :
Voici votre roi, peuple, et voilà votre reine.
Vivez pour les servir, respectez-les tous deux,
Aimez-les, et mourez, s'il est besoin, pour eux.
Oronte, vous voyez avec quelle franchise

dans l'entr'acte. D'ailleurs Cléopâtre ne sait pas que Rodogune est instruite de son projet de la faire assassiner. (A.-M.)

[1] VAR. Sujets du roi son frère, et qui fûtes les miens.

Je leur rends ce pouvoir dont je me suis démise :
Prêtez les yeux au reste ¹, et voyez les effets
Suivre de point en point les traités de la paix.

(Laonice revient avec une coupe à la main.)

ORONTE.

Votre sincérité s'y fait assez paroître,
Madame; et j'en ferai récit au roi mon maître.

CLÉOPATRE.

L'hymen est maintenant notre plus cher souci.
L'usage veut, mon fils, qu'on le commence ici :
Recevez de ma main la coupe nuptiale,
Pour être après unis sous la foi conjugale ;
Puisse-t-elle être un gage, envers votre moitié,
De votre amour ensemble et de mon amitié !

ANTIOCHUS, prenant la coupe.

Ciel ! que ne dois-je point aux bontés d'une mère !

CLÉOPATRE.

Le temps presse, et votre heur d'autant plus se diffère.

ANTIOCHUS, à Rodogune.

Madame, hâtons donc ces glorieux moments :
Voici l'heureux essai de nos contentements.
Mais si mon frère étoit le témoin de ma joie....

CLÉOPATRE.

C'est être trop cruel de vouloir qu'il la voie :
Ce sont des déplaisirs qu'il fait bien d'épargner;
Et sa douleur secrète a droit de l'éloigner.

ANTIOCHUS.

Il m'avoit assuré qu'il la verroit sans peine..
Mais n'importe, achevons.

---

¹ Pourquoi dit-on *prêter l'oreille*, et que *prêter les yeux* n'est pas français ? N'est-ce point qu'on peut s'empêcher à toute force d'entendre, en détournant ailleurs son attention, et qu'on ne peut s'empêcher de voir, quand on a les yeux ouverts ? (V.)

SCÈNE IV.

CLÉOPATRE, ANTIOCHUS, RODOGUNE, ORONTE, TIMAGÈNE, LAONICE, troupe.

TIMAGÈNE.

Ah! seigneur!

CLÉOPATRE.

Timagène,
Quelle est votre insolence?

TIMAGÈNE.

Ah! madame!

ANTIOCHUS, rendant la coupe à Laonice.

Parlez.

TIMAGÈNE.

Souffrez pour un moment que mes sens rappelés [1]....

ANTIOCHUS.

Qu'est-il donc arrivé?

TIMAGÈNE.

Le prince votre frère....

ANTIOCHUS.

Quoi! se voudroit-il rendre à mon bonheur contraire?

TIMAGÈNE.

L'ayant cherché long-temps, afin de divertir
L'ennui que de sa perte il pouvoit ressentir,
Je l'ai trouvé, seigneur, au bout de cette allée,

---

[1] Var. Je ne puis; la douleur a tous mes sens troublés.

ANTIOCHUS.

Quoi? qu'est-il arrivé?

TIMAGÈNE.

Le prince votre frère....

ANTIOCHUS.

Se voudroit-il bien rendre à mon bonheur contraire?

Où la clarté du ciel semble toujours voilée.
Sur un lit de gazon, de foiblesse étendu,
Il sembloit déplorer ce qu'il avoit perdu [1];
Son ame à ce penser paroissoit attachée;
Sa tête sur un bras languissamment penchée,
Immobile et rêveur, en malheureux amant [2]....

ANTIOCHUS.

Enfin que faisoit-il? achevez promptement [3].

TIMAGÈNE.

D'une profonde plaie en l'estomac ouverte,
Son sang à gros bouillons sur cette couche verte....

CLÉOPATRE.

Il est mort!

TIMAGÈNE.

Oui, madame.

CLÉOPATRE.

Ah! destins ennemis [4],

---

[1] VAR. Il sembloit soupirer ce qu'il avoit perdu.

[2] On est fâché de cette absurdité de Timagène, qui jetterait quelque ridicule sur cet événement terrible, s'il était possible d'en jeter. Peut-on dire d'un prince assassiné, qu'il est *rêveur en malheureux amant sur un lit de gazon*? Le moment est pressant et horrible. Séleucus peut avoir un reste de vie, on peut le secourir; et Timagène s'amuse à représenter un prince assassiné et baigné dans son sang, comme un berger de l'*Astrée* rêvant à sa maîtresse sur une couche verte. (V.)

[3] *Enfin que faisait ce malheureux amant rêveur? — Monsieur, il était mort.* Cela seul serait capable de faire tomber une nouvelle pièce. Mais le grand intérêt qui règne dans ce dernier acte, si différent du reste, la terreur de cette situation, et le grand nom de Corneille, couvrent ici tous les défauts. (V.)

[4] VAR.   CLÉOPATRE.
Il est mort!
    TIMAGÈNE.
Oui, madame.

Qui m'enviez le bien que je m'étois promis!
Voilà le coup fatal que je craignois dans l'ame,
Voilà le désespoir où l'a réduit sa flamme.
Pour vivre en vous perdant il avoit trop d'amour,
Madame, et de sa main il s'est privé du jour [1].

TIMAGÈNE, à Cléopâtre.

Madame, il a parlé; sa main est innocente.

CLÉOPATRE, à Timagène.

La tienne est donc coupable, et ta rage insolente [2],
Par une lâcheté qu'on ne peut égaler,
L'ayant assassiné, le fait encor parler.

ANTIOCHUS.

Timagène, souffrez la douleur d'une mère,
Et les premiers soupçons d'une aveugle colère [3].

ANTIOCHUS.

Ah! mon frère!

CLÉOPATRE.

Ah! mon fils!

RODOGUNE.

Ah! funeste hyménée!

CLÉOPATRE.

Ah! destins ennemis.

[1] VAR. Et de sa propre main il s'est privé du jour.

[2] Je ne sais s'il est bien adroit à Cléopâtre d'accuser sur-le-champ Timagène; mais, comme elle craint d'être accusée, elle se hâte de faire retomber le soupçon sur un autre, quelque peu vraisemblable que soit ce soupçon : d'ailleurs son trouble est une excuse. On peut remarquer que quand Timagène dit que Séleucus a parlé en mourant, la reine lui répond : *C'est donc toi qui l'as tué?* Ce n'est pas une conséquence : *il a parlé, donc tu l'as tué.* (V.) — *Sa main est innocente.* — *La tienne est donc coupable.* Non seulement cela est terrible, mais cela est logique. L'interruption de Cléopâtre, qui craint d'entendre répéter les dernières paroles de son fils, est admirable. Aussi est-elle d'un grand effet sur les spectateurs. (A.-M.)

[3] VAR. Qui cherche à qui se prendre en sa juste colère.

Comme ce coup fatal n'a point d'autres témoins,
J'en ferois autant qu'elle, à vous connoître moins [1].
Mais que vous a-t-il dit? achevez, je vous prie.

TIMAGÈNE.

Surpris d'un tel spectacle, à l'instant je m'écrie;
Et soudain à mes cris, ce prince, en soupirant,
Avec assez de peine entr'ouvre un œil mourant;
Et ce reste égaré de lumière incertaine [2]
Lui peignant son cher frère au lieu de Timagène,
Rempli de votre idée, il m'adresse pour vous
Ces mots où l'amitié règne sur le courroux :
« Une main qui nous fut bien chère
« Venge ainsi le refus d'un coup trop inhumain [3].

Vous avez vu sa mort; et, sans autres témoins.

[1] Cet *à* n'est pas français; il faut, *si je vous connaissais moins;* mais pourquoi soupçonnerait-il Timagène? ne devrait-il pas plutôt soupçonner Cléopâtre, qu'il sait être capable de tout? (V.) — Cela est dans le caractère d'Antiochus. Il cherche à excuser sa mère. (A.-M.)

[2] VAR. Puis, arrêtant sur moi ce reste de lumière,
   Au lieu de Timagène, il croit voir son cher frère;
   Et, plein de votre idée, il m'adresse pour vous.

[3] Plusieurs critiques ont trouvé qu'il n'est pas naturel que Séleucus en mourant ait prononcé quatre vers entiers sans nommer sa mère; ils disent que cet artifice est trop ajusté au théâtre : ils prétendent que, s'il a été frappé à la poitrine par sa mère, il devait se défendre; qu'un prince ne se laisse pas tuer ainsi par une femme; et que, s'il a été assassiné par un autre, envoyé par sa mère, il ne doit pas dire que c'est *une main chère;* qu'enfin Antiochus, au récit de cette aventure, devrait courir sur le lieu. C'est au lecteur à peser la valeur de toutes ces critiques. La dernière critique sur-tout ne souffre point de réponse : Antiochus aimait tendrement son frère; ce frère est assassiné, et Antiochus achève tranquillement la cérémonie de son mariage. Rien n'est moins naturel et plus révoltant. Son premier soin doit être de courir sur le lieu, de voir si en effet son frère est mort,

« Régnez; et sur-tout, mon cher frère,
« Gardez-vous de la même main.
« C'est.... » La parque à ce mot lui coupe la parole ;
Sa lumière s'éteint, et son ame s'envole :
Et moi, tout effrayé d'un si tragique sort,
J'accours pour vous en faire un funeste rapport.

ANTIOCHUS.

Rapport vraiment funeste, et sort vraiment tragique,
Qui va changer en pleurs l'allégresse publique.
O frère, plus aimé que la clarté du jour,
O rival, aussi cher que m'étoit mon amour,
Je te perds, et je trouve en ma douleur extrême
Un malheur dans ta mort plus grand que ta mort même.
O de ses derniers mots fatale obscurité !
En quel gouffre d'horreur m'as-tu précipité ?
Quand j'y pense chercher la main qui l'assassine,
Je m'impute à forfait tout ce que j'imagine ;
Mais aux marques enfin que tu m'en viens donner,
Fatale obscurité ! qui dois-je en soupçonner ?
« Une main qui nous fut bien chère ! »
Madame, est-ce la vôtre, ou celle de ma mère [1] ?

si on peut lui donner quelque secours ; mais le parterre s'aperçoit à peine de cette invraisemblance : il est impatient de savoir comment Cléopâtre se justifiera. (V.)

[1] Il n'y a point de situation plus forte; il n'y en a point où l'on ait porté plus loin la terreur, et cette incertitude effrayante qui serre l'ame dans l'attente d'un événement qui ne peut être que tragique. Ces mots terribles :

« Une main qui nous fut bien chère ! »
Madame, est-ce la vôtre, ou celle de ma mère ?

Ces mots font frémir; et ce qui mérite encore plus d'éloges, c'est que la situation est aussi bien dénouée qu'elle est fortement conçue. Cléopâtre, avalant elle-même le poison préparé pour son fils et pour Rodogune, et se flattant encore de vivre assez pour

ACTE V, SCÈNE IV.

Vous vouliez toutes deux un coup trop inhumain ;
Nous vous avons tous deux refusé notre main :
Qui de vous s'est vengée? est-ce l'une, est-ce l'autre,
Qui fait agir la sienne au refus de la nôtre?
Est-ce vous qu'en coupable il me faut regarder?
Est-ce vous désormais dont je me dois garder [1] ?

les voir périr avec elle, forme un dénouement admirable. Il faut bien qu'il le soit, puisqu'il a fait pardonner les étranges invraisemblances sur lesquelles il est fondé, et qui ne peuvent pas avoir d'autre excuse. Ceux qui ont cru, bien mal-à-propos, que la gloire de Corneille était intéressée à ce qu'on justifiât ses fautes, ont fait de vains efforts pour pallier celles du plan de *Rodogune*. Pour en venir à bout, il faudrait pouvoir dire : Il est dans l'ordre des choses vraisemblables que, d'un côté, une mère propose à ses deux fils, à deux princes reconnus sensibles et vertueux, d'assassiner leur maîtresse, et que, d'un autre côté, dans le même jour, cette même maîtresse, qui n'est point représentée comme une femme atroce, propose à deux jeunes princes dont elle connaît la vertu d'assassiner leur mère. Comme il est impossible d'accorder cette assertion avec le bon sens, il vaut beaucoup mieux abandonner une apologie insoutenable, et laisser à Corneille le soin de se défendre lui-même. Il s'y prend mieux que ses défenseurs : il a fait le cinquième acte. Souvenons-nous donc une bonne fois, et pour toujours, que sa gloire n'est pas de n'avoir point commis de fautes, mais d'avoir su les racheter : elle doit suffire à ce créateur de la scène française. (LA H.)

[1] Cette situation est sans doute des plus théâtrales, elle ne permet pas aux spectateurs de respirer. Quelques personnes plus difficiles peuvent trouver mauvais qu'Antiochus soupçonne Rodogune qu'il adore, et qui n'avait assurément aucun intérêt à tuer Séleucus ; d'ailleurs quand l'aurait-elle assassiné? on faisait les préparatifs de la cérémonie ; Rodogune devait être accompagnée d'une nombreuse cour ; l'ambassadeur Oronte ne l'a pas sans doute quittée ; son amant était auprès d'elle : une princesse qu'on va marier se dérobe-t-elle à tout ce qui l'entoure, sort-elle seule du palais, pour aller au bout d'une allée sombre assassiner son beau-frère, auquel elle ne pense seulement pas? Il est très

CLÉOPATRE.

Quoi! vous me soupçonnez!

RODOGUNE.

Quoi! je vous suis suspecte!

ANTIOCHUS.

Je suis amant et fils, je vous aime et respecte;
Mais quoi que sur mon cœur puissent des noms si doux,
A ces marques enfin je ne connois que vous.
As-tu bien entendu? dis-tu vrai, Timagène?

TIMAGÈNE.

Avant qu'en soupçonner la princesse ou la reine[1],
Je mourrois mille fois; mais enfin mon récit
Contient, sans rien de plus, ce que le prince a dit.

ANTIOCHUS.

D'un et d'autre côté l'action est si noire,
Que, n'en pouvant douter, je n'ose encor la croire.
    O quiconque des deux avez versé son sang,
Ne vous préparez plus à me percer le flanc.
Nous avons mal servi vos haines mutuelles,

---

beau qu'Antiochus puisse balancer entre sa maîtresse et sa mère; mais malheureusement on ne pouvait guère amener cette belle situation qu'aux dépens de la vraisemblance. Le succès prodigieux de cette scène est une grande réponse à tous ces critiques qui disent à un auteur : *Ceci n'est pas assez fondé, cela n'est pas assez préparé.* L'auteur répond : *J'ai touché, j'ai enlevé le public;* l'auteur a raison, tant que le public applaudit. Il est pourtant infiniment mieux de s'astreindre à la plus exacte vraisemblance; par-là on plaît toujours, non seulement au public assemblé, qui sent plus qu'il ne raisonne, mais aux critiques éclairés qui jugent dans le cabinet : c'est même le seul moyen de conserver une réputation pure dans la postérité. (V.)

[1] Var. Avant qu'en soupçonner ou madame ou la reine,
. . . .
Contient, seigneur, sans plus, ce que le prince a dit.

ACTE V, SCÈNE IV.

Aux jours l'une de l'autre également cruelles [1] ;
Mais si j'ai refusé ce détestable emploi,
Je veux bien vous servir toutes deux contre moi :
Qui que vous soyez donc, recevez une vie
Que déja vos fureurs m'ont à demi ravie.

RODOGUNE.

Ah! seigneur, arrêtez.

TIMAGÈNE.

Seigneur, que faites-vous?

ANTIOCHUS.

Je sers ou l'une ou l'autre, et je préviens ses coups.

CLÉOPATRE.

Vivez, régnez heureux.

ANTIOCHUS.

Otez-moi donc de doute,
Et montrez-moi la main qu'il faut que je redoute [2],
Qui pour m'assassiner ose me secourir,
Et me sauve de moi pour me faire périr.
Puis-je vivre et traîner cette gêne éternelle [3],
Confondre l'innocente avec la criminelle,
Vivre, et ne pouvoir plus vous voir sans m'alarmer,
Vous craindre toutes deux, toutes deux vous aimer?
Vivre avec ce tourment, c'est mourir à toute heure.
Tirez-moi de ce trouble, ou souffrez que je meure,

---

[1] *Des haines cruelles aux jours l'une de l'autre*; cela n'est pas français. (V.)

[2] VAR. Et me montrez la main qu'il faut que je redoute.

[3] On ne traîne point une gêne; mais le discours d'Antiochus est si beau, que cette légère faute n'est pas sensible. (V.) — Il n'y a point de faute. *Gêne* est pris ici dans le sens de torture morale, sens qu'il avait alors. (A.-M.)

VAR. Puis-je vivre et traîner le soupçon qui m'accable,
Confondre l'innocente avecque la coupable.

Et que mon déplaisir, par un coup généreux [1],
Épargne un parricide à l'une de vous deux.

CLÉOPATRE.

Puisque le même jour que ma main vous couronne
Je perds un de mes fils, et l'autre me soupçonne,
Qu'au milieu de mes pleurs, qu'il devroit essuyer,
Son peu d'amour me force à me justifier,
Si vous n'en pouvez mieux consoler une mère
Qu'en la traitant d'égal [2] avec une étrangère,
Je vous dirai, seigneur (car ce n'est plus à moi
A nommer autrement et mon juge et mon roi),
Que vous voyez l'effet de cette vieille haine
Qu'en dépit de la paix me garde l'inhumaine,
Qu'en son cœur du passé soutient le souvenir,
Et que j'avois raison de vouloir prévenir.
Elle a soif de mon sang, elle a voulu l'épandre [3] :
J'ai prévu d'assez loin ce que j'en viens d'apprendre;
Mais je vous ai laissé désarmer mon courroux.

(à Rodogune.)

Sur la foi de ses pleurs je n'ai rien craint de vous [4],

---

[1] Il faudrait *désespoir* plutôt que *déplaisir*. (V.) — Le mot *déplaisir*, qui n'exprime plus qu'une légère contrariété, était alors, du moins en poésie, synonyme de *douleur, chagrin*. (A.-M.)

[2] *Traiter d'égal* était alors une phrase faite pour les deux genres. On écrirait aujourd'hui : *traiter d'égale*. (Par.)

[3] *Épandre* était un terme heureux qu'on employait au besoin, au lieu de *répandre;* ce mot a vieilli. (V.) — C'est une erreur; le mot n'a pas vieilli. On le trouve dans tous les bons écrivains du siècle de Louis XIV, et dans Voltaire lui-même, qui a dit dans la Henriade :

De noirs torrents de soufre *épandus* dans les airs. (A.-M.)

[4] Ce plaidoyer de Cléopâtre n'est pas sans adresse; mais ce vain artifice doit être senti par Antiochus, qui ne peut en aucune façon soupçonner Rodogune. (V.)

Madame; mais, ô dieux! quelle rage est la vôtre!
Quand je vous donne un fils, vous assassinez l'autre,
Et m'enviez soudain l'unique et foible appui
Qu'une mère opprimée eût pu trouver en lui!
Quand vous m'accablerez, où sera mon refuge?
Si je m'en plains au roi, vous possédez mon juge;
Et s'il m'ose écouter, peut-être, hélas! en vain
Il voudra se garder de cette même main.
Enfin je suis leur mère, et vous leur ennemie;
J'ai recherché leur gloire, et vous leur infamie;
Et si je n'eusse aimé ces fils que vous m'ôtez,
Votre abord en ces lieux les eût déshérités.
C'est à lui maintenant, en cette concurrence,
A régler ses soupçons sur cette différence,
A voir de qui des deux il doit se défier,
Si vous n'avez un charme à vous justifier[1].

RODOGUNE, à Cléopâtre.

Je me défendrai mal : l'innocence étonnée
Ne peut s'imaginer qu'elle soit soupçonnée;
Et n'ayant rien prévu d'un attentat si grand,
Qui l'en veut accuser sans peine la surprend[2].

Je ne m'étonne point de voir que votre haine
Pour me faire coupable a quitté Timagène.

---

[1] Cela n'est pas français, et ce dernier vers ne finit pas heureusement une si belle tirade. (V.)

[2] On n'a rien à dire sur ces deux plaidoyers de Cléopâtre et de Rodogune. Ces deux princesses parlent toutes deux comme elles doivent parler. La réponse de Rodogune est beaucoup plus forte que le discours de Cléopâtre, et elle doit l'être : il n'y a rien à y répliquer, elle porte la conviction; et Antiochus devrait en être tellement frappé, qu'il ne devrait peut-être pas dire : *Non, je n'écoute rien;* car, comment ne pas écouter de si bonnes raisons? Mais j'ose dire que le parti que prend Antiochus est infiniment plus théâtral que s'il était simplement raisonnable. (V.)

Au moindre jour ouvert de tout jeter sur moi,
Son récit s'est trouvé digne de votre foi.
Vous l'accusiez pourtant, quand votre ame alarmée
Craignoit qu'en expirant ce fils vous eût nommée :
Mais de ses derniers mots voyant le sens douteux,
Vous avez pris soudain le crime entre nous deux.
Certes, si vous voulez passer pour véritable
Que l'une de nous deux de sa mort soit coupable,
Je veux bien par respect ne vous imputer rien ;
Mais votre bras au crime est plus fait que le mien ;
Et qui sur un époux fit son apprentissage
A bien pu sur un fils achever son ouvrage.
Je ne dénierai point, puisque vous les savez,
De justes sentiments dans mon ame élevés :
Vous demandiez mon sang ; j'ai demandé le vôtre[1] :
Le roi sait quels motifs ont poussé l'une et l'autre ;
Comme par sa prudence il a tout adouci,
Il vous connoît peut-être, et me connoît aussi.

(à Antiochus.)

Seigneur, c'est un moyen de vous être bien chère
Que pour don nuptial vous immoler un frère :
On fait plus ; on m'impute un coup si plein d'horreur,
Pour me faire un passage à vous percer le cœur.

(à Cléopâtre.)

Où fuirois-je de vous après tant de furie,
Madame? et que feroit toute votre Syrie,
Où seule, et sans appui contre mes attentats,
Je verrois...? Mais, seigneur, vous ne m'écoutez pas.

ANTIOCHUS.

Non, je n'écoute rien ; et dans la mort d'un frère

[1] Voilà ce qui justifierait le rôle tragique de Rodogune, lors même qu'elle aurait sérieusement demandé le meurtre de Cléopâtre. (A.-M.)

ACTE V, SCÈNE IV.

Je ne veux point juger entre vous et ma mère :
Assassinez un fils, massacrez un époux,
Je ne veux me garder ni d'elle ni de vous.
  Suivons aveuglément ma triste destinée ;
Pour m'exposer à tout, achevons l'hyménée.
Cher frère, c'est pour moi le chemin du trépas ;
La main qui t'a percé ne m'épargnera pas ;
Je cherche à te rejoindre, et non à m'en défendre,
Et lui veux bien donner tout lieu de me surprendre :
Heureux si sa fureur qui me prive de toi
Se fait bientôt connoître en achevant sur moi [1],
Et si du ciel, trop lent à la réduire en poudre,
Son crime redoublé peut arracher la foudre !
Donnez-moi....

RODOGUNE, l'empêchant de prendre la coupe.

Quoi, seigneur !

ANTIOCHUS.

Vous m'arrêtez en vain :
Donnez.

RODOGUNE.

Ah ! gardez-vous de l'une et l'autre main !
Cette coupe est suspecte, elle vient de la reine [2] ;
Craignez de toutes deux quelque secrète haine.

[1] *En achevant sur moi* dépare un peu ce morceau, qui est très beau ; *achevant* demande absolument un régime. *Tout lieu de me surprendre* est trop faible ; *réduire en poudre*, trop commun. (V.)
— *Achever* n'exige pas plus de régime que *commencer*. On dit très bien : *Achevez donc, puisque vous avez commencé.* (A.-M.)

[2] Var. Cette coupe est suspecte, elle vient de la sienne ;
  Ne prenez rien, seigneur, d'elle, ni de la mienne.
      CLÉOPATRE, à Rodogune.
  Qui m'épargnoit tantôt m'accuse à cette fois !
      RODOGUNE.
  On ne peut craindre assez pour le salut des rois,
  Pour ôter tout soupçon d'une noire pratique.

CLÉOPATRE.

Qui m'épargnoit tantôt ose enfin m'accuser!

RODOGUNE.

De toutes deux, madame, il doit tout refuser.
Je n'accuse personne, et vous tiens innocente;
Mais il en faut sur l'heure une preuve évidente :
Je veux bien à mon tour subir les mêmes lois.
On ne peut craindre trop pour le salut des rois.
Donnez donc cette preuve; et, pour toute réplique,
Faites faire un essai par quelque domestique[1].

CLÉOPATRE, prenant la coupe.

Je le ferai moi-même. Eh bien, redoutez-vous
Quelque sinistre effet encor de mon courroux?
J'ai souffert cet outrage avecque patience.

ANTIOCHUS, prenant la coupe de la main de Cléopâtre,
après qu'elle a bu.

Pardonnez-lui, madame, un peu de défiance :
Comme vous l'accusez, elle fait son effort
A rejeter sur vous l'horreur de cette mort;
Et soit amour pour moi, soit adresse pour elle[2],
Ce soin la fait paroître un peu moins criminelle.
Pour moi, qui ne vois rien, dans le trouble où je suis,
Qu'un gouffre de malheurs, qu'un abyme d'ennuis,
Attendant qu'en plein jour ces vérités paroissent,

---

[1] L'action qui termine cette scène fait frémir, c'est le tragique porté au comble; on est seulement étonné que, dans les compliments d'Antiochus et de l'ambassadeur, qui terminent la pièce, Antiochus ne dise pas un mot de son frère, qu'il aimait si tendrement. Le rôle terrible de Cléopâtre et le cinquième acte feront toujours réussir cette pièce. (V.)

[2] *Soit adresse pour elle* n'est pas français; on ne peut pas dire, j'ai de l'adresse pour moi : il fallait peut-être dire, *soit intérêt pour elle*. (V.)

J'en laisse la vengeance aux dieux qui les connoissent,
Et vais sans plus tarder....

RODOGUNE.

Seigneur, voyez ses yeux
Déja tout égarés, troubles, et furieux,
Cette affreuse sueur qui court sur son visage,
Cette gorge qui s'enfle. Ah! bons dieux! quelle rage!
Pour vous perdre après elle, elle a voulu périr.

ANTIOCHUS, rendant la coupe à Laonice ou à quelque autre.

N'importe, elle est ma mère, il faut la secourir.

CLÉOPATRE.

Va, tu me veux en vain rappeler à la vie;
Ma haine est trop fidèle, et m'a trop bien servie :
Elle a paru trop tôt pour te perdre avec moi;
C'est le seul déplaisir qu'en mourant je reçoi :
Mais j'ai cette douceur dedans cette disgrace
De ne voir point régner ma rivale en ma place [1].

---

[1] *Disgrace* paraît un mot trop faible dans une aventure si effroyable; voilà ce que la nécessité de la rime entraîne : dans ces occasions, il faut changer les deux rimes.

Après ces vers, Corneille en avait ajouté huit autres que voici :

> Je n'aimois que le trône, et de son droit douteux
> J'espérois faire un don fatal à tous les deux,
> Détruire l'un par l'autre, et régner en Syrie
> Plutôt par vos fureurs que par ma barbarie.
> Ton frère, avecque toi trop fortement uni,
> Ne m'a point écoutée, et je l'en ai puni.
> J'ai cru par ce poison en faire autant du reste;
> Mais sa force, trop prompte, à moi seule est funeste.
> Règne; de crime en crime, etc.

Corneille supprima ces vers avec grande raison : une femme empoisonnée et mourante n'a pas le temps d'entrer dans ces détails; et une femme aussi forcenée que Cléopâtre ne rend point compte ainsi à ses ennemis. Les comédiens de Paris ont rétabli ces vers, pour avoir le mérite de réciter quelques vers

Règne; de crime en crime enfin te voilà roi.
Je t'ai défait d'un père, et d'un frère, et de moi :
Puisse le ciel tous deux vous prendre pour victimes,
Et laisser choir sur vous les peines de mes crimes!
Puissiez-vous ne trouver dedans votre union
Qu'horreur, que jalousie, et que confusion!
Et, pour vous souhaiter tous les malheurs ensemble,
Puisse naître de vous un fils qui me ressemble [1]!

ANTIOCHUS.

Ah! vivez pour changer cette haine en amour.

CLÉOPATRE.

Je maudirois les dieux s'ils me rendoient le jour.
Qu'on m'emporte d'ici : je me meurs, Laonice,

que personne ne connaissait. La singularité les a plus déterminés que le goût. Ils se donnent trop la licence de supprimer et d'alonger des morceaux qu'on doit laisser comme ils étaient.

On trouvera peut-être que j'ai examiné cette pièce avec des yeux trop sévères; mais ma réponse sera toujours que je n'ai entrepris ce commentaire que pour être utile; que mon dessein n'a pas été de donner de vaines louanges à un mort qui n'en a pas besoin, et à qui je donne d'ailleurs tous les éloges qui lui sont dus; qu'il faut éclairer les artistes, et non les tromper; que je n'ai pas cherché malignement à trouver des défauts; que j'ai examiné chaque pièce avec la plus grande attention; que j'ai très souvent consulté des hommes d'esprit et de goût, et que je n'ai dit que ce qui m'a paru la vérité. Admirons le génie mâle et fécond de Corneille : mais, pour la perfection de l'art, connaissons ses fautes ainsi que ses beautés. (V.)

[1] Interrogez les Muses de tous les temps, de tous les pays, elles vous répondront que l'art n'alla plus loin sur aucun théâtre de l'univers. Le public témoin de ce grand acte manifeste par son attention suivie, par ses sentiments toujours émus, que nulle condition ne manque à ce dénouement sublime pour captiver sa curiosité, attacher son intérêt, saisir sa pitié, le tenir dans la terreur, et le remplir d'un merveilleux étonnement. (LEMERCIER.)

ACTE V, SCÈNE IV.

Si tu veux m'obliger par un dernier service,
Après les vains efforts de mes inimitiés,
Sauve-moi de l'affront de tomber à leurs pieds.

(Elle s'en va, et Laonice lui aide à marcher.)

ORONTE.

Dans les justes rigueurs d'un sort si déplorable [1],
Seigneur, le juste ciel vous est bien favorable :
Il vous a préservé, sur le point de périr,
Du danger le plus grand que vous pussiez courir;
Et, par un digne effet de ses faveurs puissantes,
La coupable est punie, et vos mains innocentes.

ANTIOCHUS.

Oronte, je ne sais, dans son funeste sort,
Qui m'afflige le plus, ou sa vie, ou sa mort;
L'une et l'autre a pour moi des malheurs sans exemple :
Plaignez mon infortune. Et vous, allez au temple
Y changer l'allégresse en un deuil sans pareil,
La pompe nuptiale en funèbre appareil;
Et nous verrons après, par d'autres sacrifices,
Si les dieux voudront être à nos vœux plus propices [2].

---

[1] L'ambassadeur Oronte n'a joué dans toute la pièce qu'un rôle insipide, et il finit l'acte le plus tragique par les plus froids complimènts. (V.)

VAR. Encor dans les rigueurs d'un sort si déplorable.

[2] *Rodogune* ne ressemble pas plus à *Pompée* que *Pompée* à *Cinna*, et *Cinna* au *Cid*. C'est cette variété qui caractérise le vrai génie. Le sujet en est aussi grand et aussi terrible que celui de *Théodore* est bizarre et impraticable.

Il y eut la même rivalité entre cette *Rodogune* et celle de Gilbert, qu'on vit depuis entre la *Phèdre* de Racine et celle de Pradon. La pièce de Gilbert fut jouée quelques mois avant celle de Corneille, en 1645; elle mourut dès sa naissance, malgré la protection de Monsieur, frère de Louis XIII, et lieutenant-général du royaume, à qui Gilbert, résident de la reine Christine, la dédia. La reine de Suède et le premier prince de France ne soutinrent point ce mauvais ouvrage, comme depuis l'hôtel de Bouillon et l'hôtel de Nevers soutinrent la *Phèdre* de Pradon.

En vain le résident présente à son altesse royale, dans son épitre dédicatoire, *la généreuse Rodogune, femme et mère des deux plus grands monarques de l'Asie;* en vain compare-t-il cette *Rodogune* à Monsieur, qui cependant ne lui ressemblait en rien : ce mauvais ouvrage fut oublié du protecteur et du public.

Le privilége du résident pour sa *Rodogune* est du 8 janvier 1646; elle fut imprimée en février 1647. Le privilége de Corneille est du 17 avril 1646, et sa *Rodogune* ne fut imprimée qu'au 31 janvier 1647. Ainsi la *Rodogune* de Corneille ne parut sur le papier qu'un an ou environ après les représentations de la pièce de Gilbert, c'est-à-dire un an après que cette pièce n'existait plus.

Ce qui est étrange, c'est qu'on retrouve dans les deux tragédies précisément les mêmes situations, et souvent les mêmes sentiments, que ces situations amènent. Le cinquième acte est différent; il est terrible et pathétique dans Corneille. Gilbert crut rendre sa pièce intéressante en rendant le dénouement heureux, et il en fit l'acte le plus froid et le plus insipide qu'on pût mettre sur le théâtre.

On peut encore remarquer que Rodogune joue dans la pièce de Gilbert le rôle que Corneille donne à Cléopâtre, et que Gilbert a falsifié l'histoire.

Il est étrange que Corneille, dans sa préface, ne parle point d'une ressemblance si frappante*. Bernard de Fontenelle, dans la vie de Corneille son oncle, nous dit que Corneille ayant fait confidence du plan de sa pièce à un ami, cet ami indiscret donna le plan au résident, qui, contre le droit des gens, vola Corneille. Ce trait est peu vraisemblable; rarement un homme revêtu d'un emploi public se déshonore, et se rend ridicule pour si peu de chose : tous les mémoires du temps en auraient parlé; ce larcin aurait été une chose publique.

On parle d'un ancien roman de Rodogune : je ne l'ai pas vu; c'est, dit-on, une brochure in-8°, imprimée chez Sommaville, qui servit également au grand auteur et au mauvais. Corneille

---

* Il n'en parle pas, parce qu'ayant puisé tous deux à la même source, les points de ressemblance se retrouvaient dans ce roman de *Rodogune* qui, suivant Voltaire, inspira également le grand auteur et le mauvais. (A.-M.)

embellit le roman, et Gilbert le gâta. Le style nuisit aussi beaucoup à Gilbert : car, malgré les inégalités de Corneille, il y eut autant de différence entre ses vers et ceux de ses contemporains jusqu'à Racine, qu'entre le pinceau de Michel-Ange et la brosse des barbouilleurs.

Il y a un autre roman de Rodogune en deux volumes, mais il ne fut imprimé qu'en 1668 : il est très rare, et presque oublié; le premier l'est entièrement. (V.)

FIN.

EXAMEN DE RODOGUNE.

Le sujet de cette tragédie est tiré d'Appian Alexandrin, dont voici les paroles, sur la fin du livre qu'il a fait *des Guerres de Syrie :* « Démétrius, surnommé Nicanor, entre« prit la guerre contre les Parthes, et vécut quelque temps « prisonnier dans la cour de leur roi Phraates, dont il épousa « la sœur, nommée Rodogune. Cependant Diodotus, domes« tique des rois précédents, s'empara du trône de Syrie, et « y fit asseoir un Alexandre, encore enfant, fils d'Alexandre « le bâtard et d'une fille de Ptolomée. Ayant gouverné quel« que temps comme tuteur sous le nom de ce pupille, il « s'en défit, et prit lui-même la couronne sous un nouveau « nom de Tryphon qu'il se donna. Antiochus, frère du roi « prisonnier, ayant appris sa captivité à Rhodes, et les trou« bles qui l'avoient suivie, revint dans la Syrie, où, ayant « défait Tryphon, il le fit mourir. De là, il porta ses armes « contre Phraates, et, vaincu dans une bataille, il se tua « lui-même. Démétrius, retournant en son royaume, fut tué « par sa femme Cléopâtre, qui lui dressa des embûches sur « le chemin, en haine de cette Rodogune qu'il avait épou« sée, dont elle avoit conçu une telle indignation, qu'elle « avoit épousé ce même Antiochus, frère de son mari. Elle « avoit deux fils de Démétrius, dont elle tua Séleucus, l'aî« né, d'un coup de flèche, sitôt qu'il eut pris le diadème « après la mort de son père, soit qu'elle craignît qu'il ne la « voulût venger sur elle, soit que la même fureur l'empor« tât à ce nouveau parricide. Antiochus son frère lui suc« céda, et contraignit cette mère dénaturée de prendre le « poison qu'elle lui avoit préparé. »

Justin, en son trente-sixième, trente-huitième, et trente-neuvième livre, raconte cette histoire plus au long, avec quelques autres circonstances. Le premier *des Machabées*, et Josèphe, au treizième *des Antiquités judaïques*, en disent aussi quelque chose qui ne s'accorde pas tout-à-fait avec Appian. C'est à lui que je me suis attaché pour la narration que j'ai mise au premier acte, et pour l'effet du cinquième, que j'ai adouci du côté d'Antiochus. J'en ai dit la raison ailleurs. Le reste sont des épisodes d'invention, qui ne sont pas incompatibles avec l'histoire, puisqu'elle ne dit point ce que devint Rodogune après la mort de Démétrius, qui vraisemblablement l'amenoit en Syrie prendre possession de sa couronne. J'ai fait porter à la pièce le nom de cette princesse plutôt que celui de Cléopâtre, que je n'ai même osé nommer dans mes vers, de peur qu'on ne confondît cette reine de Syrie avec cette fameuse princesse d'Égypte qui portoit même nom, et que l'idée de celle-ci, beaucoup plus connue que l'autre, ne semât une dangereuse préoccupation parmi les auditeurs.

On m'a souvent fait une question à la cour, quel étoit celui de mes poëmes que j'estimois le plus; et j'ai trouvé tous ceux qui me l'ont faite si prévenus en faveur de *Cinna* ou du *Cid*, que je n'ai jamais osé déclarer toute la tendresse que j'ai toujours eue pour celui-ci, à qui j'aurois volontiers donné mon suffrage, si je n'avois craint de manquer, en quelque sorte, au respect que je devois à ceux que je voyois pencher d'un autre côté. Cette préférence est peut-être en moi un effet de ces inclinations aveugles qu'ont beaucoup de pères pour quelques uns de leurs enfants plus que pour les autres; peut-être y entre-t-il un peu d'amour-propre, en ce que cette tragédie me semble être un peu plus à moi que celles qui l'ont précédée, à cause des incidents surprenants qui sont purement de mon invention, et n'avoient jamais été vus au théâtre; et peut-être enfin y a-t-il un peu de vrai mérite qui fait que cette inclination n'est pas tout-à-fait injuste. Je veux bien laisser chacun en liberté de ses sentiments; mais certainement on peut dire que mes autres pièces ont peu d'avantages qui ne se rencontrent en celle-ci : elle a tout ensemble la beauté du sujet, la nouveauté des fictions, la force des vers, la facilité de l'expression, la solidité du raisonnement, la chaleur des passions, les tendresses de l'amour et de l'amitié; et cet heureux assemblage est ménagé de sorte qu'elle s'élève d'acte en acte. Le second passe le premier, le troisième est au-dessus du second, et le dernier l'emporte sur tous les autres. L'action y est une, grande, complète; sa durée ne va point, ou fort peu, au-delà de celle de la représentation. Le jour en est le plus illustre qu'on puisse imaginer, et l'unité de lieu s'y rencontre en la manière que je l'explique dans le troisième de mes discours, et avec l'indulgence que j'ai demandée pour le théâtre.

Ce n'est pas que je me flatte assez pour présumer qu'elle soit sans taches. On a fait tant d'objections contre la narration de Laonice au premier acte, qu'il est malaisé de ne donner pas les mains à quelques unes. Je ne la tiens pas toutefois si inutile qu'on l'a dit. Il est hors de doute que Cléopâtre, dans le second, feroit connoître beaucoup de choses par sa confidence avec cette Laonice, et par le récit qu'elle en fait à ses deux fils, pour leur remettre devant les yeux combien ils lui ont d'obligation; mais ces deux scènes demeureroient assez obscures, si cette narration ne les avoit précédées; et du moins les justes défiances de Rodogune à la fin du premier acte, et la peinture que Cléopâtre fait d'elle-même dans son monologue qui ouvre le second, n'auroient pu se faire entendre sans ce secours.

J'avoue qu'elle est sans artifice, et qu'on la fait de sang-froid à un personnage protatique, qui se pourroit toutefois justifier par les deux exemples de Térence que j'ai cités sur ce sujet au premier discours. Timagène, qui l'écoute, n'est introduit que pour l'écouter, bien que je l'emploie au cinquième à faire celle de la mort de Séleucus, qui se pouvoit faire par un autre. Il l'écoute sans y avoir aucun intérêt notable, et par simple curiosité d'apprendre ce qu'il pouvoit avoir su déja en la cour d'Égypte, où il étoit en assez bonne posture, étant gouverneur des neveux du roi, pour entendre des nouvelles assurées de tout ce qui se passoit dans la Syrie, qui en est voisine. D'ailleurs, ce qui ne peut recevoir d'excuse, c'est que, comme il y avoit déja quelque temps qu'il étoit de retour avec les princes, il n'y a pas d'apparence qu'il aye attendu ce grand jour de cérémonie pour s'informer de sa sœur comment se sont passés tous ces troubles qu'il dit ne savoir que confusément. Pollux, dans *Médée*, n'est qu'un personnage protatique qui écoute sans intérêt comme lui; mais sa surprise de voir Jason à Corinthe, où il vient d'arriver, et son séjour en Asie, que la mer en sépare, lui donnent juste sujet d'ignorer ce qu'il en apprend. La narration ne laisse pas de demeurer froide comme celle-ci, parcequ'il ne s'est encore rien passé dans la pièce qui excite la curiosité de l'auditeur, ni qui lui puisse donner quelque émotion en l'écoutant; mais si vous voulez réfléchir sur celle de Curiace dans l'*Horace*, vous trouverez qu'elle fait tout un autre effet. Camille, qui l'écoute, a intérêt, comme lui, à savoir comment s'est faite une paix dont dépend leur mariage; et l'auditeur, que Sabine et elle n'ont entretenu que de leurs malheurs et des appréhensions d'une bataille qui se va donner entre deux partis, où elles voient leurs frères dans l'un et leur amour dans l'autre, n'a pas moins d'avidité qu'elle d'apprendre comment une paix si surprenante s'est pu conclure.

Ces défauts dans cette narration confirment ce que j'ai dit ailleurs, que, lorsque la tragédie a son fondement sur des guerres entre deux états, ou sur d'autres affaires publiques, il est très malaisé d'introduire un acteur qui les ignore, et qui puisse recevoir le récit qui en doit instruire les spectateurs en parlant à lui.

J'ai déguisé quelque chose de la vérité historique en celui-ci : Cléopâtre n'épousa Antiochus qu'en haine de ce que son mari avoit épousé Rodogune chez les Parthes; et je fais qu'elle ne l'épouse que par la nécessité de ses affaires, sur un faux bruit de la mort de Démétrius, tant pour ne la faire pas méchante sans nécessité, comme Ménélas dans l'*Oreste* d'Euripide, que pour avoir lieu de feindre que Démétrius n'avoit pas encore épousé Rodogune, et venoit l'épouser dans son royaume pour la mieux établir en la place de l'autre, par le consentement de ses peuples, et assurer la couronne aux enfants qui naîtroient de ce mariage. Cette fiction m'étoit absolument nécessaire, afin qu'il fût tué avant que de l'avoir épousée, et que l'amour que ses deux fils ont pour elle ne fît point d'horreur aux spectateurs, qui n'auroient pas manqué d'en prendre une assez forte, s'ils les eussent vus amoureux de la veuve de leur père, tant cette affection incestueuse répugne à nos mœurs!

Cléopâtre a lieu d'attendre ce jour-là à faire confidence à Laonice de ses desseins et des véritables raisons de tout ce qu'elle a fait. Elle eût pu trahir son secret aux princes ou à Rodogune, si elle l'eût su plus tôt; et cette ambitieuse mère ne lui en fait part qu'au moment qu'elle veut bien qu'il éclate, par la cruelle proposition qu'elle va faire à ses fils. On a trouvé celle que Rodogune leur fait à son tour indigne d'une personne vertueuse, comme je la peins; mais on n'a pas considéré qu'elle ne la fait pas, comme Cléopâtre, avec espoir de la voir exécuter par les princes, mais seulement pour s'exempter d'en choisir aucun, et les attacher tous deux à sa protection par une espérance égale. Elle étoit avertie par Laonice de celle que la reine leur avoit faite, et devoit prévoir que, si elle se fût déclarée pour Antiochus qu'elle aimoit, son ennemie, qui avoit seule le secret de leur naissance, n'eût pas manqué de nommer Séleucus pour aîné, afin de les commettre l'un contre l'autre, et d'exciter une guerre civile qui eût pu causer sa perte. Ainsi elle devoit s'exempter de choisir, pour les contenir tous deux dans l'égalité de prétention, et elle n'en avoit point de meilleur moyen que de rappeler le souvenir de ce qu'elle devoit à la mémoire de leur père, qui avoit perdu la vie pour elle, et leur faire cette proposition qu'elle savoit bien qu'ils n'accepteroient pas. Si le traité de paix l'avoit forcée à se départir de ce juste sentiment de reconnoissance, la liberté qu'ils lui rendoient la rejetoit dans cette obligation. Il étoit de son devoir de venger cette mort; mais il étoit de celui des princes de ne se pas charger de cette vengeance. Elle avoue elle-même à Antiochus qu'elle les haïroit, s'ils lui avoient obéi; que, comme elle a fait ce qu'elle a dû par cette demande, ils font ce qu'ils doivent par leur refus; qu'elle aime trop la vertu pour vouloir être le prix d'un crime, et que la justice qu'elle demande de la mort de leur père seroit un parricide, si elle la recevoit de leurs mains.

Je dirai plus : quand cette proposition seroit tout-à-fait condamnable en sa bouche, elle mériteroit quelque grace, et pour l'éclat que la nouveauté de l'invention a fait au théâtre, et pour l'embarras surprenant où elle jette les princes, et pour l'effet qu'elle produit dans le reste de la pièce qu'elle conduit à l'action historique. Elle est cause que Séleucus, par dépit, renonce au trône et à la possession de cette princesse; que la reine, le voulant animer contre son frère, n'en peut rien obtenir, et qu'enfin elle se résout par désespoir de les perdre tous deux, plutôt que de se voir sujette de son ennemie.

Elle commence par Séleucus, tant pour suivre l'ordre de l'histoire, que parceque, s'il fût demeuré en vie après Antiochus et Rodogune, qu'elle vouloit empoisonner publiquement, il les auroit pu venger. Elle ne craint pas la même chose d'Antiochus pour son frère, d'autant qu'elle espère que le poison violent qu'elle lui a préparé fera un effet assez prompt pour le faire mourir avant qu'il ait pu rien savoir de cette autre mort, ou du moins avant qu'il l'en puisse convaincre, puisqu'elle a si bien pris son temps pour l'assassiner, que ce parricide n'a point eu de témoins. J'ai parlé ailleurs de l'adoucissement que j'ai apporté pour empêcher qu'Antiochus n'en commît un en la forçant de prendre le poison qu'elle lui présente, et du peu d'apparence qu'il y avoit qu'un moment après qu'elle a expiré presque à sa vue, il parlât d'amour et de mariage à Rodogune. Dans l'état où ils rentrent derrière le théâtre, ils peuvent le résoudre quand ils le jugeront à propos. L'action est complète, puisqu'ils sont hors de péril; et la mort de Séleucus m'a exempté de développer le secret du droit d'aînesse entre les deux frères, qui d'ailleurs n'eût jamais été croyable, ne pouvant être éclairci que par une bouche en qui l'on n'a pas vu assez de sincérité pour prendre aucune assurance sur son témoignage.

FIN DU CINQUIÈME VOLUME.

TABLE DES PIÈCES

CONTENUES

DANS LE TOME CINQUIÈME.

Le Menteur, comédie.   Page   1
La Suite du Menteur, comédie.   131
Théodore, Vierge et Martyre, tragédie chrétienne.   255
Rodogune, Princesse des Parthes, tragédie.   363

FIN DE LA TABLE.

www.ingramcontent.com/pod-product-compliance
Lightning Source LLC
Chambersburg PA
CBHW051401230426
43669CB00011B/1728